기초에서 고급까지 한 권으로 마무리하는
DEL NIVEL BÁSICO AL AVANZADO

유연창 편저

Samyoung Publishing House

2011년 개정판에 즈음하여

2010년 12월 스페인어 철자법이 개정되었습니다. 따라서 이번 철자법 개정에 따라 〈TOTAL 스페인어문법〉의 개정판을 내놓게 되었습니다. 새로 개정된 철자법에 의하면, 알파벳에서는 ch와 ll가 제외되었고, 명칭이 변경된 경우도 있습니다. 부사 sólo에서 강세부호를 삭제하여 solo로 사용합니다. 그리고 지시대명사 éste, ésta, ése, ésa, aquél, aquélla 등에서 강세부호를 삭제하여 este, esta, ese, esa, aquel, aquella와 같이 지시형용사와 그 형태가 같아졌습니다. 그 외에 여러 가지 변경된 것들이 있습니다.

개정된 철자법 사용이 의무적이지는 않아, 당분간은 이전 철자법과 혼용될 것입니다. 그러나 스페인어 학습자들은 새로운 철자법을 바탕으로 학습하여 개정된 스페인어 철자법에 익숙해지도록 노력해야 하겠습니다.

2011년 12월 유 연 창

 **머리말**

「문법 gramática」이란 문자 그대로 문장을 만드는 법칙입니다. 좁은 의미에서는 구문론만을 문법이라 하고, 넓은 의미로는 음운론과 의미론도 포함합니다. 언어라는 것은 매우 복잡한 체계를 갖고 있기 때문에, 특정 언어의 규범과 용법을 완전하게 설명한다는 것은 매우 힘든 일입니다. 즉 모든 언어의 체계가 그만큼 복잡하기 때문에 언어의 모든 용법을 모두 망라하기가 거의 불가능하다는 것을 의미합니다. 그런 한계를 극복하기 위하여 본서는 스페인어의 규범과 용법을 다룬 문법서로서 스페인어 문법의 전반적인 내용을 망라하였으며, 기초적인 내용과 함께 고급스페인어의 어법과 표현에 관한 풍부한 자료를 제시하였습니다. 본서의 특징은 다음과 같습니다.

1. 스페인어 문법의 기초적인 내용부터 중급·고급 어법에 해당하는 내용까지 상세하게 다루었다.
2. 각 항목을 세분화하여 개념부터 용법까지 상세하게 설명하였다.
3. 각 항목의 설명에서 다양한 예문을 제시하여 문법을 이해하고 학습하는데 도움이 되게 하였다.
4. 앞 부분에 위치한 목차 외에 책의 마지막 부분에 「세부목차」를 실어 특정 항목을 찾아 해당 내용을 참조하기 쉽도록 하였다.
5. 「NOTA」를 통하여 관련 내용을 상세하게 보충 설명하였다.

스페인어의 규범과 용법을 처음부터 끝까지 보다 상세하고 명확하게 다양한 예문을 바탕으로 설명했으며, 스페인어를 배우면서 직면하게 될 여러 문제점에 대한 해결책을 제시하고자 노력했습니다. 따라서 본서는 스페인어를 처음 시작하는 분이나 이미 기초 과정을 배운 분 모두에게 도움이 될 것이며, 스페인어를 학습할 때 언제나 참고할 수 있는 충실한 문법서가 될 것입니다. 끝으로, 저자의 작은 노력이 스페인어에 관심을 가진 모든 분들에게 도움이 되었으면 합니다.

유 연 창

목차 CONTENTS

- ■ 머리말   3
- ■ 스페인어의 기원   10
- ■ 스페인어의 발음   14

제1장 관 사   21
    1. 정관사   22
    2. 부정관사   27
    3. 관사의 생략   29
    4. 관용구   32

제2장 명 사   35
    1. 명사의 성   36
    2. 명사의 수   41

제3장 대명사   55
    1. 대명사의 기능   56
    2. 대명사의 종류와 용법   56
    3. lo의 용법   65

제4장 형용사   71
    1. 형용사의 형태   72
    2. 형용사의 위치   75

3. 형용사의 기능　　　　　　　　　　82

제 5장 동사 (1)　　　　　　　　　87
1. 동사의 기능과 종류　　　　　　　88
2. 동사의 시제　　　　　　　　　　91

제 6장 동사 (2)　　　　　　　　　111
1. 지각동사　　　　　　　　　　　112
2. [ME GUSTA] 구조의 동사　　　117

제 7장 부사　　　　　　　　　　131
1. 부사의 기능과 분류　　　　　　132
2. 부사의 용법　　　　　　　　　134
3. con+추상명사　　　　　　　　139

제 8장 의문문　　　　　　　　　145
1. 의문문　　　　　　　　　　　　146
2. 의문사　　　　　　　　　　　　151

제 9장 관계사　　　　　　　　　159
1. 관계대명사　　　　　　　　　　160
2. 관계형용사　　　　　　　　　　168
3. 관계부사　　　　　　　　　　　169

제 10장 접속법　　　　　　　　　173
1. 접속법의 개념과 시제　　　　　174

2. 접속법의 사용 조건　　　　　　　179
  3. 접속법 시제의 특성　　　　　　　181
  4. 단문의 접속법　　　　　　　　　185
  5. 복문의 접속법　　　　　　　　　188

제11장　SE의 용법　　　　　　　　211

  1. 간접목적대명사　　　　　　　　212
  2. 재귀대명사 SE　　　　　　　　212
  3. 상호의 SE　　　　　　　　　　228
  4. 수동의 SE　　　　　　　　　　231
  5. 무인칭의 SE　　　　　　　　　232
  6. 무의지의 SE　　　　　　　　　239
  7. 이해의 SE　　　　　　　　　　239
  8. SE의 의미 변화　　　　　　　　242

제12장　수동태　　　　　　　　　　247

  1. [ser+과거분사]　　　　　　　　248
  2. 재귀수동태　　　　　　　　　　249
  3. 무인칭의 SE　　　　　　　　　251
  4. 3인칭 복수　　　　　　　　　　252
  5. [estar+과거분사]　　　　　　　253
  6. [동사+과거분사]의 수동　　　　255
  7. 스페인어의 수동태　　　　　　　256

제13장　명령문　　　　　　　　　　263

  1. 명령문의 형태　　　　　　　　　264
  2. 명령문의 기본 문형　　　　　　266
  3. 기타 형태의 명령문　　　　　　268

제14장 부정사   273

   1. 부정사의 용법   274
   2. 부정사의 주어   281
   3. 부정사의 형태   282
   4. 특수 용법   284

제15장 현재분사와 과거분사   287

   1. 현재분사   288
   2. 과거분사   294

제16장 부정어와 부정어   301

   1. 부정어 (Indefinidos)   302
   2. 부정어 (Negativos)   308

제17장 비 교   311

   1. 비교의 문형과 비교의 대상   312
   2. 동등 비교   316
   3. 우열 비교   319
   4. 최상급   327
   5. 비교와 관련된 표현   330
   6. 비교의 의문문   336

제18장 전치사   339

   1. 전치사의 기능   340
   2. 스페인어 전치사의 특징   341
   3. 전치사의 용법 (1)   344
   4. 전치사의 용법 (2)   365

제 19장 접속사　　　　　　　　　　375

1. 접속사의 기능　　　　　376
2. 접속사의 분류　　　　　376
3. 접속사 que　　　　　　380

제 20장 화법　　　　　　　　　　　385

1. 평서문　　　　　　　　386
2. 의문문　　　　　　　　390
3. 명령문　　　　　　　　391
4. 감탄문　　　　　　　　393

제 21장 기본 동사와 동사구　　　　　395

1. 기본 동사　　　　　　　396
2. 동사구　　　　　　　　423

제 22장 부정의 표현　　　　　　　　441

1. 준부정어　　　　　　　442
2. 이중 부정　　　　　　　447
3. 부분 부정　　　　　　　451

제 23장 강조와 완곡어법　　　　　　455

1. 강조　　　　　　　　　456
2. 감탄문　　　　　　　　463
3. 완곡어법　　　　　　　468

제 24장 문장의 구조   475

    1. 어순   476
    2. 생략   482

제 25장 기타 표현   485

    1. 정도 · 분량의 표현   486
    2. 장소의 표현   492
    3. 시간의 표현   502
    4. 소유의 표현   512

제 26장 수사   519

    1. 기수와 서수   520
    2. 수사의 용법   526

제 27장 철자법과 발음   529

    1. 스페인어의 알파벳   530
    2. 발음   531
    3. 구두점   537
    4. 대문자의 사용   543

■ 참고문헌   547
■ 세부목차   551

스페인어의 기원

1. 로마 이전 시대

이베리아 반도의 북쪽 피레네산맥에는 「바스크어 vascuence」를 쓰는 「바스크족 vascos」이 살았다. 이 민족은 어부와 농부들로 구성되어 있었으며, 독립적인 특성으로 인하여 반도의 다른 지역과는 고립된 채 살아가고 있었다.

「이베로족 iberos」은 지중해 동쪽 지방에 거주했다. 함족의 후손으로 추정되는 이 민족은 일찍이 아프리카 북부지역을 통하여 이곳으로 이주하였다. 이들은 사냥을 즐기며 온화한 성품을 지녔다. 또한 이들은 고유의 문자를 소유하고 있었으며, 그 문자로 쓰여진 문헌이 보존되어 있기도 하다. 중부와 북동부 지역에는 「리구르족 ligures」이 살고 있었고, 포르투칼의 남부와 안달루시아 지역에는 「타르떼시오족 tartesios」이 거주했다. 이들은 옛날부터 동양과 교역을 했고, 신비스런 문명을 창조하였으며 문화적으로 가장 앞서 있었다.

기원전 7세기 경 유럽 전역에 거주하던 「켈트족 celtas」이 반도로 이주해 왔다. 이들은 「갈리시아 Galicia」, 「엑스뜨레마두라 Extremadura」, 중부고원지역 등에 정착했다. 이들은 이베로족과 혼합되어 「셀티베로족 celtíberos」을 형성하게 되었다.

기원전 11세기 경에는 「페니키아인 fenicios」이 반도의 남부 해안에 식민지를 건설하였고, 이들의 목적은 단순한 교역에 불과했으나, 이들은 뛰어난 상인들로 금은 세공, 광업 등에 영향을 주었다. 페니키아인은 글 쓰는 법과 화폐 사용법을 소개하였으며 금속류를 이용하는 기술과 방직기술을 가르쳐주었다.

지중해 해안 가까운 곳을 택한 또 다른 종족은 문화나 상업적인 측면에서 상당히 발전한 그리스인이었다. 그리스인은 지중해 지역에 식민지를 세웠고, 종교나 정치면에 있어서도 반도 원주민들의 지적 활동에 큰 영향을 주었다.

당시 이베리아 반도에는 언어의 통일이 없었다. 당시에는 바스크어, 이베리아어, 타르타시아어, 리구르어 등이 사용되었으며, 그후 바스크어를 제외한 모든 언어들은 라틴어로 대체되면서 소멸되었다. 이러한 로마 이전의 언어들은 까스띠야어의 음성, 어휘 등에 영향을 주었다.

2. 로마 시대

　기원전 3세기 경에 로마인들이 이베리아 반도를 정복하였다. 2세기 후에 반도 전체에 걸친 로마인의 통치는 완전한 반석 위에 놓여졌으며 로마의 사상, 언어, 풍습은 전 지역에 파급되어 이전 시대의 그것과 완전히 교체되었다. 반도의 원주민들은 차차 그들의 고유 언어를 잊어가고 로마의 군인들과 식민관료들이 사용하는 「통속라틴어 latín vulgar」를 사용하기 시작했다. 바로 그 통속라틴어가 변화 발전하여 오늘날의 스페인어가 된 것이다. 이렇게 형성된 언어는 정통 라틴어가 아니라 민중들 사이에서 공통적으로 사용되는 대중적인 언어였기 때문에, 체계화되지 않은 면이 있었고 문장의 구성이 단순하였다. 스페인어에 도입된 예술, 종교, 과학 부문에 관련된 많은 그리스어의 단어는 로마의 반도 침략 이전에 이미 라틴어화되어 그것이 반도로 넘어와 스페인어화된 것으로, 이선 그리스가 상업 거점을 건설하고 원주민과 교역하던 시대에 유입된 것이 아니다.

　로마제국은 3세기 경부터 북부지방에 본거지를 둔 야만족에 의해 빈번한 침공을 받았고 그로부터 2세기 후에는 전 반도가 이들에게 점령당하기도 하였으며, 계속해서 「알라노」, 「수에보」, 「반달」 등과 같은 종족의 침략을 받았다. 그 후, 414년 기독교를 신봉하는 「서고트족 visigodos」이 이베리아 반도를 정복하게 되었다. 서고트족의 통치 기간중에 모든 공공학교는 폐쇄되었고, 신학교, 수도원 등이 번성하여 당시 문화 활동은 종교가 주도하였다고 볼 수 있다.

　한때 이베리아 반도를 정복했던 「게르만족」의 언어는 반도의 라틴어에 별 영향을 주지 않았으며, 현재 스페인어에 있는 게르만계의 어휘는 로마인들의 반도 정복 이전에 라틴어에 도입되어 라틴어화된 것으로 추정된다.

3. 아랍 통치 시대

　북부 아프리카에 본거지를 둔 회교「아랍」인의 이베리아 반도 침략은 서기 711년에 시작되어 북부지방의「아스뚜리아스 Asturias」만을 제외한 전 반도를 점령하였다. 그 후 스페인의 소수 기독교인들이 회교로 개종하였으나 대부분은 회교의 통치하에서 종교 문화 관습을 지켰다. 신앙과 관념이 다른 이 두 종족의 공존은 인류학적, 언어학적으로 반도에 큰 영향을 미쳤다. 여러 지방에서 아랍인들은 점차 그들의 고유 언어를 버리고 스페인어를 사용하게 되면서 아랍어의 많은 어휘가 스페인어에 도입되어 스페인어화되었으며, 따라서 스페인어의 산업, 행정에 관한 많은 전문 용어는 아랍어에서 온 것이다.
　그러나 음성학적인 면이나 형태론적인 면에서 아랍어의 영향은 거의 없다. 아랍어로부터 약 4,000개의 단어가 스페인어에 유입되었는데, 라틴어를 제외한다면 스페인어에 가장 많은 차용어를 제공한 언어가 아랍어이다. 스페인어에 미친 아랍어 영향의 주요한 원천은 안달루시아 지역의 아랍어이다. 안달루시아 지역의 아랍어에는 지중해와 베르베르인, 비잔틴, 시리아, 메소포타미아, 페르시아 등과 같은 요소의 유입 등을 통하여, 외부의 여러 요소가 흡수되어 있었다.

4. 스페인의 독립

　아랍족이 침공하였을 때 남아 있던 소수의 서고트인과 회교정치를 반대하던 일부 주민들은 아스뚜리아스로 이주하여「뻴라요」를 수반으로 한 독립국을 형성하여, 722년에 일어난 유명한「꼬바동가 Covadonga」전투를 시초로「영토회복전쟁 Reconquista」을 개시한다. 기독교인들로 이루어진 독립군은 서서히 아랍인들을 남쪽으로 퇴각시킨다. 아랍인의 퇴각과 함께「레온 León」,「갈리시아 Galicia」,「나바라 Navarra」,「까스띠야 Castilla」,「아라곤 Aragón」등의 왕국과「까딸루냐 Cataluña」등이 세워졌다. 회교도인들을 상대로 한 이

영토회복전쟁은 8세기 초에 시작되어 1492년 최후의 왕국 「그라나다 Granada」가 함락될 때까지 800년 가까이 걸렸고, 바로 그 해에 「까스띠야」 왕국의 가톨릭 국왕부처의 지원을 받은 「콜럼버스 Cristóbal Colón」가 아메리카 신대륙을 발견했다.

5. 스페인어

통속라틴어는 스페인의 지리적 또는 역사적 상황으로 인하여 여러 형태의 언어로 발전하였다. 그 중에서 가장 중요한 세 가지 방언은 중부지방의 「까스띠야어 castellano」, 동부지방의 「까딸루냐어 catalán」, 그리고 서부지방의 「갈리시아-포르투갈어 gallego-portugués」이다. 영토회복전쟁과 함께, 「까스띠야」 왕국이 영토를 확장하게 되면서 「까스띠야어」는 남쪽으로 전파 보급되었다. 반도의 대부분의 주민들이 까스띠야어를 사용하게 되어 까스띠야어가 반도의 가장 유력한 언어로 등장하게 된 것이다. 신대륙 발견 이후 스페인 사람들이 그들의 식민지였던 중남미에 전해준 언어도 까스띠야어이며, 스페인 최초의 문학 예술도 까스띠야어로 표현되었다. 이런 배경과 상황으로 이 언어를 「까스띠야어 castellano」 혹은 「스페인어 español」라고 부르게 되었으며 스페인의 표준어가 된 것이다.

스페인어의 발음

1. 스페인어의 알파벳

대문자	소문자	명 칭	발 음	대문자	소문자	명 칭	발 음
A	a	a(아)	아	Ñ	ñ	eñe(에녜)	니
B	b	be(베)	ㅂ	O	o	o(오)	오
C	c	ce(쎄)	ㅆ, ㄲ	P	p	pe(뻬)	ㅃ
D	d	de(데)	ㄷ	Q	q	cu(꾸)	ㄲ
E	e	e(에)	에	R	r	ere(에레)	ㄹ, ㄹㄹ
F	f	efe(에페)	영어의 [f]	S	s	ese(에세)	ㅅ
G	g	ge(헤)	ㄱ, ㅎ	T	t	te(떼)	ㄸ
H	h	hache(아체)	묵음	U	u	u(우)	우
I	i	i(이)	이	V	v	uve (우베)	ㅂ
J	j	jota(호따)	ㅎ	W	w	uve doble (우베 도블레)	ㅂ, 우
K	k	ka(까)	ㄲ	X	x	equis(에끼스)	ㄱㅅ, ㅅ
L	l	ele(엘레)	ㄹ	Y	y	ye(예)	이
M	m	eme(에메)	ㅁ	Z	z	zeta(쎄따)	ㅆ
N	n	ene(에네)	ㄴ				

2. 모음의 발음

스페인어의 모음은 5개이며, 발음 방법은 일반적으로 로마자와 같다. 그 중에서 **a, e, o**는 강모음이고, **i, u**는 약모음이다.

[a]　**cama** 〔까마〕 침대　　　　**casa** 〔까사〕 집
[e]　**mesa** 〔메사〕 테이블　　　**pero** 〔뻬로〕 그러나
[i]　**vino** 〔비노〕 포도주　　　**vivir** 〔비비르〕 살다
[o]　**hora** 〔오라〕 시간　　　　**ojo** 〔오호〕 눈
[u]　**luna** 〔루나〕 달　　　　　**uno** 〔우노〕 하나

또한 스페인어에는 「이중모음」이란 것이 있는데, 이중모음이란 '강모음 + 약모음', '약모음 + 강모음', '약모음 + 약모음'을 말한다.

[ai]　**ai̱re** 〔아이레〕 공기
[au]　**au̱tobús** 〔이우또부스〕 버스
[ei]　**rei̱no** 〔레이노〕 왕국
[oi]　**boi̱na** 〔보이나〕 베레모
[ia]　**comedi̱a** 〔꼬메디아〕 희극
[ie]　**cie̱lo** 〔씨엘로〕 하늘
[iu]　**ciu̱dad** 〔씨우닷〕 도시

이중모음은 하나의 모음으로 간주된다. 그러나 **ae, eo, ee** 등과 같이 두 모음이 모두 강모음인 경우는 이중모음이 아닌 두 개의 모음으로 간주된다.

3. 자음의 발음

스페인어에는 22개의 자음이 있다. 몇 가지 특수한 경우를 제외하면, 대체로 로마자와 같이 단순하게 발음한다.

(1) **b**는 우리말의 'ㅂ'음과 같다.
beber 〔베베르〕 마시다   **bomba** 〔봄바〕 폭탄, 펌프

(2) **c**는 다음과 같이 두 가지로 발음된다. 뒤에 모음 a, o, u가 오면 'ㄲ'음이 되며, 뒤에 모음 e, i가 오면 혀를 위아래의 이 사이로 내밀면서 발음하는 치간음으로 영어의 [θ]와 같은 발음이 된다.
cama 〔까마〕 침대   **cena** 〔쎄나〕 저녁 식사
comer 〔꼬메르〕 먹다   **cine** 〔씨네〕 영화관
cura 〔꾸라〕 신부, 치료

c와 **h**가 연결된 **ch**는 'ㅊ'음에 해당한다.
coche 〔꼬체〕 자동차   **muchacho** 〔무차초〕 소년

(3) **d**는 우리말의 'ㄷ'음이며, 단어의 끝에 올 때는 앞 음절에 붙여 발음한다.
nadar 〔나다르〕 수영하다   **dinero** 〔디네로〕 돈
usted 〔우스뗏〕 당신   **ciudad** 〔씨우닷〕 도시

(4) **f**는 우리말의 'ㅍ'과 'ㅎ'의 중간 발음으로 영어의 [f]와 같은 발음이다.
flor 〔플로르〕 꽃   **fuego** 〔푸에고〕 불

(5) **g**는 모음 a, o, u 앞에서는 'ㄱ'으로 발음되고, 모음 e, i 앞에서는 강한 'ㅎ'으로 발음된다.
gato 〔가또〕 고양이   **gente** 〔헨떼〕 사람들

goma 〔고마〕 고무   **gitano** 〔히따노〕 집시
agua 〔아구아〕 물

그러나 gue, gui의 u는 발음되지 않고 각각 〔게〕, 〔기〕로 발음한다. 그리고 güe, güi는 〔구에〕, 〔구이〕로 발음한다.

guerra 〔게라〕 전쟁   **guitarra** 〔기따라〕 기타
vergüenza 〔베르구엔사〕 수치   **lingüística** 〔링구이스띠까〕 언어학

(6) **h**는 어떤 경우에도 발음되지 않는다.
ahora 〔아오라〕 지금   **hotel** 〔오뗄〕 호텔

(7) **j**는 우리말의 'ㅎ'에 가까운데, 목구멍 깊은 곳에서 나오는 강한 발음으로, 앞에서 본 gente, gitano의 [g]와 같은 발음이다.
viaje 〔비아헤〕 여행   **joven** 〔호벤〕 젊은이

(8) **k**는 우리말의 'ㄲ'에 해당하며 외래어를 표기하는 데 사용된다.
kilómetro 〔낄로메뜨로〕 킬로미터
koala 〔꼬알라〕 코알라

(9) **l**은 혀를 입천장 끝에 붙였다가 떼면서 발음한다.
libro 〔리브로〕 책   **lobo** 〔로보〕 늑대
blanco 〔블랑꼬〕 하얀   **paloma** 〔빨로마〕 비둘기

l이 반복된 ll의 표준 발음은 〔깔예〕와 비슷한 발음이지만, 중남미에서는 〔까예〕로 발음하기도 한다. 단어의 맨 앞에 오는 경우에는 [y]로 발음한다.
caballo 〔까발요〕 말   **caballero** 〔까발예로〕 신사
llave 〔야베〕 열쇠   **lluvia** 〔유비아〕 비

(10) **m**는 우리말의 'ㅁ' 음과 동일하다.
mano 〔마노〕 손　　　　**mundo** 〔문도〕 세계

(11) **n**는 우리말의 'ㄴ' 음과 같은 발음이다.
nación 〔나씨온〕 국가　　**novela** 〔노벨라〕 소설

(12) **ñ**는 우리말의 'ㄴ' 음에 해당하며, 모음과 연결되어 '냐', '녜', '뇨', '뉴' 등과 같이 발음된다.
niña 〔니냐〕 여자 아이　　**cariño** 〔까리뇨〕 애정

(13) **p**는 'ㅍ' 음이 아니라 우리말의 'ㅃ' 음에 해당한다.
piano 〔삐아노〕 피아노　　**papel** 〔빠뻴〕 종이, 역할

(14) **q**는 **u**와 함께 쓰여 반드시 que〔께〕, qui〔끼〕로 발음된다.
qué 〔께〕 무엇　　　　**quince** 〔낀쎄〕 15

(15) **r**는 우리말의 'ㄹ' 음과 같지만, 단어의 첫 음이 될 때는 혀를 3, 4회 진동하면서 내는 진동음이 된다. 또한 **rr**는 **r**가 단어의 첫 음이 되는 경우처럼 발음된다.
cara 〔까라〕 얼굴　　　**ropa** 〔로빠〕 옷
perro 〔뻬로〕 개　　　**carro** 〔까로〕 마차, 자동차

(16) **s**는 단어에 따라서 'ㅅ' 이나 'ㅆ' 으로 발음한다.
sello 〔셀요〕 우표　　　**sábado** 〔사바도〕 토요일

(17) **t**는 우리말의 'ㄸ' 음에 해당한다.
todo 〔또도〕 모두　　　**tarde** 〔따르데〕 오후

(18) **v**는 **b**와 같은 음으로 우리말의 'ㅂ' 음에 해당한다. 영어의 순치음 [v]처럼 발음하지 않는다.
verano 〔베라노〕 여름　　**avión** 〔아비온〕 비행기

(19) **w**는 외래어를 표기하는 데 사용되며, 'ㅂ'이나 '우'로 발음된다.
wagón 〔바곤〕 왜건　　**whisky** 〔위스끼〕 위스키

(20) **x**는 모음 앞에서는 'ㄱㅅ', 자음 앞에서는 'ㅅ' 음으로 발음된다. 그러나 **México** 〔메히꼬〕, **Texas** 〔떼하스〕는 토착어의 특별한 발음이다.
examen 〔엑사멘〕 시험　　**expreso** 〔에스쁘레소〕 급행열차

(21) **y**는 우리말의 '이' 음에 해당되는 발음이다.
yo 〔요〕 나　　**ayuda** 〔아유다〕 도움

(22) **z**는 혀를 위아래 이 사이로 내미는 치간음으로 영어의 [θ]와 같은 발음이다. 남미에서는 [s]로 발음하기도 한다.
plaza 〔쁠라싸〕 광장　　**cerveza** 〔쎄르베싸〕 맥주

4. 음절 분해

　음절이라는 것은 한번에 발음할 수 있는 음을 말하는 것이다. 한 개의 단어는 한 개의 음절, 혹은 그 이상의 음절로 구성되어 있다.
　음절의 중심은 모음이고 자음은 독립된 음절을 구성할 수 없다. 음절 분해를 할 때 2중모음(강모음+약모음, 약모음+강모음, 약모음+약모음) 및 3중모음 (iai, iei, uai, uei)은 한 개의 모음으로 간주되어 분리되지 않는다. 마찬가지로 2중자음(bl, cl, fl, gl, pl, br, cr, dr, fr, gr, pr, tr)도 한 개의 자음으로 간주되어 분리되지 않는다. ch, ll, rr도 한 개의 문자로 간주되므로 분리되지 않는다.

(1) 모음과 모음 사이에 있는 한 개의 자음은 뒤의 음절에 붙는다.
  casa: ca-sa   **cuchara: cu-cha-ra**
  calle: ca-lle   **tierra: tie-rra**

(2) 모음과 모음 사이에 있는 두 개의 자음은 분리되어 각각 앞·뒤의 음질에 붙는다.
  arma: ar-ma   **almuerzo: al-muer-zo**
  siempre: siem-pre **excelente: ex-ce-len-te**

(3) s의 바로 뒤에 자음이 오면 s는 앞 음절에 붙는다.
  instituto: ins-ti-tu-to **instinto: ins-tin-to**
  constante: cons-tan-te **instaurar: ins-tau-rar**

(4) 두 개의 강모음은 분리된다. 강모음과 약모음이 연결되어 있어도 약모음 위에 강세가 있으면 강모음이 되기 때문에 분리된다.
  real: re-al   **pelear: pe-le-ar**
  país: pa-ís   **oído: o-í-do**

5. 악센트

스페인어 악센트의 위치는 규칙적이며, 다음과 같은 세 가지 규칙이 있다.

(1) 모음 또는 **n**, **s**로 끝나는 단어는 뒤에서 두 번째 모음에 악센트가 있다.
  tab a co 〔따바꼬〕 담배 **j o ven** 〔호벤〕 젊은이
  pantal o nes 〔빤딸로네스〕 바지

(2) **n**, **s** 이외의 자음으로 끝나는 단어는 맨 뒤의 모음에 악센트가 있다.
  hospit a l 〔오스삐딸〕 병원 **arr o z** 〔아로스〕 쌀

(3) 그 외의 불규칙한 악센트를 가진 단어들은 악센트 부호(´)가 표기되어 있다.
  avión 〔아비온〕 비행기 **música** 〔무시까〕 음악

01 관사
Artículo

1. 정관사
2. 부정관사
3. 관사의 생략
4. 관용구

① 정관사 artículo definido

	단수	복수
남성	el	los
여성	la	las

1. 정관사의 형태

1. 정관사는 명사의 성·수에 일치한다.

el coche (그) 차   los coches (그) 차들
la casa (그) 집   las casas (그) 집들

2. 여성명사에 남성 정관사를 사용하는 경우가 있다.

a-나 ha-로 시작되고 그 a-나 ha-에 강세가 있는 여성명사에는 단수인 경우에 한해 여성 정관사 la 대신 남성 정관사 el을 사용한다.

el agua 물   las aguas 하천
el arma 무기   las armas 무기들
el hacha 도끼   las hachas 도끼들

남성 관사를 붙인다고 남성명사가 되는 것이 아니라 발음상의 혼동을 피하기 위하여 남성 정관사를 사용하는 것이다. 따라서 이 여성명사를 수식하는 형용사는 명사에 일치시켜 여성형을 사용해야 한다.

el arma nueva 신무기   las armas nuevas 신무기들

3. 정관사 el이 전치사 a, de와 만나면 다음과 같이 축약된다.

a+el → al   de+el → del

- Yo voy al cine. 나는 영화관에 간다.
- Es la casa del señor Blanco. 블랑꼬 씨의 집이다.

2. 정관사의 용법

1. 일반적인 의미로 전체를 나타낼 때 정관사를 사용한다.

- El hombre es mortal. 인간은 죽는 법이다.
- El jabón es barato. 비누라는 것은 싸다.
- Prefiero los perros a los gatos. 나는 고양이보다 개를 더 좋아한다.

따라서 다음과 같은 문장은 두 가지로 해석할 수 있다.

El perro anda. ① (특정한 개) 그 개는 걸어다닌다.
               ② (종족 전체) 개는 걸어다닌다.

1. 추상명사에 (특히 문장의 주어가 될 때) 정관사를 사용한다.
   - Para la salud, el sueño es necesario. 건강을 위해서는 수면이 필요하다.
   - ¿Qué son el tiempo y el espacio? 시간과 공간이라는 것은 무엇인가?

2. 동사에서 명사화된 부정사에는 정관사 el을 사용한다.
   - El viajar es más interesante que el leer. 여행이 독서보다 더 재미있다.
   - Nos despertó el ladrar del perro. 우리들은 개짖는 소리에 잠이 깼다.

2. 타이틀에 정관사를 사용한다. 단, 호칭일 때는 사용하지 않는다.

- El señor Martínez viene. 마르띠네스 씨가 오신다.
- el presidente Kennedy 케네디 대통령
- Buenos días, señor García. 안녕하십니까? 가르시아 씨.
- ¿Llamaba el señor? 그 신사분이 불렀습니까?
- ¿Llamaba, señor? 부르셨습니까? 선생님.

Nota
los señores Fernández 페르난데스 씨 부부
los Fernández 페르난데스 씨 가족

3. 신체의 일부, 몸에 지니는 것, 소유하는 것에 정관사를 사용한다.

◯ 소유의 표현: pp.515-516

- Ella tiene los ojos azules. 그녀는 파란 눈을 갖고 있다.
- Levantad la mano, chicos. 얘들아, 손을 들어라.
- Se le rompió la pierna. 그는 다리가 부러졌다.
- Nos pusimos el abrigo. 우리들은 외투를 입었다.
- Le puse el sombrero en la cabeza. 그의 머리에 모자를 씌워 주었다.

cf. Me puse su sombrero. 나는 그의 모자를 썼다.

4. 언어의 명칭에는 정관사 el을 사용한다.

- El francés es más difícil que el alemán. 프랑스어는 독일어보다 더 어렵다.

1. 동사 hablar 및 aprender의 뒤에는 el을 붙이지 않는 것을 원칙으로 한다. (estudiar, comprender, saber, leer, oír, escribir도 마찬가지임)

- Ud. habla inglés, ¿verdad?
- Ud. habla un buen inglés.
- Ud. habla bien el inglés.

2. 전치사 en, de의 뒤에서도 관사를 사용하지 않는다.

- un libro en español 스페인어 책
- nuestro profesor de latín 우리들의 라틴어 선생님

Nota
- el japonés 일본어
- los japoneses 일본인들

- un profesor de italiano 이탈리아어 교수
- un profesor italiano 이탈리아인 교수

5. 강, 바다, 산, 섬, 배, 기상 현상, 천체의 이름에는 정관사를 사용한다.
    - el (río de las) Amazonas 아마존 강
    - el (mar) Mediterráneo 지중해
    - los (montes) Pirineos 피리네 산맥
    - las (islas) Filipinas 필리핀 군도
    - el barco Titanic 타이타닉호
    - el alba 새벽
    - el arco iris 무지개
    - el sol 태양
    - la luna 달
    - la Tierra 지구

6. 고유명사에는 대개 관사를 사용하지 않지만 국명과 도시명에 수식어가 붙으면 정관사가 붙는다.
    - la España católica 카톨릭교 스페인
    - la España septentrional 북부 스페인
    - el África del Norte 북아프리카
    - el Seúl del siglo veinte 20세기의 서울

    cf. la Argentina, (el) Japón, la Habana, El Escorial

7. 스페인어의 독특한 표현으로 이름과 동격으로 쓰이는 별명에 정관사를 붙이는 것이 있다.
    - Juan el Tuerto(Bizco) 애꾸눈(사팔뜨기) 후안
    - Antonio el (que vive en) de la esquina 모퉁이의 안또니오

8. 시간, 식사, 게임에는 정관사를 사용한다.
    - Son las seis. 6시입니다.
    - a las diez 10시에
    - Antes de la comida, jugaron al tenis. 식사 전에 그들은 테니스를 쳤다.

9. 연령을 말할 때 [los+연령]과 같은 형식을 취한다. 단 tener와 함께 쓰이지 않는 경우에 한한다.

- Tenía la voz de los diez años. 그는 10살짜리 (아이의) 목소리를 갖고 있었다.
- la Guerra de los Treinta Años 30년 전쟁
- desde los catorce años 14세 때부터
- la generación del 98 98세대

cf. Mi número es el 37. 나의 번호는 37번입니다.

10. 원칙적으로 y로 연결되는 일련의 명사에 정관사를 사용한다.

- las plumas y los lápices 펜과 연필
- los niños y las niñas 소년 소녀들
- el tío y la tía de Juan 후안의 숙부와 숙모

Nota

관계가 밀접한 명사가 연결되어 있을 경우에는 관사를 맨 앞에 하나만 붙인다.
la sal y pimienta 소금과 후추   el pan y mantequilla 빵과 버터

11. 「~(몇) 일에」, 「~요일에」의 「에」는 정관사 el을 사용한다.

- Viene el domingo. 그는 일요일에 온다.
- Llegó el cinco de enero. 그는 1월 5일에 도착했다.
- La tienda está cerrada los domingos. 가게는 일요일마다 문을 닫는다.

12. 계절명에는 정관사를 붙인다. 단 en 뒤에서는 붙여도 좋고 안 붙여도 좋다.

- El invierno se acerca. 겨울이 오고 있다.
- Los cerezos florecen en la primavera. 벚꽃은 봄에 핀다.

13. 정관사는 소유대명사의 일부를 구성한다.

- Toma el mío. 내 것을 가져라.
- ¿Vas en tu coche o en el nuestro? 너는 네 차로 가니, 아니면 우리 차로 가니?

② 부정관사 artículo indefinido

	단수	복수
남성	un	unos
여성	una	unas

1. 부정관사의 형태

1. 정관사와 마찬가지로, 부정관사도 명사의 성·수에 일치한다.

un coche 한 대의 차, 어떤 차　　unos coches (몇 대의) 차, 어떤 차들
una casa 한 채의 집, 어떤 집　　unas casas (몇 채의) 집, 어떤 집들

2. 여성명사에 남성 부정관사를 사용하는 경우가 있다.

a-나 ha-로 시작되고 그 a-나 ha-에 강세가 있는 여성명사에는 단수인 경우에 한해 여성 부정관사 대신에 남성 부정관사를 사용한다. 그러나 형용사는 여성형을 사용해야 한다.

un arma (한 개의) 무기　　unas armas (몇몇의) 무기들
un hacha (한 개의) 도끼　　unas hachas (몇몇의) 도끼들

그러나 이 여성명사 앞에 형용사가 오는 경우에는 부정관사는 그대로 여성형을 사용한다.

un arma nueva 한 개의 신무기　　unas armas nuevas 몇몇의 신무기들
una buena arma 한 개의 좋은 무기　　unas buenas armas 몇몇의 좋은 무기들

2. 부정관사의 용법

1. 수를 의식하며 말할 때 사용한다.

- Tiene una hija. 그는 딸이 하나 있다.
- En casa tenemos un Murillo. 우리 집에 무리요의 그림이 한 장 있다.
- Compré unos discos. 나는 디스크를 몇 장 샀다.

> **Nota**
> 부정관사의 복수형 unos(unas)는 「약 ~」, 「대략」을 의미한다.
> unas cincuenta páginas 약 50페이지

2. 「비유해서 말하면」의 의미로 부정관사를 사용하는 경우가 있다.

- Sabe nadar como un pez. 그는 물고기처럼 수영을 잘 한다.
- Me trató como un hermano. 그는 나를 형제처럼 대해 주었다.
- Es un Cervantes. 그는 말하자면 세르반테스이다. (대단한 작가)
- Habla como rector. 그는 총장으로서 말한다.
- Habla como un rector. 그는 총장처럼 말한다. (총장이 아님)

3. 종족 전체의 대표를 말할 경우에는 부정관사 단수형을 사용한다.

- Un hombre no llora. 남자는 울지 않는 법이다.
- A nadie amarga un dulce. 단 것은 아무에게도 고통을 주지 않는다.
- Un buen amigo es un tesoro. 좋은 친구는 보배이다.

4. 부정관사는 강조를 나타내기도 한다.

- Tengo una familia que mantener. 나는 부양해야 할 가족이라는 것이 있다.
- Hay unos padres que sufren por ti. 너 때문에 고통받는 부모님이 있단다.
- ¡Eres un soldado! 너는 일개 병사일 뿐이야!

5. 스페인어의 부정관사는 명사를 차별화하는, 즉 다른 것과 다름을 강조하는 기능이 있다.

- Ella tiene el pelo muy negro. 그녀는 매우 검은 머리를 갖고 있다.
- Ella tiene un pelo muy negro. 그녀는 대단히 검은 머리를 갖고 있다.

③ 관사의 생략 omisión del artículo

1. **속담, 책의 제목 등에는 관사를 사용하지 않는 경우가 많다.**

   - Agua pasada no mueve molino.
     흘러가 버린 물은 물레방아를 돌리지 못한다.
   - Más vale pájaro en mano que buitre volando.
     (붙잡을 수 없는) 날고 있는 큰 까마귀보다 손 안에 있는 작은 새가 낫다.
   - Guerra y Paz 전쟁과 평화
   - Sangre y arena 피와 모래

2. **ser 동사를 사용해서 국적, 신분, 직업, 종교를 말할 때는 관사를 생략한다.**

   - Soy panameño. 나는 파나마인입니다. [국적]
   - Mi hermano es médico. 나의 형은 의사입니다. [직업]
   - Ella es estudiante. 그녀는 학생입니다. [신분]
   - Soy católico(budista). 나는 카톨릭교도(불교도)입니다.
   - Es profesor de lenguas extranjeras. 그는 외국어 교사입니다. [신분]

   그러나 수식어가 붙으면 관사를 사용한다.

   - Antonio es un italiano rubio. 안또니오는 금발의 이탈리아인입니다.
   - Es un médico muy bueno. 그는 매우 훌륭한 의사입니다.
   - Es una muchacha habladora. 그녀는 말 많은 소녀입니다.

   cf. ┌ Es ladrón. 그 사람은 도둑이다. [신분]
   │ Es un ladrón. 그 사람은 도둑같은 사람이다. [신분이 아님]
   └ Es el ladrón. 그 사람이 바로 그 도둑이다.

3. **hay, tener, buscar 등과 같은 동사를 사용하여 단지 존재 여부를 말할 경우에는 관사를 사용하지 않는다.**

   - ¿Hay médico aquí? 여기에 의사가 있습니까?

- ¿Tengo fiebre? (의사에게) 저에게 열이 있습니까?
- ¿Tiene usted dinero? 당신, 돈 좀 갖고 있습니까?
- No tengo reloj. 나는 시계를 갖고 있지 않다.

그러나 수식어가 붙어 있을 때와 「하나」라고 수를 한정할 때는 부정관사를 쓴다.

- Hay un médico muy bueno. 매우 좋은 의사가 있다.
- Tiene una fiebre muy alta. 그는 매우 높은 열이 있습니다.

4. 물질명사로서 부분을 의미할 때는 관사를 생략한다. ○ 전치사 de: p.353

- Dame agua. 물 좀 다오.
- Bebimos vino. 우리들은 포도주를 마셨다.
- Hemos comido pescado. 우리들은 생선을 먹었다.
- ¿Dónde se compra leche? 어디에서 우유를 살 수 있습니까?
- La locomotora echa humo. 기관차는 연기를 내뿜는다.
- Ten paciencia. 참아라.
- Tengo miedo. 나는 두렵다.

cf. ┌ dejar paso   통행을 허락하다 [부분적]
    └ cerrar el paso 통행을 폐쇄하다 [전체적]

그러나 부분 또는 추상명사라도 수식어가 있으면 un, una를 동반할 수 있다.

- Nos dieron un buen vino. 우리들은 좋은 포도주를 대접 받았다.
- Tiene una voluntad de hierro. 그는 강철같은 의지를 갖고 있다.

5. 동격에서는 관사를 생략한다.

- Alfonso, rey de España 스페인 국왕 알폰소
- Mi amigo, médico de Nueva York 뉴욕 출신 의사인 내 친구
- Bogotá, capital de Colombia 콜롬비아의 수도 보고타

6. cien, mil, medio, cierto(어떤)의 앞에는 un, una를 붙일 수 없다.

- cien personas 백 명의 사람들
- mil dólares 천 달러
- media docena 반 다스

- cierta mujer 어떤 여자

7. ¡qué!, con, sin, de, por, desde, cuando, aunque, tal, otro 등에 명사가 연결될 경우에는 원칙적으로 un, una를 사용하지 않는다.

    - ¿Hay alguien sin libro? 책이 없는 사람이 있습니까?
    - Sirvió de guía. 그는 안내원 역할을 했다.
    - Me tomaron por actor. 그들은 나를 배우로 오인했다.
    - Lo recuerdo desde niño. 나는 그것을 어릴 때부터 기억하고 있다.
    - Lo aprendí cuando niño. 나는 그것을 어릴 때 배웠다.
    - Aunque niño, él sabe más que yo. 그는 어리긴 해도 나보다 더 많이 알고 있다.
    - Él nunca haría tal cosa. 그는 결코 그런 일은 하지 않을 것이다.
    - Ahora tenemos que buscar otro. 지금은 우리가 또 다른 것을 찾아야만 한다.

8. [전치사+명사]로 재료, 도구를 의미할 때는 관사를 생략한다.

    - un traje de lana. 모직으로 만든 옷
    - un traje de la lana que compré en Inglaterra.
      내가 영국에서 샀던 그 모직으로 만든 옷
    - abrir la puerta con llave 열쇠로 문을 열다
    - Usaba una concha a manera de plato. 그는 조개를 접시처럼 사용하고 있었다.

9. 습득하는 것에는 관사를 사용하지 않는다.

    - Estudia(Aprende) (la) química.
      그는 화학을 공부한다(배우고 있다).
    - ¿Sabe(Habla, Lee) Ud. español?
      당신은 스페인어를 아십니까(말하십니까, 읽습니까)?
    - Sabe escribir(leer, hablar) (el) francés.
      그는 프랑스어를 쓸 줄 안다(읽을 줄 안다, 말할 줄 안다).

10. no es sino, no es más que의 뒤에서는 관사를 생략한다.

    - No es (otra cosa) sino excusa para llegar tarde.
      그것은 늦게 오기 위한 변명에 불과하다.
    - No es más que motivo de disturbios.
      그것은 단지 소요의 동기일 뿐이다.

④ 관용구 frases hechas

1. 관용구에서는 관사의 사용이 규칙적이지 않다.

- tomar el desayuno(el almuerzo, la cena) 아침(점심, 저녁)을 먹다
- ir a la escuela(a la iglesia) 등교하다(교회에 가다)
- Lo metieron en la cárcel. 그는 감옥에 수감되었다.
- venir del trabajo 일터에서 돌아오다(퇴근하다)
- estar en la iglesia 예배 중이다
- sentarse a la mesa 식탁에 앉다
- toda la noche 밤새도록
- en primer lugar 우선, (맨) 먼저
- por segunda vez 두 번째로
- a decir verdad 사실대로 말하면
- en fin 결국은
- en voz baja 낮은 목소리로

2. 스페인어 자체 내에서도 관사의 사용이 일정하지 않은 경우가 있다.

- en todas partes 모든 곳에
- en todos los sitios 모든 곳에
- llamar la atención 주의를 끌다
- prestar atención 주의를 기울이다
- penetrar en tierra 땅 속을 뚫고 들어가다
- penetrar en el mar 바다에 뛰어들다
- debajo de tierra 지하에, 땅 속에
- debajo del agua 물 아래

3. 관사가 있느냐 없느냐에 따라 의미가 변하는 경우가 있다.

- ir a clase 수업 받으러 가다
- ir a la clase 교실로 가다

- Hace cama desde el viernes. 그녀는 금요일부터 자고 있다.
- Hace la cama todos los días. 그녀는 매일 잠자리를 준비한다.
- Tiene mala lengua. 입이 험한 사람이다.
- Tiene mala la lengua. 혀를 앓고 있다.
- Perdió pie y se ahogó. 그는 실족하여 물에 빠졌다.
- Perdió un pie en un accidente. 그는 사고로 한쪽 발을 잃었다.

Nota

- Compró automóvil. 그는 차를 샀다. (샀다는 것만을 의미)
- Compró el automóvil. 그 차를 샀다.
- Compró un automóvil. 차 한 대를 샀다.

- Dejó hijos y mujer. 〔추상적〕 그는 처자를 버렸다.
- Dejó los hijos y la mujer. 〔구체적〕 그는 그 아이들과 아내를 버렸다.
- Dejó unos hijos y una mujer. 〔일반적〕 그는 처와 아이들을 버렸다.

- Voy en coche. 나는 차로 간다.
- Voy en el coche que compré ayer. 나는 어제 산 차로 간다.
- Voy en un coche que me han prestado. 나는 빌린 차로 간다.

02 명 사
Sustantivo

1. 명사의 성
2. 명사의 수

① 명사의 성 género

1. 자연적인 성과 문법적인 성

자연적인 성 sexo와 문법상의 성 género는 일치하지 않는 때가 있다. 문법에서 말하는 성 género gramatical은 어디까지나 언어의 성이다. 따라서 문법상의 남성이 실제는 여성, 문법상의 여성이 실제는 남성인 경우도 있다.

- El señor González es una persona muy buena.
  곤살레스 씨는 매우 좋은 사람입니다.

usted, señoría, excelencia(각하), eminencia(예하), (su) alteza(전하), majestad(폐하) 등은 의미하고 있는 사람의 성에 따라 남성도 되고 여성도 된다.

- Su Alteza es justo y bondadoso. 전하는 공정하고 온후하시다.

2. 어미에 의한 명사의 성

1. 다음과 같은 어미로 끝나는 명사는 대부분 여성이다.

-a	mesa 탁자, rosa 장미, tía 숙모, moneda 화폐
-ad	amistad 우정, universidad 대학교, ciudad 도시
-ión	conversación 회화, ocasión 기회, cuestión 문제
-ie	superficie 표면, especie 종류, canicie 백발
-z	nariz 코, cruz 십자가, paz 평화, voz 목소리
-umbre	costumbre 습관, incertidumbre 불확실
-sis	tesis 논문, crisis 위기, síntesis 총합, antítesis 대칭

> 예외

- **-d** el huésped 손님, el sud [고] 남쪽, el ardid 책략
- **-z** el lápiz 연필, el pez 물고기, el arroz 쌀
- **-ón** el camión 트럭, el sarampión 홍역, el noticón 빅 뉴스
  el familión 대가족

2. 남성명사는 -o, -or, -ma, -n 등으로 끝나는 경우가 많다.

- **-o** libro 책, niño 남아, tío 숙부
- **-or** actor 배우, amor 사랑, conductor 운전수, trabajador 일꾼
- **-ma** drama 드라마, diploma 졸업증서, cinema 영화, clima 기후, idioma 언어, panorama 전경, poema 시, problema 문제, tema 주제, telegrama 전보
- **-n** león 사자, clarín 나팔, examen 시험, campeón 우승자

3. 불규칙한 성

el día 날
la mano 손
la corriente 개울
la clase 수업, 종류
la gente 사람들
la flor 꽃
la ley 법률
el mapa 지도
la calle 거리
la fe 신앙
la frase 구
la fuente 분수, 샘
el tranvía 전차
la carne 고기
la leche 우유
la torre 탑, 고층건물
la nieve 눈

la llave 열쇠
la fiebre 열
la muerte 죽음
la sangre 피
la sal 소금
la señal 표시
la suerte 운
la tarde 오후
la piel 가죽
la cárcel 감옥
la razón 이유
la tos 기침
la serpiente 뱀
la noche 밤
la miel 꿀
la imagen 상, 이미지
la labor 일, 노동

> **Nota**
> 1. -e로 끝나는 명사에는 단연 여성이 많지만 남성도 있다.
>   conde 백작, duque 공작, héroe 영웅, monje 수도승, bosque 숲
> 2. -l로 끝나는 명사에는 남성이 다수 있다.
>   español 스페인어, cónsul 영사, animal 동물, papel 종이, sol 태양

4. 남성·여성의 형태가 동일한 명사

pianista 피아니스트
artista 예술가
estudiante 학생
camarada 친구
guarda 감시인
modelo 모델(사람)
cómplice 공범자
periodista 기자
oficinista 사무원
atleta 운동선수

compatriota 동포
testigo 증인
reo 죄인
consorte 배우자
comunista 공산주의자
deportista 스포츠맨
espía 스파이
belga 벨기에인
indígena 원주민
cliente 고객

5. 축소사와 증대사에 의한 성의 변화

⎡ el zapato 구두
⎣ la zapatilla 슬리퍼

⎡ el camión 트럭
⎣ la camioneta 소형 트럭

⎡ la noticia 뉴스
⎣ el notición 빅 뉴스

⎡ la camisa 셔츠
⎣ el camisón 슈미즈

6. 같은 계통의 단어는 일반적으로 여성형이 더 큰 의미를 갖는다.

⎡ el charco 물웅덩이
⎣ la charca 연못

⎡ el canasto 위가 좁은 광주리
⎣ la canasta 넓은 광주리

⎡ el jarro 물주전자
⎣ la jarra 항아리

⎡ el saco 자루
⎣ la saca 큰 자루

⎡ el anillo 반지
⎣ la anilla 쇠고리

⎡ el cuchillo 식칼
⎣ la cuchilla 칼

⎡ el manto 망토
⎣ la manta 모포

⎡ el prado 목장
⎣ la pradera 큰 목장

7. 남성복수는 여성을 포함한다. (여성복수는 남성을 포함할 수 없다)

    mis padres 나의 부모   mis hijos 나의 자식들
    los reyes 국왕부처   mis abuelos 나의 조부모

> **Nota**
>
> 단수로 양성을 대표할 때는 남성을 사용한다.
> Apareció el hombre sobre la tierra. 지구상에 인간이 나타났다.
> ¿Cuál es más alto, la casa o el árbol? 그 나무와 집은 어느 쪽이 더 높니?

8. 남성·여성에 따라 어형이 다른 명사

    ⎡ caballo (숫)말   ⎡ yerno 사위
    ⎣ yegua 암말   ⎣ nuera 며느리
    ⎡ toro 황소   ⎡ varón 남자
    ⎣ vaca 암소   ⎣ hembra 여자
    ⎡ carnero 숫양   ⎡ padre 아버지
    ⎣ oveja (암)양   ⎣ madre 어머니

3. 성에 따라 의미가 다른 명사

1. 남성·여성 동형어 (성은 관사에 의해 구별된다)

    ⎡ el ayuda 하인   ⎡ el cabeza 두목
    ⎣ la ayuda 도움, 원조   ⎣ la cabeza 머리
    ⎡ el capital 자본   ⎡ el cólera 콜레라
    ⎣ la capital 수도   ⎣ la cólera 노함
    ⎡ el cometa 혜성   ⎡ el corte 절단(면)
    ⎣ la cometa 연   ⎣ la corte 궁정, 수행원들
    ⎡ el cura 주지승, 사제   ⎡ el delta 삼각주
    ⎣ la cura 치료 (curar)   ⎣ la delta (그리스어의) 델타
    ⎡ el doblez 주름   ⎡ el frente (건물의) 정면, 전선
    ⎣ la doblez 의뭉   ⎣ la frente 이마

- el Génesis 창세기
- la génesis 기원
- el guía 안내자
- la guía 안내서
- el orden 순서, 질서
- la orden 명령, 수도회
- el pendiente 귀걸이
- la pendiente 비탈길
- el radio 반경, 라듐, 라디오
- la radio 라디오(방송)

- el guardia 경비병
- la guardia 경비대
- el moral 뽕나무
- la moral 도덕
- el parte 통지
- la parte 부분
- el policía 순경
- la policía 경찰
- el tema 주제
- la tema 고집

2. 어미 -o, -a에 따라 의미가 달라지는 명사

- el acero 강철
- la acera 보도
- el calzado 발에 신는 것
- la calzada 돌을 깐 보도
- el deudo 친척
- la deuda 차용금, 빚
- el fondo 바닥, 자금
- la fonda 숙박소
- el gimnasio 체육관
- la gimnasia 체조
- el lomo 등
- la loma 구릉
- el modo 방법
- la moda 유행
- el palo 봉
- la pala 삽, 쟁기
- el peso 페소, 무게
- la pesa 추
- el resto 나머지
- la resta 뺄셈

- el bando 도당, 무리, 포고
- la banda 악대, 새떼, 현장
- el cartero 우체부
- la cartera 돈지갑
- el estadístico 통계학자
- la estadística 통계(학)
- el fruto 열매, 성과
- la fruta (먹을 수 있는) 과일
- el gorro 두건
- la gorra (챙이 있는) 모자
- el mango 손잡이, 망고
- la manga 옷소매, 파이프
- el moro 모로인
- la mora 오디, 뽕나무 열매
- el partido 당, 팀, 시합
- la partida 출발, 승부
- el punto 점, 점수
- la punta 끝, 곶
- el río 강
- la ría 강 어귀

- el suelo 바닥, 지면
- la suela (구두의) 밑창

- el tormento 고통, 고문
- la tormenta 폭풍, 비운

3. 나무의 명칭은 남성이고 과일의 명칭은 여성인 명사

- almendro 아몬드나무
- almendra 아몬드 열매
- cerezo 벚나무, 앵두나무
- cereza 버찌, 앵두
- manzano 사과나무
- manzana 사과
- naranjo 밀감나무
- naranja 밀감

- castaño 밤나무
- castaña 밤
- ciruelo 자두나무
- ciruela 자두
- olivo 올리브나무
- oliva 올리브 열매 (=aceituna)

Nota

그러나 항상 남성명사가 나무이고 여성명사가 열매인 것은 아니다.

- el melocotón 복숭아
- el melocotonero 복숭아나무
- el higo 무화과
- la higuera 무화과나무

- el limón 레몬
- el limonero 레몬나무
- la uva 포도
- la vid 포도나무

② 명사의 수 número

1. 단수와 복수

1. 복수형을 만드는 방법

1. 악센트 없는 모음 (é는 예외)으로 끝나면 -s를 첨가한다.

    libro → libros   coche → coches
    cara → caras   café → cafés

2. 그 이외의 경우에는 -es를 첨가한다.

    buey → bueyes   marroquí → marroquíes
    papel → papeles   estación → estaciones

Nota

> 그 외에 -z, -c로 끝나는 명사는 다음과 같은 방법으로 복수형을 만든다.
> -z → ces : lápiz → lápices
> -c → ques : frac → fraques

2. 단·복수 동형어

  단수형인 동시에 복수형이 되는 명사이며, 주로 -s로 끝나는 명사가 여기 해당한다. lunes, martes 등과 같이 -s로 끝나는 요일명과 cortaplumas, rompeolas와 같은 합성어, 그리고 déficit(적자), ultimátum(최후통첩), tórax(흉곽) 등과 같은 명사들이 있다.

    la crisis 위기 → las crisis
    la tesis 논문 → las tesis
    el viernes 금요일 → los viernes

3. 항상 복수형으로 쓰이는 명사

    afueras 근교   alicates 펜치
    anales 연대기   tenazas 못뽑이, 집게
    analectas 선집, 어록   pinzas 핀셋
    herramientas 도구   esposas 수갑
    matemáticas 수학   pantalones 바지
    noticias 뉴스   calzoncillos 팬티
    utensilios 도구   enaguas 속치마
    comestibles 식료품   esponsales 약혼

facciones 얼굴 생김새
gafas 안경
gemelos 쌍안경
tijeras 가위

exequias 장례
nupcias 혼례
tinieblas 어둠, 암흑
vacaciones 휴가, 방학

4. 단수형일 때와 복수형일 때 의미가 다른 명사

- agua 물
- aguas 바다, 해역
- amor 사랑
- amores 연애
- autoridad 권위
- autoridades 관헌, 당국
- celo 열심
- celos 질투
- condición 기질, 천성
- condiciónes 적응성, 재능
- día 날
- días 생애, 시기
- facilidad 용이함
- facilidades 편의, 시설
- gracia 애교, 기품
- gracias 감사
- India 인도
- las Indias 아메리카 대륙
- lente 렌즈
- lentes 안경
- polvo 먼지
- polvos 분말 제품
- resto 나머지
- restos 유골, 유해
- uno 하나
- unos 약간의, 몇몇의

- alrededor 주위
- alrededores 근교, 교외
- ánimo 의지, 목적
- ánimos 활기
- bien 선
- bienes 재산
- cercanía 가까움
- cercanías 근교, 교외
- costilla 늑골
- costillas 등, 어깨
- dinero 돈
- dineros 자금
- fuerza 힘
- fuerzas 군대, 세력
- impertinente 건방지고 뻔뻔스러운 사람
- impertinentes 손잡이가 달린 부인용 안경
- inmediación 인접
- inmediaciones 부근
- letra 문자
- letras 문학
- proporción 비례, 균형
- proporciones 면적, 기회
- trabajo 일
- trabajos 빈궁, 고역
- valor 가치
- valores 증권

5. 단·복수 두 형태 모두 같은 의미로 쓰이는 명사

- el bigote 콧수염
- los bigotes
- la espalda 등
- las espaldas
- la nariz 코
- las narices

- el funeral 장례식
- los funerales
- la boda 결혼(식)
- las bodas

6. 각 개인의 소유물은 단수 취급

- Levantan la mano. 그들은 손을 든다. (양손의 경우에는 las manos)
- Todos los chicos tienen coche. 남자 아이들은 모두 차를 갖고 있다.

cf. Ondean sus pañuelos. 그들은 손수건을 흔들고 있다.
(복수 형태를 사용하여 많이 펄럭이고 있음을 강조)

2. 집합명사·물질명사·추상명사

1. 명사의 분류

1. 집합명사: 같은 류의 개체의 집합체, 혹은 무한정한 수의 집단을 말한다.

(사람)
gente 사람들
muchedumbre 군중
pueblo 국민
tropa 무리, 군대
marina 해군
ejército 군대, 육군

(동물)
rebaño 가축무리
bandada 새떼
enjambre 벌떼
manada 떼, 무리

(식물)
arboleda 나무숲
pinar 소나무숲

(무생물·수량)
maquinaria 기계(류)
vocabulario 어휘

olivar 올리브밭
rosal 장미원
naranjal 밀감밭

constelación 별자리
par 짝, 쌍
docena 타스
grupo 그룹, 집단
mitad 절반
conjunto 전체, 총괄
resto 나머지
parte 부분

2. 물질명사: 어떤 한정된 물체를 말하는 것이 아니고 그 이름이 갖는 모든 자질을 소유하며 형태와 크기가 한정되지 않은 물체를 말한다.

물질명사

madera 목재
hierro 철
agua 물
plata 은
aire 공기

piedra 돌
harina 밀가루
carne 고기(육류)
vino 포도주
arroz 쌀

3. 추상명사: 추상적 개념이나 현상을 나타내는 명사이다.

tiempo 시간
espacio 공간
paz 평화
filosofía 철학
paciencia 인내
idea 생각
movimiento 운동

verdad 진실, 진리
razón 이유
concepto 개념
amor 사랑
justicia 정의
belleza 아름다움

Nota

집합명사(단수형)는 가산명사(복수형)로 바꾸어 말할 수 있다.

el auditorio 청중	→	los asistentes 출석자
la clero 승려단	→	los sacerdotes 승려
la pradera 목장	→	los prados 목장
la tripulación 승무원	→	los tripulantes 승무원

2. 스페인어의 집합명사, 물질명사, 추상명사는 가산명사가 될 수 있다.

gente - gentes
arena - arenas
lana - lanas
vino - vinos
música - músicas
tiempo - tiempos

docena - docenas
nieve - nieves
pan - panes
miel - mieles
amistad - amistades
frío - fríos

3. 용기에 들어 있는 물질은 용기를 생략하여 복수형으로 말할 수 있다.

- una cerveza (una botella de cerveza) 맥주 한 병
- dos cafés (dos tazas de café) 커피 두 잔
- dos tizas (dos barretas de tiza) 분필 두 개

Nota

dos pastillas de jabón 비누 두 장
dos motas de algodón 무명 두 마디
dos trozos de madera 나무 두 조각

4. 용기에 물건이 들어 있는 경우, 그 합성구의 가산명사는 복수형이 되지만 물질명사는 복수형이 될 수 없다.

- una caja de lápices 연필 한 상자
- una caja de arena 모래 한 상자
- una olla de frijoles (가득한) 강낭콩 한 냄비
- una olla de arroz (가득한) 쌀 한 냄비
- un cesto de huevos (가득한) 달걀 한 바구니
- un cesto de fruta (가득한) 과일 한 바구니

5. 복수의 의미가 아닌 경우에 복수형을 사용할 때가 있다.

1. 반복성이 있다.

- Tocan las sirenas. 사이렌을 울린다.
- Mi padre daba lecciones de inglés.
  아버지는 영어를 가르치고 계셨다. (한 번이 아니다)

- Este perro da saltos muy altos.
  이 개는 매우 높이 뛰어 오른다. (한 번일 때는 da un salto)
- Acabaron las lluvias. 비가 멈췄다. (여러 번 내렸었다)

2. 공간적 · 시간적 확대성이 있다.

- a últimas(primeras) horas de la tarde 오후가 다 지나갈 무렵(시작될 무렵)
- A última hora todo se solucionó. 막판에 모든 것이 해결되었다.

- la mocedad 청춘
- las mocedades 청춘시대

cf.
- a esta hora 이 시간에
- a estas horas (a las doce 등을 의식)

Nota

「~군도」라는 것은 복수로 하는 것은 물론이고 산맥의 이름도 공간적 확대와 산이 많다는 의미로서 복수형을 취한다.

los Alpes, los Andes, los Pirineos, los Urales, las Filipinas, las Canarias

3. 주상명사의 복수형은 구체적인 의미를 갖는다. 단수는 수로 주상석 의미를 나타내는 반면, 복수는 일이나 물건의 크기, 내용, 수량 등의 구체성을 띤다.

- Hoy es pura vacación. 오늘은 완전한 휴일이다. [관념적]
- las vacaciones de verano 여름방학 [구체적]

4. 실물은 하나라도 비유와 숙어에서는 자주 복수형을 취한다. 다음 예문에서 볼 수 있듯이, (a)에서는 단수형(espalda)을 사용하고, (b)에서는 복수형(espaldas)을 사용한다.

(a) Me duele la espalda. 나는 등이 아프다.
    Nos volvió la espalda. 그는 우리에게 등을 돌렸다.
    Tiene la espalda encorvada. 그의 등은 구부정하다.

(b) Caminábamos con la mochila a las espaldas.
    우리들은 배낭을 짊어지고 걷고 있었다.
    Lo hizo a espaldas de sus padres. 그는 그것을 부모님들 모르게 했다.
    Tiene buenas espaldas. 그는 참을성이 많다.

⎡ Alguien está a la puerta. 누군가가 문간에 있다.
⎣ Anteayer estaba a las puertas de la muerte.
　그는 그저께 지옥 문턱까지 가 있었다.

　andar a gatas　기어가다, 발로 기다
　cobrar carnes　살이 붙다
　tener nervios de hierro　대담하다

6. 셀 수 있는 것과 관련하여 능력·효과·사이즈 등을 말할 때 집합명사화 하는 경우가 있다. 특히 형용사 mucho를 자주 사용한다.

- Se fabrica mucha camisa en este lugar.
　이곳에서는 많은 셔츠를 생산한다.
- En España hay mucha fruta: naranjas, almendras, manzanas, etc.
　스페인에는 밀감, 아몬드, 사과 등 과일이 많이 있다.

cf. ⎡ Esa es mucha mujer. 그녀는 대단한 여자다.
　　⎣ Tiene mucha cabeza. 그는 영리하다.

7. 「수의 많음」을 tanto를 사용해서 단수로 말하는 경우가 있다.

- No sé de dónde saca tanta mentira.
　어디에서 그런 거짓말이 나오는지 모르겠어.
- En mi vida he visto tantos chicos.
　지금까지 이렇게 많은 소년들을 본 적이 없다.

3. 수의 일치

1. 단수형의 집합명사가 주어일 때 동사는 단수형을 사용한다.
    - Toda la gente está cantando.　사람들은 모두 노래 부르고 있다.
    - Nuestro pueblo es independiente.　우리 국민은 독립심이 강하다.

2. 집합명사가 복수형을 취하면 「여러 가지의」라는 의미이다.
    - muchas gentes　여러 종류의 사람들
    - derecho de gentes　(여러 계층의) 사람들의 권리, 국민의 권리
    - varios pueblos　여러 국민 ('마을'일 때는 셀 수 있다)

3. 수의 취급에 주의를 요하는 경우

1. cada 「각각의」는 단수형태만 있다.

   - Cada alumno tiene su libro. 학생들은 각자의 책을 갖고 있다.
   - Viene a mi casa cada lunes. 그는 월요일마다 나의 집에 온다.

2. sendos(as) 「각자 하나씩」은 복수형태만 있다.

   - Ellos venían en sendas bicicletas. 그들은 각자 자전거로 왔다.
   - Dio a ambos sendos golpes. 그는 두 사람을 한 대씩 때렸다.

3. ambos(as) 「양쪽의」는 항상 복수형태를 취한다.

   - Soy amigo de ambos hermanos. 〔형용사〕 나는 그 두 형제 모두의 친구입니다.
   - Ambos me interesan. 〔대명사〕 둘 다 흥미가 있습니다.

4. demás는 성·수가 변화하지 않으며, 주로 정관사를 동반한다.

   - la demás familia 그 외의 가족
   - No me importa lo demás. 그 외의 것은 나에게는 문제가 되지 않는다.
   - Los demás no han podido venir. 그 외의 사람들은 올 수가 없었다.
   - Las demás señoras están en la reunión. 그 외의 부인들은 모임에 와 있습니다.

4. 집합명사가 주어가 될 때, 그 명사를 하나의 집합체로 보는지 아니면 각각의 모임으로 보는지에 따라 동사는 단수가 되기도 하고 복수가 되기도 한다.

- La mayor parte de los soldados murieron. 대부분의 병사들은 죽었다.
  〔집합명사+de+-s+V복수〕

집합체가 복수라는 점이 문맥에 나와 있으면 동사는 복수형이 될 수 있다. 이것을 「의의적 대조 silepsis」라고 부른다.

이 집합명사 mayoría(대부분), mitad(절반), tercio(1/3), parte(부분), resto(나머지) 등은 동사를 단·복수 둘 다 취한다.

- Una pareja pasa por el puente.
  두 사람의 일행이 다리를 지나고 있다.
- Una pareja de ciclistas pasan por el puente.
  싸이클 선수 한 쌍이 다리를 통과하고 있다.

- La mayoría no lo aceptará.
  대다수는 그것을 받아들이지 않을 것이다.
- La mayoría de los estudiantes no lo aceptarán.
  대다수의 학생들은 그것을 받아들이지 않을 것이다.

> **Nota**
>
> 단수성이 강조되면 이미 동사는 복수형을 취할 수 없다.
>
> **Ninguno de los alumnos trajo el libro.**
> 학생들 중 아무도 책을 가져 오지 않았다. (trajeron은 불가)

1. 의미적 측면에서 동사의 단·복수가 결정된다.

   - Este conjunto de actores es estupendo.
     이 배우들 전체는 훌륭하다. (일괄하여 다루고 있다)

2. 집단 전체가 같은 일을 하고 있을 때는 단수형이 되고, 집단 개개인이 다른 일을 하고 있을 때는 복수형이 되는 경향이 있다.

   - La gente bailaba alegremente en la plaza, pero cuando empezó a tronar, se dispersaron por las calles vecinas.
     사람들은 광장에서 즐겁게 춤추고 있었지만 천둥이 치기 시작하자 근처의 거리로 흩어져 버렸다.

3. 주어와 동사의 위치도 수에 영향을 준다.

   - Un grupo de amigos venían por la calle.
   - Venía un grupo de amigos por la calle.
     한 그룹의 친구들이 거리로 오고 있었다.

4. 형용사의 위치도 영향을 준다.

   - Un grupo de simpáticas alumnas recibieron después su diploma.
     한 그룹의 상냥한 여학생들은 후에 졸업증서를 받았다.
   - Un selecto grupo de alumnas recibió después su diploma.
     선택된 한 그룹의 여학생들이 후에 졸업증서를 받았다.

5. 문법적으로 단수인 말을 보충하는 동사는 복수형을 취할 수 없다.

   - El vecindario, conmovido por sus elocuentes palabras, aplaudió con entusiasmo.
     주민들은 그의 웅변적인 말에 감동하여 열광적으로 박수를 보냈다.

5. 주어가 A y B이고 이것보다 술어동사가 선행할 때 그 술어동사의 수는 A에만 일치시키는 경우가 많다. (특히 회화체에서)

- Le parece todavía poco el sueldo y las gratificaciones.
- El sueldo y las gratificaciones le parecen tadavía pocos.
  그에게는 월급과 보너스가 아직 적다고 생각된다.

6. 둘 이상의 부정사가 주어일 경우에 동사는 단수가 된다. 이것은 부정사를 중성으로 보기 때문이다. 그러나 이 부정사에 관사가 동반되면 명사에 상응하기 때문에 동사는 복수가 된다.

- Mentir, calumniar y murmurar es indigno de todo hombre decente.
- El mentir, el calumniar y el murmurar son indignos de todo hombre decente.
  거짓말하는 것, 중상모략하는 것, 험담하는 것은 품위있는 사람들에게는 가치없는 것이다.

Nota

두 개 이상의 부정사가 내용이 반대되는 경우에는 복수 취급을 한다.

Holgazanear y aprender son incompatibles.
게으름 피우는 것과 배우는 것은 서로 양립할 수 없다.

7. 하나의 개념을 이루는 복합주어는 [El S_1 y S_2+$V_{단수}$]와 같이 단수로 취급한다. 단, S_2에도 관사가 붙으면 동사는 복수가 된다.

- La entrada y salida de vapores ha sido aplazada.
- La entrada y la salida de vapores han sido aplazadas.
  기선의 입출항은 연기되었다.

- La oferta y demanda depende de la situación del país.
- La oferta y la demanda dependen de la situación del país.
  수요와 공급은 그 나라의 사정에 달려있다.

8. (El) que ~y (el) que~ +$V_{단수}$

- (El) que ella lo afirme y (el) que tú lo niegues me da mucho de pensar.
  그녀가 그것을 긍정하는 것과 네가 그것을 부정하는 것은 나에게 많은 생각을 하게 한다.

9. 중성대명사 두 개 이상이 주어일 때도 동사는 단수가 된다.

- Esto y lo que dijo de su amistad con Luisa me desagradó mucho.
  이것과 그가 루이사와의 우정에 관해 말한 것은 나를 매우 불쾌하게 했다.

Nota

> 단, 부정사처럼 상호의 뜻 또는 대칭적인 내용일 때는 복수로 취급한다.
> Esto y lo que Vd. afirma están en absoluto desacuerdo.
> 이것과 당신이 시인하는 것은 전혀 일치하지 않습니다.

10. 중성과 유성의 주어는 단 · 복수 어느 쪽이라도 좋다.

- Lo escaso de la población y la general desidia produce (=producen) la miseria del pueblo.
  인구가 적은 것과 일반적인 태만은 그 국민의 빈궁의 원인이 되고 있다.

11. $\begin{array}{l} \text{Ni A ni B}+\text{V}_{복수} \\ \text{No}+\text{V}_{단수}+\text{ni}+\text{A}+\text{ni}+\text{B} \end{array}$

- Ni Luisa ni Josefina sabían su nombre.
  루이사도 호세피나도 그의 이름을 몰랐다.
- No me agrada (또는 agradan) ni el lugar, ni la hora.
  나는 장소도 시간도 마음에 들지 않는다.

cf. Ni súplicas ni promesas, ni amenazas, nada lo impresionó.
애원도 약속도 협박도, 아무 것도 그의 마음을 바꾸지 못했다.

12. [A+o+B]의 주어는 분리의 뉘앙스가 어떤가에 따라 동사의 단 · 복수가 결정된다.

$\text{A}+\text{o}+\text{B}+\text{V}_{복수}$ (A, B 모두 V를 행할 수 없는 경우는 V단수)
$\text{V}_{단수}+\text{A}+\text{o}+\text{B}$

- María o Pedro vendrán a verte.
  마리아나 뻬드로가 너를 만나러 올 것이다.
- Ella o él había de quedarse.
  그녀나 그가 남아야 했다.
- Irá(Irán) a cogerlos María o Pedro.
  마리아나 뻬드로가 그것들을 가지러 갈 것이다.

13. [A+con B]와 같은 형태처럼 주어에 부가되는 말이 있을 때는 복합으로 간주하여 동사는 복수가 된다.

- La maestra con su alumna
- La maestra como su alumna
- Tanto la maestra como su alumna
  fueron bien recibidas.
  그 여선생도 여학생도 환영을 받았다.

Nota

위의 문형에서 B가 주어의 일부를 이루지 않을 때, 또는 A와 B가 같은 부류가 아닌 경우에 동사는 단수가 된다.
La maestra, como la alumna, fue bien recibida.

14. 명사술어문에 있어서는 연계동사 ser는 주어나 보어에 일치시킨다.

- Una hora es sesenta minutos. 1시간은 60분입니다.
- Una hora son sesenta minutos. (일반적 표현)
- ¿Cuántos minutos son media hora? 반 시간은 몇 분입니까?
- ¿Qué es esto? —Son tres camisas. 이것은 무엇입니까? 셔츠 세 벌입니다.
- Todo son molestias. 모든 것이 귀찮다.(중성)
- El hombre que lo sabe mejor eres tú. 그것을 가장 잘 알고 있는 사람은 너다.
- Tú eres el hombre que lo sabe mejor.

Nota

Quien~ 「~하는 사람」 문형 속의 동사는 3인칭이다.
Soy yo quien lo busca. 그것을 찾고 있는 사람은 나다.

15. 중성은 성·수를 초월한다.

- ¿Qué es esto? —Eso es un libro.
  이것은 무엇입니까? 그것은 책입니다.
- ¿Qué es esto? —Eso son unas tazas.
  이것은 무엇입니까? 그것은 찻잔입니다.
- ¿Qué es aquello? —Aquello es una casa.
  저것은 무엇입니까? 저것은 집입니다.
- ¿Qué es aquello? —Aquello son unos árboles.
  저것은 무엇입니까? 저것은 나무입니다.

16. todo는 단수 취급도 복수 취급도 가능하다.

- Toda elección debe ser libre.
  어느 선거도 자유로와야 한다. (보편적)
- Todas las elecciones no fueron justas.
  모든 선거는 어느 것도 공정하지 않았다. (개개의 전체)
- Todo el mundo está jugando. 모두 놀고 있다.
- Todos están jugando.
- Las puertas, las ventanas, los muebles, todo estaba destruído.
  문도 창문도 가구도 모두 부서져 있었다.

17. junto는 원래 「붙어있는」 상태를 말하는 형용사이므로 성·수의 변화가 있다. 그러나 숙어(부사구)를 만들 때는 변하지 않는다.

- todo junto 모두 같이
- junto a~ ~의 곁(옆)에
- junto con~ ~와 함께
- en junto 전부해서 (=en total)
- por junto 도매로, 대량으로
- vivir, ir, estar, estudiar + juntos(as) (여럿이) 함께 ~하다
- Estaban junto a la ventana. 그들은 창문 옆에 있었다.
- Estaban juntos al lado de la ventana. 그들은 함께 창문 옆에 있었다.
  (이 juntos는 형용사의 부사적 용법)

Nota

> mucho, poco, demasiado, bastante 등도 부사일 때는 변하지 않지만 형용사일 때는 성·수의 변화가 있다.

03 대명사
Pronombre

① 대명사의 기능

② 대명사의 종류와 용법

③ lo의 용법

① 대명사의 기능

대명사는 이미 표현된 명사, 미리 지정된 명사, 혹은 이미 생략된 명사를 대신하는 기능을 갖고 있다. 일반적으로 대명사는 전혀 새로운 것을 나타내지 않는다. 그러나 명사의 반복을 피하면서 문장을 단순화하고 신축성있게 해준다.

- Juan y Carlos han salido de viaje; aquel, a Madrid; este, a Barcelona.
  후안과 까를로스는 여행을 떠났다. 전자는 마드리드로, 후자는 바르셀로나로 떠났다.

위의 예문에서 보듯이, 대명사 aquel, este는 Juan, Carlos가 반복되는 것을 피하고 문장을 단순하게 해준다.

② 대명사의 종류와 용법

1. 인칭대명사

인칭대명사는 언어 생활에 직접·간접적으로 참여하는 사람의 이름 대신에 사용된다. 말하는 사람인 '나' 혹은 '우리들'이 대화의 중심이다. 대화에 있어서 직접 참여하는 사람은 'yo'와 'tú'이기 때문에 1인칭과 2인칭이 아닌 모든 것은 3인칭이 된다. 여기서 모든 것이란 사람과 사물 모두를 가리킨다. 단지 usted은 의미적으로는 2인칭이지만 문법적으로 3인칭이라는 점에 주의한다. 1인칭과 2인칭에서는 성의 구별이 없지만, 3인칭에는 남성(él), 여성(ella), 중성(ello)이 있다.

복수형에 있어서 nosotros와 vosotros는 엄격하게 말하면 yo와 tú의 복수형이 아니다. 왜냐하면 'yo'의 복수형은 있을 수 없기 때문이다. 즉 nosotros는 'yo+yo+yo...+yo'가 아니고 'yo+tú', 'yo+él+ella' 등을 말하는 것이다. 또한 vosotros는 'tú+él', 'tú+él+ella' 등을 의미한다.

	1인칭		2인칭		3인칭	
	단수	복수	단수	복수	단수	복수
주격	yo	nosotros nosotras	tú	vosotros vosotras	usted	ustedes
직접목적격	me	nos	te	os	le, lo, la	los, las
간접목적격	me	nos	te	os	le	les
전치격 인칭	mí	nosotros nosotras	ti	vosotros vosotras	usted	ustedes

	3인칭(남성)		3인칭(여성)		3인칭(중성)	3인칭 재귀형
	단수	복수	단수	복수	단수	단·복수
주격	él	ellos	ella	ellas	ello	—
직접목적격	le, lo	los	la	las	lo	se
간접목적격	le	les	le	les	le	se
전치격 인칭	él	ellos	ella	ellas	ello	sí

1. 주격인칭대명사는 동사를 알고 있을 경우에는 생략하는 것이 보통이다. 특히 1인칭, 2인칭의 경우에는 동사의 형태를 통하여 주어를 알 수 있기 때문에 대개 주어를 생략한다.
   - No hace falta que vengas. 너는 올 필요가 없다.
   - Volveré pronto. 나는 곧 돌아올 것이다.

그러나 주어를 알고 있는 경우에도 주어를 생략하지 않고 말하는 것은 강조를 의미하는 것이다.

- Yo voy a decírselo.
  내가 그것을 그에게 말하겠다.
- Ella cose, ella plancha, ella guisa y ella lo hace todo.
  그녀는 바느질하고 다림질하고 요리를 하고 모든 것을 자신이 한다.

2. 목적대명사는 대부분의 경우에 동사 앞에 위치한다. 직접목적어와 간접목적어가 동시에 올 경우에는 [간접목적대명사-직접목적대명사]의 순서로 동사 앞에 위치한다.

   - Lee la novela. 그는 소설을 읽는다. (동사-목적어)
     → La lee. 그는 그것을 읽는다. (목적대명사-동사)
   - No doy el libro a Juan. 나는 후안에게 책을 주지 않는다.
     → No se lo doy. 나는 그에게 그것을 주지 않는다.

3. 긍정명령문의 목적대명사, 부정사의 목적대명사, 현재분사의 목적대명사는 각각 동사, 부정사, 현재분사 뒤에 접합한다. 부정사와 현재분사의 경우에는 동사 뒤에 위치하거나 또는 앞에 위치할 수도 있다.

   (긍정명령문)
   - Tráigalo. 그것을 가지고 오십시오.
   - Siéntense. 여러분, 앉으세요.
   - Dame mil euros. 나에게 1,000유로를 다오.

   (부정사)
   - Tengo que decírtelo. 나는 너에게 그것을 말해야 한다.
   - Te lo tengo que decir.

   (현재분사)
   - Están leyéndolas. 그들은 그것들을 읽고 있다.
   - Las están leyendo.

- Está lavándoselas. 그녀는 그에게 그것들을 씻어주고 있다.
- Se las está lavando.

Nota

> 앞의 마지막 예문과 관련하여, 다음과 같은 문장은 불가능하다.
> Se está lavándolas. (×)
> Le está lavándolas. (×)

[vamos a+부정사 (~하자)], [hay que+부정사 (~해야 한다)]의 경우에는 목적대명사가 동사 뒤에 붙은 형태로만 사용된다.

- Vamos a hablarles. 그들에게 말하자.
- Hay que traerlos. 그것들을 가져와야만 한다.

그러나 [vamos a+부정사 (~할 것이다)]의 경우에는 동사의 앞이나 뒤에 위치한다.

- Vamos a hacerlo. 우리는 그것을 할 것이다.
- Lo vamos a hacer.

Nota

> 문어체의 경우에 동사가 단순형이면 목적대명사(재귀대명사를 포함하여)가 동사 뒤에 붙은 형태로 사용되기도 한다. 동사가 복합형이면 조동사 haber에 접합된다. 동사가 문장의 맨 앞에 나올 때 목적대명사가 동사 뒤에 접합되며 과거시제에 많이 사용된다.
>
> Díjome esas palabras con mucho fervor, pero me fue imposible creerlo.
> 그는 나에게 그 말을 매우 열심히 했으나 나는 그것을 믿을 수 없었다.

4. 목적어의 중복

명사의 목적어를 동사 앞에 위치하게 했을 경우에는 반드시 그 명사(목적어) 뒤에 대명사를 다시 한 번 중복해서 문법관계를 정상적으로 해 놓아야 한다.

- Compré la bufanda en París. 나는 그 목도리를 파리에서 샀다.
- La bufanda la compré en París. 그 목도리는 파리에서 샀다.

- A Juan le fue dado un libro. 후안이 책 한 권을 받았다.
- Todo eso díselo a él. 그 모든 것을 그에게 말해라. (lo=todo eso, se=a él)

이와 같은 경우에 목적어를 문장의 맨 앞에 놓고, 뒤에 다시 목적대명사를 중복시키는 방법 pleonasmo은 그 목적어를 강조하고 관심을 두고자 하는 것이 목적이다. 따라서 「나는 어제 그녀에게 말했다」라는 문장은 다음과 같이 네 가지로 표현할 수 있다.

(a) Le hablé ayer.
(b) Le hablé a ella ayer.
(c) A ella le hablé ayer.

문장 (a)는 le가 그인지 그녀인지 알 수 없다는 결점이 있다. 그래서 (b)와 같이 명확하게 하기 위하여 'a ella'를 첨가할 수 있다. (c)는 앞에서 본대로 'a ella'를 앞에 놓고 le를 중복하여 '그녀에게'를 강조하는 표현이다.

5. 중성대명사

- Todo ello no es inconveniente para que vengas.
  그 모든 것(전술한 사항)은 네가 오는 데 지장이 없다.

ello는 구어체에서는 거의 사용되지 않고, 대신에 eso, esto, aquello가 사용된다.

- ¿Qué es esto? —Eso son unas manzanas.
  이것은 무엇입니까? 그것은 사과입니다.

2. 소유대명사

소유대명사와 인칭대명사 사이에는 밀접한 관계가 있다. 형용사나 명사화된 형용사인 소유대명사는 소유나 소속관계를 표현할 때 사용된다. ○ 소유의 표현 : p.512

		소유의 대상			
		단 수		복 수	
		남성	여성	남성	여성
소유자	yo	el mío	la mía	los míos	las mías
	tú	el tuyo	la tuya	los tuyos	las tuyas
	él, ella, Ud.	el suyo	la suya	los suyos	las suyas
	nosotros(-as)	el nuestro	la nuestra	los nuestros	las nuestras
	vosotros(-as)	el vuestro	la vuestra	los vuestros	las vuestras
	ellos, ellas, Uds.	el suyo	la suya	los suyos	las suyas

- ¿De quién es esta corbata? —Es mía.
  이 넥타이는 누구 거지? 내 거야.
- ¿Vamos en coche? —Bueno, pues, vamos en el mío. Está aquí enfrente.
  우리 자동차로 갈까? 좋아, 그럼 내 차로 가자. 이 앞에 있어.
- Se me ha estropeado la máquina de escribir. ¿Me dejas la tuya?
  내 타자기가 고장났어. 네 것을 빌려줄래?

3. 지시대명사

지시대명사는 소유대명사와 정관사처럼 한정사의 일부분이며, 그 기능은 발화 행위의 시간과 공간적 차원에서 인칭대명사와 관련하여 문맥에서 암시되거나 표현된 명사를 대신하는 것이다. 따라서 yo(화자), tú(메시지의 수신자), 그리고 él(대화에 직접 참여하지 않는 제 3자)의 관계가 설정된다.

		남성	여성	중성
이것	단 수	este	esta	esto
	복 수	estos	estas	—
그것	단 수	ese	esa	eso
	복 수	esos	esas	—
저것	단 수	aquel	aquella	aquello
	복 수	aquellos	aquellas	—

　este(이것)는 1인칭인 나에 가까운 것을, ese(그것)는 2인칭인 너에 가까운 것을, aquel(저것)은 나와 너에게서 멀리 있는 것을 표현한다.

- Este libro y aquel son del señor López.
  이 책과 저것은 로뻬스 씨의 것이다.
- Esta casa es cara y aquella es barata.
  이 집은 비싸고 저 집은 싸다.
- Estas chicas y aquellas son de Corea.
  이 소녀들과 저 소녀들은 한국 출신이다.
- ¿Qué es esto? —Es un coche.
  이것은 무엇입니까? 자동차입니다.

4. 관계대명사

　관계대명사는 종속절에서만 사용되며, 선행명사를 대신하면서 종속절과 선행사를 연결시켜 주는 역할을 한다. 관계사란 명칭은 두 절의 관계를 연결해주는 것을 의미하며 관계대명사는 선행사의 성과 수에 일치한다.　　　　○ 관계사 : p.160

	단 수			복 수	
	남성	여성	중성	남성	여성
대명사	(el) que (el) cual quien	(la) que (la) cual quien	(lo) que (lo) cual —	(los) que (los) cuales quienes	(las) que (las) cuales quienes
형용사	cuyo	cuya	—	cuyos	cuyas
대명사·형용사	cuanto	cuanta	cuanto	cuantos	cuantas

관계대명사 que는 형태의 변화는 없으나 관사를 동반할 수 있다. cual은 수에 따라 형태가 변하고 관사를 동반할 수 있다. quien은 복수형을 가질 수 있다. cuyo는 남성·여성, 단수·복수 형태를 갖는 유일한 관계사이며, 선행사와 일치하는 것이 아니고 형용사적 성격 때문에 동반하게 되는 명사의 성·수에 일치한다.

- el hombre al cual (a quien) llamaste 네가 불렀던 남자
- los hombres a los cuales (a quienes) llamaste 네가 불렀던 남자들
- la mujer a la cual (a quien) llamaste 네가 불렀던 여인
- las mujeres a las cuales (a quienes) llamaste 네가 불렀던 여인들
- en la casa cuyos sótanos ocupo. 내가 지하실을 차지하고 있는 집에서

위의 마지막 예문에서 cuyos는 선행사인 casa에 일치하지 않고 sótanos에 일치한다.

5. 의문대명사

○ 의문사: p.151

의문대명사는 의문의 대상인 사람이나 사물을 가리킬 때를 대신하여 사용한다.

	단 수			복 수	
	남성	여성	중성	남성	여성
대명사	¿quién? — —	¿quién? — —	— ¿qué? ¿cuánto?	¿quiénes? — —	¿quiénes? — —
형용사	¿qué?	¿qué?	—	¿qué?	¿qué?
대명사·형용사	¿cuánto? ¿cuál?	¿cuánta? ¿cuál?	—	¿cuántos? ¿cuáles?	¿cuántas? ¿cuáles?

사람의 신분이나 사물에 대하여 질문할 경우에는 다음과 같이 사용된다.

- ¿Quién vendrá? 누가 올 것인가?
- ¿Qué pasa? 무슨 일이야?
- ¿De quién es este coche? 이 차는 누구 것이지?
- ¿Qué libro tienes? 너는 무슨 책을 갖고 있지?

6. 부정대명사

○ 부정어: p.302

구체화되지 않은 사람이나 사물을 가리키는 명사를 대신하여 사용된다. 혹은 사람이나 사물에 대한 한정이 필요하지 않은 경우에 사용된다. 예를 들면, Alguien te ha llamado라는 문장에서 alguien이 누구인지 알 수 없다. 또한 He leído algo muy interesante에서 algo는 알고 있는 일이지만 구체적으로 말할 필요를 느끼지 않는다는 것을 표현한다. 이러한 부정사는 대명사가 될 수도 있고 형용사가 될 수도 있다.

대명사: algo, nada, alguien, nadie, quienquiera
형용사: uno, alguno, ninguno, mucho, poco, cualquiera

- Muchos son los llamados, pocos los elegidos.
  많은 사람들이 소집되었으나 선택된 사람은 적다.

- Nadie quiere saberlo.
  아무도 그것을 알고 싶어하지 않는다.
- Algunos me lo han dicho.
  몇몇 사람들이 나에게 그것을 말했다.

③ lo의 용법

1. 목적대명사: 남성 · 단수 · 직접목적격

- Traigo el libro. → Lo traigo.
  나는 그것(책)을 가지고 온다.
- Doy este libro a José. → Se lo doy.
  나는 호세에게 이 책을 준다. 그것을 그에게 준다.
- ¿Hay perros en España? —Sí, los hay.
  스페인에 개가 있니? 응. (그것들이) 있어.
- Pregúntele. 그에게 물어보세요. (뒤에 뭔가 계속될 것 같은 느낌)
- Pregúnteselo. 그에게 그것을 물어보세요. (완전한 느낌)

2. 중성대명사: 서술보어로서의 lo (성 · 수에 관계없음)

1. ser, estar, parecer와 어울려서 주로 형용사를 대신한다.
   - ¿Es simpática? —Sí, lo es.
     그녀는 상냥한 여자입니까? 네, 그렇습니다.
   - ¿Está muy enfermo? —Sí, lo está.
     그는 몹시 아픕니까? 예, 그렇습니다.
   - Deben de estar cansados, aunque no lo parecen.
     그렇게 보이지는 않지만 그들은 지쳐있음에 틀림없다.
   - ¿Son ellos canadienses? —Sí, lo son.
     그들은 캐나다인입니까? 예, 그렇습니다.

2. 앞에 언급한 것 전체를 가리키며, '그것', '그러한 것'을 의미한다.

- Si le prometes ir a verle, tienes que hacerlo.
  그를 만나러 가기로 약속하면 너는 그것을 해야만 한다.
- Cuando necesite que vengas, te lo diré.
  네가 와 줄 필요가 있을 때 그것을 말할 거야.
- Me obligaron a declarar; no lo hice.
  나는 신고하라는 강요를 받았지만 그렇게 하지 않았다.

3. 중성관사

직접목적대명사 lo와 형태가 같지만 혼동하지 말아야 한다. 이 중성관사 lo는 항상 추상적이다.

1. [lo+형용사] ~것

    - Lo hermoso no es siempre lo mejor.
      아름다운 것이 항상 가장 좋은 것은 아니다.
    - Cada uno debe ocuparse de lo suyo.
      각자 자신의 일에 신경을 써야 한다.
    - la utilidad de este libro 이 책의 유용성
    - lo útil de este libro 이 책의 유용함

2. [lo de+명사] ~의 일

    - Les conté lo de Pepita. 나는 뻬삐따의 일을 그들에게 말했다.
    - el (mitin) de ayer 어제의 일 [집회]
    - las (conferencias) de ayer 어제의 일 [강연]
    - lo de ayer 어제의 일

3. [lo de+부정사] ~한다는 것

    - Lo de ir a la tienda no le gusta. 그는 가게에 간다는 것을 싫어한다.

4. [lo+과거분사] ~한 것   ◐ 과거분사: p.295

    - hacer — lo hecho 했던 것
    - decir — lo dicho 말했던 것
    - ocurrir — lo ocurrido 일어났던 것

5. [lo que+V] ~하는 바의 것

- Lo que dijo él era mentira. 그가 말한 것은 거짓말이었다.
- Trae lo que tienes. 갖고 있는 것을 (아무 것이라도) 가지고 와라.
- Trae el que tienes. 갖고 있는 그것을 가지고 와라.

(1) 내용이 알려지지 않은 경우 동사는 접속법을 취한다. ○ 접속법: pp.195-196

- Hago lo que puedo. 내가 할 수 있는 것을 합니다.
- Haré lo que pueda. 내가 할 수 있는 것을 할 것입니다.

(2) 강조를 표현하는 경우가 있다.

- Es imposible decir lo que sufrió.
  그가 얼마나 고통받았는지를 말하는 것은 불가능하다.

6. [lo+형용사(불변형)+de~] ~의 …인 것, ~의 …인 곳

- lo útil de este libro 이 책의 유용함
- en lo alto de la montaña 산 꼭대기에서
- en lo bajo del valle 계곡의 가장 깊은 곳에서

7. [lo+형용사·부사+que~] ~인 일 ○ 간접의문: p.150

- Es lo único que sé.
  내가 알고 있는 유일한 것입니다.
- No sabes lo difícil que es encontrarle.
  그를 만나는 것이 얼마나 어려운지 너는 모른다. (강조)

Nota

내용에 따라 [lo+형용사(여성형·복수형)]도 있을 수 있다.

Ya verá Ud. lo simpática que es Julia.
훌리아가 얼마나 상냥한지 이제 아실 것입니다.

La lectura parece difícil por lo largas que son las oraciones.
문장이 대단히 길기 때문에 읽기에 어려울 것 같다.

8. [con lo+형용사(성·수 변화)+que+ser] 대단히 ~하기 때문에

- Con lo estudioso que es, tendrá mucho éxito.
  그는 대단한 공부벌레이기 때문에 크게 성공할 것이다.

  cf. ¡Con el frío que hace no podemos salir!
  이렇게 추워서 우리들은 나갈 수 없다!

9. 관용어의 lo: 막연한 내용을 나타낸다.

- Lo pasé muy bien anoche. 어젯밤은 매우 유쾌했었다.
- ¿Cómo lo pasa usted? 어떻게 지내십니까?
- Son (lo) bastante ricos. 제법 부유합니다. (없어도 좋지만 lo가 자주 사용된다)

> **Nota**
>
> **관용적인 la**
>
> Ya la pagará.
> 이제 벌을 받을 것이다.
>
> Los agricultores no la pasan mal.
> 농부(의 생활)이라는 것은 나쁘지 않습니다. (la는 vida 정도의 의미)
>
> No sabe arreglarlas solo.
> 그는 혼자서 일을 잘 처리할 줄 모른다.

10. [lo+형용사+es que…] ~한 것은 …라는 것이다

- Lo cierto es que él no está aquí.
  확실한 것은 그가 여기에 없다는 것이다.
- Lo peor es que entonces fue incurable la tisis.
  더 나쁜 것은 당시에 폐병은 불치의 병이었다는 것이다.

11. [a lo+형용사(명사)] ~같이 (= 부사)

- Le invito a comer, pero a lo pobre.
  당신을 식사에 초대합니다. 변변치는 못합니다만.

> **Nota**
>
> 1. a la+(나라, 지방, 도시의 형용사 · 여성형)] ~풍으로
>
>   Se visten a la italiana. 그들은 이탈리아 풍의 복장을 하고 있다.
>
> 2. [a lo+이름] ~을 흉내내어
>
>   Canta a lo Caruso. 그는 카루소를 흉내내어 노래한다.

12. lo를 포함하는 숙어
    - a lo lejos 멀리서
    - a lo mejor 어쩌면
    - por lo tanto 그렇기 때문에
    - por lo visto 겉으로 보기에
    - por lo pronto 우선은
    - por lo general 일반적으로

〈스페인의 거리 표지〉

04 형용사
Adjetivo

1. 형용사의 형태
2. 형용사의 위치
3. 형용사의 기능

① 형용사의 형태

1. 형용사와 명사의 성·수의 일치

-o로 끝나는 형용사는 명사의 성·수에 따라 형태가 변화하고, -o 이외의 어미를 가진 형용사는 명사의 성과 관계 없이 일치한다. 그러나 국적에 관한 형용사는 -o 이외의 문자로 끝나는 형용사라 하더라도 성 변화를 한다.

		A	B	C
단수	남성	alto	difícil	español
	여성	alta	difícil	española
복수	남성	altos	difíciles	españoles
	여성	altas	difíciles	españolas

⌈ el coche nuevo 새 차
⌊ los coches nuevos 새 차들

⌈ la casa nueva 새 집
⌊ las casas nuevas 새 집들

⌈ el coche verde 녹색 차
⌊ los coches verdes 녹색 차들

⌈ la casa verde 녹색 집
⌊ las casas verdes 녹색 집들

⌈ el coche azul 파란 차
⌊ los coches azules 파란 차들

⌈ la casa azul 파란 집
⌊ las casas azules 파란 집들

⌈ el hombre español 스페인 남자
⌊ los hombres españoles 스페인 남자들

⌈ la mujer española 스페인 여자
⌊ las mujeres españolas 스페인 여자들

Nota

1. -o 이외의 모음으로 끝나는 형용사는 소유형용사를 제외하고는 대부분 -e로 끝난다.
   grande, agradable, amable, interesante, verde, etc.

2. belga(벨기에의), indígena(토착의), agrícola(농업의) 등과 같은 형용사는 남녀 동형으로 성 변화를 하지 않는다.

1. 형용사의 성 변화: 형용사의 여성형은 남성형에 어미 -a를 첨가하거나 어미를 부분적으로 교체하여 만든다.

1. 어미 -o로 끝나는 형용사는 -o를 -a로 교체한다.

   guapo → guapa
   largo → larga
   colombiano → colombiana

2. -án, -ón, -ín 등으로 끝나는 형용사는 -a를 첨가한다.

   haragán → haragana
   gritón → gritona
   parlanchín → parlanchina

3. 동사에서 파생된 -or로 끝나는 형용사는 -a를 첨가한다.

   comedor → comedora
   hablador → habladora
   trabajador → trabajadora
   protector → protectora

4. 국적이나 출신을 의미하는 모든 형용사에는 -a를 첨가한다.

   andaluz → andaluza
   inglés → inglesa
   francés → francesa
   español → española

5. 그 외의 형용사는 대부분의 경우에 남녀 동일한 형태를 갖는다.

un hombre feliz	una mujer feliz
un coche verde	una pared verde
un señor ágil	una señora ágil
un hombre joven	una mujer joven
un estudiante belga	una estudiante belga
un profesor marroquí	una profesora marroquí

2. 형용사의 수 변화: 형용사의 복수 형태는 명사와 같다.

1. -a, -e, -o로 끝나는 형용사에는 -s를 붙인다.

    bueno → buenos   elegante → elegantes
    agrícola → agrícolas   efémera → efémeras

2. 자음으로 끝나는 형용사에는 -es를 붙인다.

    azul → azules   fácil → fáciles
    común → comunes   cortés → corteses

3. -z로 끝나는 형용사의 복수형은 -ces가 된다.

    capaz → capaces   feliz → felices
    eficaz → eficaces   feraz → feraces

2. 특별한 형태의 형용사

1. 과거분사 형태의 형용사

    과거분사: p.295

- un cazador atrevido   대담한 사냥꾼
- Pasaron una tarde muy divertida.   그들은 매우 즐거운 오후를 보냈다.

Nota

[de+명사]의 형태로 형용사 역할을 한다.

un tren de verdad pero en miniatura (=verdadero tren)
진짜이긴 하나 소형 기차
La abuela les preparaba una merienda muy de su gusto.
할머니는 그들이 매우 좋아하는 간식을 만들어 주곤 하셨다.

2. 지명이나 사람 이름 등의 고유명사가 형용사를 갖는 경우도 있다.

- Salamanca → salmantino
- Valladolid → vallisoletano
- Unamuno → unamunesco
- Juan Ramón → juanramonesco

3. 부정어의 기능에 따라 형용사 형태가 다르게 나타난다.

- Esta falda es algo vieja.
  이 치마는 조금 낡았다. (algo=부사)(약간, 얼마간)
- Esta falda es algo viejo.
  이 치마는 유행에 뒤져 있다. (algo=부정어)(오래된 것이다)
- La carta no es nada típica.
  그 편지는 전혀 특징적이 아니다. (nada=부사)
- La carta no es nada típico.
  그 편지는 특징적인 아무 것도 아니다. (nada=부정어)

② 형용사의 위치

I. 명사—형용사

형태, 크기, 색깔 등 눈에 보이는 특징을 말하는 (서술) 형용사는 대체로 명사 뒤에 위치한다. 이것은 같은 종류의 다른 것들과 구별하기 위함이다.

- una plaza redonda(cuadrada) 둥근(네모진) 광장
- una casa grande(pequeña, vieja) 큰(작은, 오래된) 집
- un pájaro azul(blanco, amarillo) 파란(흰, 노란)새
- un padre cruel(paciente) 지독한(인내심이 강한) 아버지

1. 국명 · 지명 · 종교의 형용사

- una chica inglesa 영국 소녀
- costumbre madrileña 마드리드의 풍습
- doctrina cristiana 기독교의 교리

2. 과학 · 기술의 형용사

- cálculos astronómicos 천문학적 계산

3. 합성어

- perra gorda 10센티모 화폐
- clase nocturna 야간 수업

2. 형용사-명사

선과 악처럼 심적 특징을 말하는 경우와 오직 하나밖에 없는 물건이나 사람의 특징을 말하는 경우는 명사 앞에 위치한다. 이것은 같은 종류의 것들과 구별하기 위함이 아니라 특징을 말하기 위함이다.

- este amable señor 이 친절한 분
- una mala costumbre 나쁜 습관
- la hermosa hija de Pedro 뻬드로의 예쁜 딸 (딸이 오직 하나)
- la hija hermosa de Pedro (많은 딸 중에서 예쁜 딸)

그리고 다음과 같은 경우 형용사는 명사 앞에 위치한다.

1. 지시형용사, 소유형용사(전치), 수량형용사는 명사 앞에 위치한다.

- este libro 이 책
- mi libro 나의 책
- tres libros 세 권의 책

Nota

서수는 명사의 앞이나 뒤에 위치한다.
la primera casa 첫 번째 집   la lección primera 제 1과

2. 부정 형용사는 명사 앞에 위치한다.

cierto 어떤, cada 각각의, algún 어떤, ningún, cualquier 어느 ~도, demás 나머지의, otro 다른, semejante 유사한, sendos 각각의, tal 그러한, varios 갖가지의

3. 정도를 말하는 형용사는 명사 앞에 위치한다.

- Fue un franco fracaso. 완전한 실패였다.
- Es una mera suposición. 그것은 단순한 가정이다.
- un caso de real importancia 정말로 중대한 경우

4. 칭찬이나 찬양을 나타내는 형용사는 명사 앞에 위치하는 경우가 많다.

- el honorable Representante de Santander 명예로운 산딴데르시의 대표
- la distinguida escritora francesa 훌륭한 프랑스의 여류작가

5. [동사+명사]로 구성된 숙어에 형용사가 붙을 때는 [동사+형용사+명사]의 형태를 취한다.

- dar golpes: Le dio terribles golpes. 그를 심하게 때렸다.
- echar una ojeada: Echó una rápida ojeada. 그는 재빠르게 힐끗 보았다.

6. [명사+de+명사]로 구성된 숙어는 대체로 [형용사+명사+de+명사]와 같은 형식을 취한다.

- laboratorio de química
- un amplio laboratorio de química 넓은 화학 실험실
- humo del cigarrillo
- el denso humo del cigarrillo 자욱한 담배 연기

7. [명사+de+명사]의 합성어에 붙는 형용사는 후치할 수도 있고, 사이에 들어갈 수도 있다.

- trajes de ceremonia muy elegantes 매우 우아한 예복들
- unas zapatillas nuevas de tenis 새 테니스화 (운동화)

3. 명사-부사-형용사

형용사를 수식하는 부사가 붙으면 그 부사는 명사의 뒤에 위치한다.

- un buen chico 착한 소년
- un chico muy bueno 매우 착한 소년
- el autor más leído del año 그 해에 가장 많이 읽힌 작가

> **Nota**
>
> 형용사의 부정형을 만들 경우에는 no를 사용하는데, no는 부사이므로 명사와 형용사의 사이에 들어간다. [명사+no muy+형용사]
>
> En las ciudades no muy grandes las estaciones suelen estar en las afueras.
> 그리 크지 않은 도시에서는 역이 대체로 교외에 있다.

4. 의미의 강조

일반적인 위치 방법과 다를 때는 의미가 다소 강조되어 있다고 보면 된다.

1. 색의 형용사를 전치하면 시적 경향을 풍긴다.

- Sus negros ojos me seguían mirando.
  그녀의 검은 눈동자가 언제까지나 나를 따라오는 것이었다.

2. 지시형용사가 명사 뒤에 위치하면 경멸이나 강조를 나타낸다.

- el artista ese 그 따위 예술가
- la casa esta 이 곳의 이 집
- el libro este 이런 (시시한) 책
- el señor este 이 따위 사람

5. 전치와 후치의 기능적인 차이

┌ 전치 (형용사-명사): 주된 관심은 형용사에 있다. 〔총체적 · 주관적〕
└ 후치 (명사-형용사): 주된 관심은 명사에 있다. 〔분석적 · 객관적〕

후치될 때는 선행하는 명사의 범위를 한정한다. 즉 다른 것과 구별하게 된다. 다음과 같이 「전치는 설명적이고 후치는 한정적이다」라고 구별하기도 한다.

┌ • un hermoso edificio (아름다운 것은 무엇인가 하면 건물이다)
└ • un edificio hermoso (건물, 그 중에서 아름답지 않은 것은 제외된다)
┌ • un viejo jardín 〔주관적 · 개인적〕
└ • un jardín viejo 〔객관적 · 사실적〕

6. 설명적 용법

후치하여 형용사의 의미를 강조한다.

- La casa, altísima, apareció ante nuestra vista.
  그 집이 우리들의 시야에 우뚝 나타났다.

- El jardín, abandonado, daba melancolía.
  그 정원은 방치된 채로 쓸쓸한 모습을 보여주고 있었다.

7. 형용사의 위치에 따른 의미의 차이

- un hombre grande 체격이 큰 사람
- un gran hombre 위대한 사람
- un hombre pobre 가난한 사람
- un pobre hombre 가련한 사람
- la señora misma 부인 자신
- la misma señora 같은 부인
- un amigo viejo 늙은 친구
- un viejo amigo 오래 사귄 친구
- un hombre medio 평균적인 사람
- medio indio 반 인디언
- el mueble antiguo 오래된 가구
- antiguos alumnos 옛날 학생들
- mi casa nueva 새로 지은 집
- mi nueva casa 새로 이사한 집
- una noticia cierta 확실한 소식
- cierta noticia 어떤 소식

- un criado simple 어리석은 하인
- un simple criado 소박한 하인
- la parte buena 좋은 부분
- buena parte de 상당 부분
- un empleado triste 슬픈 종업원
- un triste empleado 변변치 못한 종업원
- el modo único 독특한 방법
- el único modo 유일한 방법
- un amigo leal 성실한 친구
- un leal amigo 친한 친구
- un vestido negro 검은 옷
- mi negra suerte 나의 불행한 운명
- colores varios 다양한 색
- varios libros 몇 권의 책
- un libro cualquiera 어떤 책일지라도(경멸)
- cualquier libro 어느 책이라도

- Tiene rasgos propios 그는 독자적인 특징이 있다.
- Me lo ha dicho el propio ministro. 장관이 직접 나에게 그것을 말했다.

- un hombre raro 기이한 사람
- Le veo rara vez. 그를 좀처럼 보지 못한다.

- Este es un asunto diferente. 이것은 예사롭지 않은 일입니다. (=distinto)
- La cuestión presenta diferentes aspectos.
  그 문제는 여러 가지 양상을 띠고 있다.

- un edificio fantástico 이상한 건물
- una fantástica solución 훌륭한 해결

- un cazador valiente 용감한 사냥꾼
- ¡Valiente cazador! 저런 지독한 사냥꾼! (=¡Vaya un cazador!)

> **Nota**
> 위치가 변해도 의미가 변하지 않는 것도 있고, 이미 위치가 결정되어 있는 것도 있다.
> un general valiente = un valiente general 용감한 장군
> un salón espacioso = un espacioso salón 넓은 홀
> Santa Biblia 성서
> Espíritu Santo 성령

8. 명사에서 떨어져 위치하는 경우

형용사는 수식하는 명사에 붙는 것이 당연하지만 명사에서 떨어져 위치하는 경우가 있다. 성·수의 일치를 통하여 알 수 있기 때문에 그것이 가능한 것이다.

- desde el punto de vista fonético 음성학적 관점에서
- zonas de lengua oficial española 스페인어 공용어 지역
- Abundan en la manera de hablar italiana las exclamaciones intercaladas.
  이탈리아인의 말하는 방식에는 삽입된 감탄어가 많이 있다.

9. 하나의 명사에 두 개의 형용사가 사용된 경우

1. 한정형용사+명사+서술형용사

   한정형용사는 전치하고 서술형용사는 후치하는 것을 원칙으로 한다.

   - la primera casa blanca 첫 번째 하얀 집
   - cuatro preguntas suyas 그의 네 가지 질문

2. 서술형용사+명사+서술형용사

   두 개의 서술형용사가 붙는 경우에는 더 중요한 형용사와 더 짧은 형용사가 전치하는 것을 원칙으로 한다.

   - un hermoso caballo árabe 아름다운 아라비아 말
   - un ancho prado verde 넓은 녹색 목장
   - Mi rico tío venezolano me mandó este anillo.
     베네수엘라의 부자인 숙부님이 이 반지를 보내주셨습니다.

3. 명사+서술형용사(1)+y+서술형용사(2)

서술 기능이 같다고 볼 수 있는 두 개의 형용사는 둘 다 후치하며 y로 연결한다.

- una lección larga y difícil 길고 어려운 과
- un chico alto y fuerte 키가 크고 힘센 소년
- una novela larga, aburrida, (y) vacía 길고 지루하고 공허한 소설
- Conocía bien las literaturas española, italiana y francesa.
  그는 스페인, 이탈리아, 프랑스 문학을 잘 알고 있었다.

cf. el arte medieval español 중세 스페인 미술

10. 두 개의 명사를 수식하는 형용사

1. 형용사+명사(1)+y+명사(2)

형용사가 전치할 때는 맨 앞의 명사에 성·수를 맞추는 것이 일반적이다.

- su asombrosa inteligencia y amor al trabajo
  그의 놀라운 지성과 일에 대한 애정

단, 이 형용사가 명사 하나에만 걸릴 때도 있으므로 다음과 같이 복수로 해서도 쓰인다.

- los estupendos concierto y comida que nos dieron
  우리에게 베풀어준 훌륭한 연주회와 식사

Nota
> 소유형용사, 지시 형용사는 하나하나 말하지 않으면 안 된다.
> Se vende esta casa y este jardín. 이 집과 이 정원을 팝니다.

2. 명사(1)+y+명사(2)+형용사(복수)

형용사가 후치할 때는 복수형으로 한다. 두 개의 명사가 모두 여성일 때는 여성 복수형을 취하고 그 외의 경우는 남성 복수형을 취한다.

- Hay vacas y ovejas importadas. 수입된 암소들과 양들이 있다.
- médicos y enfermeras extranjeros 외국인 의사들과 간호사들
- el jardín y la casa abandonados 방치된 정원과 집

3. 명사(1)+y+명사(2)+형용사(단수)

후치 형용사가 단수일 때는 뒤쪽의 명사만 수식하는 것이다.

- Los soldados mostraron audacia y valor indomable.
  병사들은 대담함과 불굴의 용기를 보여주었다.

③ 형용사의 기능

1. 형용사의 명사화

「형용사의 명사화」라고는 하지만 형용사와 결합되어 있었던 명사가 생략된 형태이다.

○ 생략: p.482

정관사+형용사	el vestido azul → el azul	
	파란 옷　　　　파란 것	
지시형용사+형용사	aquel libro rojo → aquel rojo	
	빨간 책　　　　저 빨간 것	
부정형용사+형용사	otras ropas mejores → otras mejores	
	더 좋은 다른 옷들　　더 좋은 다른 것들	

- Hay muchos más fuertes. 더 강한 것이 많이 있다. [명사화]
- Hay unos mucho más fuertes. 훨씬 더 강한 것이 많이 있다. [mucho는 부사]

따라서 다음과 같은 형태가 가능하다.

el (la) verde	lo verde
este verde	mi verde
otros verdes	pocos verdes

2. 형용사의 부사적 용법

> **Nota**
> 스페인 한림원과 다른 문법서에서는 「서술보어 complemento predicativo」라고 하지만 서술보어의 형용사라면 [ser+형용사]의 경우도 포함하므로 그렇게 부르는 것은 완전하다고 할 수 없다. 「명사와 동사의 동시 보어로서의 형용사」라고 하는 것이 적절하겠지만 본서에서는 간단하게 「부사적 용법」이라 부르고자 한다.   ○ 과거분사: p.296

부사는 동사의 행위를 수식하는 것이지만 형용사의 부사적 용법은 동사의 행위를 수식하는 동시에 형용사의 성격을 겸하고 있어서 주어의 상태도 나타낼 수 있다. 따라서 성·수는 주어에 일치시킨다.

- Mis padres vivían felizmente. [주어-동사-부사]
- Mis padres vivían felices. [주어-동사-형용사]
  나의 부모님은 행복하게 지내고 계셨다.

- Yo vivo felizmente. (felizmente는 vivo에 걸린다) [부사]
- Yo soy feliz. (feliz는 Yo에 걸린다) [형용사]
- Yo vivo feliz. (feliz는 Yo와 vivo에 걸린다) [형용사의 부사 용법]

즉, 단순한 부사보다도 훨씬 구체적이고 감각에 호소하는 면이 있다. 따라서 뉘앙스를 살려서 그대로 해석하려면 우리말의 풍부한 의태어를 사용하는 것이 좋다.

- Siempre me saludaban alegres.
  그들은 항상 싱글벙글하며 나에게 인사하곤 했다.
- Esperé impaciente la salida del barco.
  나는 안절부절 못하며 배의 출항을 기다렸다.
- Vienen cansadas.
  그녀들은 녹초가 되어 오고 있다.
- Llegaron hambrientos.
  그들은 쫄쫄 굶은 채로 도착했다.
- Andaba descalza por la playa.
  그녀는 맨발로 해변을 걷고 있었다.
- Nos miramos satisfechos.
  우리들은 만족한 듯이 서로 얼굴을 바라 보았다.
- Papá le miró furioso y le mandó callar.
  아버지는 화를 내며 그를 째려보시고는 조용히 하라고 하셨다.

3. 목적보어로 사용된 형용사

부사적 용법에서는 형용사가 주어의 성·수에 일치했지만 목적어의 보어가 되는 형용사는 목적어에 일치시킨다.   ◯ 과거분사: p.297

1. 주어+동사+목적어+보어(형용사)

Nota
목적어가 대명사일 경우에는 동사 앞에 오며, 또 보어가 목적어 앞에 오는 경우도 있다.

- Encuentro estas materias muy fáciles.
- Estas materias las encuentro muy fáciles.
  나는 이 문제들이 매우 쉽다는 것을 알겠다.
- La (=habitación) quiero más grande.
  나는 더 큰 방을 원한다.
- Le creía ignorante(inteligente).
  나는 그를 무지(영리)하다고 생각하고 있었다.
- Ávila todavía conserva intactas sus murallas del siglo XV.
  아빌라는 지금도 그 15세기의 성벽을 그대로 보존하고 있다.

2. tener+목적어+형용사(과거분사): 목적어를 ~해놓고 있다

Nota
이 문형에서 형용사와 과거분사는 목적어의 성·수와 일치한다. 그리고 이 형용사와 과거분사가 목적어보다 선행할 때도 자주 있다.   ◯ p.102 / p.297

- Tengo enfermos los ojos.
  나는 눈병을 앓고 있습니다.
- ¿Cuándo lo tendrá Ud. listo?
  당신은 언제 그것을 준비해놓고 있겠습니까?
- Los tenemos muy buenos a tres dólares.
  우리 점포에는 3달러 짜리의 매우 좋은 것이 있습니다.
- Las tenemos de seda y algodón.
  우리 점포에는 비단 제품과 무명 제품도 있습니다. ('de+명사'는 형용사에 해당)
- Tenía metida en el alma la imagen de aquella otra mujer.
  그는 마음 속에 그 또다른 여자의 모습을 간직하고 있었던 것이다.

3. notar+목적어+형용사: 목적어가 형용사 상태인 것을 알아 차리다
- Hoy te noto un poco triste. 오늘 너는 어딘가 슬퍼 보인다.
- Desde ayer le noto a Pedro más animado.
  어제부터 뻬드로는 훨씬 활기차 보인다.

4. 형용사의 부사로의 전용

스페인어에는 다음과 같이 형용사와 부사를 겸하는 것이 있다. 여기에서 취급하는 것은 부사적 용법이 아니다. 다음 문장들에서 볼 수 있듯이 형용사가 형태의 변화 없이 부사로 사용되는 경우이다. 최근 이러한 용법이 늘어나는 경향이 있다.

bastante 충분한 (충분하게)	mucho 많은 (많이)
demasiado 지나친 (너무)	primero 처음의 (우선)
derecho 똑바른 (똑바로)	pronto 급한 (급히)
poco 조금의 (조금)	temprano 이른 (일찍)
menos 더 적은 (더 적게)	

- Por favor, no hablen tan rápido. (=rápidamente)
  당신들 제발, 그렇게 빠르게 말하지 말아 주십시오.
- Los del otro equipo juegan sucio(limpio).
  다른 팀의 사람들(선수들)은 비열하게(깨끗하게) 경기한다.
- Esa chica canta bárbaro. (=estupendamente)
  그 아가씨는 노래를 굉장히 잘 한다.

Nota
아래 예문과 같이 미묘한 차이가 생기는 경우도 있다.
- Ella no habla muy claro. 그녀는 그다지 명확하게 말하지 않는다. (말의 내용)
- Ella hablaba claramente. 그녀는 명확하게 얘기하고 있었다. (발음)

5. 형용사의 보어: 형용사+전치사+명사(부정사)

- una casa alta de techo 천장이 높은 집 (집이 높은 것이 아니다)
- un hombre corto de vista 근시안인 사람
- fácil de obtener 얻기 쉬운
- un sitio bueno para veranear 피서하기 좋은 장소

05 동사 (1)
Verbo (1)

1. 동사의 기능과 종류
2. 동사의 시제

① 동사의 기능과 종류

1. 동사의 기능

동사는 술어와 주어의 두 개념을 내포한다. 예를 들어, hablo는 hablar(말하다)의 개념과 그 동사의 행위의 주체인 「나 yo」의 개념을 내포한다. 명사가 생물과 사물을 지시하는 반면에, 동사는 외부 세계와의 관계에서 발생하는 생물과 사물의 행동, 변화 등을 지시하는 데 사용된다.

- El sol sale y se pone.
  태양은 떠오르고 진다.
- El ser humano nace, crece, se desarrolla y muere.
  인간은 태어나서 성장하고 발전하고 죽는다.

동사는 명사나 대명사와 같이 수에 따라 어미 형태가 변하고 인칭대명사와 같이 인칭에 따라 어미 변화를 하고, 명사나 대명사와는 달리 시제와 태의 어미 변화를 한다. 동사는 주어의 행동과 상태를 나타내고 주어의 인칭과 수, 그리고 법 modo, 시제 tiempo, 태 voz 등에 따라 형태가 변한다. 즉 명사는 대상을 지시하고, 형용사는 그 대상의 품질을 지시하고, 동사는 그 대상의 행동, 변화 등을 표현한다.

- El perro anda, come, corre y duerme.
  개는 걷고 먹고 달리고 잠을 잔다.
- El árbol crece, florece y fructifica.
  나무는 성장하고 꽃이 피고 열매를 맺는다.

위의 예문에서 본 동사 andar, dormir, crecer, fructificar 등은 외부 세계와 관련된 사물의 활동, 변화 등을 표현한다. 즉 동사는 사물에 일어나는 현상을 나타내기도 한다. 또한 동사는 인칭과 시제를 지시하며 행동, 사건, 상태, 현상 등을 나타낸다. 동시에 하나의 절을 형성하는 [주어-술어]를 내포한다. 예를 들면, dormí 형태는 어떤 사람에게 일어나는 현상을 표현한다. 그러나 dormí는 잠을 자는 현상뿐만 아니라 문법적 인칭, 즉 1인칭 yo에 해당하는 현상을 말한다. 또한 특정 시제인 부정과거를 나타낸다. 즉 어떤 동사가 어떤 현상을 나타낼 때는 그 인칭과 시제가 한정된 범위 내에서 발생한 현상을 표현하는 것이다.

2. 동사의 종류

1. 연계동사 copulativos

영원·지속적이거나 잠정적인 성격을 나타낸다.

- María es simpática. 마리아는 상냥하다.
- Carlos está cansado. 까를로스는 피곤하다.

2. 타동사 transitivos와 자동사 intransitivos

행동을 표현하고 이 행동이 다른 사물에 직접적인 영향을 미칠 때 이를 「타동사」라고 한다. 이와는 달리 행동이 그 행위자인 주어 자신에 머무르고 다른 목적물을 향하지 않을 경우, 이를 「자동사」라 한다.

- Yo estudio español en la universidad. [타동사]
  나는 대학에서 스페인어를 공부한다.
- Yo nací en Madrid. [자동사]
  나는 마드리드에서 태어났다.

경우에 따라 타동사가 자동사로 사용되기도 한다.

- Yo estudio mucho diariamente.
  나는 매일 열심히 공부한다.

3. 상황동사 verbos de estado

어떤 대상이 지속적인 상황이나 상태에 관련되어 있을 때 이를 「상황동사」라고 한다.

- Catalina vive en Barcelona. 까딸리나는 바르셀로나에 살고 있다.
- Mi hijo está en casa. 나의 아들은 집에 있다.
- La puerta está abierta. 문은 열려있다.

4. 재귀동사 verbos reflexivos

동사와 주어, 목적어가 일치할 때, 즉 동사의 행위가 그 행위자 자신에게 돌아갈 때 이를「재귀동사」라 한다. 이 재귀동사는 대명사를 동반한다.

- Me lavo las manos. 나는 손을 씻는다.
- Te acuestas a las diez. 너는 10시에 잠자리에 든다.

스페인어의 많은 동사들이 재귀형을 갖고 있다. 그리고 이외의 다른 morirse, irse, marcharse 등과 같은 자동사와 상황동사 등도 재귀형을 취한다.

5. 상호동사 verbos recíprocos

상호동사의 특징은 주어가 둘 이상이고, 각 주어는 다른 주어에 그 행위를 가하는 동시에 다른 주어로부터 행위를 받는다는 점이다. 즉 행위를 동시에 주고받는 것이다. 경우에 따라서 상호동사는 mutuamente, recíprocamente, uno a otro, ambos 등과 같은 부사의 사용을 통하여 그 표현을 강조하기도 한다.

- Mi familia y yo nos escribimos a diario.
  나의 가족과 나는 매일 서로 편지를 쓴다.
- Ambos se odian.
  그 두 사람은 서로 미워한다.

6. 단인칭 동사 verbos unipersonales

llover, lloviznar, helar, relampaguear, nevar, amanecer, anochecer, tronar 등과 같은 동사는 날씨, 기후를 표현하는 동사로 항상 3인칭 단수가 사용된다.

- Hoy ha llovido mucho. 오늘 비가 많이 내렸다.
- Nevaba mucho. 눈이 많이 내리고 있었다.
- Hoy lloverá. 오늘 비가 내릴 것이다.

7. 조동사 verbos auxiliares

동사의 변화에 있어서 다른 동사의 시제 구성에 보조 역할을 하는 동사를「조동사」라 한다. 엄밀하게 말하면, 스페인어의 조동사는 haber와 ser인데, 이외에 조동사로 사용될 수 있는 동사는 estar, tener, dejar, quedar, llevar 등이 있다.

- Ya ha salido. 그는 이미 나갔다.
- Han llegado a Seúl a las seis. 그들은 6시에 서울에 도착했다.
- La ciudad fue destruida por los enemigos. 도시는 적군에 의해 파괴되었다.
- Fui suspendido en el examen. 나는 시험에 불합격했다.
- Quedaron suspendidos en el examen. 그들은 시험에 불합격했다.

위의 예문에서 볼 수 있듯이, haber는 능동태의 복합시제 구성에 사용되고 ser는 수동태에 사용된다.

② 동사의 시제 tiempo verbal

실제의 시간과 문법상의 시제가 항상 일치하는 것은 아니며 화자의 감정도 시제의 선택에 영향을 주기도 한다. 스페인어에서 다음과 같은 경우를 볼 수 있다.

○ 현재완료: p.102

- Deseaba pedirle un favor.
  당신께 부탁이 좀 있습니다만. 〔시제는 「불완료과거」, 실제는 「현재」〕
- Por poco me caigo.
  나는 하마터면 넘어질 뻔했다. 〔시제는 「현재」, 실제는 「불완료과거」〕

따라서 다음 두 문장의 시제는 다르지만 그 내용은 같다.

- Acabo de llegar. 〔현재〕
- Llegué hace un momento. 〔과거〕

1. 직설법 현재 presente de indicativo

제 1변화 규칙동사

	단수	복수
1인칭	habl**o**	habl**amos**
2인칭	habl**as**	habl**áis**
3인칭	habl**a**	habl**an**

제 2변화 규칙동사

	단수	복수
1인칭	com**o**	com**emos**
2인칭	com**es**	com**éis**
3인칭	com**e**	com**en**

제 3변화 규칙동사

	단수	복수
1인칭	viv**o**	viv**imos**
2인칭	viv**es**	viv**ís**
3인칭	viv**e**	viv**en**

1. 현재의 사실

- Yo leo. 나는 독서하고 있습니다.
- El niño duerme. 아이는 자고 있다.
- La casa de María es bonita. 마리아의 집은 아름답다.

2. 습관적 사실

- Me levanto a las seis. 나는 6시에 일어난다.
- Nunca estoy enfermo. 나는 결코 병들지 않는다.
- Ella siempre come carne. 그녀는 항상 고기를 먹는다.

3. 불변의 사실

- El sol sale por el este y se pone por(en) el oeste.
  태양은 동쪽에서 떠서 서쪽으로 진다.
- Dos y tres son cinco. 2 더하기 3은 5이다.

4. 미래로의 전용

- En marzo entro en la universidad.
  3월에 나는 대학에 입학할 것이다.
- María se casa. 마리아는 결혼합니다.
- Mañana voy al cine. 내일 나는 영화보러 갈 것이다.

5. 과거로의 전용

과거의 사실을 생생하게 나타냄으로써 독자는 심리적으로 과거로 이끌려 간다. 이것을 「역사적 현재 presente histórico」라고 한다.

- Colón descubre América en 1492.
  콜럼버스는 1492년에 아메리카 대륙을 발견한다(했다).
- Cervantes nace en Alcalá de Henares.
  세르반테스는 알깔라 데 에나레스에서 태어난다(났다).

6. 명령형의 대용

- Si necesita más dinero, le escribe Ud. a su padre, y se acabó.
  만일 돈이 더 필요하면 아버지께 편지하십시오. 그럼 만사 해결입니다.
- Si viene alguien, me avisas.
  만일 누군가 오면 알려주게.
- Subes a mi despacho y me traes el libro que tengo en la mesa.
  내 사무실에 올라가서 책상에 있는 책을 내게 갖다 주게.

> **Nota**
>
> **스페인어와 한국어 시제의 차이**
>
> 1. 스페인어의 시제: 스페인어의 현재형은 부사를 사용해서 세 종류의 시제로 사용할 수 있다.
>
>   ¿Qué clase de libros lees? 너는 무슨 종류의 책을 읽고 있니? [현재]
>   ¿Qué lee ahora? 그는 지금 무엇을 읽고 있습니까? [현재 진행]
>   Bajo en un momento. 곧 내려갈게. [미래]
>
> 2. 한국어와 스페인어의 차이 (한국어는 과거형을 자주 사용한다)
>
>   Empieza a llover. 비가 내리기 시작했다.
>   ¡Ya sé! 아, 알았다.
>   Vengo a ver a Ud. 당신을 만나러 왔습니다.
>   ¿Cómo? ¿Qué dice Ud.? —Digo "extraño".
>   뭐라고요? 뭐라고 말씀하셨어요? "이상하다"고 했습니다.

2. 불완료미래 futuro imperfecto

스페인어의 명칭인 「futuro imperfecto」에 따라 대부분의 문법서에서는 「불완료미래」라는 명칭이 사용되고 있다. 하지만 본서에서는 간단하게 「미래」라는 명칭을 사용하기로 한다.

hablar	comer	vivir
hablaré	comeré	viviré
hablarás	comerás	vivirás
hablará	comerá	vivirá
hablaremos	comeremos	viviremos
hablaréis	comeréis	viviréis
hablarán	comerán	vivirán

직설법 미래에서 위와 같은 규칙 변화를 하는 동사 외에 불규칙 변화를 하는 동사가 있다. 그러나 이것늘도 어미 변화는 동일하다. 미래시제는 한국어처럼 시간적으

로 미래를 말하는 경우와 추측의 두 가지로 나누어 볼 수 있다.

- 그는 내일 극장에 갈 것이다. [미래의 내용]
- 그는 지금 집에 있을 것이다. [현재의 내용]

1. 미래의 행위 · 상황

- Vendrán pronto. 그들은 곧 올 것이다.
- Mañana visitaré a mis abuelos. 나는 내일 조부모님을 방문할 것이다.
- Lo harán mañana. 그들은 그것을 내일 할 것이다.

2. 현재의 추측

- La salida es a las dos. 출발은 2시입니다. [확신]
- La salida será a las dos. 출발은 2시일 겁니다. [추측]
- ¿Quién será? 누구일까?
- Pedro no ha venido; estará enfermo. 뻬드로는 오지 않았다. 아마 아플 거야.
- Tendrá veinte años. 그는 20세일 거야.
- Ahora serán las tres y media. 지금 3시 반쯤 되었을 거야.

3. 명령 · 금지

- No saldrás esta noche. 오늘 밤에는 나가지 마라.
- No matarás. 살생하지 말지어다.
- Ustedes se quedarán aquí. 당신들은 여기 남으세요.

Nota

위의 세 가지 중에 어느 것에 해당하는가는 인칭과도 관계가 있다.

1인칭	Iré	가겠다	의지미래
2인칭	Irás	가거라	명령미래(화자의 의지)
3인칭	Irá	갈 것이다	단순미래

4. 의문 · 감탄

- ¿Será posible lo que me cuentas? 네가 말하는 것이 도대체 있을 수 있는 일이야?
- ¡Qué desvergonzado será ese sujeto! 그 녀석은 얼마나 뻔뻔스러운지!

Nota

1. 미래는 [ir a+inf.]의 가까운 미래로 바꿀 수 있다. 단, [ir a+inf.]보다 불완료미래가 더 강한 의지를 표현한다.

   Van a ir al cine. 그들은 영화관에 갈 것이다.
   Van a venir. 그들은 오기로 되어 있다. (올 예정이다)

2. 의무나 확실하게 이루어질 것이라고 생각하고 있는 것 등을 말할 경우에는 현재형을 사용하는 것이 좋다.

3. 조건절(si)에는 미래시제를 사용하지 않는다.

4. cuando 절의 내용이 미래일 경우에는 접속법을 사용한다.

   Cuando llegues a Madrid, busca un hotel bueno.
   마드리드에 도착하면 좋은 호텔을 찾아라.

3. 미래완료 futuro perfecto

단 수	복 수
habré ⎱	habremos ⎱
habrás ⎬ + 과거분사	habréis ⎬ + 과거분사
habrá ⎰	habrán ⎰

위와 같이 조동사 haber의 미래형과 과거분사를 결합하여 미래완료를 만든다.

○ 과거분사: p.294

1. 미래의 어느 시점을 기준으로 그때까지 완료되었을 것이라고 가정한다.

- Cuando lleguéis, habremos cenado.
  너희들이 도착할 때면 우리들은 저녁 식사를 마쳤을 것이다.

- Para el domingo, ya habré terminado el trabajo.
  일요일이면 난 이미 일을 마쳤을 것이다.

2. 완료를 추측한다. (즉, 현재완료의 내용을 추측한다고 보면 된다)

- Usted habrá oído decir que el español es muy acogedor.
  당신은 스페인 사람이 매우 친절하다는 말을 들은 적이 있을 겁니다.
- ¿Ya habrán llegado a Madrid?
  그들은 이미 마드리드에 도착했을까?

3. 내용이 미래뿐이라고 생각하기 쉽지만 과거나 현재에 모두 적용된다.

- Mi padre habrá llegado ayer(hoy) a Madrid.
  나의 아버지는 어제(오늘) 마드리드에 도착하셨을 것이다.
- No sé si ustedes habrán conocido a don Alfredo.
  당신들이 알프레도 씨를 만나보셨는지는 모르겠습니다만.

4. 직설법 가능 potencial de indicativo

이 명칭은 자주 문제가 된다. 「조건 condicional」이라고 부르기도 하고 「가능법 modo potencial」이라고 부르기도 한다. 그러나 이것은 일종의 미래이며 직설법, 접속법 등과 대립하는 「법 modo」이 아니라 직설법의 범주에 속하는 것이다. 본서에서는 「가능 potencial」이라는 명칭을 사용하기로 한다.

(직설법 가능)

hablar	comer	vivir
hablaría	comería	viviría
hablarías	comerías	vivirías
hablaría	comería	viviría
hablaríamos	comeríamos	viviríamos
hablaríais	comeríais	viviríais
hablarían	comerían	vivirían

직설법 가능의 규칙 동사 형태는 위와 같이 동사의 어미에 -ía, -ías, -ía, -íamos, -íais, -ían이 첨가되어 형성된다. 이외에 불규칙 변화를 하는 동사가 있는데, 이것들도 어미 변화는 동일하다.

직설법 가능완료

단 수		복 수	
habría habrías habría	+ 과거분사	habríamos habríais habrían	+ 과거분사

직설법 가능완료는 조동사 haber의 직설법 가능형과 과거분사가 결합하여 형성된다.

1. 과거에서 본 미래

○ 화법: p.386

- Dice que vendrá. 〔현재-미래〕 그는 올 것이라고 말한다.
- Dijo que vendría. 〔과거-과거에서 본 미래〕 그는 올 것이라고 말했다.
- Luis prometió que lo haría.
  루이스는 그것을 하겠다고 약속했다.
- Yo pensé que no sucedería nada.
  나는 아무 일도 일어나지 않을 것이라고 생각했다.

2. 과거를 추측

- Serían las diez. 10시였을 것이다.
- ¿Quién vendría anoche? 어젯밤에 누가 왔을까?

3. 직설법 가능의 완료형은 과거에서 본 미래완료

- Creí que habría sido por simple tacañería.
  그것은 단순한 인색 때문에 그렇게 되었을 것이라고 나는 생각했다.
- Pensé que ya habrías llegado a Madrid.
  나는 네가 벌써 마드리드에 도착했으리라고 생각했다.

4. 미래완료와 가능완료의 차이

(미래완료) 현재완료의 내용을 상상한다.

- Ya te habrá dicho eso. (지금은) 그가 그것을 너에게 말했을 거야.

(가능완료) 과거에 완료된 내용을 상상한다.

- Ya te habría dicho eso. (그때는) 이미 그가 그것을 너에게 말했을 거야.

5. 가능성에 대해 언급한다.

- Yo no iría. 나는 가지 않을지도 몰라.
- El señor Kim vendría. 김 선생님께서 오실지도 몰라.

6. 가정문의 귀결절에 사용한다. ○ 가정문: p.203

- Si tuviera mucho dinero, compraría un coche nuevo.
  만일 내가 돈이 많이 있다면 새 차를 살 텐데.
- Si hubiera tenido mucho dinero, habría comprado un coche nuevo.
  만일 내가 돈이 많이 있었더라면 새 차를 샀을 텐데.

7. 완곡표현에 사용된다. ○ 완곡어법: p.470

- Deseo hablar con usted. 당신과 얘기하고 싶습니다.
- Deseaba hablar con usted. 당신과 얘기 좀 하고 싶습니다만.
- Desearía hablar con usted. (정중함이 한층 더 강하다) [현재]

- Me gustaría verle otra vez. 그를 한 번 더 만나 보았으면. [미래]
- ¿Podrías abrir la puerta? 문 좀 열어줄 수 있겠니?

5. 현재완료 pretérito perfecto

「현재완료 Pretérito perfecto」라는 명칭은 「완료과거」로 번역해야 하겠지만 우리는 「현재완료」라는 명칭에 익숙하며, 또 「과거」와 혼동될 우려가 있기 때문에 본서에서는 「현재완료」라는 명칭을 사용하기로 한다.

현재완료의 형태는 조동사 haber의 직설법 현재와 과거분사를 결합해서 만든다.

단 수		복 수	
he has ha	+ 과거분사	hemos habéis han	+ 과거분사

1. 경험

- He estado en Madrid dos veces. 나는 마드리드에 두 번 가본 적이 있다.
- *cf.* ┌ He ido a Madrid dos veces.
    └ He estado en Madrid dos veces.
- He leído esta novela muchas veces. 나는 이 소설을 여러 번 읽었다.

2. 결과

○ tener + 과거분사: p.102 / p.297

- La industria ha progresado mucho. 공업은 많이 발달했다.

3. 완료

1. 가까운 과거에 일어난 사건·행위에 자주 사용된다.

    - ¿Has escrito la carta? 편지를 썼니?
    - ¿Has comido todo? 다 먹었니?

2. 화자의 입장에서 아직 끝나지 않은 하나의 시간 단위 내에서 행위가 완료된 경우를 말한다.

    ahora, hoy, esta mañana, en estos últimos días, esta semana, este mes, este año, este siglo 등과 함께 사용된다. 시간적으로 오래 전의 과거에 일어난 행위일지라도 화자의 「심리적 현재 presente psicológico」에 연결되어 현재완료로 표현하는 것이다.

    - Esta mañana me he levantado a las ocho. 오늘 아침 나는 8시에 일어났다.
    - Este año ha habido buena cosecha. 올해는 수확이 좋았다.

4. 계속

- Ha sido siempre optimista. 그는 항상 낙천주의자였다.

현재완료의 계속적 용법을 이해하기 위하여 다음의 문장을 살펴보자. 다음 (b)의 예문처럼 현재분사를 사용하면 현재와 완전한 관계를 갖는다.

(a) He evitado las discusiones inútiles.
　　나는 쓸데없는 논쟁을 피했다.

(b) He venido evitando las discusiones inútiles.
　　나는 쓸데없는 논쟁을 피해왔다. (피해서 지금에 이르고 있다)

5. 현재완료에 관련된 표현

1. 앞의 「계속」의 예문에서는 부사 **siempre**에 의하여 겨우 현재와 관계를 맺고 있지만 스페인어의 현재완료는 과거의 일종이므로 과거에 일어난 행위가 현재에도 역시 계속되고 있는 경우에는 원칙적으로 사용할 수 없다. 그런 경우에는 「현재」 또는 「현재진행형」을 사용한다.

- Me conoce desde la niñez. 그는 어릴 적부터 나를 알고 있다.
- Hace tres años que vivo aquí. 여기에 살아온 지 3년이 되었다.
- Hemos estado viendo televisión. 우리들은 텔레비전을 계속 보고 있었다.
- Hace tiempo que estamos viendo televisión.
  오래 전부터 텔레비전을 보고 있다.

따라서, 「얼마동안 여기 계셨습니까?」라는 문장을 만든다면 다음과 같은 문장이 나올 가능성이 있다.

(a) ¿Cuánto tiempo hace que está usted aquí?
(b) ¿Cuánto tiempo lleva usted aquí?
(c) ¿Cuánto tiempo ha estado usted aquí?

그러나 위의 예문 중에서 올바른 문장은 (a)와 (b)이다. (c)는 올바른 문장이라 할 수 없는데 그 이유는 이 문장에서는 체류가 이미 끝나 있기 때문이다.

2. 어떤 경우에는 「과거 **Pretérito indefinido**」와 현재완료를 모두 사용할 수 있다.

「감기 걸렸다」 ─┬─ 현재완료: 지금도 걸려있을 가능성이 크다. [가까운 과거]
　　　　　　└─ 과거: 현재 상태와는 무관하다. [먼 과거]

여기서 말하는 「가까운 과거」, 「먼 과거」는 심리적인 구별이며 물리적인 시간을 가리키는 것이 아니므로 혼동해서는 안 된다. 즉, 같은 내용을 말하는 데 있어서 화자의 기분에 따라 과거형으로 표현되기도 하고 현재완료로 표현되기도 한다.

(a) Mi padre ha muerto hace tres años. 나의 아버지는 3년 전에 돌아가셨다.
(b) Mi padre murió hace tres años.

(a)는 아버지의 죽음이 같은 3년 전이라 하더라도 짧은 시간처럼 느껴지는 경우이다. 이에 반하여, (b)는 아버지의 죽음이 남의 일처럼 냉정하고 현재의 기분은 아버지의 죽음과 무관하다는 것을 나타낸다.

3. tener+과거분사+algo ~을 …해 두었다　　　　○ p.297

이 문형은 행위의 결과를 현재에도 보유하고 있다는 것을 표현하며, haber보다 계속성이 강하다. 이 경우에 과거분사는 직접목적어의 성·수에 일치한다.

- Tiene escritas dos cartas. 그는 편지 두 통을 써 놓고 있다.
- Ha escrito dos cartas. 그는 편지를 두 통 썼다.
- Te lo tengo dicho muchas veces. 나는 너에게 그것을 수 차례 말해 두었다.
- Tenemos estudiada la cuestión. 우리는 벌써 그 문제를 연구해 두었다.

6. 과거완료 pretérito pluscuamperfecto

「과거완료」라는 명칭 외에 다른 문법서에서는 「대과거」라는 명칭도 사용된다. 본서에서는 「과거완료」라는 명칭을 사용한다. 직설법 「과거완료」는 조동사 haber의 불완료과거와 과거분사가 결합되어 형성된다.

단 수	복 수
había habías + 과거분사 había	habíamos habíais + 과거분사 habían

1. 과거의 어떤 시점을 기준으로 그 이전에 발생한 행위·사건을 표현할 때 사용된다.

   - Cuando llegué a la estación, el tren ya había partido.
     내가 역에 도착했을 때 기차는 이미 떠난 후였다.
   - Les había dicho que no íbamos.
     우리는 가지 않는다고 나는 그들에게 말했었다.
   - El hombre ya había muerto cuando llegué.
     내가 도착했을 때 그 남자는 이미 죽어 있었다.

2. 직전과거로의 전용

   - Apenas habíamos salido (hubimos salido), entró él.
     우리들이 떠나자마자 그가 들어왔다.

3. 가정문의 귀결절에서 가능완료를 대신하기도 한다.

   - De haber estado allí, la había visitado.
     만일 그녀가 거기 있었더라면 그녀를 방문했으련만.
   - Había podido llamar a la puerta antes de entrar.
     들어가기 전에 노크할 수 있었는데.

4. después de que~의 뒤에는 과거, 과거완료 모두 사용할 수 있다.

   - Vinieron después de que cenamos.
   - Vinieron después de que habíamos cenado.
     우리들이 저녁을 먹은 후에 그들이 왔다.

7. (부정)과거와 불완료과거

다른 문법서에서는 「부정과거 Pretérito indefinido」, 혹은 「완료과거 단순형」 등으로 불리기도 한다. 이 시제는 부정이란 의미를 갖고 있지 않으며, 단순한 과거에 불과하다. 따라서 본서에서는 단순하게 「과거 Pretérito」라 부르기로 한다.

직설법 과거

hablar	comer	vivir
hablé	comí	viví
hablaste	comiste	viviste
habló	comió	vivió
hablamos	comimos	vivimos
hablasteis	comisteis	vivisteis
hablaron	comieron	vivieron

직설법 불완료과거

hablar	comer	vivir
hablaba	comía	vivía
hablabas	comías	vivías
hablaba	comía	vivía
hablábamos	comíamos	vivíamos
hablabais	comíais	vivíais
hablaban	comían	vivían

1. 과거 pretérito indefinido

과거는 결정적으로 완료되었다는 점을 표현하는 과거이며, 과거에 있어서 주어의 행위를 나타낸다. 다음과 같은 내용을 볼 수 있다.

① 무엇을 했는가?

- Hizo un viaje por España. 그는 스페인을 여행했다.

② 무슨 일이 있었는가?

- Aquí hubo un accidente de tráfico. 여기에 교통사고가 있었다.

즉 과거와 불완료과거를 구분하여 사용하는 기준으로 다음과 같은 두 가지가 있다.

① 「끝났다」라는 의미가 있는가 없는가?
② 반복이 있는가 없는가?

위의 기준을 기초로 과거시제의 예문을 살펴보자.

- Hablé con ella. 나는 그녀와 이야기했다.
- Me encontré con él ayer. 어제 나는 그를 만났다.
- Se levantó muy tarde. 그는 매우 늦게 일어났다.
- Se quedó aquí una semana. 그는 일주일간 여기 머물렀다.
- ¿Fue usted a la escuela? 당신은 학교에 가셨습니까?
- ¿Estudiaste anoche? 너는 어젯밤에 공부했니?
- Es el señor que habló con ella. 그가 그 여자와 이야기했던 분이다.
- No sé quién fue. 그가 누구였는지 저는 모릅니다.

2. 불완료과거 pretérito imperfecto

1. 행위나 사건의 끝이 있으면 부정과거를 사용하는 반면, 행위나 사건의 끝이 없는 경우에는 불완료과거를 사용한다.

    (a) Su tío murió anoche.
    (b) Su tío moría anoche.

(b)는 「죽어가고 있었다」를 의미하며 결정적으로 「죽었다」가 아니다. 따라서 나중에 다시 회복되어 정상을 되찾았을 가능성도 있다. 반면에 (a)는 결정적으로 「죽었다」는 의미이다.

2. 불완료과거와 (부정)과거: 「진행」의 과거와 「완료」의 과거

- Cuando lo llamé, él estudiaba. 내가 그를 불렀을 때 그는 공부하고 있었다.
  - llamé: 불렀다 〔완료〕
  - estudiaba: 공부하고 있었다 〔진행〕

- El día estaba bonito; por eso fuimos a la playa.
  날씨가 좋았기 때문에 우리들은 해변으로 갔다.

- Necesitaba un coche pero me dieron una bicicleta.
  차가 필요했지만 그들은 나에게 자전거를 주었다.

3. 과거의 동시 진행

- Mientras comíamos, él estudiaba.
  우리들이 식사하고 있을 때 그는 공부하고 있었다.

  - A → 식사하고 있었다
  - B → 공부하고 있었다

4. 과거의 습관

- Cuando vivía en Cuba, iba a la playa.
  쿠바에 살고 있었을 때 해변으로 가곤 했지.

- Muchas mañanas venía a clase con olor de alcohol.
  매일 아침같이 그는 술 냄새를 풍기며 수업에 들어오곤 했다.

  cf.
  - Cuando lo hubo acabado(acabó, había acabado), lo vendió.
    일을 끝내자마자 그것을 팔았다.
  - Cuando lo había acabado(acababa), lo vendía.
    일이 끝나면 그것을 팔곤 했다. 〔습관〕

5. 과거에서 본 현재

- Dijo que estaba ocupado.
  "나는 바쁘다(Estoy ocupado)"라고 그는 말했다.

- Hablé con la chica que quería conocer.
  나는 알고 싶었던 그 아가씨와 얘기했다.

6. 상황 설명

- Era una noche de diciembre. Las calles estaban oscuras.
  12월의 어느 날 밤이었다. 거리는 어두웠다.

- Hasta aquí podíamos llegar. (=podríamos)
  우리는 여기까지 올 수 있었습니다. 〔가능성〕

7. 행위의 반복

- Mi perro brincaba. 나의 개가 깡충깡충 뛰고 있었다.
- Mi perro brincó. 나의 개가 깡충 뛰었다. (한 번만 뛰었다)

- Llovía muy a menudo. 비가 몇 번이고 내리다 그치다 하였다.
- Llovió muy a menudo. 비가 매우 자주 내렸다.

8. 상황 설정

- Yo era el papá y tú eras la mamá.
  (소꿉장난에서) 나는 아빠가 되고 너는 엄마가 되는 거야.
- Yo iba a tu casa esta tarde y tú venías a la mía mañana... ¿eh?
  오늘 오후는 내가 자네 집으로 가고 내일은 자네가 우리 집으로 오는 게 어때?
- Supongamos que ocurría una nueva guerra.
  전쟁이 또 일어났다고 가정해보자.   ◯ 접속법: p.206

9. (부정)과거에는 시간·횟수 등의 제한이 있다.

- Tuvo que estudiar dos horas. 그는 2시간 동안 공부해야만 했다. 〔시간〕
- Tenía que estudiar todo el tiempo. 그는 언제나 공부해야만 했다.
- Jugó en dos partidos de fútbol. 그는 축구시합에 두 번 나갔다. 〔횟수〕
- Jugaba al fútbol cuando era joven. 그는 젊었을 때 축구를 했다. 〔횟수 불확실〕

10. 불완료과거는 완곡표현에 사용된다.   ◯ 완곡어법: p.470

- Te traía esto para ti. 너를 위해서 이것을 갖고 왔는데. (받아줄지 모르겠어)
- Quería pedirte un favor. 너에게 부탁이 하나 있는데.

11. 가정문의 귀결절에서 「가능」 대신에 사용된다.   ◯ 가정문: p.203

- Si tuviera dinero, compraba esta casa. 만약 돈이 있다면 이 집을 살텐데.

cf. Le eché los piropos para ver qué decía(diría).
     그녀가 뭐라고 말하는지 보려고 달콤한 말을 던졌다.

12. 두 종류의 과거진행: 두 형태 모두 과거진행을 나타내지만 끝이 있는지 없는지에 따른다.

┌ estuve(부정과거) + 현재분사
└ estaba(불완료과거) + 현재분사

┌ ● Estuve trabajando allí hasta ayer. 나는 어제까지는 거기에서 일하고 있었다.
└ ● Estaba trabajando allí en aquel momento. 나는 그때는 거기에서 일하고 있었다.
  ● Estaba comiendo y no podía hablar. 식사중이었기 때문에 얘기할 수 없었다.

13. 불완료과거와 함께 사용되는 부사: siempre, antes, de vez en cuando, habitualmente, ordinariamente, cada mañana(tarde), todos los años, todos los domingos, siempre que, etc.

  ● Tú sabías que yo acudía siempre que me llamabas(llamaras).
    네가 부를 때마다 내가 달려갔었다는 것을 너는 알고 있었다.

14. (부정)과거와 불완료과거에 의하여 의미가 달라지는 동사: conocer, saber, querer, poder, tener, estar, haber, tener que+inf., etc.

┌ ● Lo conocíamos. 우리들은 그를 알고 있었다.
└ ● Lo conocimos. 우리들은 그를 알게 되었다. (만났다)

┌ ● Sabíamos dónde estaba. 우리들은 그가 어디에 있는지 알고 있었다.
└ ● Supimos dónde estaba. 우리들은 그가 어디에 있는지 알아냈다.

┌ ● Quería ir. 가고 싶었다.
└ ● Quise ir. 가고 싶어했다. (가려고 했다. 그러나 가지 않았다)
  cf. No quise ir. 갈 생각이 없었다.

┌ ● Podía hacerlo. 그것을 할 수는 있었다. (했는지 안 했는지 알 수 없다)
└ ● Pude hacerlo. 그것을 할 수 있었다.(그러나 그것을 하지 않았다)

┌ ● Teníamos una carta. 우리들은 편지 한 통을 갖고 있었다.
└ ● Tuvimos una carta. 우리들은 편지 한 통을 받았다.

┌ ● Estaba allí a la una. 1시에는 거기에 있었다.
└ ● Estuve allí a la una. 1시에 거기에 있었다.(그 후에는 없었다)

┌ ● Tenía que estudiar todo el tiempo. 나는 언제나 공부해야만 했다.
└ ● Tuve que estudiar dos horas anoche. 나는 어젯밤 2시간 동안 공부해야만 했다.

15. 사용시제에 제한이 있는 동사: 시간과 관련된 동사로 주로 현재와 불완료과거로만 사용되고 (부정)과거로는 사용되지 않는다.

(a) 시간을 말하는 ser

- Eran las nueve. 9시였다.
- Era la Nochebuena. 크리스마스이브였다.

  cf. ¿A qué hora fue? –Fue a las doce.
  (그것은) 몇 시에 발생했습니까? 12시에 발생했습니다.

(b) 시간을 말하는 llevar ◐ 시간의 표현: p.507

- El fuego llevaba apagado doce horas. 불이 꺼지고 12시간이 지나고 있었다.

(c) 시간을 도입하는 hacer ◐ 시간의 표현: p.505

- Hacía una hora que escribíamos cuando el profesor entró.
  교수가 들어왔을 때 글을 쓴 지 1시간이 되었었다.
- No recibíamos su carta desde hacía tres años y eso nos preocupaba.
  3년 전부터 그의 편지를 받지 못했었기에 우리는 걱정했다.

Nota

이 경우에 불완료과거는 hacía… que, desde hacía, desde que 등과 함께 먼 과거에서 시작하여 과거의 주어진 시점까지 계속된 행동을 표현한다.

(d) 나이를 말하는 tener

- Me casé cuando tenía veinticuatro años. 나는 24살이었을 때 결혼했다.

(e) acabar de+inf.

- Acababa de llegar. 방금 막 도착했었다.

Nota

acabar 동사 단독으로 사용되는 경우에는 (부정)과거형도 가능하다.
Se acabó. 끝나 버렸다.

(f) soler+inf. (곧잘 ~하곤 하다), acostumbrar a+inf.

- Cenaban a las diez. 그들은 10시에 저녁식사를 하곤 했다.
- Solían cenar a las diez. 그들은 곧잘 10시에 저녁식사를 하곤 했다. [습관을 강조]
- Acostumbraba a venir los sábados. 그는 항상 토요일마다 오곤 했다.

8. 직전과거 pretérito anterior

과거의 어느 시점을 기준으로 그 직전에 발생한 행위와 사건을 표현하며, 「~하자마자」에 해당하는 apenas, no bien, así que, luego que, tan pronto como, en cuanto 등과 같은 접속사 뒤에 사용된다. 그러나 현대 스페인어에서 직전과거는 거의 사용되지 않고 그 대신 주로 직설법과거가 사용된다. 직전과거는 조동사 haber의 과거와 과거분사가 결합되어 만들어진다.

단 수	복 수
hube hubiste + 과거분사 hubo	hubimos hubisteis + 과거분사 hubieron

- Tan pronto como hubo comido, salió.
- Tan pronto como comió, salió.
  그는 식사하자마자 나갔다.

- Salieron cuando hubieron terminado.
- Salieron cuando terminaron.
  그들은 끝내자마자 나갔다.

06 동사 (2)
Verbo (2)

1. 지각동사
2. [ME GUSTA] 구조의 동사

① 지각동사 verbos de percepción

'보다', '듣다' 등과 같은 「지각동사 verbos de percepción」를 사용해서 「A는 B가 …하는 것을 보다·듣다」라고 하는 경우에, 부정사 또는 현재분사를 사용하여 단문을 구성할 수 있다.

- Veo un perro correr. 나는 개 한 마리가 달리는 것을 본다.
- Veo un perro corriendo. 나는 개 한 마리가 달려가고 있는 것을 본다.

1. 지각동사의 문형

1. V지각+inf.+O(a+사람) : O가 ~하는 것을 보다·듣다

    - Vimos llegar los helicópteros. 우리들은 헬리콥터가 도착하는 것을 보았다.
    - Oímos cantar a Susana. 우리들은 수사나가 노래하는 것을 들었다.

    Nota
    목적어가 사람일 때는 전치사 a가 필요하다.

2. V지각+O(a+사람)+inf.

    - Vi un perro correr. 나는 개 한 마리가 달리는 것을 보았다.
    - Oigo a alguien tocar el piano. 나는 누군가가 피아노 치는 것을 듣는다.

    Nota
    1과 구성요소는 같고 어순만 다르다. 그러나 1의 형태가 더 많이 쓰인다.

3. V지각+O(a+사람)+현재분사 : O가 ~하고 있는 것을 보다·듣다

    - Veo a un hombre nadando. 나는 남자 한 사람이 수영하고 있는 것을 본다.

    Nota
    [V+현재분사+O]의 형태도 생각할 수 있지만 현재분사가 주어에 걸려 「~하면서 보다·듣다」라고 해석되기 쉬우므로 이 형태는 피해야 한다

4. 목적어가 대명사일 때는 어순이 바뀐다.

1. 목적대명사+V지각+inf.
   - Las vi correr. 나는 그녀들이 달리는 것을 보았다.

2. 목적대명사+V지각+현재분사
   - Los descubrió robando. 그는 그들이 도둑질하고 있는 것을 발견했다.

3. ¿의문대명사+V지각+inf.?
   - ¿A quién vio entrar? (당신은) 누가 들어오는 것을 보았습니까?

4. 목적대명사+V지각+inf.+목적대명사
   - Se paró cuando me oyó llamarle. 그는 내가 부르는 소리를 듣자 멈추었다.

5. V지각+O(a+사람)+que+V₂

- Vi a los hombres que estaban leyendo.
  나는 그 남자들이 독서하고 있는 것을 보았다.

Nota
이 que는 관계대명사이므로 「독서하고 있는 남자들을 보았다」라는 해석도 가능하다.

이상에서 「마리아가 노래 부르고 있는 것을 내가 들었다」라는 문장을 다음 네 가지로 표현할 수 있다.

- Oí cantar a María.   V지각+inf.+a~
- Oí a María cantar.   V지각+a~+inf.
- Oí a María cantando.   V지각+a~+현재분사
- Oí a María que cantaba.   V지각+a~+que+V₂

6. V지각+inf. (무인칭의 inf.)   ○ p.237

위에서는 「누가 ~하는 것을 보다」 같은 유인칭인 경우로 부정사의 주어가 있지만 간접적으로 보거나 듣는 경우는 목적어가 탈락되고 [V지각+inf.] 형태가 된다.

- Habrás oído hablar mal de él.
  그에 대해 욕하는 것을 너는 들었을 것이다.

- Oímos cantar esa canción en Inglaterra.
  영국에서 그 노래를 부르는 것을 우리들은 들었다.

다음 예는 서로 비슷하여 혼동하기 쉬운 형태의 문장이다.

- Oí decir a Juan que no iba. [문형 5]
  후안이 「너는 가지 않는다」라고 말하는 것을 나는 들었다. (decir의 주어는 후안)
- Oí decir que Juan no iba. [문형 6]
  후안은 가지 않는다고 한다. (decir는 무인칭[=세상 사람들]으로 주어 없음)

2. 지각동사의 무인칭 문장

se를 사용하여 「~하는 것이 보인다 · 들린다」고 하는 표현으로, 앞에서와 같이 부정사를 사용하는 경우, 현재분사를 사용하는 경우, 부정사 · 현재분사의 의미상의 주어가 대명사인 경우 등 3가지 문형을 볼 수 있다.

1. Se+V지각+inf.+a~ ○ 무인칭의 se: p.235

- Se oye cantar a los pájaros. 새들이 노래하는 것이 들린다.

Nota
무인칭이기 때문에 지각동사는 항상 3인칭 단수 형태가 된다.

2. Se+V지각+a~+현재분사

- Se la vio a María jugando. 마리아가 놀고 있는 것이 보였다.

Nota
이 문장에서 볼 수 있듯이, 지각동사가 ver일 때는 Se+ve의 사이에 대명사(le, la, etc.)가 들어오는 것이 일반적이다. 이것은 재귀대명사로 오해하지 않도록 하기 위함이다.

3. Se+lo(as)+V지각+inf. (또는 현재분사)

- Se los oye cantar. 그들이 노래하는 것이 들린다.
- Se la vio jugando. 그녀가 놀고 있는 것이 보였다.

4. Se+V지각+que+V₂

이 문형은 지각동사의 무인칭문이 앞에서 본 문형(5)의 복문 형태를 구성하는 경우이다.

- Se oye que está cantando María. 마리아가 노래하고 있는 것이 들린다.

> **Nota**
>
> 스페인어에서 주요 지각동사로는 ver, oír, escuchar, hallar, contemplar(바라보다), sentir(느끼다), distinguir(식별하다) 등이 있다. 그리고 encontrar(발견하다), notar(깨닫다), observar(관찰하다), descubrir(발견하다), sorprender(덮쳐서 찾아내다) 등과 같은 「관찰 동사」는 일반적으로 부정사를 사용하지 않고 현재분사를 사용한다.
>
> **Sorprendimos a los muchachos robando manzanas.**
> 우리들은 아이들이 사과 훔치는 것을 발견했다.

3. 지각동사의 구문적 특성

1. 지각동사는 두 개의 목적어를 동반한다고 생각할 수 있다.

   Vi ┌ a María. - Vi a María aparecer. 나는 마리아가 나타나는 것을 보았다.
      └ aparecer - Vi aparecer a María.

   María는 동사 Vi의 목적어인 동시에 부정사 aparecer의 의미상의 주어이다.

2. 부정사와 현재분사를 사용한 형태는 부정사가 보어가 되는 사역·명령 등 「의지의 동사」의 경우와 같은 형태를 이루게 된다. 즉, [목적대명사+V+inf.]의 문형을 구성한다.

   ┌ ● La hice callar. 나는 그녀를 조용히 시켰다. [의지의 동사]
   └ ● La oí cantar. 나는 그녀가 노래하는 것을 들었다. [지각동사]

3. 부정사를 사용하는 형태와 현재분사를 사용하는 형태 중 어느 것을 사용해도 좋지만 그 차이는 다음과 같다.

   ┌ **부정사** .... 지각 당하는 그 행위, 즉 부정사를 강조
   └ **현재분사** .... 목적어, 즉 현재분사의 행위자를 강조

- La vi llorar. [울고 있는 행위를 강조]
- La vi llorando en el rincón. [울고 있는 그녀를 강조]

4. 현재분사를 사용한 표현은 순간적 동작에는 사용할 수 없다.

- Le vi cerrando los ojos. (×)
- Le vi cerrar los ojos. (○)

이 경우에는 부정사를 사용한다. 그 이유는 부정사는 즉시 끝나는 순간적 동작뿐만 아니라 반복성이 있는 내용에도 쓸 수 있기 때문이다.

5. 지각동사의 시제가 불완료과거이면 부정사의 내용은 반복성을 갖는다.

- La veíamos llegar tarde todos los días.
  우리들은 그녀가 매일 늦게 도착하는 것을 보곤 했다.
- Le oíamos cantar siempre la misma canción.
  우리들은 그가 항상 같은 노래를 부르는 것을 듣곤 했다.

6. 부정사와 현재분사가 목적어를 수반하는 경우가 있다.

- Oyó cantar esa jota a Juan. [V지각+inf.+inf.의 보어+O]
  그는 후안이 그 호타 노래를 부르는 것을 들었다.
- Las oí cantar *La Golondrina*.
  그녀들이 「라 골론드리나」를 부르는 것을 나는 들었다.
- ¡Qué bueno oírte decir eso!
  네가 그렇게 말하는 것을 들으니 얼마나 기쁜지!

7. 목적어가 대명사일 때는 어순이 바뀌어 문형(4)가 되기 때문에 주의해야 한다.

- Oí a los estudiantes cantar la serenata.
- Les oí cantar la serenata.
  나는 그들(학생들)이 세레나데를 부르는 것을 들었다.

8. 지각동사가 부정사로 다른 주동사의 목적어가 될 경우가 있다.

- Quiero ver salir el sol. 나는 해가 뜨는 것을 보고 싶다.

② [ME GUSTA] 구조의 동사

우리말에서는 A→B의 구조를 취해야 할 표현이 스페인어에서는 A←B와 같이 반대의 구조를 취하는 경우가 많다. 그 대표적인 것이 동사 gustar이다. 따라서 문법적으로는 목적어인 것이 우리말로 번역할 때는 주어가 된다.

⎡ Me gusta la música.　　나 ← 음악 (Me는 간·목) 음악이 나에게 즐거움을 준다.
⎣ 나는 음악을 좋아한다.　　나 → 음악

「연극이 나를 흥미있게 한다 Me interesa el teatro」와 「그것을 아는 것이 나를 기쁘게 한다 Me agrada saberlo」, 「발이 나를 죽인다 Me matan los pies」 등은 우리말의 논리로는 그대로 받아들이기 어렵다. 때문에 「나는 연극에 흥미가 있다」든가 「그것을 알아 기쁘다」, 「다리가 아파 죽겠다」와 같이 주어를 바꿔서 해석해야 한다. 그 이유는 사람·동물·물건·개념 등의 취급 방법이 가기 다르기 때문이라고 말할 수 있다. 이외에도 또 하나는 이 경우 기본적 문형이 보통 [S+V+O]의 형태를 취하지 않고 [O+V+S] 형태를 취한다는 것이다. Eso no me gusta (그건 싫어)와 같은 [S+O+V] 형태는 오히려 특수한 경우에 속한다.

이런 문장 구조에 감정동사가 사용되는 경우에는 원칙적으로 [Me+V+S] 형태를 취한다.(이하, Me가 목적어를 대표한다) 이 경우에 동사는 「타동사」일 때와 「자동사」일 때가 있는데 「타동사」일 경우에 우리말의 논리와 차이가 발생하는 것은 대부분 감정 표현의 경우이다.

기본형

⎡ ● Me gusta la música.　　　　　　　[주어: 명사]
⎢ ● Me gusta oír la música.　　　　　　[주어: 부정사]
⎣ ● Me gusta que Ud. oiga la música.　[주어: que절]
⎡ ● Me interesa la música.　　　　　　[Me가 직·목, 타동사]
⎣ ● Me gusta la música.　　　　　　　[Me가 간·목, 자동사]

1. me가 직접목적어인 경우

문형 1 Me + V + S

1. **Me agrada la noticia.**
   그 소식은 기쁘다. (그 소식은 나를 기쁘게 한다.)

   이 문형의 동사는 다음 세 가지로 번역할 수 있다.

   (a) 그 소식은 ~하다 (「나」는 나타나지 않는 경우가 많다)
   divierte 즐겁다, entristece 슬프다, interesa 재미있다, molesta 귀찮다, maravilla 훌륭하다, extraña 이상하다, desagrada 불쾌하다

   (b) 나에게는 그 소식이 ~하다
   importa 중요하다, preocupa 걱정되다

   (c) 나는 그 소식에 ~하다 (주어와 목적어가 서로 바뀐다)
   sorprende 놀라다, contenta 만족하다, admira 감탄하다, entusiasma 감격하다

2. **사물**

   - Me aprieta este cuello. 이 칼라는 갑갑하다. (칼라가 나를 조인다)
   - Me distrae el ruido. 시끄러워서 마음이 산란해진다. (소음이 나를 방심시킨다)

   cf. Me distraigo por el ruido.

3. **추상명사**

   - No le movía el interés.
     그는 이해 관계에 동요되지 않았다. (이해 관계는 그를 동요시키지 않았다)
   - Su salud nos inquieta.
     당신의 건강이 걱정된다. (당신의 건강이 우리들을 불안하게 한다)
   - Sus razones me convencieron.
     그의 분별력에 납득했다. (그의 분별력은 나를 납득시켰다)

4. **주어가 사람인 경우에도 우리말과는 어느 정도 표현의 차이가 있다.**

   - No me asustas aunque pongas esa cara.
     네가 그런 얼굴을 해도 나는 놀라지 않아. (너는 나를 놀라게 하지 않는다)

- Me cansa ese hombre.
  지긋지긋한 녀석이다. (그 남자는 나를 지치게 한다)
- Tan solo me ocupas tú.
  내 마음은 오직 너만으로 가득 차 있다. (너만이 나를 점령한다)
- Aquí me tienes.
  나 여기에 있어. (너는 여기에 나를 갖고 있다)

문형 2 Me + V + inf.

주어가 부정사이기 때문에 동사는 항상 3인칭 단수형이 된다.

- Me agrada estar aquí.
  여기에 있으니 기쁘다.
- Me repugna tocar un animal muerto.
  죽은 동물을 만지는 것은 기분이 나쁘다.
- Me alegra saber que está Ud. mejor.
  당신의 건강이 좋아진 것을 알게 되어 기쁘다.
- No me humilla trabajar de obrero.
  나는 노동자로 일하는 것을 비하하지 않는다.
- Me angustiaba no entender bien lo que estaba ocurriendo en la ciudad.
  도시에 무슨 일이 일어나고 있는지 잘 몰라서 걱정했다.

문형 3 Me + V + que + 접속법

주어는 que절이기 때문에 동사는 항상 3인칭 단수형이 된다.

- Me entristece que se marche por tanto tiempo.
  그토록 오랫동안 헤어진다는 것은 괴롭다.
- Me admira que haga tanto frío en el verano.
  여름이 이토록 춥다는 것은 놀랍다.
- Me extraña que no haya llegado aún.
  그가 아직 도착하지 않은 것은 이상하다.
- Me complace que haya obtenido Ud. un premio.
  당신이 상을 탔다니 기쁩니다.
- Me mató que me ganase Pedro al ajedrez.
  나는 뻬드로에게 장기에 져서 속이 울컥 치밀었다.
  (뻬드로가 장기에서 나에게 이긴 것은 나를 죽였다)

> **Nota**
>
> 앞 문장의 mató와 같은 경우에 다음과 같은 동사가 사용될 수 있다.
>
> hirió (마음이) 뜨끔했다.　molestó 불쾌했다.
> disgustó 기분을 망쳤다.　dolió 억울했다

문형 4　Me+V+보어+(+S) 나를 보어(형용사)의 상태로 하다

이 경우에 동사는 tener와 volver 등이 사용된다.

- Me tiene completamente loco. 나는 완전히 그녀에게 빠져 있다.
- Me vuelve loca. (말하는 사람은 여자) 나를 미치게 한다.

> **Nota**
>
> **이 구문에 사용될 수 있는 동사**
>
> abrumar, aburrir, agobiar, agradar, ahogar, alegrar, angustiar, animar, apetecer, apurar, asombrar, asustar, atraer, cansar, coger, confundir, colmar, desagradar, divertir, disgustar, distraer, dominar, embargar, enajenar, encantar, enfadar, engañar, enloquecer, entretener, entristecer, entusiasmar, estorbar, extrañar, fastidiar, humillar, impedir, importar, impresionar, impulsar, inquietar, interesar, lastimar, llenar, obligar, obsesionar, ofender, molestar, pasmar, perturbar, picar, placer, preocupar, ocupar, reventar, satisfacer, sofocar, sorprender, tranquilizar, vencer, etc.

2. me가 간접목적어인 경우

스페인어의 여격(간접목적어) me는 사용 범위가 넓다.

① Me dio el dinero. 그는 나에게 돈을 주었다.

② Me quitó el dinero. 그는 나에게서 돈을 빼앗았다.

③ Me facilitó el dinero. 그는 나에게 돈을 융통해 주었다.

④ Me cambió el dinero. 그는 나에게 돈을 바꿔 주었다.

①과 ②의 me는 관계가 정확히 반대이다. 따라서 다음과 같이 관계가 확실하지 않은 경우를 볼 수 있다.

⑤ Le compré una casa. ┌ 나는 그에게 집 한 채를 사주었다.
　　　　　　　　　　　└ 나는 그에게서 집을 한 채 샀다.
⑥ Eso lo oí a uno en el café. 나는 카페에서 그것을 어떤 사람에게서 들었다.
　 Mira cómo le sale el jugo. 봐라, 저렇게 즙이 나온다. (le-파일에서)
⑦ Mis obras me sobrevivirán. 나의 작품들이 나보다 오래 살겠지.

위와 같은 용법을 기준으로 me가 간접목적어인 경우의 문형을 살펴보자.

문형 5) Me + V + S

- Me ha tocado la lotería. 나는 복권에 당첨되었다.
- Me duele la cabeza. 나는 머리가 아프다.
- No me salía la voz. 나는 목소리가 나오지 않았다.
- Me falta(sobra) tiempo. 나는 시간이 없다(남아 있다).
- Nos faltan tres chicos. 우리들(에게)는 남자가 세 사람 부족하다.
- Me urge el dinero(el traje). 돈이(옷이) 급히 필요하다.
- Le ocurrió un accidente de tráfico. 그는 교통사고를 당했다.
- Cuando hay que estar muy serio me entran ganas de reír.
  신가해야 할 때 나는 웃고 싶어서 좀이 쑤셔온다.
- La cabeza le zumbaba, la cara le quemaba y la garganta le apretaba.
  그는 머리가 울리고 얼굴이 달아오르고 목이 조여지는 것 같았다.

이와 같이 me를 간접목적으로 취하는 동사들은 다음과 같다.

　　caer, chocar, corresponder, costar, doler, entrar, faltar, ocurrir, pasar, quedar, quitar, recordar, resultar, salir, sobrar, tocar, urgir, etc.

Nota

1. Me duele(n)+신체의 부분
   Me duele el vientre (el pie, la espalda, la garganta, el brazo, la pierna, todo el cuerpo, etc.).

2. [Me+la cabeza], [le+la cabeza], [le+la cara]는 각각 「나의 머리」, 「그의 머리」, 「그의 얼굴」과 같이 me+la를 소유격 형태로 번역할 수도 있다.
   　　　　　　　　　　　　　　　　　　　　　◯ 소유의 표현: p.515
   　　No me mires las cartas. 내 카드를 보면 안 돼.
   　　Se me ajusta al pie. (신발이) 내 발에 꼭 맞다.

이 구조의 문장을 일반적 구조의 문장으로 바꾸어 표현할 수 있다. 그러나 모든 문장을 다음과 같이 바꿀 수 있는 것은 아니다.

- Nos quedan cuarenta pesos. 우리에게 40페소가 남아 있다.
- Todavía tenemos cuarenta pesos.

- Me hace falta un clavo grande. 나는 큰 못 하나가 필요하다.
- Necesito un clavo grande.

- Me recuerda a mi madre. 나에게 어머니를 생각하게 한다.
- Recuerdo a mi madre. 나는 어머니를 생각한다. (기억하고 있다)

- Me salió mal el dibujo. 그 그림은 좋지 않게 나왔다.
- Lo dibujé muy mal. 나는 그것을 너무 못그렸다.

- ¿Cómo te salió el examen? 시험은 어떻게 되었니? (잘 치렀니?)
- ¿Cómo saliste del examen? 시험은 어떻게 되었니? (너의 성적은?)

문형 6) Me + V + inf.

부정사가 주어이기 때문에 동사는 항상 3인칭 단수형이 된다. 그리고 부정사의 의미상 주어는 간접목적어 me이다.

- Le toca jugar. 그가 할 차례입니다.
- Le conviene vivir en el campo. 그에게는 시골에서 사는 것이 좋다.
- Me pesa haberte enojado. (나는) 너를 화나게 했던 것이 마음에 걸린다.
- Me urge hablar con Ud. (나는) 급히 당신과 할 얘기가 있습니다.
- A mí me corresponde pagar. 내가 지불할 차례이다.
- Así me gusta oírte hablar. 네가 그렇게 말하니 듣기 좋다.
- Me duele decirlo. 나는 그것을 말하기 괴롭다.

문형 7) Me + V + que + 접속법   ○ 접속법: p.189

- Me choca que no esté aquí todavía. 그가 아직 여기에 없다는 것은 이상하다.
- No me gusta que escriba eso. 그가 그렇게 쓰는 것이 나는 싫다.

문형 8   Me + V + C

주어를 동반하지 않는 막연한 경우(동사는 3인칭 단수형)와 주어가 확실한 경우가 있다.

- Me parece bien.　(나는) 좋다고 생각한다.
- Me basta con esto.　(나는) 이것으로 충분하다.
- ¿Le viene bien a las nueve?　(당신은) 9시가 좋습니까?
- ¿Cómo le va? – Me va bien.　(생활이) 어떻습니까? (나는) 좋습니다.

Nota

ir는 단인칭으로도 자동사로도 쓰인다. Le va bien (생활에 관해 말할 때)은 단인칭으로 쓰였고, No le va bien este color 「이 색은 그에게 적당하지 않다」는 este color라는 주어가 있기 때문에 단순한 자동사로 쓰였다. 후자의 경우는 물론 복수형도 있다.

문형 9   Me + V + C + inf.

부정사가 주어이기 때문에 동사는 3인칭 단수형이 된다.

- Me resulta difícil jugar al tenis.　내가 테니스 치는 것이 어렵게 되었다.
- Me viene mal ir a esa hora.　내가 그 시간에 가는 것은 좋지 않다.
- Me parece interesante jugar al béisbol.
  나에게는 야구를 하는 것이 재미있는 것 같다.

문형 10   Me + V + C + que + 접속법

que절이 주어이고 동사는 3인칭 단수형이 된다.　　◐ 접속법: p.189

- Me parece bien que te diviertas, pero me parece mal que no estudies.
  네가 즐기는 것은 좋지만 공부하지 않는 것은 좋지 않다고 생각한다.

문형 8, 9의 일종으로서 [Me+es+형용사(+inf.)]의 형태가 있는데 용법은 제한되어 있다.

- Me es fácil.　나에게는 쉽다.
- Me es difícil tocar el piano.　나에게는 피아노를 치는 것이 어렵다.
- No le era necesario haber ido.　그에게는 갈 필요가 없었다.

문형 11 Me + V단인칭

이 「단인칭 동사」란 amanecer와 같이 기후를 표현하는 동사가 아니라 한림원의 문법이 말하는 unipersonal impropio(비개별단인칭), 즉 ser, bastar, venir, convenir, importar, parecer, haber, hacer 등과 같은 동사를 말한다.

- Me basta. (나는) 충분하다.
- No me importa. (나는) 상관없다.

문형 12 Me(간·목) + V + O(직·목)

이 문형에서 문법적 주어는 전치, 후치 다 된다. 문법적으로는 「~에게 …를 ~하다」의 형태인데 우리말의 논리에는 맞지 않으며 문법적 주어가 어느 것인가가 문제가 되는 형태이다.

- Esta tarde me pedía el cuerpo agua.
  오늘 오후는 물이 매우 마시고 싶었다. (몸이 나에게 물을 요구했다)
- Este paseo me ha abierto el apetito.
  이 산책에 나는 식욕이 났다. (산책이 나에게 식욕을 열었다)
- ¿Le quitará la sed un vaso de cerveza?
  (당신은) 맥주 한 잔으로 당신의 갈증이 가실까요?
  (맥주 한 잔이 당신에게서 갈증을 제거할까요?)
- ¿Cuánto me llevará Ud. por este traje?
  이 옷은 얼마입니까? (당신은 이 옷으로 나에게서 얼마를 가져가는가?)
- Tu carta me hizo ilusión.
  너의 편지에 황홀해졌다. (편지가 나에게 환상을 만들었다)
- El libro me hizo mucha gracia.
  그 책은 (나에게는) 대단히 재미있었다. (책이 나에게 많은 재미를 만들어주었다)
- El libro tiene mucha gracia.
  그 책은 대단히 재미있다. (많은 재미를 갖고 있다)
- Me ha causado muchos disgustos.
  그 녀석은 나를 매우 불쾌하게 했다. (그는 나에게 많은 불쾌감을 가져왔다)
- Me causó sorpresa su resignación.
  그가 체념해서 나는 깜짝 놀랐다. (그의 체념은 나에게 놀라움을 가져왔다)

문형 13 Me+da

문형 12의 특수한 형태로서 아래에 열거한 바와 같이 [Me+da]를 사용한 일련의 관용적 표현이 있다. 이 표현에서는 문법적 주어가 확실하지 않은 경우가 많다.

① ┌ Me da miedo. 나는 무섭다.
   └ Me da sueño. 나는 졸립다.

이 표현에서 miedo, sueño의 자리에 vergüenza(창피하다), celos(질투하다), gracia(재미있다), razón(옳다), asco(울렁거리다), mareos(멀미가 나다), náuseas(구역질나다), la risa(우습다), igual(같다), lo mismo(같다) 등이 올 수 있다.

- ¿Le dan mareos en las alturas? 비행기 멀미를 합니까?
- Me da vergüenza decirlo. 그것을 말하는 것은 창피하다.
- Me ha dado un calambre en la pantorrilla izquierda.
  왼쪽 종아리에 쥐가 났다.

Nota

> 이 문형에 관련된 표현으로는 다음과 같은 것이 있다.
> **Me entra sueño (miedo).** (저절로) 졸립다 (무섭다)
> **Me da sueño.** (뭔가 원인이 있어서) 졸립다.
> **Tengo sueño.** 졸립다.
> **Me viene sueño.** 졸음이 온다.

② Me da(n) dolor de+신체의 부분   나는 ~가 아프다

- Esa música me da dolor de cabeza.
  그 음악에 나는 머리가 아프다.

③ ┌ Me da la gana de+inf.   나는 ~하고 싶어진다
   └ Me da la(s) gana(s) de+inf.   (나에게 ~할 의욕을 준다)

- La música me da ganas de bailar.
  음악을 들으면 춤추고 싶어진다.
- Me dan ganas de ir.
  나는 가고 싶어졌다.
- No me da la gana de decírtelo.
  너에게 그것을 말하고 싶은 기분이 아니다.

- Me marcho porque me da la gana.
  나는 떠난다. 왜냐하면 그렇게 하고 싶기 때문이다.
- Haga lo que le dé la gana.
  하고 싶은 대로 하세요.

Nota

> Me da -를 일반적인 형태로 바꾸면 Tengo~이다.
> **Tengo miedo (sueño).** 나는 두렵다 (잠이 온다).
> **Tengo dolor de cabeza.** 나는 두통이 있다.
> **Tengo ganas de bailar.** 나는 춤추고 싶다.

3. Se+me+V+S [무의지의 se]

- Se me olvidó su nombre.
  나는 그의 이름을 잊었다.

이 문장에서 「잊은 것은 "나"인데 왜 동사를 olvidé라는 1인칭 활용을 하지 않았는가」라는 의문이 나올 수 있다. 「그거야 당연히 주어가 su nombre이기 때문이다」라고 대답하면 질문자들은 잘 이해하지 못한다. 「그의 이름이 나에게 잊혀져 버렸다」는 어딘가 모르게 이상하다고 생각되기 때문이다.

(a) Olvidé su nombre. 그의 이름을 잊었다.
(b) Se me olvidó su nombre. 그의 이름이 잊혀졌다.

(a)는 일반적으로 "잊었다"라는 표현이지만 (b)는 「친절히 도와주셨던 분의 이름을 잊어서는 안 되는데 (나는 잊을 생각이 없었는데) 그 이름이 저절로 나에게서 독립하여 망각의 방향으로 가버렸던 것입니다」라는 책임 회피의 기분이 작용하고 있다. 따라서 이 se를 「무의지의 se」라고 한다.

Nota

> 「잊다」에는 다섯 가지 표현 방법이 있다.
> 1. Olvidé su nombre.
> 2. Se me olvidó su nombre.
> 3. Me olvidé de su nombre. [olvidarse de+명사: ~을 잊다]
> 4. Me olvidé de darle cuerda. [olvidarse de+inf.: ~하는 것을 잊다]
>   시계 태엽 감는 것을 잊었다.
> 5. Dejé olvidada mi pluma en casa.

이와 같은 측면에서 다음과 같은 예문을 살펴보자.

(a) Las tazas cayeron. 찻잔이 떨어졌다. (자연 현상)
(b) Dejé caer las tazas. 나는 (일부러) 찻잔을 떨어뜨렸다. (인위 현상)
(c) Se me cayeron las tazas. 찻잔을 떨어뜨렸다. (고의가 아님)

(c)는 「떨어뜨린 사람은 "나"이지만 떨어뜨릴 의도는 전혀 없었고 찻잔이 저절로, 혹은 실수로 떨어진 것입니다」라고 하는 책임 회피의 기분이 작용하고 있다.

이 [se+me+V+S]의 형태는 「무의식 중에(뜻밖에, 문득) ~해 버렸다」로 해석된다. 이 경우에 주어는 명사, 부정사, que절 등 세 가지로 나타난다. 동사는 항상 3인칭형이고 주어에 따라서 단수형일 때와 복수형일 때가 있다.

- Se me ocurrieron unas ideas buenas.
  (나에게) 문득 좋은 생각이 떠올랐다. [S=명사·복수]
- Se me ocurrió escribir a Juan.
  (나는) 문득 후안에게 편지를 쓰고 싶어졌다. [S=inf.]
- Se me ocurrió que podíamos ir al cine.
  우리들은 영화관에 갈 수 있었다고 문득 생각했다. [S=que절]

- Se le trabó la lengua. 그는 혀가 굳어졌다(말문이 막혔다).
- Se me apagó la pipa. 파이프 불이 꺼졌다. [자연적으로]

me를 붙여서 "se apaga"라는 현상이 me와 관계있다고 하는 구성이 되어 있다. 이 경우는 전례의 (c)와 달라서 끈 것은 "내"가 아니다. 또 [me+la pipa]로 「나의 파이프」라는 관계가 성립되어 있다. ● 소유의 표현: p.515

결국 「어떤 일이 나의 의지와 상관없이 일어나고 그것이 나와 관계가 있다」라는 표현이다.

- Se me rompieron las tazas. 나는 찻잔들을 깨고 말았다.
- Se me ha parado el despertador. 자명종 시계가 멈추고 말았다.
- Se me fueron los pies. 나는 미끄러졌다.
- Se me olvidó la página. 페이지를 잊어버렸다.
- Se me salta la risa. 나는 웃음을 터뜨렸다. (웃음이 나에게서 튀어나온다)
- Se me durmió la mano. 나는 손이 저렸다. (손이 잠잤다)

- Se me hace la boca agua. 나는 군침이 돈다. (입이 물을 만든다)
- Se me ha cortado la cara con el viento. 바람으로 내 얼굴이 갈라졌다.
- Se me escapó la idea. (생각하고 있었는데) 깜빡 잊어버렸다.

지금까지는 사람이 모두 대명사만으로 나타났지만 고유명사의 경우는 [A+인명+se+le+V+S]의 형태를 취한다.

- A Ramiro se le paró el corazón y se puso pálido.
  라미로는 심장이 멈췄고 (그래서) 얼굴이 창백해졌다.

Nota

다음 예문은 구조는 같지만 여격의 특수한 용법이라고 생각하는 것이 좋다.
No se me haga Ud. el inocente. 당신, 모르는 척 하지 마십시오.
Se nos murió el niño. 꼬마는 우리와 사별했다.

▶ [Se+me+V+inf.]

- Se les ocurrió pedirle dinero.
  그에게서 돈을 빌릴 생각이 그들에게 문득 떠올랐다.
- Se me olvidó devolverle el dinero.
  나는 그에게 돈을 돌려주는 것을 깜빡 잊었다.

▶ [Se+me+V+que...]

- Se me ha olvidado que tenía que despertarle.
  그를 깨워야만 했던 것을 깜빡 잊었다.
- Se me figura que no es tan rico como aparenta.
  그는 겉보기 만큼 부자가 아닌 것 같이 생각된다.
- Es un tío al que no se le escapa nada.
  그는 어느 것도 놓치지 않는 사람이다. (그에게서 아무 것도 도망치지 않는 그런 사람이다)

Nota

무의지의 se를 동반할 수 있는 동사
abrir, acabar, apagar, caer, cerrar, conocer, cortar, dormir, entumecer, escapar, escurrir, hacer, helar, ir, ocurrir, olvidar, pasar, perder, quedar, quitar, romper, trabar 등이 있다.

4. Se+le+V [무인칭의 se]

〔Se+le+V〕의 문형에 대해서는 11장「무인칭의 se」, 12장「무인칭의 se에 의한 수동」참조.

〈세비야의 축제〉

07 부사
Adverbio

1. 부사의 기능과 분류
2. 부사의 용법
3. CON+추상명사

① 부사의 기능과 분류

1. 부사의 기능

부사는 동사를 수식한다. 부사와 동사의 관계는 형용사와 명사의 관계와 같다. 부사는 동사의 행동에 영향을 미칠뿐만 아니라 다른 말들, 그리고 전체 문장을 수식하기도 한다. 수식어로서 부사가 형용사와 다른 점은 형용사의 기능이 명사에서 구체화하는 반면, 부사의 기능은 동사에 영향을 준다는 것이다.

부사는 직접, 혹은 형용사나 부사를 통하여 동사를 수식한다. 경우에 따라서 부사의 수식은 전체 문장의 의미에도 영향을 준다.

- Seguramente él no te ha dicho la verdad.
  확실히 그는 너에게 진실을 말하지 않았다.

부사의 형태는 변하지 않지만, más tarde, tan temprano 등과 같이 비교급을 허용하고, prontito(← pronto), cerquita(← cerca) 등과 같은 축소형도 만들 수 있다. 그러나 증대형은 허용하지 않는다.

여러 부사는 원래 형용사였다. directamente, especialmente 등과 같이 접미사 -mente를 붙여 형성된 부사들이 그 예들이다.

2. 부사의 분류

1. 품질부사와 한정부사

① 품질부사: bien, mal, mejor, peor, inteligentemente
② 한정부사: aquí, hoy, casi, mucho, ciertamente

2. 부사의 의미적 분류

1. 장소부사 adverbios de lugar

aquí, ahí, allí, encima, delante, detrás, dentro, acá, allá, arriba, abajo, adelante, atrás, enfrente, fuera, junto, ¿dónde?, ¿adónde?

2. 시간부사 adverbios de tiempo

ahora, hoy, ayer, anteayer, mañana, pasado mañana, anoche, antes, después, luego, temprano, tarde, ya, aún, todavía, siempre

3. 방법·양태부사 adverbios de modo

bien, mal, como, cual, así, tal, peor, pronto, despacio, alto, bajo, recio, -mente 부사

4. 수량부사 adverbios de cantidad

poco, mucho, muy, casi, bastante, tan, tanto, cuanto, nada, demasiado, menos, algo

5. 긍정부사 adverbios de afirmación

sí, también, absolutamente, cierto, ciertamente, verdaderamente, seguramente, claro, efectivamente

6. 부정부사 adverbios de negación

no, tampoco, apenas, nunca, jamás, nada

7. 의문부사 adverbios dubitativos

acaso, quizá, tal vez, probablemente, posiblemente, dudosamente

3. -mente로 끝나는 부사

이런 형태의 부사는 형용사에 접미사 -mente를 부가하여 형성되는데 그 방법은 다음과 같다.

1. 어미가 -o로 끝나는 형용사는 어미 -o를 -a로 고치고 -mente를 부가한다.

bueno → buenamente claro → claramente
dudoso → dudosamente digno → dignamente

2. 그 외의 형용사에는 어미에 **-mente**를 부가한다.

feliz → felizmente alegre → alegremente
posible → posiblemente elemental → elementalmente

3. 악센트를 갖고 있는 형용사는 **-mente**가 부가되어도 원래의 악센트를 그대로 유지한다.

cortés → cortésmente cómodo → cómodamente
fácil → fácilmente físico → físicamente

4. 형용사의 비교급과 최상급에도 접미사 **-mente**가 부가될 수 있다.

mayor → mayormente
fiel → fidelísimo → fidelísimamente
ingenioso → ingeniosísimo → ingeniosísimamente

5. **-mente**로 끝나는 부사가 중복되어 사용될 경우 앞의 부사는 형용사의 여성형을 취하고 뒤의 부사는 **-mente**를 유지한다.

- Cicerón habló sabia y elocuentemente.
  키케로는 현명하고 웅변적으로 말했다.
- Juan escribe clara, concisa y elegantemente.
  후안은 분명하고 간단 명료하고 우아하게 글을 쓴다.

② 부사의 용법

1. 부사의 위치

부사의 위치는 정해져 있는 것은 아니지만 원칙적으로 수식하는 말 가까이에 위치한다.

1. 부사-형용사: 형용사(부사)의 바로 앞에 온다.

   - un edificio muy alto 매우 높은 건물
   - Son bastante ricos. 그들은 상당히 부자다.
   - Hablas demasiado de prisa. 너는 너무 급하게 말한다.

2. 동사-부사: 수식하는 동사의 바로 뒤에 온다. no는 항상 앞에 나온다.

   - Hablan muy mal el español. 그들은 매우 서투르게 스페인어를 말한다.
   - Él no ha venido. 그는 오지 않았다.
   - No es necesario. 그것은 필요하지 않다.

3. 부사를 강조할 때는 동사에 선행한다. (특히 장소 · 방법 · 시간의 부사일 때)

   - Allí te espero. 저기에서 너를 기다리겠다.
   - Así me gusta. 그런 식으로 하는 것이 내 마음에 든다.
   - Entonces lo sabremos. 그때가 되면 우리가 알 수 있을 것이다.

4. 문장이 주어를 수반하지 않을 때는 종종 부사가 문두에 나온다.

   - Allá nos vamos. 저기로 가자.
   - Todavía tengo tiempo. (나는) 아직 시간이 있어.

5. 부사가 문두에 나와 강조되는 경우 주어와 동사가 자주 도치된다. 즉 [부사+동사+주에의 어순을 갖게 된다. ◎ 어순: p. 477

   - Ud. lo sabe bien. 당신은 그것을 잘 아십니다.
   - Bien lo sabe Ud.
   - Su padre siempre le reñía cuando le veía con ella.
   - Siempre le reñía su padre cuando le veía con ella.
     그의 아버지는 그가 그녀와 함께 있는 것을 볼 때면 항상 그를 꾸짖곤 했다.

6. 때의 부사는 위치가 상당히 자유롭고 동사와 떨어지는 경우도 많이 있다.

   - Vamos al parque hoy por la mañana.
     오늘 아침에 공원으로 가자.

다음 문장에서 때의 부사 ahora가 들어갈 수 있는 위치의 순위를 번호로 나타내 보았다. 스페인어에서 부사의 위치가 얼마나 자유로운지 알 수 있다. ⊗는 들어갈 수 없는 위치를 의미한다.

제 7장 부사 135

¿⑤ Tiene ③ Ud. ② tiempo ① de ⊗ copiar ④ esta ⊗ carta ⑥?
당신은 이 편지를 복사할 시간이 있습니까?

7. aquí, ahí, allá 및 mañana, hoy, ayer는 어느 부사보다도 선행할 수 있으며 자주 문두로 나온다.(ya는 그보다 더 앞에 나올 수 있다)

- Ahí te mando unas manzanas de mi huerto.
  내 과수원의 사과 몇 개를 그쪽으로 보낸다.
- Ya mañana empezamos el trabajo.
  이제 내일은 그 일을 시작합니다.

8. 스페인어는 다른 언어와는 달리 복합시제를 구성하는 동사구 사이에 부사가 위치하는 것은 불가능하다.

- He frecuentemente estado allí. (×)
- He estado allí frecuentemente. 나는 거기에 자주 갔었다.
- Está siempre comiendo. (×)
- Siempre está comiendo. 그는 항상 (무엇인가) 먹고 있다.

2. 부사의 위치의 유형

1. 명사-부사-형용사
   - el misionero recién venido 방금 막 온 선교사
   - la juventud siempre inquieta 항상 차분하지 못한 청춘시대

2. 형용사-부사-형용사의 보어
   - difícil siempre de predecir 예언하는 것이 항상 어려운

3. 동사-부사-목적어
   - Habla bien el español.
     그는 스페인어를 잘 한다.
   - Quería ver por última vez a su esposa y sus hijos.
     그는 마지막으로 처와 자식들이 보고 싶었다.

4. 동사-부사(정도)-주어
   - Le gusta mucho ir a visitar a sus parientes.
     그는 친척들을 방문하러 가는 것을 매우 좋아한다.

- Se practica muy poco ese deporte. 그 스포츠는 매우 조금밖에 행해지지 않는다.

5. 부사-no(두 개의 부사가 하나의 문장을 이루는 경우)

- Ahora no. 지금은 안 됩니다.
- Todavía no. 아직 안 됩니다.
- Hoy no; mañana sí. 오늘은 안 되고 내일은 좋습니다.

6. 부사-부사의 보어

- ayer por la tarde 어제 오후
- José viene todos los días a mediodía. 호세는 매일 정오에 온다.

7. 동사-목적어-부사(장소)

- Oí unos ruidos abajo. 소음이 아래에서 들렸다.
- Tengo muchos parientes en México. 나는 멕시코에 많은 친척들이 있다.

8. 부사(양태)-부사(장소)

- Se come bien en ese restaurante. 그 레스토랑은 음식을 잘 한다.

9. 부사(장소)-부사(때)

- Estoy en la estación a las ocho. 나는 8시에 역에 있다.
- ¿Por qué no fuiste al colegio ayer? 너는 왜 어제 학교에 가지 않았니?

3. 형용사와 형태가 같은 부사

▶ **bastante**

- Son bastante ricos. 그들은 상당히 부자입니다.
- Las razones son bastantes para ello. 그것에 대한 이유는 충분하다.

▶ **demasiado**

- Come demasiado. 그는 과식한다.
- Come demasiada carne. 그는 너무 많은 고기를 먹는다.

▶ **mucho, poco**

- Bebe mucho(poco). 그는 많이(조금) 마신다.
- Bebe mucho vino(mucha agua). 그는 많은 술(물)을 마신다.

▶ **tanto**

- No estudia tanto. 그는 그렇게 많이 공부하지 않는다.
- No lee tantas novelas. 그는 그렇게 많은 소설을 읽지 않는다.

▶ **junto**

우리말의 「함께」, 「같이」는 부사이지만 스페인어에서는 형용사이다.

- Estamos juntos en el colegio. 우리들은 학교에 함께 있다.
- No es fácil vivir dos personas juntas. 두 사람이 함께 생활하는 것은 쉽지 않다.

다음의 경우는 부사이며, 따라서 어형이 변하지 않는다.

- Se sentó junto a ella. 그는 그녀의 곁에 앉았다.
- Ella llegó junto conmigo. 그녀는 나와 함께 도착했다.

○ 형용사의 부사로의 전용: p.85

4. 부사구

스페인어에는 두 개 이상의 단어가 모여 형성되는 부사구가 많다. 대부분의 경우 전치사와 다른 범주의 단어가 결합하여 부사구를 형성한다. 다음은 빈번하게 사용되는 부사구이다.

a bordo 배로, 배를 타고
a brazo partido 맨손으로, 전력을 다해
a caballo 말로, 말을 타고
a cántaros (비가) 억수같이
a ciegas 맹목적으로
a costa de ~의 비용으로, ~의 보상으로
a deshora 별안간, 갑자기
a despecho de ~함에도 불구하고, 유감스럽게도
a docenas 많이
a duras penas 겨우, 가까스로
a expensas de ~의 비용으로

a las primeras 별안간, 갑자기
a la sazón 그때
a la vuelta 돌아왔을 때
a las mil maravillas 놀라울 만큼, 더없이
a lo mejor 아마도, 혹은
a mano 손으로, 인공적으로
a maravilla 놀랍게도
a media luz 흐릿하게
a media voz 저음으로
a menudo 자주, 종종
a propósito 안성맞춤으로, 마침
a secas 오직 그것만으로, 단지

a(en) favor de ~의 덕분으로
a gritos 저마다 소리쳐서, 큰소리로
a guisa de ~처럼, ~로서
a gusto de 좋으실 대로, 마음 편하게
a hurtadillas 살그머니
a la española(coreana) 스페인(한국)식으로
a la fuerza 폭력으로
a la larga 길게 보면, 언젠가는
a la ligera 시원스럽게, 날렵하게
a la medida 재어서
a la par 함께, 동시에
a sabiendas 일부러, 알면서도
a sangre fría 신중하게, 냉정하게
a solas 단독으로, 혼자서
a toda prisa 황급히
al amanecer 동틀 무렵에
al pie de la letra 문자 그대로

con todo 그렇다고는 하나
contra viento y marea 어려움이나 장해를 돌보지 않고
de acá para allí 여기저기로
de arriba abajo 위에서 아래로
de cuando en cuando 가끔, 때때로
de hoy en adelante 오늘부터
de nuevo 다시, 새로이
de pronto 갑자기
en efecto 실제로, 사실상
en fin 결국, 드디어
hasta cierto punto 어느 정도까지
por el contrario 반대로
por los siglos de los siglos 오랫동안, 영원히
por último 마지막으로
sin más ni más 생각없이, 지각없이
sin duda 의심의 여지없이, 틀림없이

③ con + 추상명사

[con+추상명사]는 기존의 문법서에서는 그다지 크게 다루지 않았지만 높은 사용도와 그 활용 및 응용 범위는 오히려 [-mente] 형태의 부사를 능가한다고 말할 수 있다.

1. [-mente 부사]와 [con+추상명사]의 차이

- [-mente 부사] 개념적 · 영구적
  - Trata a sus cosas muy cuidadosamente.
    그는 그의 물건들을 매우 조심스럽게 다룬다. (그는 cuidadoso이다)
- [con+추상명사] 구체적 · 일시적
  - Ponga Ud. este magnetófono con mucho cuidado.
    이 녹음기를 매우 조심스럽게 틀어주십시오. (그는 no cuidadoso일지 모른다)

1. [-mente 부사]보다 변화가 많고 자세한 표현을 할 수 있다.
   - Me miraba con una expresión de temor y desconfianza.
     그녀는 불안과 불신의 표정으로 나를 보고 있었다.
   - Oía ella con frialdad, a ratos con señalado disgusto.
     그녀는 잠시 뚜렷한 불쾌감을 보이고는 냉정하게 듣고 있었다.

2. 스페인어에서는 -mente 형태의 부사 두 개가 나란히 쓰이는 것은 피해야 한다. 그러기 위해서는 [con+추상명사]를 사용한다.

   pasmosamente fácilmente (×)
   → de manera pasmosamente fácil
   → con pasmosa facilidad 놀랄만큼 쉽게

3. [-mente 부사]가 동사만을 수식하는 것에 비해 [con+추상명사]는 수식이 주어에까지 미치고 구체적인 분위기를 만든다. ● 형용사의 부사적 용법: p.83
   - Me escuchó con gran atención para no perder palabra.
     그는 한 마디도 놓치지 않으려고 매우 주의를 기울여 내 얘기를 들었다.
   - La luz de la luna alumbraba con vaguedad el mar.
     달빛은 어렴풋이 바다를 비추고 있었다.
   - Todos me miraban con cara de risa.
     모두들 싱글벙글하면서 나를 보고 있었다.

Nota

[-mente 부사]와 [con+추상명사]가 같은 경우도 있지만 이런 경우는 극히 드물다.
- Lo ha hecho con cuidado.
- Lo ha hecho cuidadosamente.

4. [-mente 부사]의 경우, 그 내용과 정도를 더 상세하게 부사적으로 수식하는 말로는 muy, bastante, poco 정도밖에 없지만 [con+추상명사]에서는 여러 가지 방법을 사용할 수 있다.

- Lo averiguó muy curiosamente. 그는 그것을 매우 신기한 듯이 조사했다.
- Preguntó con una infantil curiosidad. 그는 어린애 같이 신기해하며 물었다.

2. [con+추상명사]의 문형

1. con+형용사+추상명사

[con+추상명사]를 수식하는 형용사는 다음과 같이 con과 추상명사 사이에 위치하며, más, mucho(a), tanto(a), bastante, mayor, gran, todo(a), cierto(a), igual, profundo(a) 등이 자주 사용된다.

- con mucha claridad 매우 확실하게
- con mucho cuidado 매우 조심스럽게
- Lo hizo con mayor facilidad. 그는 그것을 아주 쉽게 해치웠다.
- Afirma con profunda convicción. 그는 깊은 확신을 갖고 단언한다.
- Hablaba con acento entusiasta. 흥분된 어조로 말하고 있었다.

2. [con+추상명사]의 비교급

- Sonreía lo más frecuente posible. [형용사의 부사 용법]
- Sonreía con la mayor frecuencia posible.
  그녀는 가능한 한 자주 미소 짓고 있었다. (사용하는 품사가 변하면 수식어도 변한다)

3. 감탄문: ¡Con qué+추상명사+V+S!

- ¡Con qué gusto se comían las galletas los monos!
  원숭이들이 얼마나 맛있게 비스켓을 먹어치우던지!
- ¡Con qué entusiasmo va a hablar en su pueblo de la capital!
  자기 마을에서 수도 얘기를 얼마나 들떠서 하려고 하는지!

4. [sin+추상명사]: [con+추상명사]의 반대의 의미지만 그 예는 많지 않다.

- Lo hago sin ganas. 나는 그것을 마지못해 하고 있다.
- Le tenía sin cuidado. 나는 건성으로 그를 붙들고 있었다.
- Encontré el camino sin dificultad. 나는 그 길을 어려움 없이 찾았다.

> **Nota**
>
> 우리말로 해석할 때는 다음 세 가지 경우가 나올 수 있다.
>
> 1. 의성어·의태어로 해석되는 경우
>   Golpeó la mesa con violencia. 그는 테이블을 쾅쾅 쳤다.
>   Respiraba con dificultad. 나는 헉헉거리며 숨을 쉬었다.
>
> 2. 「~하게」로 해석되는 경우
>   Lo dijo con toda calma. 나는 그것을 태연자약하게 말했다.
>
> 3. 기타
>   Atienden con esmero a sus visitas. 그들은 방문객들을 정성껏 모신다.
>
> 따라서 번역할 때 의성어, 의태어 및 대응하는 부사가 없을 때는 우선 [con+추상명사]의 형태를 찾아봐야 한다.
>
> 딱딱(쌩쌩)거리다　decir algo con furia
> 하염없이 통곡하다　llorar con inmensa tristeza (amargamente)

3. 자주 사용되는 [con+추상명사]

con actividad 활발하게
con ardor 열심히
con atención 주의해서
con confianza 숨김없이
con dificultad 겨우
con esmero 정성껏
con exactitud 빈틈없이
con facilidad 쉽게
con frecuencia 빈번히, 자주
con fuerza 무리하게, 강하게

con malicia 심술궂게
con misterio 수상쩍게
con precaución 주의해서
con prudencia 신중하게
con razón 도리로서
con regularidad 규칙적으로
con severidad 엄하게
con suavidad 부드럽게
con violencia 격렬하게

Nota

감정 표현의 [con + 추상명사]

con alegría 기뻐서
con asombro 놀라서
con calma 침착하게
con impaciencia 초조하게
con indiferencia 무관심하게

con inquietud 초조하게
con intranquilidad 안절부절 못하고
con respeto 공손하게
con ternura 다정하게
con frialdad 냉정하게

〈쁘라도 미술관〉

08 의문문
Oración interrogativa

1 의문문

2 의문사

① 의문문 oración interrogativa

1. 의문문의 형태

1. 문법적으로 단문 oración simple과 복문 oración compuesta으로 나누어진다.

    - ¿Vendrás esta tarde? 오늘 오후에 올 거니?
    - ¿Es que no te acuerdas de mí? 너는 내가 기억나지 않는다고 말하는 거니?

2. 형태·내용적으로 보면 sí나 no의 대답을 요구하는 질문 pregunta general과 의문사를 동반하는 부분질문 pregunta parcial으로 나누어진다.

    - ¿Ha venido tu padre? 너의 아버지는 오셨니?
    - ¿Quién ha venido? 누가 왔니? (누군가가 온 것은 알고 있다)

3. 의문문의 어순은 [¿동사+주어?]이지만 [¿주어+동사?]도 무방하다.

    > **Nota**
    > 스페인어에서는 다음과 같이 문장 안에서 단어의 위치가 자유롭다.
    >
    > ¿Está tu madre bien?　　① ¿V+S+C?
    > ¿Está bien tu madre?　　② ¿V+C+S?
    > ¿Tu madre está bien?　　③ ¿S+V+C?

4. 다음과 같은 의문문에서는 2인칭 주어를 생략하는 것이 보통이다. 주어를 쓰면 강조가 된다.

    - ¿Vas a acabar pronto? 곧 끝낼 것 같니?
    - ¿Tú serías capaz de eso? 네가 그것을 할 수 있을까?

5. 주어가 길 때는 문장의 도중에 의문문으로 만들 수 있다. 부사절인 종속절이 주어보다 선행할 때는 도중에서 주절만을 의문문으로 한다.

- Aquella casa de que me hablaste en una ocasión, ¿está todavía en venta?
  언젠가 네가 나에게 말했던 저 집은 아직도 안 팔렸니?
- Si se fue ayer, ¿cómo puede estar aquí?
  만일 어제 떠났다면 도대체 그가 어떻게 여기에 있는 거지?

6. 보어가 문장 앞에 위치할 수도 있다.

- ¿Con este traje piensas ir a la fiesta?
  너는 이 옷으로 파티에 갈 생각이니?

7. ¿Acaso …? 도대체 …라고 말하는 거니? (반대의 대답을 기대)

- ¿Acaso te he ofendido en algo?
  도대체 내가 너를 화낼 만하게 했다고 말하는 거니? [no를 기대]
- ¿Acaso no te encuentras a gusto a mi lado?
  내 옆에 있는 것이 마음에 들지 않는다고 말하는 거니? [sí를 기대]

8. 특수한 형태의 의문문

1. ¿Que+V…? ~라고 [의심·의문]

   - ¿Que no estaba en casa? 집에 없었다고? (¿Dices que?)
   - ¿Que qué me has hecho? 도대체 나에게 뭘했다는 거니? [힐문]
   - ¿Que se irá sin pagarme…? 지불도 하지 않고 가버렸나…? [자문]
   - ¿Que no sé lo que hago? 어떻게 하면 좋을까? (모르겠군)

2. ¿Si+V…? ~일까? [자문]

   - ¿Si será verdad que ha heredado? 그가 뒤를 이었다는 것이 사실일까?

   Nota

   일종의 상상이기 때문에 그 시제는 미래형과 연관된다.
   ¿Si saldría (habría salido) ayer? 그는 어제 외출했을까? [과거]
   ¿Si habrá llegado hoy? 오늘 도착했을까? [현·직전]
   ¿Si llegará esta tarde? 오늘 오후에 도착할까? [미래]

3. 부가의문: ¿no?, ¿eh?, ¿verdad? 등이 첨가된 의문문
   - Me acompañarás, ¿no? 같이 가는 거지? 안 그래?
   - Has llegado un poco tarde, ¿eh? 조금 늦었구나. 응?
   - Te ha gustado, ¿verdad? 마음에 들지. 그렇지?

   Nota

   ¿no?는 주문이 부정문일 때는 사용할 수 없다. no가 겹치기 때문이다. 따라서 이 경우에는 ¿verdad?을 사용한다.

   No regresa, ¿verdad? 또는 **¿Verdad que no regresa?**
   그는 오지 않아요. 그렇지요?

4. 의문문의 형태를 취하고 있지 않지만 내용이 의문문인 경우

   ① A saber (si)… 그런가? (반신반의) (=no sabemos의 뜻)
   - A saber si tiene tal tío. 그에게 그런 숙부가 있었던가?

   ② ¡Quién sabe! 누가 알아!, 글쎄 (모른다)
   - Quién sabe si ha estado donde dice. 진술하는 곳에 그가 있었는지 누가 알아!

   ③ Falta saber (si 또는 의문사)… 그런가? (조사해 보지 않으면 알 수 없다)
   - Falta saber si tiene tal título. 그가 그런 타이틀을 갖고 있었던가?

   ④ a ver si… ~인지 아닌지 어디 보자 (기대, 호기심, 흥미, 놀라움)
   - A ver si puedes levantar el baúl. 네가 트렁크를 들어올릴 수 있을까?
   - ¡A ver si he perdido la llave! 어, 열쇠를 잃어버렸나?

2. 간접의문문

간접의문문 oraciones interrogativas indirectas에는 si를 사용하는 전체 질문과 의문사를 중개로 하는 부분질문의 두 가지가 있다. 주동사가 되는 것은 이해와 관련된 정신 활동을 표현하는 동사이며 saber, entender, decir, preguntar, avisar, informar, creer, dudar, pensar 등이 있다.

○ 화법: p.390

1. 전체 질문: [V₁+si+V₂] ~인지 아닌지 …

- Mire Ud. si hay correo para mí.
  나에게 편지가 와 있는지 좀 봐주세요.

- Se conoce si está maduro por el color.
  색깔에 의해 익었는지 안 익었는지 알 수 있습니다.
- Me preguntó con un gesto si nos marchábamos.
  그는 나에게 몸짓으로 우리들이 돌아가는지 물었다.
- Yo me pregunto si realmente cree lo que dice. 〔자문〕
  그는 자신이 말하고 있는 것을 정말 믿고 있을까?
- No sé si es el primero que lo haya hecho.
  그가 가장 먼저 그것을 한 사람인지 아닌지 나는 모른다.
- Yo sé que es el primero que lo ha hecho.
  그가 가장 먼저 그것을 한 사람이라는 것을 나는 알고 있다.
- Dudo si llegará a tiempo.
  그가 시간에 맞추어 도착할 것인지 의문입니다.
- Dudo que llegue a tiempo.
  제시간에 도착할 것 같지 않다.
- Dígame si han quedado satisfechos.
  그들이 만족하고 있는지 아닌지 말해 주십시오.
- ¿Qué le parece si vamos a tomar algo?
  뭔가 좀 마시는 게 어떻겠습니까?

2. 부분질문: [V_1 + 의문사 + V_2]

- No sé cuándo vendrá.
  나는 그가 언제 오는지 모른다.
- No sé cómo decírselo.
  그에게 그것을 어떻게 말해야 좋을지 나는 모르겠다.
- Ella no comprende cómo el Sr. Kim aprendió español.
  그녀는 김씨가 어떻게 스페인어를 배웠는지 모른다.
- Me ha preguntado cuántos años tengo.
  그는 나에게 몇 살이냐고 물었다.
- No veo claro por qué no quiere venir.
  나는 그가 왜 오고 싶어하지 않는지 잘 모르겠다.
- Su traje dice cómo anda de dinero.
  그의 옷이 그의 주머니 사정이 어떤지를 말해준다.
- A ver si averiguas dónde vive esa chica.
  그 아가씨가 어디에 사는지 네가 좀 알아봐 주겠니?
- Me he fijado en cuáles son las flores más olorosas.
  가장 향기가 짙은 꽃들이 어느 것인지 나는 주의를 기울였다.

3. 의문대명사를 관계대명사로 바꾸어 똑같은 간접의문으로 만들 수 있다. (특히 주동사가 saber, conocer, decir 등일 때) ◑ lo: p.67

- Sé qué es un orfeón. 합창단이 무엇인지 알고 있습니다.
- Sé lo que es un orfeón.
- No sé qué hora es. 몇 시인지 모르겠습니다
- No sé la hora que es.
- Dime en qué dirección iba. 그가 어느 방향으로 가고 있었는지 말해다오.
- Dime la dirección que iba.

4. 간접의문을 포함하는 문장의 주절이 의문문이 되면 이중의문문이 된다.

1. ¿V_1… +의문사+V_2…?

   주동사: saber, comprender, preguntar, etc.
   - ¿Sabes cuántos años tiene?
     그가 몇 살인지 너는 알고 있니?
   - ¿Preguntó José qué libro tenía que estudiar?
     호세는 자기가 무슨 책을 공부해야만 하는지 물었습니까?
   - ¿Comprende Ud. para qué trabaja tanto?
     무엇을 위해 그토록 일하는지 당신은 아십니까?

2. ¿의문사+V_1+S_1+que +V_2…?

   주동사: creer, decir, indicar, recomendar, etc.
   - ¿Te dijo él dónde tenías que sentarte?
     네가 어디에 앉아야만 하는지 그가 말해주었니?
   - ¿Dónde te dijo él que tenías que sentarte?
     너는 어디에 앉아야만 한다고 그가 말했니?
   - ¿Quién cree Ud. que ganó el primer premio?
     당신은 누가 1등상을 탔다고 생각합니까?

Nota

¿Quién ganó el premio?에 ¿Cree usted?가 접속사 que를 동반하여 끼어든 형태이며 의문사가 문두에 온다고 하는 원칙이 있기 때문에 이런 문장을 구성한다.

¿Qué número me dijo que tiene su teléfono?
그의 전화번호가 몇 번이라고 나에게 말했습니까?

¿Cuántos años crees que tiene?
너는 그가 몇 살이라고 생각하니?

¿Qué libro nos recomendó Ud. que leyéramos?
당신은 우리들에게 어떤 책을 읽도록 권해 주셨습니까?

3. 「누구에게 … 하는 거냐고 묻는 거니?」

주동사에 preguntar, 접속사에 si를 사용한 이중의문문. ○ 화법: p. 390

- ¿A quién pregunta José si quiere bailar? – A María.
  호세는 누구에게 춤추고 싶냐고 묻는 거니? 마리아에게 묻는 거야.
- ¿A quién pregunta Cecilia si le gusta la paella?
  세실리아는 누구에게 빠에야를 좋아하느냐고 묻고 있습니까?

② 의문사 interrogativos

	단 수			복 수	
	남성	여성	중성	남성	여성
대명사	¿quién? — —	¿quién? — —	¿qué? ¿cuánto?	¿quiénes? — —	¿quiénes? — —
형용사	¿qué?	¿qué?	—	¿qué?	¿qué?
대명사·형용사	¿cuánto? ¿cuál?	¿cuánta? ¿cuál?	—	¿cuántos? ¿cuáles?	¿cuántas? ¿cuáles?

Nota

의문사는 ¡Qué chica tan guapa!, ¡Cuánta gente!, ¡Quién lo creyera! 등과 같이 감탄문에도 사용된다.

1. quién(es)

▶ 누가
- ¿Quién vino? 누가 왔습니까?

▶ 누가
- ¿Quiénes vinieron? 누구 누구가 왔습니까?

- ▶ 누구를
    - ¿A quién llamo? 누구를 부를까요?
- ▶ 누구에게
    - ¿A quién diste el libro? 너는 누구에게 그 책을 주었니?
- ▶ 누구와
    - ¿Con quién va usted? 당신은 누구와 갑니까?
- ▶ 누구의
    - ¿De quién es este reloj? 이 시계는 누구의 것입니까?
- ▶ 누구에 관해서
    - ¿De quién hablabas? 너는 누구에 대해서 말하고 있었니?

그 외에 para quién, por quién 등 [전치사+의문사]의 형태를 취하는 경우도 많다.

2. qué

- ▶ 무엇이
    - ¿Qué sucedió? (¿Qué pasa?) 무엇이 일어났는가?, 무슨 일이니?
- ▶ 무엇을
    - ¿Qué tienes en la mano? 너는 손에 무엇을 갖고 있니?
- ▶ 무슨
    - ¿Qué libro es ese? 그것은 무슨 책입니까?
    - ¿De qué tiene Ud. clase? 당신은 무슨 수업이 있습니까?
    - cf. ¿De qué estás hablando? 너는 무엇에 대해 말하고 있는 거니?
- ▶ 무엇을 위하여
    - ¿Para qué vienes? 너는 뭐하러 오는 거니?
    - ¿A qué vienes?
- ▶ 어떤: [qué +명사]
    - ¿Qué otros animales hay? 그 외에 어떤 동물이 있는가?
    - Dime qué traje vas a ponerte. 너는 어떤 옷을 입을 생각인지 말해다오.

- ¿En qué estado se hallaba? 그는 어떤 상태에 있었는가?

3. cuál(es)

- ¿Cuáles son los discos? 레코드는 어느 것입니까?

cuál은 원래 의문대명사 「어느 것」이지 형용사는 아니다. 따라서 ¿cuál libro?와 같은 [cuál+명사]의 형태를 피하고 qué를 사용하든가, cuál de los(as) ~s의 형태를 사용해야 한다. ○ p.336

- ¿Cuál de las siguientes descripciones es correcta?
  다음 설명 중 어느 것이 정확합니까?

cuál은 사람에게도 사용할 수 있다.

- ¿A cuál sacaste a bailar? 너는 어느 여자를 춤추는 데로 끌어냈니?
- ¿Cuál de los dos lo hizo? 두 사람 중에 누가 그것을 했습니까?

4. qué와 cuál

반드시 우리말의 「무엇」, 「어느 것」과 일치하지는 않으므로 주의해야 한다.

- ¿Qué es un programa? 프로그램이라는 것은 무엇인가?
- ¿Cuál es el programa de esta noche? 오늘밤 프로그램은 무엇이니?
- ¿Cuál es su nombre? 당신의 이름은 무엇입니까?

위의 첫 문장과 같이 정의를 물을 때는 qué를 사용한다. 또 qué와 cuál은 모두 선택할 때 쓰이며, 이때 해석이 둘 다 「어느 것」으로 같기 때문에 작문할 때 곤란을 겪게 된다. 「어느 것」이라고 하는 경우에 있어서 qué와 cuál의 특성을 비교하면 다음과 같이 말할 수 있다.

qué	일반적	추상적	이질의 것
cuál	개별적	구체적	동질의 것

따라서 선택하는 것이 눈 앞에 늘어서 있는 경우에는 항상 cuál을 사용한다.

(a) ¿Qué es más peligroso, el agua o el fuego?
물과 불 중에서 어느 것이 더 위험합니까?

(b) ¿Cuál es más peligroso, este león o ese?
이 사자와 그 사자 중에서 어느 것이 더 위험합니까?

Nota

> 위의 예문에서 (a)는 특정한 물과 불이 아니고 일반론이다. (b)의 사자는 두 마리 모두 특정한 사자이다. 이것이 특정한 사자가 아니라면 당연히 ¿Qué es más peligroso, un león o un tigre?가 될 것이다. 이 un은 종족을 대표하고 있는 부정관사이다. 물과 불은 이질적인 것이기 때문에 qué를 사용하는 것이지만, 물도 불도 원소라고 하는 같은 범주로 생각한다면 다음과 같이 cuál을 사용할 수 있다.
>
> ¿Cuál es el elemento más peligroso, el agua o el fuego?
> 물과 불 중에서 어느 것이 더 위험한 원소인가?

- ¿Qué prefiere usted, el fútbol o el béisbol?
  당신은 축구와 야구 중에서 어느 것을 좋아합니까?
- ¿Cuál prefiere usted, el nuestro o el de ellos?
  당신은 우리들의 것과 그들의 것 중에서 어느 것을 택하시겠습니까?

¿Cuál es…?의 cuál은 특정의 구체적인 사항에 사용한다는 것으로부터 우리말의 대답이 몇 번, 몇 점, 몇 과, 무슨 요일과 같이 단위를 붙이는 경우에 자주 사용한다.

- ¿Cuál es el día del examen? —El lunes.
  시험은 무슨 요일입니까? 월요일입니다.
- ¿Cuál es el centro de Madrid?
  마드리드의 중심가는 어디입니까?
- ¿Cuál es el título de ese libro?
  그 책의 제목은 무엇입니까?
- ¿Cuál es su plan? —Salir pronto.
  당신의 계획은 어떻습니까? 빨리 떠나는 것입니다.
- ¿Cuál es la nota para ser aprobado? —Sesenta.
  합격점은 몇 점입니까? 60점입니다.
- ¿Cuál es la lección de hoy? —Lección veinte.
  오늘은 몇 과입니까? 제 20과입니다.

직업, 계급, 국적, 종교 등을 물을 때는 ¿qué es~?를 사용한다.

- ¿Qué es su padre? (¿teniente? ¿general?)
  아버님은 계급이 무엇입니까? (중위? 장군?)

- ¿Qué sois vosotros? (¿protestantes? ¿católicos?)
  너희들은 뭐니? (신교도? 구교도?)

5. cuánto(a) [양] 얼마; cuánto(as) [수] 몇, 얼마, 어느 정도

- ¿Cuánto pagó Ud.? 당신은 얼마를 지불했습니까?
- ¿Cuánta leche ha traído? 우유를 얼마나 가져 왔습니까?
- ¿Cuánto tiempo tarda? 얼마(의 시간이) 걸립니까?
- ¿Cuántas personas había? 몇 사람이 있었습니까?

크기 magnitud를 나타내는 명사 앞에서는 cuánto를 사용하지 않고 qué를 사용한다.

- ¿Qué número de obreros necesitas? 몇 명의 노동자가 필요한가?
- ¿Cuántos obreros necesitas?

- ¿Qué edad tiene tu padre? 자네 아버님의 연세는 얼마인가?
- ¿Cuántos años tiene tu padre?

6. cuándo

▶ 언제
- ¿Cuándo viene usted? 언제 오십니까?

▶ 언제부터
- ¿Desde cuándo vive usted aquí? 언제부터 여기에 살고 계십니까?

▶ 언제까지
- ¿Hasta cuándo quedará usted aquí? 언제까지 여기에 계실 겁니까?
- ¿Para cuándo puedo tenerlo? (점원에게) 언제까지 살 수 있습니까?

7. dónde

▶ 어디에
- ¿Dónde vive usted? 어디에 살고 계십니까?

▶ 어디로
- ¿Adónde va usted? 당신은 어디로 가십니까?

- ▶ 어디서부터
  - ¿De dónde viene usted? 어디에서 오십니까?
  - ¿De dónde es usted? 당신은 어디 출신입니까?
- ▶ 어디를
  - ¿Por dónde corre el agua? 그 물은 어디를 (지나서) 흐르고 있습니까?
- ▶ 어느 쪽으로
  - ¿Para dónde van los aviones? 비행기는 어디로(어느 쪽으로) 날아갑니까?
- ▶ 언제·어디에서 행해지는가 ¿Cuándo(Dónde) es…?
  - ¿Cuándo es el concierto? 연주회는 언제입니까?
  - ¿Dónde es la conferencia? 회의는 어디입니까?

8. cómo

① 동사의 상태를 묻는다.
② 이유를 추궁한다.
③ 양태를 묻는다.

- ¿Cómo lo haré? 어떤 식으로 그것을 할까?
- ¿Cómo? (¿Cómo ha dicho?) 뭐라고 말씀하셨죠?
- ¿Cómo no me lo dijo? 왜 그것을 나에게 말하지 않았습니까?
- ¿Cómo has llegado tan tarde? 도대체 어쩌다가 자네는 그렇게 늦었는가?
- ¿Qué es un cocodrilo? —Es un animal que vive en el río…
  악어라는 것은 무엇인가? 강에 사는 동물이고…
- ¿Cómo es un cocodrilo? —Es un animal alargado…
  악어는 어떻게 생겼는가? 긴 동물이고…
- ¿Cómo era de largo el lápiz? 그 연필의 길이는 어느 정도였는가?
- ¿De qué largo era el lápiz?
  cf. ¿Qué longitud tiene la cuerda? 밧줄의 길이는 얼마인가?
- ¿Cómo que despediste a la criada? 도대체 어째서 가정부를 내쫓았니?
- ¿A cómo está el aceite? 기름의 가격은 얼마나 합니까?
- ¿A cómo te han costado esas peras? 그 배들의 가격은 얼마였니?

9. qué tal

- ¿Qué tal le pareció la película? 영화는 어땠습니까?
- ¿Qué tal estuvo la charla? 잡담은 어땠습니까?
- ¿Qué tal estás? (=¿Cómo estás?) 넌 어떻게 지내니?

Nota

> ¿Cómo lo haré? 「그것을 어떻게 할까?」 등에 **qué tal**은 사용할 수 없다.

10. por qué

- ¿Por qué me lo preguntas? 나한테 그걸 왜 묻니?
- ¿Por qué no va usted con él? 그와 함께 가는 게 어떻습니까?

11. para qué

- Debes trabajar más. −¿Para qué? 너는 더 열심히 일해야 한다. 무엇을 위해?

Nota

> 1. 다음과 같이 해석할 때 말을 바꿔야만 하는 경우도 있다.
>
>   Quería hacerlo, pero no sabía cómo.
>   그것을 하고 싶었지만 방법을 몰랐다.
>   Quería huir, pero no tenía adónde.
>   도망치고 싶었지만 도망칠 곳이 없었다.
>
> 2. 다음과 같은 경우에는 cuál을 쓰지 않으니 주의해야 한다.
>
>   ¿Cuándo hace más calor, en verano o primavera?
>   여름과 봄 중에서 어느 쪽이 더 덥습니까?
>   ¿Quién es más inteligente, Pedro o Pablo?
>   뻬드로와 빠블로 중에서 어느 쪽이 더 똑똑합니까?

09 관계사
Relativos

1. 관계대명사
2. 관계형용사
3. 관계부사

① 관계대명사 pronombre relativo

	단 수			복 수	
	남성	여성	중성	남성	여성
대명사	(el) que (el) cual quien	(la) que (la) cual quien	(lo) que (lo) cual —	(los) que (los) cuales quienes	(las) que (las) cuales quienes
형용사	cuyo	cuya	—	cuyos	cuyas
대명사·형용사	cuanto	cuanta	cuanto	cuantos	cuantas

관계대명사는 다음과 같은 점에 주의해야 한다.

① 선행사 antecedente가 문중에 나타나 있는 경우 explícito와 나타나 있지 않고 내포되어 있는 경우 implícito가 있다.
② 격은 주격, 간접목적격, 직접목적격, 전치사격 등이 있다.
③ 용법으로는 한정적 용법 uso especificativo(determinativo)과 설명적 용법 uso explicativo 등이 있다.
④ 스페인어에서 관계대명사의 생략은 불가능하다.

- El libro que compré (○)
- El libro compré (×)

1. que

1. 단·복수 동형이며, 사람(주격과 직접목적격)과 사물에 사용된다.

- Las fotos que están en la mesa son mías. [주격]
  테이블에 있는 사진은 나의 것입니다.
- Las fotos que Ud. sacó están movidas. [직접목적격]
  당신이 찍은 사진은 흔들렸다.

- La señora que escribe versos ha venido a vernos. [주격]
  시를 쓰는 그 부인이 우리를 만나러 왔다.
- La señora que te presenté ayer ha venido a vernos.
  내가 어제 너에게 소개한 부인이 우리를 만나러 왔다. [직접목적격]
- Su hija, que está en Londres, va a visitar a Corea.
  그의 딸은 지금 런던에 있는데 한국을 방문할 것이다. [설명적 용법]

Nota

1. 사람이 간접목적일 때는 a quien, al cual, al que를 사용한다. 사물인 경우에는 a que가 된다. 사람에게는 a que를 사용할 수 없다.

   La persona a quien (a la que, a la cual) lo dije está allí.
   내가 그것을 말해주었던 사람은 저기에 있다.

2. 스페인어에서는 「책상 위의 책」이라고 하는 표현이 없기 때문에 다음과 같이 관계대명사를 사용하여 표현한다.

   el libro que está en la mesa 책상 위의 책
   el hombre que tiene cartera en la mano 손에 가방을 들고 있는 남자

3. 수식구가 길어지면 que를 반복하여 관계절이라는 것을 재확인한다.

   el latín vulgar, que el pueblo hablaba, y que las gentes cultas despreciaban.
   민중이 쓰기는 있었지만 교양있는 사람들이 멸시했던 통속라티어

2. 전치사+que

- Aquella es la escuela a que vamos a mandar a nuestro hijo.
  저것이 우리 아들을 보내려고 하는 학교입니다.
- Visitaré la casa en que nací.
  나는 내가 태어난 집을 방문할 것이다.
- Recibí la noticia de que habías salido.
  나는 네가 출발했다는 소식을 받았다.

cf. Recibí la noticia que habías dejado.
  나는 네가 남겨두었던 소식을 받았다.

- Tengo la idea de que no van a salir.
  나는 그들이 출발하지 않을 거라고 생각한다.

Nota

- la noticia de su salida. 그들이 출발한다는 소식
- la noticia de haber salido ellos 그들이 출발한 소식
- la noticia de que habían salido 그들이 출발했다는 소식

관계절의 동사가 〔동사+전치사〕의 형태를 취하는 경우 그 전치사는 대체로 관계사 앞에 온다. 선행사가 「때」인 경우는 en을 생략해도 좋다.

- el ideal en que uno cree 사람이 믿는 이상
- el día (en) que naciste 네가 태어난 날

sin que, por que, tras que의 형태는 관계사로서는 사용하지 않는다. 〔sin que+접속법〕, 접속사 porque 등과 혼동하지 않게 하기 위함이다.

3. **el que**+동사 ~하는 사람(물건)

　　quien과 el cual의 동의어로 쓰인다. 일상회화에 자주 사용하고 quien의 추상적인 성격에 비해 구체적인 내용을 갖는다.

- Los que lo han visto dicen que es una maravilla.
- Quienes lo han visto dicen que es una maravilla.
  그것을 보았던 사람들은 그것을 하나의 경이라고 말한다.
- El que caza es cazador.
  사냥하는 사람은 사냥꾼이다. (사전에서 정의에 자주 사용한다)
- El que no puede ver es ciego.
  보지 못하는 사람은 장님이다.
- La que usas ahora es una pluma alemana.
  네가 지금 사용하고 있는 것은 독일제 펜이다.

4. 선행사+전치사+**el que**

- La escuela junto a la que vivimos es bonita.
  우리가 옆에 살고 있는 학교는 아름답다.
- El bosque dentro del que juegan tiene muchos pinos.
  그들이 놀고 있는 숲속에는 소나무가 많이 있다.
- Quiero ver a la que llegó ayer.
  나는 어제 도착한 여자를 만나고 싶다.

5. **lo que** ~것 [선행사 내포]　　　　　　　　　　　　 ◐ lo: p.67

- Eso era lo que él quería. 그것이 그가 원하고 있었던 것이다.
- Lo que dices es verdad. 네가 말하는 것은 사실이다.
- Dígame lo que hace Ricardo. 리까르도가 하는 것을 나에게 말씀해 주세요.
- Al día siguiente, tenía sueño, lo que no es extraño.
  그 다음날 그는 졸렸는데 그것은 이상하지 않다.

> **Nota**
> 앞의 마지막 예문에서 lo는 앞서 표현된 내용을 가리킨다.
> **Ella siempre quiere contestar todas las preguntas, lo que no es posible.**
> 그녀는 항상 모든 질문에 대답하기를 원하는데 그것은 불가능하다.

2. quien

사람에게만 사용한다. 그러나 다음과 같은 조건이 있다. ① 설명적으로 사용한다. ② 선행사를 내포하는 quien으로 사용한다. ③ [전치사+quien]의 형태로 쓰인다.

그 외의 경우는 que나 el que를 사용한다.

> **Nota**
> [사람+quien]의 형태로는 사용되지 않는다.
> El hombre quien habla inglés~ (×)
> El hombre que habla inglés~ (○)

1. 사람, quien(es) [설명적 용법]

- Mi tío, quien es ingeniero nuclear, terminó sus estudios en Stanford.
  나의 숙부님은 원자핵 기사인데 스탠포드 대학에서 수학하셨다.

> **Nota**
> 실제로 사람에 관계되는 설명적 용법에는 que도 자주 쓰인다.
> **Mi hermano mayor, que trabaja en Panamá, vino ayer…**
> 나의 형은 파나마에서 일하고 있고 어제 왔는데 …

2. quien+V ~하는 사람 (선행사 내포)

이 경우에 quien은 절의 주어로 사용되며 el que와 같은 의미를 갖는다.

- Quien habla mucho, poco piensa.
  말을 많이 하는 사람은 그다지 생각하지 않는다.
- Este hombre es quien lo sabe mejor.
  이 사람이 그것을 가장 잘 알고 있는 사람입니다.
- Quien lo sabe mejor es este hombre.

Nota

[quien+접속법]: ~하는 사람(이 있다면)   ● 접속법: p.195

Quien lo adivine ganará el premio.
그것을 알아맞히는 사람이 상을 탈 것입니다.

3. 사람+전치사+quien(es)

- ¿Conoce Ud. a la señorita ＿＿＿＿＿＿
  - a quien le di el libro? [간·목] 내가 책을 주었던
  - con quien voy a salir? 내가 함께 외출할
  - de quien recibí el paquete? 내가 소포를 받은
  - en quien estoy pensando? 내가 생각하고 있는
  - para quien hice el favor? 내가 부탁을 들어준
  - por quien preguntaba él? 그가 안부를 묻곤 했던

  ＿＿＿＿＿＿ 그 아가씨를 아십니까?

Nota

다음의 예문 (a)에서 관계사 que 대신 a quien[직접목적격]을 사용해도 되지만 que를 사용하는 것이 더 좋다. 그러나 예문 (b)에서는 que보다는 a quien을 사용하는 것이 적절하다.

(a) El hombre que yo vi es madrileño.
내가 만난 사람은 마드리드 사람입니다.

(b) El niño a quien ella riñó era Pablo. [직·목]
그녀가 꾸짖은 아이는 빠블로였다.

이 경우 al que는 좋으나 que는 좋지 않다. 목적격을 확실히 지시해야 하기 때문이다.

4. ser+전치사+quien

- Esta señora es a quien tienes que entregarle el dinero.
  이 부인이 네가 그 돈을 전달해야만 하는 분이다.

- No es contigo con quien estoy disgustada.
  내가 불쾌해하고 있는 사람은 네가 아니야.

3. cual (항상 정관사나 중성관사를 동반)

1. el cual

정관사의 성·수는 선행사에 일치시킨다. 설명적 용법으로 사용하고 다른 관계사로 대체할 수도 있지만, 이것을 쓰면 선행사를 혼동하기 쉬울 때 선행사를 확실히 지적할 수 있다.

- La hermana de Miguel, la cual sale mañana, visitará a nuestros amigos en París.
  미겔의 여동생은 내일 떠나는데 그녀는 파리에서 우리들의 친구들을 방문할 것이다.

Nota
> 위의 예문에서 el cual이면 Miguel이 선행사가 된다. 단, 그 경우는 quien도 좋고 que도 좋다. 이 두 사람이 동성이고 복잡해서 알기 어려울 때는 aquel que를 사용해야 할 경우도 있다.

2. 전치사+el cual

- La ventana por la cual había entrado el ladrón estaba abierta.
  도둑이 들어왔던 창문은 열려 있었다.
  (por que를 안 쓰는 이유는 접속사 porque와 혼동할 우려가 있기 때문)

- De pronto, descorrió la cortina detrás de la cual estaba el ladrón.
  느닷없이 그가 커튼을 젖히자 그 뒤에 그 도둑이 있었다.

- He perdido mis gafas, sin las cuales no puedo ver casi nada.
  나는 안경을 잃어버렸는데 그것 없이는 거의 아무 것도 볼 수 없다.

3. lo cual: 그것은 (지금까지 언급해 온 것을 가리키며, lo que와 같다)

- Se negó a recibirme, lo cual lamento mucho.
  그는 나를 맞이하는 것을 거부했는데 나는 그것을 매우 유감스럽게 생각한다.

- José no está en su oficina, lo cual quiere decir que ya viene.
  호세는 그의 사무실에 없는데 그것은 이미 그가 오고 있다는 것을 의미한다.

- El niño comió demasiado, lo cual le había prohibido el médico.
  그 아이는 너무 많이 먹었는데, 그것은 의사가 금지한 것이었다.

Nota
> 위의 예문에서 lo cual이나 lo que가 사용될 수 있다. 그러나 이미 언급되지 않은 내용을 가리킬 때 lo cual은 사용될 수 없다. 즉 언급된 내용을 가리킬 경우는 두 가지 모두 가능하지만, 이미 언급된 내용이 아닌 경우에는 lo cual을 사용하지 않고 lo que만을 사용한다.
>
> ┌ Lo que tú haces es maravilloso. (○)
> └ Lo cual tú haces es maravilloso. (×)

4. cuanto(as)

cuanto는 선행사를 내포하며,「~것 전부」를 의미한다. 그리고 cuanto는 대명사 · 형용사 · 부사의 기능을 갖고 있다.

- Tiene cuanto quiere. (=todo lo que)
  그는 원하는 것을 전부 갖고 있나. 〔대명사〕
- Se enamora de todas cuantas ve. (구어체에서는 todas las que)
  그는 보는 여자 모두를 연모한다. 〔대명사〕
- Le di cuantos libros pidió. (todos los libros que pidió)
  나는 그가 요구한 책들을 모두 주었다. 〔형용사〕
- Le ayudé cuanto pude.
  나는 가능한 한 그를 도와주었다. 〔부사〕

5. quien, el que, el cual의 용법

다음과 같은 경우 이 세 가지 중에 어느 것을 사용할 것인가의 기준이 되는 것은 전치사이다.

- El hombre del que (de quien, del cual) hablamos.

1. 「사람」에 관한 짧은 전치사 con, de, en, a를 동반할 때는 보통 quien을 사용한다.

    - El amigo de quien te hablé viene hoy.
      내가 너에게 얘기했던 친구가 오늘 온다.
    - Los hermanos con quienes fuimos a México son simpáticos.
      우리들과 함께 멕시코로 갔던 그 형제들은 상냥하다.

2. 「물건」에 관해서는 보통 que를 사용한다.

    - El juguete con que juega es peligroso.
      (그 애가) 가지고 노는 장난감은 위험하다.

3. 긴 전치사(두 음절이상, 특히 복합전치사)의 뒤에서는 el que, el cual이 사람과 물건 모두에 사용된다. 사람에게는 특히 el cual이 자주 쓰인다.

    - La casa dentro de la cual (que) se celebra la fiesta pertenece a Joaquín.
      안에서 파티를 하고 있는 집은 호아낀의 소유이다.

- La chica detrás de la cual estaba yo sentado acaba de invitarme a su casa.
  내가 뒤에 앉았던(내 앞에 앉았던) 그 아가씨는 나를 집으로 방금 초대했다.

Nota

> sin, por, tras는 짧은 전치사이지만 물건에 관해서도 이것들의 뒤에 que를 붙여 sin que, por que, tras que라고는 쓰지 않는다. [sin que+접속법], porque 등과 혼동할 수 있기 때문이다.

4. 이 세 가지의 관계대명사는 각각의 특징이 있는데 그 특징을 활용하여 사용하는 것이 바람직하다.

que는 무변화, quien은 수만 변화, el que(cual)는 성 · 수 모두 변화하기 때문에 선행사가 두 개일 때 선행사를 각각 지시할 수 있다. 그 지시의 강도는 다음과 같다.

que < quien < el que < el cual

실제로 어느 것을 사용할 것인가는 화자의 의지에 달려있다. 때문에 que로 불충분하다고 느낄 때는 el que, 그것도 불충분할 때, 특히 선행사와 떨어져 있는 경우에는 el cual을 사용하면 된다.

Nota

> 현재 스페인어의 관계사 용법은 그 기준이 모호하다. 예를 들면, el cual은 문장에 자주 나오고 있으며, quien 대신에 que; lo cual 대신에 lo que가 쓰이는 경우도 있다. 또한 문장 전후 관계의 어조와 개인의 기호에 의해서도 사용법이 조금씩 다르고 지역에 따른 차이도 있다.

② 관계형용사 adjetivo relativo

1. cuyo(as)

1. 명사₁+cuyo(as)+명사₂

   선행사, 즉 [명사1]이 [명사2]의 소유자이다. cuyo의 성·수는 [명사2]에 일치시킨다. [명사1]은 사람이나 사물 모두 가능하다.

   - Visitaron Corea cuya historia es antigua e interesante.
     그들은 역사가 오래되고 흥미있는 한국을 방문했다.
   - Esa muchacha, cuyos padres murieron en un accidente, trabaja ahora en esta compañía.
     부모님이 사고로 돌아가신 그 소녀는 지금 이 회사에서 일하고 있다.

2. 명사₁+전치사+cuyo(as)+명사₂

   - la casa en cuyo jardín hay una fuente
     정원에 분수가 있는 집
   - Mi amigo a cuya hermana conoces…
     네가 그의 여동생을 알고 있는 내 친구는…

2. cuanto(as)+명사
～하는 것 전부의 (=todos los que～) [선행사 내포]

○ 접속법: p.196

- Recibimos cuantos mensajes nos enviaron Uds. desde Europa.
  우리는 당신들이 유럽에서 우리에게 보내주신 메시지를 전부 받았습니다.

③ 관계부사 adverbio relativo

스페인어의 관계부사 donde, cuando, como는 많이 쓰이지는 않는다. 그 이유는 en que 등의 관계대명사로 바꿔쓸 수 있으며 오히려 이것이 더 많이 쓰이기 때문이다. 특히 선행사를 동반하는 형태는 사용법에 제한이 있으므로 여기에 열거한 문형 이외의 표현은 사용하지 않는 편이 좋다. 문형은 세 가지 형태가 있다.

> ① 선행사+관계부사+V
> ② (선행사+)전치사+관계부사+V(자주 쓰이는 편은 아니다)
> ③ _____ es+관계부사+V

1. donde(=en que): 장소의 관계사

1. 선행사+관계부사

- La casa donde vivimos es pequeña. 우리들이 사는 집은 작다.
- La casa en que vivimos es pequeña.
- Fuimos a Australia, donde encontramos a muchos amigos.
  우리들은 호주로 갔었는데 거기에서 많은 친구들을 만났다.

Nota

donde가 선행사를 내포하여 단독으로 사용되는 경우가 있다.

Está donde lo dejaste. (=en donde)
그것은 네가 그것을 둔 곳에 있다. (=Está en el sitio en que~)

Iré a buscarte según donde vivas.
네가 사는 곳에 따라 너를 만나러 가겠다.

2. 전치사: a, de, desde, en, hacia, hasta, por

- Vive en un lugar adonde no llegan periódicos.
  그는 신문이 닿지 않는 곳에 살고 있다.

- Nos señaló el sitio por donde había entrado en el jardín.
  그는 우리들에게 (도둑이) 정원으로 들어 왔던 장소를 가리켰다.
- La ciudad, cerca de donde vivían, era muy antigua.
  그들이 가까이 살고 있었던 그 도시는 매우 오래 되었다.
- La ciudad de donde viene el artista está en el norte.
  그 예술가가 출신 도시는 북쪽에 있다.

3. es+관계부사

- Aquí es donde ocurrió el accidente. 사고가 일어난 곳은 여기입니다.
- No es allí donde están los enemigos. 적들이 있는 곳은 거기가 아니다.

2. cuando(=en que)

1.
   - el momento(el día) en que ocurrió esto
     이것이 일어난 순간(날) (en que를 사용하는 것이 보통)
   - En julio, cuando más calor hace, nos vamos al campo.
     7월이 되어 더 더워지면 우리는 시골로 갑니다. (설명적)

2.
   - Fue entonces cuando nació. 그가 태어난 것은 그때였다.
   - Ahora es cuando tenemos que ser valientes.
     지금이야 말로 우리가 용감해야만 할 때이다.
   - En primavera es cuando el campo está más hermoso.
     들이 가장 아름다운 때는 봄이다.

Nota

> 관계부사 cuando보다는 주로 que를 사용한다.
> **El día en que salimos para Burgos estaba lloviendo.**
> 우리가 부르고스로 출발했던 그 날은 비가 내리고 있었다.
> **Llegó en un momento en que estábamos muy ocupados.**
> 그는 우리가 매우 바빴던 때에 도착했다.

3. como

1. 선행사가 되는 것은 modo, manera, medio 등이다.
   - Sabrás la manera como me salvé. 내가 살아난 방법을 들려주마.
   - Me gusta el modo como hablas. 나는 네가 말하는 방식이 마음에 든다.
     (tu modo de hablar)

Nota
> [전치사+como]의 형태는 쓰이지 않는다.

2. es+como

- Así es como tienes que hacerlo.
  너는 이런 식으로 해야 한다.
- No es llorando ni desolándose como se adquiere la paz del espíritu.
  마음의 평온을 얻는 길은 우는 것도 한탄히는 것도 아니다.

4. cuanto

- Comed cuanto queráis. 너희들 먹고 싶은 만큼 먹어라.
- Le ayudé cuanto pude. 나는 가능한 한 그를 도와주었다.

5. porque

- Esto es la razón porque yo estoy en este centro de ancianos.
  이것이 내가 이 양로원에 있는 이유입니다.
- Esta fue la razón por la que fuimos a Roma.
- Este fue el "porqué" fuimos a Roma.
  이것이 우리가 로마로 갔던 이유였습니다.

Nota
> 복문에서 의문사인지 관계사인지 구별해야 한다.
>
> - No sé qué me preguntó. 나는 그가 나에게 무엇을 물었는지 모른다.
> - No sé lo que me preguntó. 그가 나에게 질문한 것을 모르겠다.
>
> - Pregúntele dónde vive. 그가 어디에 살고 있는지 물어보세요.
> - Me dijo donde vivía. 그는 자기가 살고 있는 곳을 나에게 말해 주었다.

10 접속법 Subjuntivo

1. 접속법의 개념과 시제
2. 접속법의 사용 조건
3. 접속법 시제의 특성
4. 단문의 접속법
5. 복문의 접속법

① 접속법의 개념과 시제

1. 접속법의 개념

　직설법이 객관적·사실적인 행위를 묘사하는 반면, 접속법은 주관적인 표현으로 희망·욕망 등을 표현할 경우에 사용된다. 접속법은 주로 종속절에서 사용되지만 주절이나 독립절에서도 사용된다.

　(a)「비가 내릴 지도 모른다」(b)「비가 내리지 않으면 좋겠는데」(c)「비가 내리더라도 가겠다」(d)「비가 내릴까 걱정된다」와 같은 표현들은 외국인이 한국어로 말할 경우나 한국인이 외국어로 말할 경우에도 어려움을 느낀다. 어려움을 느끼는 이유는 이러한 표현에는 화자의 개인적인 생각이나 감정이 들어 있어 단순히「비가 내린다 llueve」,「비가 내렸다 llovió」라는 객관적 사실의 서술과는 다르기 때문이다.

　그러면 앞에서 언급한 한국어의 네 가지 표현을 스페인어로는 어떻게 표현할까? 바로 이런 경우에 접속법을 사용하는 것이다.

　　(a) Puede que llueva.
　　(b) ¡Ojalá no llueva!
　　(c) Iré aunque llueva.
　　(d) Temo que llueva.

　「내리더라도」의 ≪더라도=접속법≫이라고도 할 수 있겠지만 실은 (c)에서는 「~더라도」에 해당하는 aunque라는 것이 이미 있기 때문에 스페인어에서는 접속법이라는 것이 필요하게 된다. 즉 ≪~더라도=aunque+접속법≫이라는 방식이 성립되는 것이다.

　스페인어는 동사 그 자체가 접속법이라는 특별한 형태를 가지고 있기 때문에 본질적으로 다른 것이다. 그리고 llueve(직설법)는「비가 내리다」라고 하는 말이 있지만 llueva(접속법)만으로는 해당하는 역어가 없는 것이다.「내리다」도 아니고

「내리지 않다」도 아니다. 그러면 도대체 접속법이라는 것은 무엇일까? 수학적으로 예를 들면 다음과 같이 설명할 수 있을 것이다.

문법에서 말하는 긍정을 '양수'라고 하고 부정을 '음수'라 한다면 접속법은 +도 −도 ○도 아닌 '허수'와 같은 것이다. 긍정도 아니고 부정도 아닌 세계이다. 그리고 불확실, 불확정이라는 의미가 내포되어 있다.

이러한 허수의 세계를 스페인어는 별도로 갖고 있는 것이다. 스페인 사람들은 태어날 때부터 수없이 접속법을 사용하여 표현하고 또 그것을 가지고 사물을 사고해 왔던 것이다.

여기에서 복문 안의 동사 venir의 '올까·오지 않을까'를 예로 들어보자. '오다'를 플러스로 하고 '오지 않다'를 마이너스로 하면 마지막 (d)와 (e)가 허수적 세계에 속한다는 것을 알 수 있다.

(a) Creo que viene. (+100)
(b) Creo que no viene. (-100)
(c) Dudo si viene (o no viene). (50 : -50)
(d) Dudo que venga. (어느 쪽도 아니지만 -에 가까움)
(e) Dudo que no venga. (어느 쪽도 아니지만 +에 가까움)

Nota
(d)의 「그가 온다는 것은 의심스럽다」는 「오지 않는 게 아닐까?」를 의미한다. dudar는 준부정어. 따라서 (e)의 문장은 이중부정이 된다. ◯ p.193

두 개의 세계로 나누어서 생각하는 스페인어의 세계는 「나는 네가 오길 바라지만 올지 안 올지는 네 마음이다. 나의 의지가 간섭할 바가 아니다」라고 생각해야만 할 것 같이 구성되어 있다. 이렇게 「나의 의지가 미치지 않는 세계」가 접속법의 분야인 것이다. 때문에 자신만의 세계라면 접속법은 필요없다. 상대방이 존재해야 비로소 접속법이 필요하게 된다.

- Lo veré antes de salir. (내가) 외출하기 전에 그를 만나겠다.
- Lo veré antes que salga. (그가) 외출하기 전에 그를 만나겠다.

2. 접속법의 시제

1. 접속법 현재 presente de subjuntivo

hablar	comer	vivir
hable	coma	viva
hables	comas	vivas
hable	coma	viva
hablemos	comamos	vivamos
habléis	comáis	viváis
hablen	coman	vivan

2. 접속법 (불완료)과거 pretérito imperfecto de subjuntivo

접속법 과거는 완료되지 않은 과거의 행위·사건을 표현하며, 다음과 같이 -ra형과 -se형이 있다.

(접속법 과거 -ra형)

hablar	comer	vivir
hablara	comiera	viviera
hablaras	comieras	vivieras
hablara	comiera	viviera
habláramos	comiéramos	viviéramos
hablarais	comierais	vivierais
hablaran	comieran	vivieran

(접속법 과거 -se형)

hablar	comer	vivir
hablase	comiese	viviese
hablases	comieses	vivieses
hablase	comiese	viviese
hablásemos	comiésemos	viviésemos
hablaseis	comieseis	vivieseis
hablasen	comiesen	viviesen

3. 접속법 현재완료 pretérito perfecto de subjuntivo

「접속법 현재완료」 혹은 「접속법 완료과거」라고 불리기도 한다. 조동사 haber의 접속법 현재형과 과거분사가 결합하여 만들어진다.

단 수	복 수
haya hayas + 과거분사 haya	hayamos hayáis + 과거분사 hayan

4. 접속법 과거완료 pretérito pluscuamperfecto de subjuntivo

「접속법 과거완료」 혹은 「접속법 대과거」라고 한다. 조동사 haber의 접속법 과거형과 과거분사를 합쳐서 만든다. 물론 조동사 haber의 두 가지 과거형인 -ra형과 -se형 모두 가능하다.

단 수	복 수
hubiera hubieras + 과거분사 hubiera	hubiéramos hubierais + 과거분사 hubieran

5. 접속법 미래 futuro de subjuntivo

「접속법 미래」 혹은 「접속법 불완전미래」라고 하기도 한다. 접속법 (불완료)과거의 어미 -ra를 -re로 교체하면 된다.

hablar	comer	vivir
hablare	comiere	viviere
hablares	comieres	vivieres
hablare	comiere	viviere
habláremos	comiéremos	viviéremos
hablareis	comiereis	viviereis
hablaren	comieren	vivieren

6. 접속법 미래완료 futuro perfecto de subjuntivo

조동사 haber의 접속법 미래와 과거분사를 결합하여 만든다.

단 수	복 수
hubiere ⎤ hubieres ⎬ + 과거분사 hubiere ⎦	hubiéremos ⎤ hubiereis ⎬ + 과거분사 hubieren ⎦

이상과 같이 접속법에는 현재, 과거, 현재완료, 과거완료, 미래, 미래완료가 있지만 미래와 미래완료는 18세기까지 사용되었고, 현대 스페인어에서는 거의 사용되지 않고 법률 문서나 계약서 등에 그 잔재가 남아있을 뿐이다.

sea lo que fuere(sea lo que sea), si alguien dudare(si alguien duda), cuando regresares(cuando regreses) 등과 같은 일부 관용구에 남아 있는 상태이다. 따라서 현대 스페인어에서 접속법의 시제는 현재, 과거(-ra, -se), 현재완료, 과거완료의 네 종류가 있다고 생각하면 되겠다.

② 접속법의 사용 조건

문장의 형태에서 보면, 접속법은 명령표현, 원망문, 완곡표현 등을 제외하고는 종속절에서 쓰인다. 이러한 이유에서 접속법이라는 명칭이 나왔다. 이 종속절은 명사절, 형용사절, 부사절 등 세 가지의 경우가 있다.

1. 문장의 내용에서 본 조건

문장의 내용에서 보면, 다음과 같이 네 가지의 경우로 나누어 볼 수 있다.

1. 의지의 표현

주절의 동사가 종속절의 내용을 명령하거나 요청하는 경우

- Le escribo que venga mañana. 나는 그에게 내일 오라고 편지를 쓴다.

2. 평가 의견의 표현

필요성과 가능성 등을 무인칭형으로 말하는 경우

(a) Me parece que no has hecho bien.
너는 잘 하지 않았다고 나에게는 생각된다. (=Creo)

(b) Me parece bien que te diviertas, pero me parece mal que no estudies.
네가 즐긴다는 것은 좋으나 공부하지 않는다는 것은 좋지 않다고 생각한다.

(a)는 Parece que va a llover처럼 화자가 받은 느낌 그대로이지만, (b)는 이것에 bien, mal이 붙어서 화자의 평가판단이 표현된 것이다. 「나는 네가 공부하지 않는 것은 좋지 않다고 생각하지만, 하고 안 하고는 너의 세계에 속한다는 것이 나의 의견이다」라는 표현이다. 여기에서 [Me parece que+직설법], [Me parece bien(mal) que+접속법]이라는 문형이 나타난다.

3. 감정의 표현

희노애락의 감정을 일으키는 원인이 되는 사항이 종속절에서 접속법을 통하여 표현된다. 이 내용은 사실이고 화자는 이미 그것을 알고 있으며, 의심하고 있는 것은 아니지만 감정이라는 것은 어디까지나 주관을 벗어날 수 없는 것이다.

- Siento que esté lloviendo. 비가 내리고 있어 유감이다.
- Lo siento, pero está lloviendo. 유감스럽게도 비가 내리고 있습니다.

그리고 주절과 종속절의 주어가 각각 다르다는 것이다. 동일인인 경우는 부정사를 사용한다.

- Me alegro de que hayas venido. 네가 와 줘서 나는 기쁘다.
- Me alegro de haber traído el paraguas. 나는 우산을 가져와서 다행이다.

4. 비현실감 · 불확실성의 표현

종속절의 내용이 다음 네 가지 중에 속하는 경우를 말한다.

1. 의심

- ¿Acaso crees que lo haga gratis? 너는 그가 그것을 거저 할 거라고 믿는 거니?

2. 부정

- Negó que lo hubieran hecho. 그들이 그것을 했다는 것을 그는 부정했다.
- No negó que lo habían hecho. 그들이 그것을 했다는 것을 그는 부정하지 않았다.

Nota
Negó que…는 문장 형태로는 긍정문이지만 내용은 부정이다. 따라서 No negó que…는 이중부정으로 긍정이 된다.

3. 부정: 부정 또는 미정의 사람 · 장소

- Buscamos un lugar que sea más tranquilo. 더 조용한 곳을 찾아보자.
- El que gane será jefe. 이기는 사람이 대장이 되는 거다.

4. 사실의 반대: 가정문

- ¡Hubieras visto cómo escapé yo!
  내가 어떻게 도망쳤는지 네가 봤더라면! (실제로는 보지 않았다)

- Habla como si fuera profesor.
  그는 마치 선생님처럼 말한다. (사실은 선생님이 아니다)

2. 시제에서 본 조건

시제의 측면에서 볼 때 앞으로 일어날 미래의 일은 과거에 이미 있었던 일과 비교하면 불확실성이 압도적으로 강하다는 것은 말할 필요도 없다. 따라서 경험하지 못한 미래의 일을 말할 경우에는 접속법 현재로 말할 때가 많다.

- Cuando venga, se lo diré. 그가 오면 나는 그에게 말하겠다.
- Si viene, se lo diré.

이런 종류의 접속법은 불확실성의 표현이라기보다는 미래시제로의 전용이다. 따라서 과거의 서술이 되면 직설법으로 된다.

- Cuando vino, se lo dije. 그가 왔을 때 나는 그에게 말해주었다.

Nota

> 단순 가정의 si~절에는 접속법을 사용하지 않는다. 위의 예에서 cuando와 si의 차이는 si가 「오다」와 「오지 않다」 중에서 오는 쪽만 생각해서 말하는 반면에, cuando는 물론 오는 쪽을 말하고 있지만 오는 시간에 중점을 두고 있는 것이다.

③ 접속법 시제의 특성

접속법의 시제는 현재, 과거(-ra, -se), 현재완료, 과거완료 등 네 종류이다. 당연히 접속법의 시제는 직설법보다 애매하고 실제 내용의 「때」와 일치하지 않을 때도 있다. 완료와 불완료의 구별은 가능하지만 직설법에 비하여 접속법에서는 시제의 관념이 적어진다.

1. 접속법의 시제와 그 실질 내용

1. 현재형

현재나 미래를 표현하는 두 기능을 가지고 있으며, 과거의 일은 표현할 수 없다.

1. 미래
   - No creo que venga mañana. 그가 내일 올 것이라고 나는 생각하지 않는다.
2. 현재
   - Espero que esté bien. 나는 그가 잘 있기를 바란다.

2. 과거형

비록 과거형이지만 실제로는 과거 · 현재 · 미래를 모두 표현할 수 있는 기능이 있다. 또한 과거형에는 -ra형과 -se형의 두 가지가 있는데 의미상의 차이는 없다.

1. 과거에서 본 미래
   - Esperaba que volvieran. 그들이 돌아오기를 기대하고 있었다.
2. 과거
   - ¡Qué lástima que no lo hiciera ayer! 어제 그것을 하지 않았던 것은 유감이다!

Nota

> **-ra형과 -se형의 차이**
>
> 원칙적으로 -ra형과 -se형은 같은 것이지만 지역 · 개인에 따라 그 사용법이 다르다. 스페인에서는 -ra형을 자주 사용하고 중남미에서도 지역에 따라 -ra형이 표준 용법이다. 그러나 문어체에서는 -se형도 자주 쓰인다. 단지 한 가지 유의해야 할 것은 가정문의 귀결절에 사용하는 「가능시제」 대신에 -ra형을 사용해도 좋으나 -se형은 사용할 수 없다는 것이다.
>
> Si fuera(fuese) verdad, lo diría sin falta.
> 만약 사실이라면 틀림없이 내가 그걸 말하련만.

3. 현재완료

종속문의 행위가 과거에 발생했으리라는 것을 현재에 부정하거나 유감으로 생각할 때 사용된다. 이 시제는 직설법의 현재완료와 미래완료에 해당한다.

1. 미래에 완료
   - Creo que habrá llegado. 그가 도착했을 것이라고 나는 생각한다.
2. 현재에 완료
   - Creo que ha llegado. 그가 도착했다고 나는 생각한다.
   - No creo que haya llegado. 그가 도착했으리라고 나는 생각하지 않는다.

4. 과거완료

직설법의 과거완료와 가능완료에 해당한다.

1. 과거에 있어서 미래에 완료
   - Creía que habría llegado. 나는 그가 도착했을 것이라고 생각했었다.
2. 과거의 과거에 완료
   - Creía que había llegado. 나는 그가 도착했다고 생각했었다.
   - No creía que hubiera llegado. 나는 그가 도착했으리라고 생각하지 않았다.

Nota

「시제의 일치 concordancia de tiempo」는 지켜야 한다. 다음 예문은 완곡표현으로, 내용은 현재이지만 주동사가 quisiera(과거)로 시작하기 때문에 종속동사도 과거형을 취하고 있음을 보여준다.

Quisiera que lo pensara por algunos días.
며칠 동안 그것을 생각해보시기 바랍니다.

5. 현재형과 과거형

과거형이 현재형보다 실현 가능성이 더 적다. 우리말로는 구별되지 않는다.

- Quizá (te) resulte más barato el tren. 아마 기차편이 더 싸지 않을까?
- Quizá (te) resultase más barato el tren.
- ¡Ojalá llueva! 〔접·현〕 비가 내리면 좋으련만!
- ¡Ojalá lloviese! 〔접·과〕 비가 내리면 얼마나 좋을까!

2. 주절과 종속절의 시제의 일치: 직설법과 접속법의 조합

$\left[\begin{array}{l}\text{직설법 현재} \\ \text{직설법 현재완료} \\ \text{직설법 미래}\end{array}\right]$ + 접속법 현재

$\left[\begin{array}{l}\text{Me ruegan} \\ \text{Me han rogado} \\ \text{Me rogarán}\end{array}\right]$ que hable. $\left[\begin{array}{l}\text{나는 말하라고 요구받는다.} \\ \text{나는 말하라고 요구받았다.} \\ \text{나는 말하라고 요구받을 것이다.}\end{array}\right]$

Nota

여기서 종속절의 동사 hable의 내용은 현재이거나 미래이며, 과거형을 사용할 수 없다.

$\left[\begin{array}{l}\text{직설법 불완료과거} \\ \text{직설법 부정과거} \\ \text{직설법 과거완료} \\ \text{직설법 가능(완료)}\end{array}\right]$ + 접속법 과거

$\left[\begin{array}{l}\text{Le decía} \\ \text{Le dije} \\ \text{Le había dicho} \\ \text{Le diría (habría dicho)}\end{array}\right]$ que viniera. $\left[\begin{array}{l}\text{나는 그에게 오라고 말하곤 했다.} \\ \text{나는 그에게 오라고 말했다.} \\ \text{나는 그에게 오라고 말했었다.} \\ \text{나는 그에게 오라고 말했을 것이다.}\end{array}\right]$

Nota

다음 문장에서는 「언제 쓰기를 바라는지」 그 시기를 지정하고 있지 않기 때문에, 종속절의 동사 escribiese의 행위는 현재의 시점에서 볼 때 과거 현재 미래, 세 가지 모두가 될 수 있다.
Yo deseaba que me escribiese. 나는 그가 나에게 편지하기를 원했다.

3. 시제의 일치

주동사가 현재형이고 종속절 내용이 과거인 동시에 접속법을 써야만 할 때는 과거형을 사용하지 않고 현재완료형 [haya + 과거분사]를 사용한다.

- Temo que se hayan perdido. [se perdieran은 불가]
  그들이 길을 잃었을까봐 걱정된다.
- Es raro que no haya dicho nada. [no dijera는 불가]
  그가 아무 말도 하지 않은 것은 묘한 일이다.

> **Nota**
>
> 다음과 같이 특수한 경우도 있을 수 있지만 원칙적으로는 앞에서 본 「주절과 종속절의 시제의 일치」의 구문형태가 일반적이다.
>
> No creo que Carlos venga hoy.
> No creo que Carlos viniera ayer.
>   까를로스가 오늘 오리라고는 (어제 왔을거라고는) 나는 생각하지 않는다.
>
> (a) Le mandaron que estudiase.
> (b) Le mandaron que estudie.
>   그들은 그에게 공부하라고 명령했다.
>
> (b)의 estudie는 공부하는 것은 현재나 미래, 즉 명령한 시점에서 보면 미래의 의미이다. 그러나 이런 형태는 쓰이지 않는다. 그 이유는 (a)가 (b)를 포함하고 있기 때문이다.

④ 단문의 접속법

1. 의심의 부사

의심의 부사 quizá, tal vez, acaso와 함께 접속법을 쓴다. 이 세 가지는 같은 의미를 갖지만 항상 접속법을 동반하는 것은 아니다. 직설법을 사용할 것인가 접속법을 사용할 것인가는 의심의 강도에 따라 결정된다. 또 같은 접속법이라도 현재형보다 과거형 쪽이 의심이 더 강하다.

1. 의심의 부사+접속법 현재: 아마 ~이지 않을까

- Quizá tiene fiebre. [직] 아마 열이 있을 거야. [객관적]
- Quizá tenga fiebre. [접] 아마 열이 있지 않을까. [주관적]

- Tal vez es así. 아마 그럴 겁니다.
- Tal vez sea así. 아마 그렇지 않을까요.
- Es así, tal vez. [후치할 때는 직설법]
- Acaso llegue mañana. 아마 내일 도착하지 않을까요.

> **Nota**
> ¿Acaso+직설법…? ~라고 말하는 것입니까? (=¿Es que…?)
> ¿Acaso estabas tú allí para oírlo?
> 네가 그것을 들으려고 거기에 있었다는 거니?

- Tal vez(Quizá) ya haya venido. 아마 이미 도착해 있지 않을까. [완료형]

2. 의심의 부사+접속법 과거 : 아마 ~일지도 몰라

- Tal vez mañana ya no estuviese aquí. 아마 내일은 여기에 없을지도 모른다.
- Pues quizá llegase a tiempo. 그런데 아마 제시간에 도착할지도 몰라.

> **Nota**
> 의심을 표현하는 이 부사들의 반대어는 a lo mejor이며, 이것은 직설법과 함께 쓰인다.
> A lo mejor no llueve mañana. 내일은 아마 비가 내리지 않을 것이다.

2. 감탄사 ojalá

희망의 감탄사 ojalá는 항상 접속법을 동반하며 주로 느낌표와 함께 쓰인다.

1. **Ojalá (que)**+접속법 현재: ~라면 좋겠는데

   - ¡Ojalá que yo pueda ir! 내가 갈 수 있으면 좋으련만.
   - ¡Ojalá que no haya mucha gente! 사람들이 많지 않으면 좋겠는데.
   - ¡Ojalá hayamos salido bien en el examen! 시험 성적이 잘 나왔으면 좋으련만.

2. **Ojalá (que)**+접속법 과거: ~라면 얼마나 좋을까

비실현성이 강하고 일종의 가상문이다. 희망하는 마음도 그것에 비례하여 강해진다.

- ¡Ojalá que el médico esté aquí ahora!
  의사가 지금 여기에 있으면 좋겠는데.
- ¡Ojalá que el médico estuviera aquí ahora!
  의사가 지금 여기에 있으면 얼마나 좋을까.

- ¡Ojalá (que) no lo hubiera dicho!
  그가 그것을 말하지 않았으면 얼마나 좋을까!
- ¡Ojalá supiera pintar!
  그림을 그릴 줄 안다면 얼마나 좋을까!

3. 감탄사 lástima

유감의 감탄사 lástima는 접속법을 동반한다. ◯ 명사절: p.189

1. **¡Lástima que**+접속법 현재!: ~라는 것은 유감이다

    - ¡Lástima que piensen así! 그들이 그렇게 생각한다는 것은 유감이다.
    - ¡Lástima que ya termine la primavera! 벌써 봄이 끝난다니 아쉽다.

2. **¡Qué lástima que**+접속법 현재!

    - ¡Qué lástima que ellos prefieran quedarse en casa!
      그들이 집에 남아 있는게 좋다고 하다니 참 유감이다.
    - ¡Qué lástima que no hayas podido venir!
      네가 올 수 없었던 것은 참 유감이다.

4. 원망문

◯ 접속사 que: p.381, 가정문: p.205

- ¡Viva el Emperador muchos años! 황제폐하 만세!
- Dios le bendiga. 당신에게 신의 은총이 있기를!
- Así sea. 그렇게 되길!

5. 명령문과 청유문

◯ p.265 / p.268

6. 간접명령문

◯ p.269

⑤ 복문의 접속법

1. 명사절

1. 무인칭 표현

주절의 동사는 3인칭 단수형이 되고, que 이하가 주어에 해당하며, 다음과 같은 문형을 구성한다.

(a) Es+형용사+que+접속법
(b) V단수+que+접속법

왜 접속법을 사용해야만 하는지를 결정하는 요소는 (a)에서는 형용사, (b)에서는 동사 부분이다. 무인칭 표현이기 때문에 객관적 서술이라고 생각하기 쉬우나, 종속절의 내용은 화자의 견해이자 의견인 동시에 주관적이기 때문에 그 주관적 내용이 접속법으로 표현되는 것이다. 어느 형용사가 접속법을 요구하며 어느 동사일 때 접속법을 사용하는지 정리해두어야 한다.

1. 화자의 평가 의견

(1) Es+형용사+que+접속법

결정 요소가 되는 형용사로는 absurdo, bueno, chocante, conveniente, corriente, difícil, dudoso, igual, inconveniente, importante, justo, natural, necesario, preciso, mejor, indispensable, preferible, raro, ridículo, útil, inútil 등이 있다.

- Es bueno que se acostumbre desde pequeño.
  어릴 때부터 익숙해지는 것이 좋다.
- Es mejor que se lo digas tú. 네가 그에게 그것을 말해 주는 게 낫다.
- Es necesario que me escuches. 너는 내 말을 들을 필요가 있다.
- Es justo que los castiguen. 그들에게 벌을 주는 것은 당연하다.
- Está mal que te enfades. 네가 화내는 것은 좋지 않다.

(2) 동사(단수)+que+접속법

결정 요소가 되는 동사로는 basta, cabe, conviene, importa, hace falta, precisa, vale la pena, da lo mismo 등이 있다.

- Importa que oigan todo. 당신들은 모두를 들어야 합니다. 〔화자의 주관적 의견〕
- Hay que oír todo. (자신을 포함해서) 전부 들어야 한다. 〔일반적·객관적 의견〕
- Poco importa que usted no me salude. 당신이 인사하지 않더라도 별로 상관없다.
- Basta que leas el resumen. 너는 요약을 읽는 것만으로도 충분하다.
- Vale la pena (de) que hagas un esfuerzo. 네가 노력할 만한 가치가 있다.
- Conviene(Hace falta, Importa) que le avises pronto.
  네가 그에게 빨리 알려주면 좋겠다(알려줄 필요가 있다, 알려줘야 한다).

Nota

「필요」의 주관적 성격을 누군가에게 돌릴 때는 간접목적 대명사를 첨가한다.

Me importaba que hablase el presidente.
대통령이 얘기하는 것이 나에게는 중요했다.

2. 감정 내용

(1) Es(또는 Parece)+형용사+que+접속법

이 구문에 사용될 수 있는 형용사로는 curioso, dudoso, extraño, raro, interesante, triste, grato, (una) lástima, una pena, una vergüenza, asombroso 등이 있다.

- Es curioso(asombroso, lástima) que hayan contestado así.
  그들이 그렇게 대답한 것은 묘하다(놀랍다, 유감이다).
- Es dudoso que se mejore.
  그의 건강이 더 나아지고 있다는 것은 의심스럽다.
- Parece mentira(imposible) que estemos ya en México.
  우리들이 벌써 멕시코에 와 있다니 거짓말 같다.

(2) Me+동사+que+접속법

감정의 변화를 일으키는 원인 사항이 접속법으로 표현된다. 이 문형에서 사용되는 감정동사로는 admira, choca, complace, desespera, duele, encanta, enfada, entristece, extraña, gusta, incomoda, inquieta, molesta, ofende, preocupa, da pena, da rabia 등이 있다.

- No me gusta que vengan.
  나는 그들이 오는 것이 싫다.
- Me extraña que no hayan llegado aún.
  나는 그들이 아직 도착하지 않았다니 납득이 안 된다.
- Nos enfada que hayas usado el coche sin permiso.
  네가 허락없이 차를 사용해서 우리들은 화가 난다.
- Me da rabia que mi amiga sepa más que yo.
  내 여자 친구가 나보다 더 많이 알고 있다니 화가 난다.
- Me molestó que me ganase al ajedrez. 나는 그에게 장기에 져서 기분을 망쳤다.

  ┌ disgustó 불쾌했다
  │ dolió   가슴이 아팠다
  │ hirió   화가 났다
  └ mató   분해서 어쩔 줄 몰랐다

3. 가능성의 표현: 불확실성을 내포한다.

(1) Es+형용사(-ble)+que+접속법

「그러한 일도 있을 수 있다」라는 것은 있을 수도 없을 수도 있다는 의미이다. -able, -ible이 이것에 해당한다.

- Es posible(imposible) que yo le acompañe.
  내가 그를 동반할 수 있을(없을)지도 모릅니다.
- Es probable que llegue mañana.
  그는 아마 내일 도착하겠지요. [개연성]
- Es increíble que el ayuntamiento consienta eso.
  시청이 그것을 승인할 리가 없다. (허가한다는 것은 믿기 어렵다)
- Es difícil(fácil) que venga esta noche.
  그는 오늘 저녁에 올 것 같지 않다. (올 것 같다)

Nota

difícil, fácil은 여기에서는 가능성의 표현에 들어갔지만 Es difícil que uno sea admitido en esa escuela. 「그 학교에 들어간다는 것은 무리이다」와 같이 「어렵다」, 「쉽다」(난이)의 의미일 때도 있다.

(2) **Puede (ser) que**+접속법: ~일지도 모른다

- Juan no puede venir. 후안은 올 수 없다.
- Juan puede no venir. 후안은 오지 않을지도 모른다.
- Puede que Juan no venga. 후안은 오지 않을지도 모른다.
- Puede que vaya si me queda dinero. 돈이 남아 있으면 나는 갈지도 몰라.

4. 부정(**no**)의 비현실성: **no**를 동반하지 않은 긍정형에서는 직설법이 된다.

(1) **No es que**+접속법: ~라고 하는 것은 아니다

- Es que yo no tengo nada contra ella.
  나는 그녀에 대하여 아무 것도 반대하고 있지 않다는 것입니다.
- No es que yo tenga nada contra ella.
  내가 그녀에 대하여 무엇이든 반대하고 있다는 것은 아닙니다.
- No es que no nos sintamos bien. 〔이중부정〕
  우리들의 기분이 좋지 않다는 것은 아닙니다.
- No es que yo dude el valor de la pintura; es que no tengo bastante dinero para comprarla.
  그 그림의 가치를 의심하는 것은 아닙니다. 그것을 살만큼 충분한 돈이 없다는 것입니다.

(2) **No es**+형용사+**que**+접속법

- No es seguro(cierto) que vengan.
  그들이 온다는 것은 확실치 않다.
- No es verdad que (yo) quiera dejarte.
  내가 너와 헤어지고 싶어한다는 것은 사실이 아니다.

5. 의문의 불확실성

- Parece que vienen. 그들은 올 것 같다.
- ¿Te parece que vengan? 너는 그들이 올 것 같니?

2. 유인칭 표현

1. 의지내용: **S**+**V**의지+**que**+접속법

의지를 표현하는 동사는 유인칭이며, 주어의 의지내용이 que 이하의 종속절에 접속법으로 나타난다.

(1) 주동사가 명령, 금지, 사역, 허가, 방임, 요청, 권고를 나타내는 소위 「의지동사」이며 이

런 종류의 동사는 부정사를 동반하여 단문구성이 가능하다.

ordenar, mandar, prohibir, exigir, hacer, incitar, permitir, dejar, pedir, encargar, suplicar, rogar, sugerir, aconsejar, recomendar 등이 여기에 속한다.

○ p.276

- El médico no me permite que coma huevos.
- El médico no me permite comer huevos.
  의사가 내가 달걀 먹는 것을 허락하지 않는다.

- El otro encargo es que protejas a mi hija. (=Te encargo que...)
  또 다른 부탁 하나는 내 딸을 보호해 달라는 거야.

- Me sugirió que averiguara la verdad.
  그는 나에게 사실을 알아보는 게 어떠냐고 했다.

(2) 의지의 동사는 아니지만 잠재적으로 희망이나 소망을 함축하고 있는 동사일 때도 접속법을 취한다.

이 경우 부정사를 이용한 단문구성은 불가능하다. lograr, conseguir, obtener, preferir, esperar, desesperar, confiar, apetecer, aprobar, desaprobar, consentir en, oponerse a, querer, desear 등이 여기에 속한다.

- He logrado de él que tome la medicina.
  나는 그에게 겨우 약을 먹였다.

- Conseguí que me escuchasen.
  내 말을 듣게 하였다. (그래서 그들은 내 말을 들었다)

- Apruebo que te marches. (=Puedes marcharte)
  너는 돌아가도 좋다.

- Esperábamos que ese tren no se atrasara.
  우리들은 그 기차가 늦지 않기를 바라고 있었다.

- Desean que volvamos temprano.
  그들은 우리가 일찍 돌아오길 희망하고 있다.

- ¿Han consentido tus padres en que tengas novio a tu edad?
  네 나이에 애인을 갖는 것을 부모님들이 허락하셨니?

- La madre se opuso a que su hija se casara con un artista.
  그녀의 어머니는 딸이 예술가와 결혼하는 것을 반대했다.

(3) 전달의 동사+que+접속법(명령내용): ~하라고 말하다

종속절이 직설법일 때와 접속법일 때의 의미 내용이 서로 달라진다. 전달의 동사

로는 decir, indicar, escribir, repetir, insistir en, empeñarse en 등이 있다.

> 화법

- El profesor insiste en marcharse.
  선생님은 돌아가겠다고 고집하신다.
- El profesor insiste en que se marcha el alumno.
  선생님은 그 학생이 떠날 것이라고 고집하신다.
- El profesor insiste en que se marche el alumno.
  선생님은 그 학생에게 돌아가라고 고집하신다.
- Le digo que no haga caso de eso.
  나는 그에게 그런 것에 신경쓰지 말라고 말한다.

2. 감정 내용: 주어+동사+que+접속법

이 감정동사는 일반동사 또는 재귀동사이며, [me gusta] 구조의 동사는 아니다.

- Temo que esos niños rompan algo.
  나는 그 아이들이 뭔가 깨지 않을까 걱정입니다.
- Sentí que le hirieran mis palabras.
  내 말이 그의 기분을 상하게 할까봐 유감이었다.
- Todos se alegran de que nos hayamos casado.
  우리들이 결혼해서 모두들 기뻐하고 있다.
- Me contento con que me dejéis en paz.
  너희들이 나를 가만히 놔 두어서 나는 만족한다.

3. 의심

- Dudo si me dijo que había escrito o que iba a escribir.
  나에게 편지를 썼다고 말했던가. 아니면 쓰려고 했다고 말했던가.
- Dudo que me haya dicho que había escrito.
  편지를 썼다고 그가 말했다는 것은 의심스럽다.
- Mis padres dudan que yo estudie bastante.
  부모님들은 내가 꽤 열심히 공부하고 있지 않을지도 모른다고 생각하신다.
- Dudo que sea tan rico.
  그가 과연 그렇게 부자일까.

> **Nota**
>
> 우리말에서는 dudar도 sospechar도 「의심하다」라고 해석되기 때문에 혼동하기 쉬운데 dudar que~는 반드시 접속법을, sospechar que~는 직설법도 접속법도 다 쓸 수 있다. 어느 것을 쓸 것인가는 의심의 정도에 달려 있는데, 단 dudar que~가 갖고 있는 부정의 의미는 없다.
>
> **Sospecho que Juan ha cenado.** 후안이 저녁을 안 먹은 것 같다.
> **Sospecho que Juan haya cenado.** 후안이 저녁을 안 먹은 게 아닐까.

4. 부정에서 오는 비현실성: **No**+동사+**que**+접속법

이 문장이 긍정문이면 종속절에는 직설법이 사용된다. 이 문형의 주동사는 주로 「판단의 동사」이다. creer, pensar, considerar, estimar, juzgar, parecer 등이 포함되며, 그 외에 decir, querer, saber, notar, negar 등도 포함된다.

- No creo que dijeran la verdad. 나는 그들이 사실을 말했다고 생각하지 않는다.
- Creo que dijeron la verdad. 나는 그들이 사실을 말했다고 생각한다.
- No digo que lo hayan robado. 나는 그들이 그것을 훔쳤다는 말은 하지 않는다.
- Eso no quiere decir que sea culpable.
  그것은 그가 유죄라는 것을 의미하지는 않는다.
- Negó que conociera a aquel hombre. 그는 저 남자를 모른다고 했다.

cf.
- No sé qué te diga. 네게 뭐라고 말해야 좋을지 나는 모르겠다.
- Nadie sabe que estás aquí. 네가 여기 있다는 걸 아무도 모른다.

5. 의문으로부터 오는 불확실성

- Usted cree que yo estoy equivocado. 당신은 내가 틀렸다고 생각하고 있습니다.
- ¿Cree usted que yo esté equivocado? 당신은 내가 틀렸다고 생각하십니까?

2. 형용사절

형용사절에 접속법을 사용하는 경우는 다음 세 가지이다. 선행사의 내용이 불확실할 때, 선행사가 부정되어 있을 때, 그리고 의문이기 때문에 그 내용이 문제가 될 때이다. 직설법과 접속법을 모두 쓸 수 있는 문형이라도 내용이 확정된 경우에는 직설법을 사용해야 한다.

1. 선행사의 내용이 불확실한 경우

1. uno(as)+선행사+que+접속법

- Quiero comprar unos pendientes que no cuesten mucho.
  비싸지 않은 귀걸이를 사고 싶다. (귀걸이가 있다면)
- Quiero comprar unos pendientes que no cuestan mucho.
  비싸지 않은 귀걸이를 사고 싶다. (이미 있다는 것을 전제로 하고 있다)
- Busco un libro que sea interesante.
  재미있는 책 한 권을 찾고 있습니다.
- Compré una casa que tenía cinco cuartos.
  나는 방이 다섯 개 있는 집을 샀다.
- Necesito una casa que tenga cinco cuartos.
  나는 방이 다섯 개 있는 집이 필요하다.

2. 부정어+que+접속법

algo, alguien, alguno 등과 같은 부정어와 함께 사용된다.

- Quiero darte algo que no tengas.
  나는 네가 갖고 있지 않은 뭔가를 주고 싶다.
- ¿Conoces a alguien que pueda ayudarnos?
  우리를 도와줄 수 있을 누군가를 알고 있니?
- Escoja Ud. cualquiera(cualquier cosa) que le guste.
  무엇이든 좋아하시는 걸 고르십시오.

3. quien+접속법

- Quien no haya entendido levante la mano.
  이해하지 못한 사람은 손을 드세요. (그런 사람이 있다면)
- Se lo diré a quien me parezca bien.
  내가 좋다고 생각되는 사람에게 그걸 말하겠습니다.
- Que lo diga quien lo sepa.
  그것을 알고 있는 사람은 말하세요.

4. el que+접속법

선행사 대신에 정관사가 있기 때문에 선행사의 내용이 확정된 것 같지만 불확정, 미결정이다.

- Premiamos al que gane. 우리는 이기는 사람에게 상을 줄 것입니다.
- Premiamos al que ha ganado. 우리는 이긴 사람에게 상을 주었다.
- Escoja el que más le guste. 가장 좋아하시는 걸 고르세요.
- Los que quieran asistir escriban aquí su nombre.
  참석하고 싶은 사람들은 여기에 이름을 적으세요.
- Compra el vestido que quieres. 네가 원하는 옷을 사라.
- Compra el vestido que quieras. 네가 원하는 옷(이 있으면 그것)을 사라.

5. lo que+접속법 (미지의 내용)

- Haz lo que te dice. 그가 너에게 말하는 것을 해라. (알고 있는 내용)
- Haz lo que te diga. 그가 너에게 말할 것을 해라.
- Hago solo lo que puedo. 나는 할 수 있는 것만 한다.
- Haré lo que pueda. 나는 할 수 있는 것을 할 것이다.
- Ignoro lo que ha dicho. 그가 말한 것을 (단순히) 나는 모른다.
- Ignoro lo que haya dicho. 그가 뭐라고 말했는지 나는 모른다. (상상조차 못함)
- Haga usted lo que le dé la gana (lo que quiera).
  (무엇이든) 좋아하시는 것을 하세요.

6. todo el(lo) que+접속법 ~하는 것은 모두

- Tienes todo lo que quieres.
  너는 네가 원하고 있는 것을 모두 갖고 있다.
- Tendrás todo lo que quieras.
  네가 원하는 것은 모두 주겠다. [Tendrás=의지미래]
- Usted puede comer todo el helado que quiera.
  당신은 좋아하는 아이스크림을 전부 먹을 수 있습니다.

7. cuanto(as)+접속법 ~하는 것은 모두

- Le daré a usted cuanto necesite.
  당신이 필요한 것은 모두 드리겠습니다.
- Si te casas conmigo, haré cuanto quieras.
  만일 나와 결혼해 준다면 원하는 걸 다해주겠다.

cf. Ven cuanto antes puedas.
  가능한 한 빨리 와라. (=Ven lo antes que puedas.)

2. 선행사의 내용이 부정(no)인 경우

1. no+동사+선행사+que+접속법

- Conozco a un hombre que habla inglés.
  나는 영어를 하는 한 남자를 알고 있다.
- No conozco a nadie que hable inglés.
  나는 영어를 할 만한 사람은 어느 누구도 모른다.
- La casa tenía árboles que la rodeaban.
  그 집에는 주위를 둘러싸고 있는 나무들이 있었다.
- La casa no tenía árboles que la rodearan.
  그 집에는 주위를 둘러쌀 만한 나무들이 없었다.

2. 선행사가 부정어 nada, nadie, ninguno 등인 경우

- No hay nadie que sepa tocar el piano.
  피아노를 칠 줄 아는 사람은 아무도 없다.
- No había nada que pudiéramos hacer.
  우리들이 할 수 있는 거라고는 아무 것도 없었다.

3. 의문에 의한 내용의 비현실감

- Hay un tren que pasa por esta ciudad.
  이 도시를 지나는 기차가 있습니다.
- ¿Hay un tren que pase por esta ciudad?
  (도대체) 이 도시를 지나는 기차가 있는 겁니까?
- No hay ningún tren que pase por esta ciudad.
  이 도시를 지나는 기차는 없습니다.
- ¿Hay alguien que se atreva a entrar?
  감히 들어올 사람이 있습니까?

3. 부사절

접속법은 목적, 제한, 조건을 나타내는 부사절과 아직 실행되지 않은 행동을 가리키는 절에서 사용된다. 왜냐하면, 각각의 경우에서 사실적 행동이나 상태보다는 가정적 사실을 표현하기 때문이다.

부사절에서 접속법을 사용할 것인지 사용하지 않을 것인지 그 기준은 접속사(구)이다. 이 경우에 접속사는 항상 접속법을 사용해야 하는 것과 접속법과 직설법을 모두 사용할 수 있는 것으로 분류된다. 그리고 이 접속사는 주절과 종속절의 주어가 서로 다르다는 것을 전제로 사용된다.

- Lo hago para divertirte. [divertir 타동사]
  너를 즐겁게 해주려고 나는 그것을 한다. [주어 yo. 단문]
- Lo hago para que te diviertas. [divertirse 재귀동사]
  네가 즐기도록 나는 그것을 한다. [주절 주어 yo; 종속절 주어 tú]

접속법을 쓰는 원인은 다음 두 가지다.

① 목적, 조건의 내용(=그 시점에서 아직 실현되어 있지 않은 일)을 설정한다.
② 시간과 관계 있다. 즉, '미래=불확실'이라는 관점에서 cuando venga와 같이 미래 대신에 접속법을 사용한다.

1. 항상 접속법을 요구하는 접속사

주로 목적 내용 및 조건 내용을 설정한다.

▶ **antes (de) que~** ~하기 전에

- Apagué la lámpara antes que me identificaran.
  (범인이) 나라는 걸 눈치채기 전에 나는 램프를 껐다.

1. 목적 내용 설정

▶ **para que~** ~하도록

- Abra la ventana para que entre el aire fresco.
  신선한 공기가 들어오도록 창문을 여십시오.
- Ha venido para que yo lo ayude. 그는 나에게 도움을 받으러 왔다.
- Ha venido para ayudarme. 그는 나를 도와주려고 왔다.

▶ **para que no~** ~하지 않도록

- Lo clavo para que no se pueda abrir. 나는 그것을 열 수 없도록 못을 박는다.

▶ **a que~** ~하도록

- Vengo a que me paguen. 나는 돈을 받으러 왔습니다.

▶ **a fin de que~** ~하도록

- A fin de que pudiera volver, le mandé dinero.
  그가 돌아올 수 있도록 나는 돈을 보냈다.

- Salieron pronto a fin de que no nos encontrasen.
  그들은 우리들과 만나지 않으려고 곧 나갔다.

▶ **con (el) objeto de que~** ~을 목적으로

- Lo escribió con (el) objeto de que le comprendiera el público.
  그는 독자(일반)가 그를 이해하도록 그것을 썼다.

▶ **de modo que~** ~하도록, 그래서

- Han hecho paredes de ladrillo de modo que duren mucho tiempo.
  오랫동안 견디도록 벽돌로 벽을 만들었다.

- Han hecho paredes de ladrillo, de modo que duran mucho tiempo.
  벽돌로 벽을 만들었다. 그래서 오래 견딘다.

2. 조건 내용 설정

▶ **con tal que~** ~하는 것이라면, ~하는 조건으로

- Te lo dejaré con tal que me lo devuelvas pronto.
  곧 돌려 주는 것이라면 빌려 주겠다.

- Iré con tal que no le moleste.
  당신이 귀찮아 하지 않는다면 가겠습니다.

- Puedes acompañarnos con tal que te portes bien.
  행실을 좋게 한다면 너는 우리와 동행할 수 있다.

▶ **a condición de que~** ~라는 조건으로

- Te lo diré a condición de que no lo cuentes a nadie.
  아무에게도 말하지 않는다면 너에게 그것을 말해 주겠다.

▶ **en caso de que~** ~하는 경우에는

- En caso de que no puedas venir, llama por teléfono.
  네가 올 수 없는 경우에는 전화해.

▶ **con solo que~** 단지 ~만 하면

- Con solo que hubiera dos metros, tendríamos bastante.
  2미터만 있으면 충분할 텐데.

- Con solo que estudies un par de horas cada día, puedes prepararte bien para el examen.
  너는 매일 두 시간만 공부하면 시험 준비를 잘 할 수 있다.
- Con solo que falte él ya no podemos representar la función.
  그 사람이 빠지기만 해도 우리는 더 이상 공연할 수가 없다.

▶ **siquiera~** (비록) ~일지라도
- Haz esto, siquiera no hagas otra cosa.
  다른 것은 하지 않을지라도 이것은 해라.
- Ven siquiera sea por pocos días.
  비록 며칠 동안만이라도 좋으니 오너라.

▶ **a menos que~** ~하지 않는다면, ~하지 않는 한 [부정 내용을 설정]
- No irá a menos que tú quieras.
  네가 원하지 않는다면 그는 가지 않을 것이다.
- Silba todo el día a menos que lo hagas callar.
  네가 그를 조용히 시키지 않는 한 그는 하루 종일 휘파람을 분다.
- No podemos comprenderle a menos que nos pongamos en su lugar.
  그의 입장이 아닌 한 우리들은 그를 이해할 수 없다.
- No vengas, a menos que vengas a ayudar.
  도와주려고 오는 것이 아니면 오지 마라.

▶ **a no ser que~** ~하지 않는다면
- Le veré, a no ser que venga demasiado tarde.
  그가 너무 늦게 오지 않는다면 나는 그를 만날 것이다.
- Vendré esta tarde si no ocurre algo imprevisto.
  예상 밖의 일이 일어나지 않는다면 나는 오늘 오후에 올 것이다. [단순한 가정]
- Vendré esta tarde a no ser que ocurra algo imprevisto.
  예상하지 못한 일이 일어나지 않는 한 오늘 오후에 오겠다. [일어나지 않는다고 믿고 있지만]

▶ **sin que~** ~하지 않고(서도)
- Entré sin que me vieran.
  나는 들키지 않고 들어왔다.
- Siempre te espera sin que se lo pidas.
  그는 네가 부탁하지 않아도 항상 너를 기다린다.

- Sospecha de mí sin que haya motivo.
  그는 이유도 없이 나를 의심하고 있다.

▶ **no sea(fuera) que~** ~하면 안 되므로 (= no vaya a ser que~)

- Lleva el paraguas no sea que llueva.
  그는 비가 올까봐 우산을 갖고 있다.

- No nos hablaron francamente, no fuera que quisiéramos dejar el trabajo para otro día.
  우리들이 일을 다른 날로 미루고 싶어할까봐 그들은 우리에게 솔직하게 얘기해주지 않았다.

▶ **ni que~** ~더라도 …않다 (= aunque~ no)

- Ni que fuera plomo pesaría tanto.
  납일지라도 그토록 무겁지는 않을 거야.

▶ **제외의 접속사+접속법** ~를 제외하고는, ~하지 않는다면

- Salvo que llueva mucho, iremos al campo.
  비가 많이 오지 않으면 우리는 들로 갈 것이다.

- Se lo consiento todo, excepto que fume.
  담배 피우는 것은 제외하고 당신에게 전부 동의합니다.

▶ **no… tan(to) ~que+접속법** ~할 정도로 … 하지 않다 [필요 조건을 부정]

- Él no sabe tanto que no necesite mi ayuda.
  그는 내 도움을 필요로 하지 않을 만큼 많이 알고 있지는 않다.

- No es tan rico que no necesite ayuda.
  그는 도움을 필요로 하지 않을 만큼 부자는 아니다.

▶ **demasiado ~ para que+접속법** 너무 ~해서 …할 수 없다

- Iban demasiado lejos para que me oyesen.
  그들은 너무 멀리 가고 있었기 때문에 내 목소리를 들을 수 없었다.
- Es demasiado joven para casarse.
  그는 결혼하기에는 너무 어리다.

▶ **no … porque+접속법** ~이기 때문에 …하는 것은 아니다 [이유 부정형으로서 변명]

- No se lo digo porque quiera molestarle.
  그를 괴롭히고 싶어서 내가 그에게 말하는 것은 아닙니다.
- No se lo digo, porque no quiero molestarle.
  나는 그것을 말하지 않습니다. 왜냐하면 그를 괴롭히고 싶지 않기 때문입니다.

▶ 접속법+lo que+접속법 무엇이(을) ~든 간에

- Sea lo que sea, no estoy de acuerdo.
  무엇이 어떻든 간에 나는 찬성하지 않는다.
- venga lo que venga 무엇이 오든 간에
- siga lo que siga 무엇이 계속되든 간에
- ocurra lo que ocurra 무슨 일이 일어나든 간에
- pase lo que pase 무슨 일이 일어나든 간에

- Digan lo que digan, está bien. 그들이 무엇을 말하든 간에 좋습니다.
- quieran lo que quieran 무엇을 원하든 간에
- pidan lo que pidan 무엇을 요구하든 간에
- hagan lo que hagan 무엇을 하든 간에
- piensen lo que piensen 무엇을 생각하든 간에
- tengan lo que tengan 무엇을 갖든 간에
- traigan lo que traigan 무엇을 가지고 오든 간에
- Cueste lo que cueste, yo compro un coche.
  나는 얼마가 들든 간에 차를 살 것이다.

▶ 접속법+que+no+접속법 ~하든 …하지 않든 간에

- Quieras que no (quieras), tendrás que venir.
  원하든 원하지 않든 간에 너는 와야만 할 것이다.
- (Que) Le guste que no le guste, se tendrá que aguantar.
  좋든 싫든 간에 참아야 할 것이다.
- *cf.* Venga o no venga, tenemos que terminar.
  그가 오든 오지 않든 간에 우리들은 마쳐야만 합니다.

▶ por+형용사(부사)+que+접속법 아무리 ~일지라도

이 경우에 형용사(부사)의 자리에는 mucho, más, poco, más+형용사 등도 올 수 있다.   ● 비교: p.335

- Por más rico que sea, no podrá comprarlo.
  그가 제 아무리 부자라도 그것은 살 수 없을 것이다.
- Por más extraño que parezca, es verdad.
  아무리 이상해 보이더라도 그것은 사실입니다.
- Por feo que sea, es simpático.
  아무리 못생겼을지라도 그는 상냥합니다.

▶ **a(con, por) poco que+접속법** 조금만 ~해도

- A poco que te muevas, romperás la silla.
  조금만 움직여도 너는 의자를 부술 것이다.

- A poco inteligente que sea, tiene que comprenderlo.
  조금만 현명해도 (어느 정도 바보라도) 그것은 이해할 수 있다.

▶ ☐ **quiera que+접속법** ~든지 간에

빈 칸에는 quien, cuando, donde, como, cual 등이 올 수 있다.

- Como(Donde, Cuando) quiera que sea, iremos.
  어떻게 하든 간에(어디든지 간에, 언제든지 간에) 우리들은 갈 것이다.

- Quienquiera que venga, no lo recibiré
  누가 오든지 간에 맞이하지 않겠다.

- Quienquiera que llame, no abras la puerta.
  누가 노크하든지 간에 문을 열지 마라. [불확실한 미래-접속법]

- Quienquiera que llama, nunca abre la puerta.
  누가 노크하든지 간에 그는 결코 문을 열지 않는다. [습관-직설법]

Nota

> cualquiera, quienquiera, dondequiera 등과 같은 부정어가 오더라도 부정이 존재하지 않으면, 즉 과거의 사실이기 때문에 대상이 이미 정해진 경우에는 직설법을 사용한다.
>
> No acepté a cualquiera que me mandaste.
> 나는 네가 보낸 어느 누구도 받아들이지 않았다.
>
> Su mujer le siguió dondequiera que iba.
> 그의 부인은 그가 가는 곳마다 따라다녔다.

3. 가정문

(1) 단순 가정문 (현실적 가정문)

조건절	귀결절
Si + 직설법 현재 직설법 현재완료 직설법 불완료과거	직설법 현재 직설법 미래 직설법 불완료과거 직설법 가능 명령법

- Si no llueve, vamos(iremos) a la playa. 〔단순가정문〕
  만일 비가 오지 않으면 우리는 해변에 간다(갈 것이다).
- Si viene mañana, lo traerá.
  만일 그가 내일 오면 그것을 가지고 올 것이다.
- Si viene, dale este libro.
  만일 그가 오면 이 책을 그에게 줘라.
- Si ha llegado, le recibiremos.
  만일 그가 도착했다면 우리는 그를 맞이할 것이다.
- Si no llovía, íbamos a la playa.
  비가 오지 않으면 우리는 해변으로 가곤 했었다.

(2) 상상 가정문: 현재 사실과 반대되는 가정문

조건절	귀결절
Si + 접속법 불완료과거 (-ra형, -se형)	직설법 가능

- Si no lloviera, iríamos a la playa.
  만약 비가 오지 않는다면 해변에 갈 텐데.
- Si yo tuviera mucho dinero, compraría un coche nuevo.
  만약 내가 돈을 많이 갖고 있다면, 새 차를 살 텐데.
- Si yo lo tuviera(tuviese) ahora, te lo daría.
  만일 지금 내가 그것을 갖고 있다면, 너에게 그것을 줄 텐데.
- Si fuese inteligente, me comprendería.
  만일 그가 영리하다면 나를 이해할 텐데.

(3) 과거 사실에 반대되는 가정문

조건절	귀결절
Si + 접속법 과거완료 [hubiera+과거분사] [hubiese+과거분사]	직설법 가능완료 [habría+과거분사] 접속법 과거완료 [hubiera+과거분사]

- Si no hubiera llovido, habríamos ido a la playa.
  만약 비가 오지 않았더라면, 해변에 갔을 텐데.
- Si yo hubiera tenido mucho dinero, habría comprado un coche nuevo.
  만약 내가 돈을 많이 갖고 있었더라면, 새 차를 샀을 텐데.
- Si yo lo hubiera tenido, te lo habría dado.
  만일 내가 그것을 갖고 있었더라면, 너에게 주었을 텐데.
- Si hubiera sido inteligente, me habría comprendido.
  만일 그가 영리했더라면 나를 이해했을 텐데.

Nota

가정문의 형식

Si yo fuera rico, iría a España. 만약 내가 부자라면 스페인에 가련만.
Si tuviera tiempo, estudiaría más. 시간이 있다면 공부를 더 하련만.
Si lo hubieran sabido, habrían ido. 만약 그들이 그것을 알았더라면 갔을 텐데.
De haberlo sabido, no habríamos vendido. 그걸 알았더라면 팔지 않았을 텐데.
(=Si lo hubiéramos sabido,…)

(4) 조건절만의 가상 원망문   ● p.483

▶ **¡Si -ra!** ~라면   ● ojalá: p.186
  - Si supiera llegar allí. 저기에 갈 수 있다면.
  - ¡Si fuera verdad! 만일 그게 사실이라면!
  - ¡Si fuera mío ese coche! 그 차가 내것이라면!
  - Ahora mismo estaba pensando qué bien si viniera usted.
    만일 당신이 온다면 얼마나 좋을까라고 방금 생각하고 있던 중이었습니다.

▶ **¡Que+S+ -ra!** ~라면 좋으련만   ● que: p.381
  - ¡Que ganara yo lo que él gana! 그가 벌고 있는 만큼 벌 수 있다면 좋으련만!
  - ¡Que todo fuera tan fácil! 모든 것이 그렇게 쉽다면 좋으련만!

▶ **¡Quién -ra!** ~라면 얼마나 좋을까 [현실의 반대 희망]
  - ¡Quién tuviera tu edad! 내가 네 나이라면!
  - ¡Quién supiera pintar! 그림을 그릴 줄 안다면!
  - ¡Quién pudiera decirte lo que siento!
    내가 얼마나 애석해하고 있는지 네게 말할 수 있다면!

(5) 귀결절만의 가상문

▶ **Hubiera**+과거분사   ~했으면 좋았을 텐데
- Hubiéramos ido al cine. 우리가 영화구경을 갔더라면 좋았을 텐데.
- ¡Hubieras venido antes! 네가 더 일찍 왔더라면 좋았을 걸.
- Debiste habérnoslo dicho. 너는 그것을 우리들에게 말해줬어야 했다.
- Nos lo hubieras dicho.

▶ **como si -ra**   마치 ~처럼 (사실은 그렇지 않지만)   ◐ 현재분사: p.293
- Él habla como si fuera presidente. 그는 마치 대통령처럼 말한다.
- Cose como si fuera modista. 그녀는 마치 재단사처럼 (능숙히) 꿰맨다.
- Obre Ud. como si no hubiese pasado nada.
  아무 일도 없었던 것처럼 행동해 주십시오.

▶ **suponer que**+접속법 만약 ~이라고 하면   ◐ 시제: p.107
- Vamos a suponer que se muriera mañana.
  그가 내일이라도 죽는다고 가정해 봅시다.
- Suponiendo(Suponga Ud.) que haya salido a las cinco, pues antes de las ocho puede estar aquí.
  그가 5시에 출발했다고 하면 8시 전에 여기에 와 있을 수 있습니다.

2. 직설법과 접속법을 모두 취하는 접속사

주동사가 미래와 명령일 때는 종속절에 접속법을 사용하지만, 주동사의 내용이 습관이거나 과거이면 종속절의 동사는 직설법을 취한다. 다시 말하면, 경험한 사실에는 직설법, 경험하지 못한 것에는 접속법을 사용한다.

1. 「때」와 관련된 접속사
   - Ella trae sus libros cuando viene. [습관]
     그녀는 올 때 책을 가져 온다.
   - Traiga sus libros cuando venga. [명령·미래]
     올 때 당신의 책을 가져 오십시오.
   - Cuando llegó a Salamanca, me llamó. [과거]
     그는 살라망까에 도착했을 때 나에게 전화했다.
   - Cuando llegue a Salamanca, me llamará. [미래]
     그는 살라망까에 도착하면 나에게 전화할 것이다.

- Aun cuando vayamos a toda velocidad, tardaríamos una hora en llegar.
  전속력으로 가더라도 도착하는 데 1시간은 걸릴 겁니다.
- Prefiero esperar hasta que llegue el correo. 〔미래 내용〕
  차라리 나는 우편물이 도착할 때까지 기다리겠다.
- Quédate aquí hasta que te llame tu mamá. 〔명령〕
  너의 엄마가 부를 때까지 여기에 있거라.
- No lo leí hasta que me lo dijiste.
  네가 내게 그것을 말했을 때까지 나는 그것을 읽지 않았다.
- No lo leeré hasta que me lo digas.
  네가 그것을 말할 때까지 나는 그것을 읽지 않을 것이다.
- Que se diviertan mientras puedan. 〔희망·명령〕
  즐길 수 있는 동안은 즐기세요.
- Siempre lee periódicos mientras come. 〔습관〕
  그는 항상 식사중에 신문을 본다.
- No permitiré eso mientras yo sea el dueño. 〔미래〕
  내가 주인인 동안은 그것을 허락하지 않을 것이다.
- Tenía resuelto no ir a Madrid mientras pudiera no ir.
  그는 가지 않아도 되는 동안은 마드리드로 가지 않기로 결정해 놓고 있었다.
- Después (de) que termine, vendrá a verme. 〔미래〕
  그는 일이 끝난 후 나를 만나러 올 것이다.
- Cuente la gente a medida que entre. 〔명령〕
  사람들이 들어오는 것에 따라 사람 수를 세시오.

Nota

1. esperar(guardar) a que~ ~할 때까지 기다리다
   Espera a que le llamen. [미래] 그는 자신을 부를 때까지 기다리고 있다.

2. ~하자마자 (~하면 즉시)
   Tan pronto como vengas, saldremos. [미래]
   네가 오자마자 우리는 떠날 것이다.
   Se lo dije tan pronto como lo supe. [과거]
   나는 그걸 알자마자 그에게 말해줬다.
   En cuanto lleguen, nos avisarán. [미래]
   그들이 도착하면 즉시 우리들에게 연락할 것이다.
   Una vez que lo hayas terminado, avísame. [명령 · 미래]
   일단 네가 그것을 마치면, 나에게 연락해다오.
   Luego que te enteres, comunícamelo. [명령]
   네가 알게 되면 즉시 그것을 나에게 연락해다오.
   Así que amanezca, saldré. [미래]
   동이 트면 즉시 나는 출발할 것이다.
   Apenas llegue, avísame. [미래]
   그가 오면 즉시 나에게 알려다오.

2. 「조건」과 관련된 접속사

말하는 시점에서 제시 조건의 실현이 미정일 경우에는 접속법을 사용한다.

- Aunque está lloviendo, saldremos.
  비록 비가 내리고 있지만 우리는 출발할 것이다.
- Aunque esté lloviendo, saldremos.
  비록 비가 내리고 있더라도 우리는 출발할 것이다.

- Aunque venga, no lo veré.
  비록 그가 오더라도 나는 만나지 않을 것이다.
- Me quedaría en Seúl aunque perdiera el puesto.
  설령 일자리를 잃더라도 서울에 남을 생각입니다.
- Ven aunque solo sea un rato.
  비록 잠시라도 좋으니 와다오.

- Aun cuando lo dice, no lo siente.
  그는 그것을 말할 때 조차도 그것을 느끼지 못하고 있다.
- Aun cuando lo supiese, no lo diría.
  비록 그것을 알더라도 그는 그것을 말하지 않을 것이다.

- A pesar de que Juan es inteligente, no logrará su propósito.
  후안은 현명함에도 불구하고 그의 목적을 달성하지 못할 것이다.
- A pesar de que Juan sea inteligente, no logrará su propósito.
  후안이 현명하다 할지라도 자신의 목적을 달성하지 못할 것이다.

- Lo hice como Ud. me mandó.
  명령대로 그것을 했습니다.
- Lo haré como Ud. me mande.
  명령대로 그것을 하겠습니다. (아직 명령하지 않았다)

- Eso depende de que están flojos los tornillos.
  그것은 나사가 풀어져 있는 탓입니다.
- Lo que le conteste depende de lo que él me diga.
  내가 그에게 대답할 내용은 그가 나에게 무엇을 말하는가에 달렸습니다. (~여하로 결정되다)

- Lo he hecho todo conforme me has dicho.
  나는 네가 나에게 말한 대로 모두 했다.
- Te atenderán conforme a lo que pagues. (=según)
  너는 네가 지불하는 것에 따라 대접받을 것이다.

- Según dice el periódico de hoy, hubo muchos heridos.
  오늘 신문에 의하면 부상자가 많았다고 한다.
- Lo haré todo según me diga el médico.
  나는 의사가 말하는 대로 모든 것을 할 것이다. (아직 의사는 말하지 않았다)

- Te acompaño según a donde vayas.
  나는 네가 어디로 가는지 그 여하에 따라 동행한다.
- Según que haga frío o calor, me pondré un traje u otro.
  날씨가 추운지 더운지의 여하에 따라 이 옷이나 저 옷을 (골라) 입겠습니다.

- Hemos descansado donde hay nieve.
  우리들은 눈이 있는 곳에서 쉬었다.
- Vamos a descansar donde haya nieve.
  (어디에 눈이 있을지 모르지만) 눈이 있는 곳에서 쉬도록 합시다.

- Siempre que me ve, me saluda. 〔습관〕
  그는 나를 보면 항상 인사한다.
- Te llevaré siempre que me prometas ser formal.
  행실을 바르게 한다고 약속할 때는 언제든지 너를 데려다 주겠다.

- No iremos el martes dado que ya no hay modo de conseguir billetes.
  이제 더 이상 표를 구할 방법이 없기 때문에 우리들은 화요일에는 가지 않을 것입니다.
- Dado que ataquen, nos defenderemos.
  그들이 공격한다면 우리는 방어할 것이다.

- Cuanto menos come, menos ganas tiene de comer.
  적게 먹을수록 식욕은 적어진다.
- Cuanto antes te vayas, antes volverás.
  너는 빨리 떠날수록 빨리 돌아올 것이다.
- Salimos ayer lo más pronto que pudimos.
  우리들은 어제 가능한 한 일찍 출발했다. (과거)
- Saldremos mañana lo más pronto que podamos.
  우리는 가능한 한 내일 일찍 출발할 것이다. (미래)

〈똘레도의 전경〉

11

SE의 용법
Uso de "se"

① 간접목적대명사

② 재귀대명사 SE

③ 상호의 SE

④ 수동의 SE

⑤ 무인칭의 SE

⑥ 무의지의 SE

⑦ 이해의 SE

⑧ SE의 의미변화

① 간접목적대명사
se de objeto indirecto

스페인어의 목적격 대명사는 항상 〔간접목적대명사+직접목적대명사+동사〕의 순서로 나타난다. 따라서 목적어가 명사일 경우와 대명사일 경우에 문장의 어순이 바뀌게 된다. 그리고 「그에게 그것을」이라고 말하는 경우, 즉 간접목적대명사와 직접목적대명사가 동시에 3인칭일 경우에는 'le lo'라고 하지 않고 'se lo'라고 한다. 결국 여기서 말하는 se는 le나 les가 변화한 형태이다.

- Le presté el libro. (명사) 나는 그에게 책을 빌려주었다. 〔간·목+V+명(직·목)〕
- Se lo presté. (대명사) 나는 그에게 그것을 빌려주었다. 〔간·목+직·목+V〕

- ¿Les mandaste las fotos? 너는 그들에게 사진들을 보냈니?
- ¿Se las mandaste? 너는 그들에게 그것들을 보냈니?

- Les vendió la casa. 그는 그들에게 집을 팔았다.
- Se la vendió. 그는 그들에게 그것을 팔았다.

- Le quitaron los juguetes. 그들은 그에게서 장난감을 빼앗았다.
- Se los quitaron. 그들은 그에게서 그것을 빼앗았다.

② 재귀대명사 SE
pronombre reflexivo se

재귀대명사 se는 「자기 자신」을 의미하는 대명사로 내용상으로는 직접목적격이나 간접목적격에 해당한다. 재귀대명사 se도 인칭과 수에 따라 다음과 같이 변한다.

	단수	복수
1인칭	me	nos
2인칭	te	os
3인칭	se	se

이 재귀대명사가 타동사에 붙어 재귀동사를 만든다. 예를 들면, 타동사 levantar 「일으키다」에 재귀대명사 se를 붙여 levantarse 「자기 자신을 일으키다」, 즉 「일어나다」라는 재귀동사를 만드는 것이다. 주어가 행한 동사의 행동이 다시 주어에게 돌아가는 것이다. 간단히 말하면, 재귀대명사는 타동사를 자동사로 만든다고 할 수 있다. 재귀동사의 변화형은 다음과 같다.

	단수	복수
1인칭	me levanto	nos levantamos
2인칭	te levantas	os levantáis
3인칭	se levanta	se levantan

재귀대명사를 문법 형태로 보면 직접재귀와 간접재귀로 구분할 수 있다.

◯ 재귀대명사의 명령문: p.268

- Me lavo. 〔me (직·목)+V〕
  나는 자신을 씻는다. → 나는 (신체를) 씻는다.
- Me lavo la cara. 〔me (간·목)+V+O(직·목)〕
  나는 나에게 얼굴을 씻어준다. → 나는 (나의) 얼굴을 씻는다.

이 재귀대명사 se(me, te, se, nos, os, se)를 의미 내용으로 분류하면 타동사를 자동사로 만드는 se와 본래의 자신을 의미하는 se가 있다.

- ① La ropa se secó. 옷이 말랐다. 〔자동사〕
- ② Se secó con la toalla. 그는 수건으로 (자신의) 몸을 닦았다.

> **N**ota
> ①´ **El aire secó la ropa.** 바람이 옷을 말렸다. (바람으로 옷이 말랐다)
> ②´ **Seca el plato con un paño.** 그는 행주로 접시를 닦는다.
> ①의 자동사로 되는 것은 직접재귀형뿐이지만, ②의 자신과 관계있는 것은 직접재귀형과 간접재귀형이 모두 있다.

1. 타동사를 자동사로 만드는 se

스페인어에는 타동사만 있고 이것에 대응하는 자동사가 없는 경우가 많다. 따라서 〔타동사+se=자동사〕라고 하는 스페인어 특유의 소위 '동사의 재귀형'이라는 것이 발달했다.

스페인어와 한국어의 사랑과 결혼에 관한 자동사와 타동사의 생성 과정은 반대이다. 한국어에서는 먼저 「사랑하다」·「결혼하다」라는 자동사가 있어서 이것에 「~시키다」라는 사역형을 붙여 「사랑하게 하다」·「결혼시키다」라는 파생어가 나왔다. 그러나 스페인어에서는 그 반대이다. 먼저 「사랑하게 하다」·「결혼시키다」라는 타동사가 있고 이것에 se가 첨가되어 「사랑하다」·「결혼하다」가 파생된 것이다.

- **Don Juan enamoró a las mujeres.** 돈·후안은 그녀들을 사랑에 빠지게 했다.
- **María se enamoró de don Juan.** 마리아는 돈·후안을 사랑했다.
- **El padre Martínez casó a los dos.** 마르띠네스 신부는 두 사람을 결혼시켰다.
- **Juan y María se casaron.** 후안과 마리아는 결혼했다.
- **Juan se casó con María.** 후안은 마리아와 결혼했다.

따라서 재귀동사라고는 하지만 사실은 대부분 자동사에 지나지 않고 원래의 자신을 의미하는 것은 일부분밖에 없다. 즉 형태적으로는 자신에게 되돌아오는 형태를 하고 있지만 내용적으로는 자신과 아무런 관계가 없는 경우가 이것이다.

아무리 스페인어라도 「자기 자신을 앉히다」라는 것은 이상하고(Juan se sentó a sí mismo라고는 말할 수 없다), 스페인 사람들도 결코 〔앉다=자신을 앉히다〕라고는 생각하지 않는다.

이 「se 자동사」 중에는 재귀동사 외에 보통 문법서에서는 재귀수동으로 취급하는 동사들도 약간 포함된다. 예를 들면, Se ve una casa는 「집이 한 채 보인다」이지 결코 「보여진다」는 아니기 때문이다.

1. 문법 형태로서 3가지의 경우가 생긴다.

- La madre sienta al niño. 어머니는 아이를 앉힌다. [타동사]
- La madre se sienta. 어머니는 앉는다. (직접재귀) [자동사]
- Me pone la chaqueta. 그는 나에게 자켓을 입힌다. [타동사]
- Se pone la chaqueta. 그는 자켓을 입는다. (간접재귀) [자동사]
- El portero cierra la puerta. 수위는 문을 닫는다. [타동사]
- Se cierra la puerta. 문이 닫힌다. (재귀수동) [자동사]

2. 타동사와 se 자동사의 대조 예문

- Levanto la silla. 나는 의자를 들어 올린다.
- Me levanto de la silla. 나는 의자에서 일어선다.
- La puso colorada. 그는 그녀를 얼굴이 빨개지게 했다.
- Se puso colorado. 그는 얼굴을 붉혔다.
- Acercamos la silla a la mesa. 우리들은 의자를 테이블 가까이에 댔다.
- Nos acercamos a la mesa. 우리들은 테이블 가까이로 다가갔다.
- El espejo refleja la luz. 거울은 빛을 반사한다.
- La luz(se) refleja en el espejo. 빛은 거울에서 반사된다.

3. 「se 자동사」로 자주 쓰이는 것

- ablandar 연하게 하다
- _____se 연해지다

- abrasar 태우다
- _____se 타다

- abrazar 안다
- _____se 안기다

- abrir 열다
- _____se 열리다

- aburrir 지루하게 하다
- _____se 지루해하다

- acercar 가까이 대다
- _____se 가까이 다가가다

- achicar 작게 하다
- _____se 작아지다

- acostar 재우다
- _____se 눕다

- afilar 뾰족하게 하다
- _____se 뾰족해지다

- agarrar 붙잡다
- _____se 붙잡히다

- agotar 다 써버리다
- _____se 고갈되다

- agrandar 확대하다
- _____se 확대되다

- alejar 멀리 하다
- _____se 물러가다

- alterar 바꾸다
- _____se 변하다

- anticipar 미리 하다
- _____se 앞지르다

- apagar 끄다
- _____se 꺼지다

- apartar 가르다, 분리하다
- _____se 갈라지다

- apretar 조이다
- _____se 조여지다

- armar 무장시키다
- _____se 무장하다

- arrodillar 무릎을 꿇게 하다
- _____se 무릎을 꿇다

- aumentar 늘리다
- _____se 늘어나다

- bañar 목욕시키다
- _____se 목욕하다

- borrar 지우다
- _____se 사라지다

- calentar 따뜻하게 하다
- _____se 따뜻해지다

- cansar 피곤하게 하다
- _____se 피곤해지다

- casar 결혼시키다
- _____se 결혼하다

- cerrar 닫다
- _____se 닫히다

- componer 구성하다
- _____se 구성되다

- conciliar 화해시키다
- _____se 화해하다

- continuar 계속하다
- _____se 계속되다

- contraer 수축시키다
- _____se 수축하다

- criar 키우다
- _____se 성장하다

- derretir 녹이다
- _____se 녹다

- derribar 무너뜨리다
- _____se 무너지다

- deslizar 미끄러지게 하다
- _____se 미끄러지다

- disminuir 줄이다
- _____se 줄다

- despegar 떼어내다
- _____se 벗겨지다

- dividir 나누다
- _____se 나눠지다

- enamorar 사랑하게 하다
- _____se 반하다

- encerrar 가두어 넣다
- _____se 들어박히다

- endurecer 딱딱하게 하다
- _____se 딱딱해지다

- ensanchar 넓히다
- _____se 넓어지다

- enturbiar 흐리게 하다
- _____se 흐려지다

- esconder 숨기다
- _____se 숨다

- estrechar 좁게 하다
- _____se 좁아지다

- gastar 소비하다
- _____se 다 써버리다

- inclinar 기울어지게 하다
- _____se 기울다

- juntar 소집하다
- _____se 모이다

- levantar 일으키다
- _____se 일어나다

- mezclar 섞다
- _____se 섞이다

- desnudar 발가벗기다
- _____se 발가벗다

- embotar 무디게 하다
- _____se 무디어지다

- encender (불을) 켜다
- _____se (불이) 붙다

- encoger 오므라뜨리다
- _____se 오므리다

- enfriar 차게 하다
- _____se 차가워지다

- ensuciar 더럽히다
- _____se 더러워지다

- envejecer 노화시키다
- _____se 노쇠하다

- estirar 잡아 늘이다
- _____se 늘어지다

- extender 펼치다
- _____se 퍼지다

- hundir 가라앉히다
- _____se 가라앉다

- interesar 흥미를 갖게 하다
- _____se 흥미를 갖다

- lastimar 상처를 입히다
- _____se 다치다

- meter 집어넣다
- _____se 들어가다

- mojar 적시다
- _____se 젖다

- mostrar 보여주다
- _____se 보이다

- mover 움직이게 하다
- _____se 움직이다

- ocultar 숨기다
- _____se 숨다

- oír 듣다
- ___se 들리다

- pegar 붙이다
- _____se 달라붙다

- pudrir 썩히다
- _____se 썩다

- quebrar 깨다
- _____se 깨지다

- quitar 제거하다
- _____se 벗다

- rasgar 찢다
- _____se 찢어지다

- reducir 감소시키다
- _____se 감소하다

- rejuvenecer 다시 젊게 하다
- _____se 다시 젊어지다

- relajar 느긋하게 하다
- _____se 느긋해지다

- resolver 풀다
- _____se 풀리다

- retrasar 늦추다
- _____se 늦어지다

- reunir 모으다
- _____se 모이다

- romper 부수다
- _____se 부숴지다

- secar 말리다
- _____se 마르다

- separar 나누다
- _____se 나누어지다

- soltar 풀어주다
- _____se 풀리다

- torcer 비틀다
- _____se 비틀어지다

- trasladar 옮기다
- _____se 이주하다

- unir 합치다
- ___se 합쳐지다

- ver 보다
- verse 보이다

- vestir 입히다
- _____se 입다

4. 재귀형을 취하는 감정동사

스페인어에는 「기쁘다」 또는 「슬프다」는 감정을 표현하는 재귀동사가 매우 많다.

많다기보다 감정 표현에 사용하는 것은 거의 재귀동사일 정도이다. 그리고 se가 없는 감정동사는 「그 소식이 나를 기쁘게 한다」 방식의 소위 「반대 구조에 쓰이는 동사」이다. 따라서 스페인어의 감정표현은 대부분 이 두 가지로 표현된다고 말할 수 있다.

- Tus noticias me han alegrado mucho. 〔반대 구조〕
  너의 소식은 매우 기뻤다. (너의 소식은 나를 매우 기쁘게 했다)
- Me alegro mucho por(de, con) tus noticias. 〔재귀형〕
  나는 너의 소식에 매우 기쁘다.

- La muerte de su tía le entristeció mucho. 〔반대 구조〕
  숙모의 죽음은 그에게는 매우 슬펐다. (죽음은 그를 슬프게 했다)
- Se entristeció mucho al saberlo. 〔재귀형〕
  그는 그것을 알고 매우 슬퍼했다.

우리말에 있어서 감정 표현은 다음과 같다.

> 기쁘다 → 기뻐하다 → 기쁘게 하다
> 슬프다 → 슬퍼하다 → 슬프게 하다

즉, 처음에 형용사가 있고 여기에 「~하다」와 「~하게 하다」라는 말이 첨가되어 동사들을 파생시킨다. 그러나 스페인어는 이와 반대로 출발점이 동사이다. 게다가 타동사이고 이것에 se가 붙어 자동사가 된다. 따라서 이것은 앞에서 본 「se 자동사」에 넣어야 하겠지만 그 수가 많아서 별도로 한 것이다.

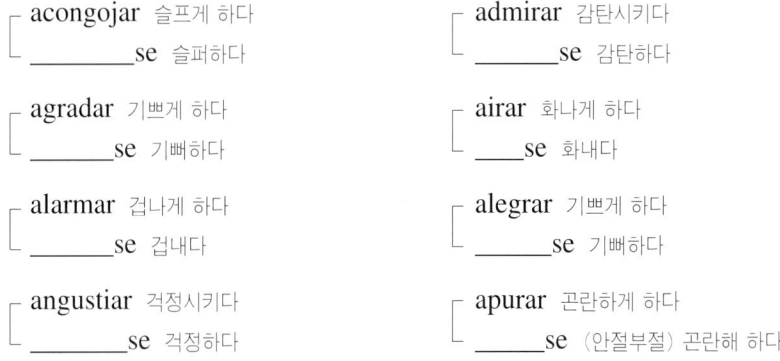

- asombrar 놀라게 하다
  _____se 놀라다
- atemorizar 부들부들 떨게 하다
  _____se 부들부들 떨다
- avergonzar 부끄러움을 느끼게 하다
  _____se 수치스러워 하다
- cautelar 조심하다
  _____se 머뭇머뭇 조심하다
- conmover 감동시키다
  _____se 감동하다
- desalentar 실망시키다
  _____se 실망하다
- desesperar 실망시키다
  _____se 실망하다
- divertir 즐거움을 주다
  _____se 즐기다
- enardecer 흥분시키다
  _____se 흥분하다
- enfadar 화나게 하다
  _____se 화내다
- entretener 즐겁게 하다
  _____se 즐기다
- entusiasmar 열광시키다
  _____se 열광하다
- espantar 놀라게 하다
  _____se 놀라다
- exaltar 흥분시키다
  _____se 흥분하다

- asustar (덜컥) 놀라게 하다
  _____se 놀라다
- aturdir 정신을 잃게 하다
  _____se 정신을 잃다
- calmar 진정시키다
  _____se 진정하다
- confundir 혼동시키다
  _____se 혼동하다
- deleitar 즐거움을 주다
  _____se 즐기다
- desasosegar 불안하게 만들다
  _____se 불안해지다
- disgustar 불쾌하게 하다
  _____se 불쾌해지다
- enajenar 흥분시키다
  _____se 흥분하다
- encantar 매료시키다
  _____se 매료되다
- enojar 화나게 하다
  _____se 화나다
- entristecer 슬프게 하다
  _____se 슬퍼하다
- envanecer 우쭐하게 하다
  _____se 우쭐하다
- exacerbar 격앙시키다
  _____se 격앙하다
- extrañar 이상하게 생각하게 하다
  _____se 이상하게 생각하다

2. '자신'을 의미하는 se

se가 '자신'을 의미하는 경우도 크게 나누어보면 (1)「자신을 꼬집어 보다」와 「자살하다」와 같이 우리말에 '자신'이 드러나는 경우와 (2)「데다」와「단추를 채우다」와 같이 우리말에는 '자신'이 드러나지 않는 경우 등 두 가지가 있다.

1. 현재 자신

se가 우리말에 '자신'으로 나타나는 경우를 말한다.

1. se=자신

- Me vi en el espejo. 나는 거울에 나 자신을 비춰보았다.
- Conócete a ti mismo. 너 자신을 알라.
- Juan mató una mosca. 후안은 파리 한 마리를 죽였다.
- Se mató con una pistola. 그는 권총으로 자살했다. (=suicidarse)

- *cf.* Se pegó un tiro. 그는 권총 한 발로 자살했다.
- Me pellizqué para estar seguro que no soñaba.
  나는 꿈을 꾸고 있는 게 아닌가 하고 자신을 꼬집어 봤다.
- Os estáis perjudicando a vosotros mismos.
  너희들은 자신들을 학대하고 있다.
- Domínese, no se ponga Ud. así.
  자제하시고, 그렇게 흥분하지 마세요.
- Se expresa bien en inglés.
  그는 영어로 자신이 생각하고 있는 것을 능숙하게 표현한다.
- Se hace una pregunta.
  그녀는 자문한다.

Nota

[sentirse+형용사] 자신을 ~라고 생각하다		
Me siento enfermo.	나는	아프다고
mal		기분이 나쁘다고
feliz		행복하다고
optimista		낙천가라고
débil		약하다고
seguro		안전하다고

생각한다.

2. 「자신」을 의미하는 mismo(as), solo(as)

   S+mismo(as)+V S 스스로 ~하다, S 자신이 ~하다

   - Yo mismo la escribí.(=Yo la escribí por mí mismo) 내 스스로 그것을 썼다.
   - El médico mismo lo dice. 의사 자신이 그렇게 말한다.
   cf. Lo vi a él mismo. 나는 본인을 만났다. [직접목적어]
   - María cree en sí misma. 마리아는 자신을 믿고 있다.
   - estudiar solo(as), estudiar por sí mismo(as) 독학하다
   - Antonio dijo para sí que no volvería.
     안또니오는 돌아오지 않을 거라고 혼잣말을 했다.
   - Me dije: Sé firme. 나는 나 자신에게 「굳건해라」고 말했다.
   - Hice el viaje completamente solo. 나는 혼자서만 여행했다.
   - Se apagó la vela por sí sola. 양초가 저절로 꺼졌다.
   - Hoy no soy el mismo. 오늘 나는 내가 아닌 것 같다. (오늘 나는 좀 이상하다)

> **Nota**
> 스페인어에서는 재귀형을 취하지만 우리말은 그렇지 않은 경우가 있다.
> **No puedo explicarme lo ocurrido.** 나는 일어난 일을 이해할 수 없다.
> **Me pregunto cuándo volverá.** 그가 언제 돌아오려는지.

2. 잠재 자신

스페인어의 se에 해당하는 「자신」이 한국어에는 나타나지 않는 경우를 말한다. 스페인어에는 이렇게 se가 붙는 동사가 매우 많다.

- Antonio se metió la mano en el bolsillo. 안또니오는 한 손을 주머니에 넣었다.
- Súbase la corbata. 넥타이가 흘러 내렸군요. 올리세요.

이 se는 넥타이를 올리는 기준이며, 누가 넥타이를 올리는지 그 소유 관계를 명확하게 하는 것이라고 할 수 있다. 따라서 se는 소유의 표현과 밀접한 관계가 있다.

　　　　　　　　　　　　　　　　　　◯ 관사: p.24, 소유의 표현: p.515

다음 세 가지 유형의 표현은 습관적인 것으로 이러한 습관적 표현들을 알아두어야 한다.

　　　　　　　　　　　　　　　　　　◯ 소유의 표현: p.515

1. 자기 몸을 ~하다 [me+V]

- Hacía tanto calor que la señora se abanicaba.
  너무 더워서 부인은 부채질을 하고 있었다.
- arrojarse en el mar 바다에 뛰어들다
- tirarse de cabeza al agua 다이빙하다 (=zambullirse)
- tirarse en la cama 침대에 몸을 던지다
- tenderse en el suelo 바닥에 엎드려 눕다
- lanzarse en la calle 거리로 뛰쳐나가다
- asomarse por (a) la ventana 창문을 통해 내다보다
- tostarse al sol 일광욕을 하다
- Cuídese mucho (cuidarse) 몸조심 하세요.
  cf. Tenga mucho cuidado. 신경 많이 쓰세요.
- agacharse para atarse un zapato 신발끈을 매려고 쭈그리다
- hincarse de rodillas 무릎을 꿇다
- perfumarse 향수를 뿌리다

- sonarse 코를 풀다
- Quítate de ahí. 거기 비켜!
- Apártate de mí. 저리 가! (=Lárgate 가버려!)

다음은 재귀형이지만 우리말에는 그것이 나타나지 않는 경우이다.

- vestirse 옷을 입다
- esconderse 숨다
- divertirse 즐기다
- aplicarse a los estudios 면학에 정진하다
- dedicarse al comercio 상업에 종사하다
- ahorcarse colgándose de una rama 나뭇가지에 목매어 죽다
- ausentarse de la clase 결석하다

2. 자신의 몸의 일부를 ~하다 [me+V+관사+몸의 일부]

간접재귀형으로 「자신의 머리·얼굴·손·손가락·등·발 등을 ~하다」라는 표현이다.

- Me lavé la cara (las manos, los dedos, los pies).
  나는 얼굴(손, 손가락, 발)을 씻었다.
- Me lavé los dientes. 나는 이를 닦았다.
- lavarse(cepillarse, rizarse) el pelo 머리감다(솔질하다, 곱슬곱슬하게 하다)
- romperse(torcerse, dislocarse) la(una) pierna.
  한쪽 다리가 부러지다(관절을 삐다, 뼈를 삐다)
- teñirse el pelo de rubio 금발로 물들이다
- arreglarse el peinado 머리를 손질하다
- lamerse(chuparse) el dedo 손가락을 핥다(빨다)
- ponerse el dedo en la boca 입에 손가락을 대다
- soplarse las manos (추워서) 손에 입김을 불다
- cortarse(pintarse) las uñas 손톱을 깎다(매니큐어를 칠하다)
- morderse los labios(la lengua) 입술(혀)을 깨물다
- rascarse la cabeza 머리를 긁다
- limpiarse las narices 코를 닦다
- Se metió la mano en el bolsillo. 그는 손을 주머니에 넣었다.
- Se sacó la mano del bolsillo. 그는 주머니에서 손을 뺐다.
- Se pasó la mano por la frente(la barba). 그는 이마(턱)를 문질렀다.

- Se descubre el pecho para que lo ausculte el médico.
  의사가 그를 청진하도록 그는 가슴을 드러낸다.
- El médico le tomó el pulso al enfermo. 의사는 환자의 맥을 짚었다. (타인)
- El enfermo se tomó el pulso. 환자는 맥을 짚어보았다.
- Me tapé los oídos para no oír el ruido del tren.
  나는 기차 소음을 듣지 않으려고 귀를 막았다.
- Le tapé la boca para que no hablara durante la misa.
  미사 중에 말을 못하도록 나는 그의 입을 막았다.

3. 두 가지 형태로 사용되는 재귀동사
   - **me+V**
   - **me+V**+관사+신체의 일부

- afeitarse 면도하다
- afeitarse el bigote(la barba) 콧수염(턱수염)을 깎다
- Se arregla para salir a la calle. 거리로 나가기 위해 몸치장을 한다.
- Se arregla el peinado. 머리를 손질한다.
- Se calienta al sol. (몸이) 햇볕으로 따뜻해진다.
- Se calienta los pies a la lumbre. 불로 발을 따뜻하게 한다.
- Me he cortado un poco. 나는 조금 베었다.
- Me he cortado el dedo. 내 손가락을 베었다.
- Se lastimó al caer. 그는 넘어져 다쳤다.
- El pájaro se lastimó el ala. 그 새는 날개를 다쳤다.
- Esa muchacha se pinta demasiado. 그 소녀는 지나치게 화장한다.
- Se pinta los labios mirándose en el espejo.
  그녀는 거울을 보고 립스틱을 바른다.
- ¡Ay, que me quemo! 아이, 데었어!
- Se quemó los dedos al coger la cazuela.
  그는 냄비를 집어들 때 손가락을 데었다.
- Sécate al sol. 햇볕에 몸을 말려라.
- secarse las manos. 양손을 말리다
- Sí, sabe vendarse. 예, 그는 혼자서 붕대를 감을 줄 압니다.
- vendarse la frente(el brazo). 이마(팔)를 붕대로 감다

4. 몸에 지니는 것을 ~하다　[me+V+관사+물건]

- abotonarse(desabotonarse) el abrigo　외투의 단추를 채우다(끄르다)
- abrocharse(desabrocharse) el vestido　옷의 호크를 채우다(끄르다)
- atarse los cordones de los zapatos　구두끈을 매다
- calzarse(descalzarse) las botas　장화(부츠)를 신다(벗다)
- Me he clavado una espina del rosal.　나는 장미가시에 찔렸다.
- darse jabón en la cara　얼굴에 비누를 칠하다(=jabonarse)
- echarse el jersey　스웨터를 걸쳐 입다
- Se echó el morral a la espalda y se ajustó los esquíes.
  그는 배낭을 짊어지고 스키를 자기에게 딱 맞게 조정했다.
- enjugarse el sudor(la sangre, las lágrimas)　땀(피, 눈물)을 닦다
- Me limpio los zapatos.　나는 나의 구두를 닦는다. (Limpio mis zapatos는 불가)
- Se llevó el pañuelo a los ojos.　그녀는 손수건을 눈에 갖다 댔다.
- Me manché el traje con tinta.　나는 잉크로 옷을 더럽혔다.
- Me manchaste el traje con tinta.　너는 나의 옷을 잉크로 더럽혔다.
- ponerse(quitarse)
  - la chaqueta　자켓을 입다(벗다)
  - la boina　베레모를 쓰다(벗다)
  - la corbata　넥타이를 매다(풀다)
- Yo me he roto el vestido.　나는 옷을 찢었다.
- Los caballos se sacuden las moscas con la cola.
  말들은 꼬리로 파리를 쫓아 버린다.
- Súbete el cuello del abrigo.　외투의 깃을 세워라.
- Súbeme los puños de la camisa.　셔츠의 소맷부리를 올려줘.
- Ponte la corbata derecho.　넥타이를 똑바로 해라.

Nota

같은 [me+V+관사+물건]의 형태로 동사의 동작을 자신이 하는 것이 아니라 다른 사람이 하는 경우는 「~해 받다」라는 내용이 된다. 단, 이런 동사들은 몇 개로 제한되어 있다.

Me corté el pelo en aquella barbería. 나는 저 이발소에서 머리를 깎았다.
Me hice una fotografía. 나는 사진 한 장을 찍었다.
Me he hecho un traje nuevo. 나는 새 옷 한 벌을 지었다.

5. [me+V+전치사+명사(몸에 지니는 물건)]

- Se cubrían con harapos.　그들은 몸에 누더기를 걸치고 있었다.

이 형태는 네 번째 유형의 〔me+V+관사+물건〕과 내용이 닮아서 우리말로는 두 형태 모두 같게 되지만, 네 번째 유형은 간접재귀인 것에 반해 전치사를 동반하는 이쪽은 직접재귀 〔me+V〕에 〔전치사+물건〕이 더해진 형태라는 점에서 다르다.

- Se viste de luto. 상복으로 몸을 덮는다. → 상복을 입는다.
- Se pone el luto. 자신에게 상복을 입힌다. → 상복을 입는다.

단, vestirse는 아래의 (a)처럼 단독으로 쓰이거나 (b)처럼 의복 이외의 물건을 몸에 걸칠 때 주로 쓰인다.

(a)
- El niño se viste ya solo. 소년은 이제 혼자 옷을 입는다.
- Gana lo justo para vestirse. 입을 만큼만 번다.

(b)
- Los campos se visten de verdor. 들은 신록으로 옷을 갈아입고 있다.
- Me visto de luto. 나는 상복을 입고 있다.

3. 본래의 재귀동사

본래의 재귀동사라는 것은 재귀대명사 se를 붙이지 않고는 사용할 수 없는 동사를 말한다.

- acurrucarse 웅크리다
- arrepentirse 후회하다
- condolerse 동정하다
- dignarse+inf. ~해 주시다
- jactarse 으시대다
- obstinarse 고집하다
- quejarse 불평하다
- suicidarse 자살하다

Nota

재귀동사의 숙어

재귀동사가 전치사를 동반하여 만드는 숙어는 너무 많아 여기서는 지면 관계상 생략하기로 한다. 숙어에서 문제가 되는 것은 전치사이다. de를 필요로 하는 것이 가장 많고 그 다음으로는 a, con, en, por의 순이다. 전치사는 대부분 이 다섯 가지이다.

asegurarse de~ ~을 확인하다
acostumbrarse a~ ~에 익숙해지다
confesarse con~ ~에게 고백하다
fijarse en~ ~에 주의하다
interesarse por~ ~에 관심을 갖다

③ 상호의 SE se recíproco

형태는 재귀동사와 같지만 다른 점은 주어가 항상 복수이고 단수는 될 수 없다는 것이다. 따라서 amarse「서로 사랑하다」에는 다음 세 가지 동사 변형밖에 없다.

nos amamos
os amáis
se aman

1. 상호동사

재귀동사와 같이 상호동사라고 하는 특별한 동사가 있는 것이 아니라「서로 ~하다」라고 말할 때 nos, os, se를 붙여서 만드는 것이다. 아래에 그러한 상호동사가 되는 것들을 실었는데 그 중에는 일반적으로 재귀동사로도 사용되는 것이 많이 있기 때문에 그런 것들은 *표시를 해 두었다.

abrazarse, acuchillarse, *alabarse, amarse, *animarse, apartarse, *apreciarse, *asegurarse, avivarse, ayudarse, batirse, besarse, buscarse, *cambiarse, *comprarse, comprenderse, contarse, comunicarse, *confiarse, *conocerse, *convenirse, corresponderse *darse de bofetadas (de golpes, de palos), desafiarse, desavenirse, *despreciarse, *enamorarse, *encontrarse, *engañarse, enseñarse, entenderse, explicarse, escribirse, *estimarse, *estrecharse la mano, guiñarse, *hablarse *hacerse daño, *herirse, *irritarse, *levantarse, lucharse, *matarse, *mirarse, *molestarse, *odiarse, *pagarse, *parecerse, *pegarse, pelearse, pertenecerse, *perdonarse, *quejarse, quererse, *quitarse, recibirse, reprocharse, respetarse, saludarse, sonreírse, tirarse la pelota, tocarse, toparse, tratarse, *verse, *vestirse, etc.

2. 상호동사와 재귀동사

nos amamos와 같은 동사는 「서로 사랑하다」라는 상호의 의미가 쉽게 파악되지만 아래의 문장 ①, ②의 se는 재귀의 se인지 상호의 se인지 알 수 없다.

① Se irritan. [재귀] 둘 다 격분해 있다. [상호] 서로 으르렁대고 있다
② Se golpean. [재귀] 둘 다 자신들을 구타하고 있다. [상호] 서로 때리고 있다

이 애매함을 피하기 위해서는 다른 말을 보충하여야 한다.

① Padre e hijo se irritaron mutuamente (recíprocamente).
   아버지와 아들은 서로 으르렁대고 있었다.
② Se golpearon a sí mismos. 그들은 자신들을 때렸다.
   Se golpearon (entre sí) unos a otros. 그들은 서로 때렸다.

3. 전치사

「서로」를 의미하는 unos a otros의 전치사 a는 항상 이것만 쓰이는 것이 아니다. 그 자리에 con, contra, de, por 등도 쓰인다.

① Se hacen mucho daño unos a otros.
   그들은 서로 크게 피해를 주고 있다.
② Os habéis defendido unos a otros.
   너희들은 서로 지켰다.
③ No se hacían caso una de otra.
   그녀들은 서로 개의치 않았다.
④ Se reían unos de otros.
   그들은 서로 비웃고 있었다.
⑤ Siempre hablan mal el uno del otro.
   그들은 항상 서로 욕을 한다.
⑥ Los vi luchando unos contra otros.
   그들이 서로 격투하고 있는 것을 나는 보았다.
⑦ Esas hermanas se sacrifican una por otra.
   그 자매는 서로를 위해 자신들을 희생한다.

이 경우에 사용되는 전치사의 적절한 사용은 원래의 숙어를 생각하면 확실해진

다. 「사람을」, 「자신을」의 경우에는 전치사 a가 되지만, 그 외의 경우는 다음과 같이 다양하게 나타난다.

③ hacerse caso de~   ~에 주의하다
④ reírse de~   ~을 비웃다
⑤ hablar mal de~   ~에 대해 욕하다
⑥ luchar contra~   ~와 싸우다
⑦ sacrificarse por~   ~을 위하여 희생하다

따라서 「작별하다, 떨어지다」의 경우에는 despedirse de~, apartarse de~ 이기 때문에 당연히 unos de otros 또는 uno de otro가 되고, 「싸우다」라는 것은 「~와 싸우다」이므로 uno contra otro가 된다. 또한 이 경우 양쪽 모두 여성이면 unas, otras와 같은 여성형을 취한다.

Nota

복수형 unos, otros와 단수형 uno, otro의 차이

Se miraron uno a otro.   그들(두 사람일 때)은 얼굴을 서로 마주 보았다.
Se vieron unos a otros.   그들(세 사람 이상일 때)은 서로 얼굴을 보았다.

4. el uno al otro

단수형일 때는 el uno al otro와 la una contra la otra와 같이 정관사를 붙이는 경우가 있는데 정관사를 붙여서 말할 때는 화자가 「그 사람과 그 사람」이라고 보다 구체적으로 의식하고 있는 경우라고 말할 수 있다. uno del otro처럼 otro만 정관사가 붙는 것은 한쪽(uno)이 결정되면 다른 한쪽은 나머지 한쪽(el otro)으로 결정되기 때문이다. 복수형 unos, otros는 보통 정관사를 붙이지 않는다.

관사 없음	양쪽 정관사	otro만 정관사	복수는 관사 없음
uno a otro	el uno al otro	uno al otro	unos a otros
uno de otro	el uno del otro	uno del otro	unos de otros
una con otra	la una con la otra	una con la otra	unas con otras

5. uno a otro

uno a otro라는 말이 있으면 「서로」라는 것이 확실하므로 se가 없어도 상호 표현이 가능하다.

- Hablaron unas con otras. 그녀들은 서로 얘기했다.
- Están unidos unos con otros. 그것들은 서로 결합되어 있다.
- Recibimos cartas uno de otro. 우리 두 사람은 서로 편지를 받는다.

④ 수동의 SE *se pasivo*

Se vende(n) la(s) casa(s).

1. 재귀동사와의 차이

se가 일정 불변, 즉 me, te, se …로 변화하지 않는다는 점과 동사는 항상 3인칭 단·복수뿐이라는 점이다.

2. 무인칭의 se와의 차이

형태가 같아서 혼동하기 쉽지만 무인칭형은 〔Se+V단수+O〕이고, 근본적으로 다른 것은 무인칭은 동사가 항상 3인칭 단수형이라는 것이다.

- Aquí se habla español. (무인칭) 〔se+V단수+O〕
  여기에서는 (사람들은) 스페인어를 말한다. → 당점포 스페인어 사용
- Aquí se venden frutas. (재귀수동) 〔se+V복수+S복수〕
  여기에서는 과일이 팔린다. → 과일을 팔고 있습니다.

3. 수동문의 구별

아래의 세 문장은 다음과 같이 구별할 수 있다.

① Se rompió la ventana. 창문이 깨졌다.
② La ventana fue rota. 창문이 깨졌다.
③ La ventana estaba rota. 창문은 깨져 있었다.

① 재귀 수동형은 「저절로 깨졌다」, 「깬 사람을 모른다」 또는 알고 있지만 「깬 사람을 숨기고 있을」 때 사용된다.
② 본래의 수동형으로 「사람이나 바람의 힘에 의해 깨졌다」라는 의미이다. 이 경우는 행위자를 생각하여 판단한다.
③ 깨는 행위는 이것을 말하기 이전에 끝났다. ①, ②는 행위를 말하고 있지만 ③은 행위가 끝난 후의 상태를 말하고 있다.

4. 「수동의 se」의 용법

이 용법에 관해서는 제 12장 「스페인어의 수동태」 참조. ◐ p.256

⑤ 무인칭의 SE se impersonal

「무인칭 impersonal」은 사람이 없다는 것을 말하지만, 실제의 내용은 주어가 yo, tú, él … 여섯 가지 중에 어느 것인지 확실하지 않은 경우를 가리킨다. 즉 주어가 특정 개인이 아니라는 뜻이다.

스페인어의 무인칭은 다음의 세 가지로 구분된다.

uno+V(3인칭·단수)	비특정 개인	문법적 주어는 uno
V(3인칭·복수)	막연한 사람들	문법적 주어는 드러나지 않음
se+V(3인칭·단수)	모든 개인	문법적 주어는 없음

1. 무인칭의 uno

1. [uno+V]: uno는 불특정 개인을 의미한다.

    - A veces uno quiere hacer bien, y hace mal.
      때때로 사람은 착한 일을 하고 싶어하지만 나쁜 일을 한다.
    - Uno no puede menos de asustarse.
      누구라도 깜짝 놀라지 않을 수 없다.
    - Descansar es quedarse quieto cuando uno está cansado.
      휴식한다는 것은 지쳐 있을 때 가만히 있는 것이다.

    Nota
    > 여성형 una도 쓰인다.
    > Si una está triste, busca la soledad.
    > 여자는 슬플 때 고독을 찾는 법이다.

2. se+V+uno(S)

    동사가 이미 재귀동사일 때 무인칭의 se를 중복시켜 표현할 수 없다. 따라서 uno를 주어로 한 무인칭문으로 해야 한다.

    - No se puede dormirse. (×)
    - Uno no puede dormirse. (○) 누구도 잘 수 없다.
    - (a) Se está contento.
    - (b) Uno está contento. 누구든지 만족하고 있다.

    se는 주어가 될 수 없으므로 (a)는 좋지 않고 (b)로 말하는 것이 옳겠지만 실제로는 (a)도 많이 쓰이고 있다.

    - Se acostumbra uno a todo. 사람은 모든 것에 익숙해진다.

3. 화자가 자신을 암시하여 uno라고 말할 때가 있다.

- Uno está cansado de aguantar. 누구라도(나라도) 울화통이 터진다. (참을 수 없다)
- Se asa uno vivo. 더워서 못 참겠다. (살아 있는 채로 탄다)

4. uno 이외에 무인칭 주어로 사용되는 것이 있다.

▶ **hombre**
- Hombre prevenido vale por dos. 주의깊은 사람은 두 사람의 가치가 있다.
- Un hombre no llora. Sé valiente. 사나이는 울지 않는 법이다. 용감해져라.

▶ **la gente**
- La gente, cuanto más trabaja, debe ganar más.
  사람은 일하면 일할수록 돈을 더 많이 버는 것은 당연하다.
- Toda la gente lo sabe.
  모든 사람이 그것을 알고 있다.

▶ **todo el mundo**
- A todo el mundo le gusta murmurar. 모든 사람들이 험담하는 것을 좋아한다.
- Ya he avisado a todo el mundo. 이미 모두에게 알려 주었다.

▶ **nadie**
- Nadie puede leerlo todo. 아무도 그걸 전부 읽을 수는 없다.

▶ **el que**
- El que no se arriesga no pasa el río.
  모험을 하지 않는 사람은 강을 건너지 않는다.
  (호랑이 굴에 들어가지 않으면 호랑이를 잡을 수 없다)
- El que hace o vende pan es panadero.
  빵을 만들거나 파는 사람은 빵장수이다.

2. 3인칭 복수형 동사에 의한 무인칭

1. 3인칭 복수 형태이지만 주어는 특정한 '그들'이 아니므로 '그들'이라고 해석하면 잘못이다.

- Dicen que es una fábrica magnífica.
  훌륭한 공장이라고들 한다. (=se dice que~)
- Cuentan que hace muchos años vivía una joven.
  수년 전에 한 젊은 아가씨가 살고 있었다고 한다.

- ¿En qué estación están en Cuba? –Están en verano.
  쿠바는 지금 무슨 계절입니까? 여름입니다.
- No es tan fiero el león como le pintan.
  사자는 그림에 그려져 있는 만큼 사납지는 않다.

2. 실제로는 주어가 한 사람인 경우에도 3인칭 복수 형태를 사용할 수 있다.
- Llaman a la puerta. 현관에서 누군가가 부르고 있다.
- Señor, le llaman por teléfono. 선생님, 전화왔습니다.

3. [me+3인칭 복수형 동사]: 여격을 동반한 문형을 우리말로 해석할 때는 여격을 주어로 바꾸어 해석하는 것이 자연스럽다.
- Nos robaron todo lo que teníamos. 우리들은 갖고 있었던 것 전부를 도난당했다.
- Nos robó todo lo que teníamos. 그는 우리가 갖고 있었던 것 전부를 훔쳐갔다.
- Me han regalado un reloj. 나는 시계를 선물로 받았다.
- No me han dejado entrar. 나는 들어갈 수 없었다.
- Me han operado. 나는 수술했다. (수술은 의사가 했지만)

4. basta, importa, hace falta, puede que~, parece que~ 등과 같이 3인칭 단수형이 무인칭을 나타내는 경우가 있다. ○ 접속법: p.189
- Parece que es tarde. 이제 늦은 것 같다.
- No hace falta llevar esta ropa. 이 옷을 가지고(입고) 갈 필요는 없다.

3. 무인칭의 se

무인칭의 se는 [se+V]와 [se+le+V]의 두 가지 형태로 나타난다.

1. se는 주어를 제로(zero)화한다.
- Se puede ser pobre y feliz.
  사람은 가난해질 수도 행복해질 수도 있다.

이 [Se puede]는 Yo puedo, Tú puedes, Él puede, Nosotros podemos, Vosotros podéis, Ellos pueden을 모두 포함하는 것이다.

2. 의미를 이해하기 어려운 구문에서는 〈se=사람들〉, 즉 se를 주어로 바꿔 생각하면 이해하기 쉽다.

- No se te entiende que dices.
  사람들은 네가 말하는 것을 이해하지 않는다. → 너는 네가 말하는 것을 이해받지 못한다.

3. 재귀수동과 경계를 확실히 할 수 없는 경우가 있다.
- Yo tardo tres horas. 나는 3시간 걸린다. (주어=Yo)
- Se tardan tres horas. 3시간 걸린다. (재귀수동)
- (a) Se venden periódicos. 신문을 팔고 있습니다. (재귀수동)
- (b) Se vende periódicos. 신문을 팔고 있습니다. (무인칭)
- Se le suponen dos mil años de antigüedad.
  그것은 2천년 경과되었다고 추정된다. (재귀수동)
- Esta pluma no escribe bien. 이 펜은 잘 써지지 않는다. (자동사)
- Con esta pluma no se puede escribir. 이 펜으로는 쓸 수 없다. (무인칭)

첫 번째 문장을 제외한 위의 예문들은 무인칭, 재귀동사 할 것 없이 모든 내용은 무인칭이다. 두 번째의 것은 문법적으로는 (a)가 바른 것이겠지만 (b)도 자주 쓰인다.

4. 무인칭의 se는 uno나 3인칭 복수형을 사용한 무인칭보다도 추상성이 강하다.

3인칭 복수형 동사는 Yo, Tú를 포함하지 않지만 무인칭의 se는 1인칭도, 2인칭도 포함하는 것이 그 차이이다. 때문에 se는 일반적 습관과 진리 등 의심할 여지가 없는 사항을 말할 때 자주 쓰이고 사상적인 내용의 문장에 자주 나타난다.

- Lo que uno no sabe, no le hace daño.
  모르는 것은 해를 입히지 않는다. (모르는 게 약이다)
- Lo que no se sabe, no se le hace daño.
- ¿A qué hora se entra en la clase? 몇 시에 교실에 들어갑니까?
- ¿A qué hora entran en la clase?
- Se sigue por esta calle. (길을 가르쳐 줄 때) 이 길로 쭉 갑니다.
- En Corea no se come tanto pan como en España.
  한국에서는 스페인에서만큼 그렇게 빵을 많이 먹지 않는다.
- La vida, ¿merece la pena de que se la viva?
  인생이라는 것은 살 만한 가치가 있는 것인가?
- Tenía todo el cuerpo hinchado y la cara no se le reconocía.
  그의 온 몸은 부어올라 있어서 얼굴을 알아볼 수 없었다.

4. 부정사에 의한 무인칭

부정사라는 것은 주어가 분명하게 정해지지 않은 것을 뜻한다. 따라서 내용이 무인칭이 되는 경우가 많다.

- Es importante estudiar inglés.   영어를 공부하는 것은 중요하다.

문장은 일반론적 서술로 "누가 공부하는 것인지" 구체적인 의미상의 주어가 없다. 즉 이 부정사의 내용은 무인칭이다.

- Es importante que yo estudie inglés.   내가 영어를 공부하는 것은 중요하다.

estudie의 주어는 yo이고, 즉 무인칭이 아니고 유인칭이다. 지각동사와 의지동사가 동반되는 부정사에는 이러한 유형의 유인칭이 많다.

◯ 지각동사: pp.112-114

- Oímos cantar esa canción en Inglaterra.
  영국에서 그 노래를 부르는 것을 들었다. – 무인칭
- Oímos cantar esa canción a Juan.
  후안이 그 노래를 부르는 것을 들었다. – 유인칭

Nota
다음과 같이 말하면 유인칭인 것이 더 확실하다.
Oímos que cantaba Juan esa canción.

- Oí decir que Juan no iba.
  후안은 가지 않는다는 얘기를 들었다. (decir의 주어는 없음) – 무인칭
- Oí decir a Juan que ella no iba.
  그녀는 가지 않는다고 후안이 말하는 걸 들었다. (Juan이 decir의 주어) – 유인칭

- Hice arrancar el árbol.
  나는 나무를 뽑게 했다. (arrancar의 주어는 없음) – 무인칭
- Le hice arrancar el árbol.
  그에게 나무를 뽑게 했다. (arrancar의 주어는 le) – 유인칭

- No es posible salir sin que ellos lo sepan.
  그들 모르게 나간다는 것은 불가능하다. – 무인칭
- No puedo salir sin que ellos lo sepan.
  나는 그들 모르게 나갈 수 없다. – 유인칭(yo)

⎡ (a) Es necesario decírselo. 그것을 그에게 말하는 것이 필요하다.
⎢ (b) Es necesario que se lo digáis. 너희들이 그것을 그에게 말하는 것이 필요하다.
⎣ (c) Necesitáis decírselo. 너희들은 그에게 그것을 말하는 것을 필요로 하고 있다.

(a)의 decir는 무인칭이고 (c)의 decir도 엄밀하게 보면 무인칭이다. 실제로는 vosotros가 decir하는 것이겠지만 반드시 그렇다고는 할 수 없고 Tú도 Yo도 Él 등도 될 수 있는 것이다.

아래 문장에서는 구체적인 주어는 등장하지 않는다.

<u>Se oye</u> cantar esa canción. 그 노래를 부르는 것이 들린다.
들리다(무인칭) 무인칭

5. 단인칭 동사

1. 자연현상을 표현하는 단인칭 동사

alborear 날이 새다	amanecer 동이 트다
anochecer 어두워지다	diluviar 큰 비가 내리다
escarchar 서리가 내리다	granizar 우박이 내리다
helar 얼음이 얼다	llover 비가 내리다
lloviznar 이슬비가 내리다	nevar 눈이 내리다
relampaguear 번개가 치다	tronar 천둥 치다

⎡ • La noche pasada ha helado. 지난 밤에 얼음이 얼었다. – 무인칭
⎢ • Se hiela el agua(el aceite). 물(기름)이 얼다. – 유인칭·재귀수동
⎣ • No te esperé más porque me estaba helando.
　　나는 몸이 얼어서 더 이상 너를 기다리지 않았다. – 유인칭·재귀

2. 문법상의 무인칭문

haber, ser, hacer가 단인칭 동사로 쓰인다. (Hay~, Es~, Hace~)

- Hay una casa(tres casas). 집이 한 채(세 채) 있다.
- Es tarde(temprano). 늦다(이르다).
- Es de día(de noche). 낮(밤)이다.
- Es verano(invierno). 여름(겨울)이다.
- Hace calor(frío, viento). 덥다(춥다, 바람이 분다).

⑥ 무의지의 SE *se involuntario*

이 용법에 관해서는 제 6장 「무의지의 se」 참조.   ▶ p.126

⑦ 이해의 SE *se de interés*

「이해의 se」는 「se의 용법」 중 가장 어렵고 애매한 부분이다. se가 붙어도 거의 의미가 변하지 않는 것에서부터 약간 뉘앙스가 변하는 것, 강조되는 것, 의미가 변하는 것까지 그 내용이 매우 다양하기 때문이다. 「재귀동사」, 「재귀수동태」, 「무인칭의 se」와도 혼동할 우려가 있는데 이 세 가지는 se가 없으면 성립되지 않지만 「이해의 se」의 경우는 se가 없어도 문장은 성립되며 단지 뉘앙스만 약간 달라지는 차이밖에 없다.

(a) ┌ Va a lavarse las manos. 그는 손을 씻으려고 한다. 〔재귀동사〕
    └ Va a lavarse los zapatos. 그는 구두를 닦으려고 한다. 〔이해의 se〕

(b) ┌ Ha ido a Madrid. 그는 마드리드로 갔다.
    └ Se ha ido a Madrid. 그는 마드리드로 가버렸다.

(c) ┌ Es mejor que yo vaya a casa. (porque mi padre espera)
    └ Es mejor que me vaya a casa. (porque no me encuentro bien)
       나는 집으로 돌아가는 게 낫겠어.

앞의 (a)는 형태상으로는 구별할 수 없다. 의미를 파악하고 나서야 비로소 구별이 가능하다. (b), (c)는 해석은 같지만 내포하고 있는 뉘앙스가 서로 다르다. 이러한 것은 se의 쓰임 여부에 따라 미묘한 상황의 차이가 있음을 의미하는 것이다.

1. se의 유무에 상관없이 의미가 같은 경우

- Me quedé asombrado. 나는 놀랐다.
- Yo quedé asombrado.
- Se montó en el caballo. 그는 말을 탔다.
- Montó en (la) bicicleta y salió corriendo. 그는 자전거를 타고 달려나갔다.

2. 강조되는 경우

1. 약간의 뉘앙스의 차

- Los mosquitos se entran. (모기장을 쳤는데도) 모기가 들어오잖아.
- Te has dejado tres líneas sin copiar. 세 줄은 베끼지 않았잖아.

2. ~해 버리다, 부리나케 하는 모양, 생생한 표현

- Me muero de hambre. 배가 고파서 죽을 지경이야.
- Yo me lo haré. 난 그걸 할 거야.
- Se fumó un puro. 그는 (뻐끔뻐끔) 여송연을 피웠다.
- Se comió todo. 그는 모두 먹어치웠다.

3. 화자의 의중을 강조한다.

- Me lo suponía(imaginaba). (그것 봐) 생각했던 대로다.
- No me lo cuentes esa historia: ya me lo sé.
  그 얘기는 하지 마라. 난 이미 알고 있어.
- Me temo que te equivoques. 네가 실수할까봐 두렵다.
- Ya me sé lo que hago. 나는 내가 하는 일을 알고 있단 말이야.
- Me estuve estudiando todo el día. 난 하루 종일 공부하고 있었다.
- ¡Cállate! ¡Estáte quieto! 조용히 해! 조용히 하라니까!

4. [se+me+V]의 형태로 화자의 기분을 알아주길 바라는 경우

- No se me vaya usted. 떠나지 마세요.
- Se nos marchó la criada. 그 하녀는 떠나버렸다.
- Se nos murió el perro. 그 개는 죽어버렸다.

5. 친밀감

- Vente conmigo. 나와 함께 가자.
- Espérate un momentito. 잠깐 기다려 봐.

6. 「자신」이라는 본래의 의미가 약간 살아 있는 경우도 있다.

- El niño puede aguantar cuatro horas diarias de estudio.
  그 아이는 매일 4시간의 공부를 참아낼 수 있다.
- Me aguanté las ganas de decirle varias cosas.
  나는 그에게 여러 가지를 말하고 싶었지만 꾹 참았다.

7. 자신을 위해, 자기 전용으로 (타인용과 구별)

- Me compré una corbata. 나는 (내가 쓰기 위해) 넥타이를 하나 샀다.
- María se hizo un vestido(un café). 마리아는 옷 한 벌을 지었다(커피를 탔다).
- Me edifiqué una casa. 나는 집 한 채를 지었다.

8. 어느 순간까지의 행동을 방해하는 무엇인가가 작용할 때

- Ha callado lo más importante. 그는 가장 중요한 것을 말하지 않았다.
- Al entrar yo, se callaron. 내가 들어가자 모두 조용해졌다.
- El tren para en Barcelona. 기차는 바르셀로나에서 멈춘다.
- ¿Por qué se paró el tren? (이런 곳에서) 왜 기차가 멈췄지?

9. 행동의 곤란함을 암시한다.

- subir a las montañas(a un árbol, la escalera)
  산에 오르다(나무에 오르다, 사다리를 오르다)
- El gato se sube a la tapia. 고양이가 담에 오른다.

10. 「다하다 consumirse」의 느낌

- Termina la clase a las doce. 수업은 12시에 끝난다.
- Se ha terminado el curso. 강습은 끝났다.
- Se nos han terminado las provisiones. 식료품이 다 떨어졌다.
- Al coche se le terminó la gasolina. 차의 휘발유가 떨어졌다.

11. 정해진 공간으로부터 일탈

- El ladrón escapó por la ventana. 도둑은 창문으로 도망쳤다.
- Se han escapado unos presos de la cárcel. 몇 명의 죄수들이 탈옥했다.

- La pelota se salió del campo. 공은 운동장에서 나갔다.
- Se sale el agua(el gas). 물이(가스가) 샌다.

8 SE의 의미 변화

se가 첨가되면 의미가 현저하게 변하여 se가 없는 동사와 관계가 없는 듯한 새로운 동사가 형성되는 경우이다. 따라서 타동사와 자동사의 관계만 변화하는 경우는 제외된다.

⎡ abandonar 포기하다
⎣ _____se 자포자기하다

⎡ abonar 납입하다
⎣ _____se a ~에 예약하다

⎡ acompañar a ~에 첨부하다
⎣ _____se con ~과 함께 있다

⎡ aconsejar 충고하다
⎣ _____se 상의하다

⎡ acordar 결정하다
⎣ _____se de ~을 생각해 내다

⎡ acreditar 신용하다
⎣ _____se de 평판을 얻다

⎡ acusar de 책망하다
⎣ _____se 죄를 자인하다

⎡ afinar 정제하다, 다듬다
⎣ _____se 품위있게 되다

⎡ apurar 순화하다, 다하게 하다
⎣ _____se 기분이 상하다, 다하다

⎡ arrastrar 질질 끌고 가다
⎣ _____se 기어가다

⎡ arrebatar 잡아채다
⎣ _____se 격분하다, 정신을 못차리다

⎡ calar 꿰뚫다, 스며들다
⎣ ____se 흠뻑 젖다

⎡ colocar 두다, 배치하다
⎣ _____se 취직하다

⎡ comportar 참다, 보상하다
⎣ _____se 처신하다

⎡ conducir 안내하다
⎣ _____se 행동하다

⎡ confiar 믿다, 부탁하다
⎣ _____se 신뢰하다

conformar 일치시키다 _____se 동의하다, 참다	consentir 동의하다 _____se 덜컹거리기 시작하다
contradecir 반론하다 _____se 모순되다	correr 달리다, 흐르다 _____se 미끄러지다
curtir 가죽을 무두질하다 _____se 햇볕에 타다	depositar 맡기다 _____se 침전하다
descolgar (걸어놓은 것을) 내리다 _____se (~을 타고) 내려오다	desertar ~을 포기하다 _____se 탈영·탈퇴하다
desocupar (장소를) 비우다 _____se 실직하다	despojar 빼앗다, 약탈하다 _____se 버리다, 벗다
destacar 파견하다 _____se 두드러지다	doler 아프게 하다 ____se de 애석해 하다
dormir 잠자다 _____se 잠들다, 마비되다	efectuar 행하다 _____se 실행·실현되다
encontrar 발견하다 _____se 있다, 만나다	engañar 속이다 _____se 잘못하다, 속다
escapar 도망치다 _____se 새다, 벗어나다	esforzar 힘을 돋우다 _____se 노력하다
establecer 설정하다 _____se 정주·정착하다	examinar 시험하다, 조사하다 _____se 시험을 치르다
explicar 설명하다 _____se 이해가 가다	figurar 짐짓 꾸미다 _____se 상상하다
fijar 단단히 고정시키다 ____se 주의를 기울이다	forjar 쇠붙이를 불에 달구어 두들기다 _____se 머리 속에서 꾸며내다
fumar 담배를 피우다 _____se 쉬다, 태만하다	graduar 가감하다, 등급을 매기다 _____se de ~을 졸업하다
hacer 하다 ____se 되다	humillar 굴복시키다, 창피 주다 _____se 자기를 낮추다

- hurtar 훔치다
- _____se a ~을 피하다

- inspirar 숨을 들이쉬다, 생각을 불어넣다
- _____se en 영감을 받다

- largar 늦추다
- _____se 가버리다

- lucir 빛나다
- ____se 화려하게 꾸미다

- mantener 유지시키다
- _____se 유지하다, 요양하다

- medir 재다
- _____se 도를 지키다

- mostrar 보여주다
- _____se 태도를 취하다

- nacionalizar 국유화하다
- _____se 귀화하다

- parecer ~라고 생각되다, ~인 것 같다
- _____se a ~을 닮다

- picar 찌르다
- ____se 구멍이 나다, 발끈하다

- portar 나르다
- ____se 행동하다

- prender 체포하다
- _____se 성장하다

- prestar 빌려주다
- _____se a 봉사하다

- prometer 약속하다
- _____se 약혼하다

- insinuar 암시하다
- _____se 교묘히 아첨하다

- instalar 설치하다
- _____se 거주지를 정하다

- llegar 도착하다
- _____se 가까이 가다

- mandar 명령하다, 보내다
- _____se 혼자 움직일 수 있다

- marchar 행진하다
- _____se 떠나다

- molestar 귀찮게 하다, 걱정시키다
- _____se 걱정하다

- nacer 태어나다
- ____se 싹이 트다

- ocurrir 발생하다
- _____se (순간) 머리에 떠오르다

- perecer 죽다
- _____se por ~을 탐내다

- pintar 색을 칠하다
- _____se 화장하다

- poseer 소유하다
- _____se 자제하다

- presentar 제출하다, 소개하다
- _____se 출두하다

- producir 생산하다
- _____se 소신을 말하다

- proponer 제안하다
- _____se ~하려고 하다

⎡ quitar 제거하다, 치우다
⎣ _____se 벗다

⎡ recoger 모으다
⎣ _____se 철수・은퇴하다

⎡ regalar 선물하다
⎣ _____se con ~을 즐기다

⎡ salir 나가다
⎣ ____se 새다, 벗어나다, 넘치다

⎡ traer 가지고 오다, 지니고 있다
⎣ ____se 폐하다, 처치하다

⎡ volver 돌아가다, ~하게 하다
⎣ _____se 되돌아가다, ~가 되다

⎡ recibir 받다
⎣ _____se 자격을 얻다

⎡ referir 말하다
⎣ _____se a ~에 관련 있다

⎡ rehacer 고치다
⎣ _____se 재기하다, 되찾다

⎡ servir 근무하다, 제공하다, 봉사하다
⎣ _____se de ~을 쓰다, 이용하다

⎡ tratar 다루다, ~에 대한 얘기다
⎣ ____se 시도해보다, 교제하다

〈갈리아나성〉

제 11장 SE의 용법 245

12 수동태
Voz pasiva

1. [ser + 과거분사]
2. 재귀수동태
3. 무인칭의 SE
4. 3인칭 복수
5. [estar + 과거분사]
6. [동사 + 과거분사]의 수동
7. 스페인어의 수동태

① [ser+과거분사]

이 형태는 행위의 관계를 가장 정확하게 파악할 수 있는 형태이다. 주어는 사람도 사물도 된다.

1. 수동으로 해석되는 경우

- 사람 : Fue atropellado por un coche.
  그는 차에 치었다.
- 물건 : Las velas fueron apagadas por el viento.
  촛불은 바람에 의해 꺼졌다.
- 일 : El pleito fue defendido por un abogado.
  소송은 어떤 변호사에 의해 변호되었다.

2. 수동으로 해석되지 않는 경우

- Un padre debe ser obedecido.
  부친에게는 복종해야 한다.
- Cualquier mercancía que entre, debe ser revisada por las aduanas.
  반입되는 상품은 어떤 상품일지라도 세관의 검사를 받아야만 한다.
- No seré vencido por nadie.
  나는 누구에게도 지지 않을 거야.

> **Nota**
>
> [ser+과거분사]의 「현재」와 「불완료과거」형은 순간적인 수동행위에는 사용할 수 없다. 「문은 (지금) 수위에 의해 열려진다」의 의미로 아래의 (a)처럼 말하지 않는다. 능동태를 사용해서 (b)처럼 말한다. (a)와 (c)는 반복되는 행위, 습관적인 행위를 말한다.
>
> (a) La puerta es abierta por el portero.
> (b) El portero abre la puerta.
> (c) El niño era besado por su madre.

3. 자동사의 과거분사로 구성된 [ser+과거분사]

동사의 속성에 따르면 자동사의 수동태는 있을 수 없다. 그러나 특수한 경우에 자동사의 수동태가 사용되기도 한다. 또는 과거분사가 형용사로 쓰이는 [ser+형용사]의 경우도 있다.

- Los policías ya son idos. (=han ido) 경찰관들은 이미 가버렸다.
- El ratón fue muerto por el gato. 그 쥐는 고양이에 의해 죽었다.
- Soy nacido en Panamá. (=Nací) 나는 파나마에서 태어났다.
- La vida es parecida a un viaje. (=parece) 인생은 마치 여행 같다.

② 재귀수동태 [se+V+S]

재귀수동태의 se는 일정하며 재귀대명사처럼 me, te, nos…로 변화하지 않는다. 재귀수동태의 동사는 복수형을 취할 수 있지만 무인칭의 se에서 동사는 복수형을 취하지 않는다.

- Aquí se come bien. 〔무인칭〕
  여기의 음식은 좋다.
- Aquí se comen buenas patatas fritas. 〔재귀수동태〕
  여기에서는 맛있는 감자튀김을 먹을 수 있다.

1. 수동으로 해석되는 경우

- Se vendió la casa hace dos años.
  그 집은 2년 전에 팔렸다.
- Se han escrito muchas novelas sobre este tema.
  이 테마에 관하여 많은 소설이 쓰여졌다.
- Los heridos se llevaron al hospital.
  부상자들은 병원으로 후송되었다.

2. 수동으로 해석되지 않는 경우

이 경우가 훨씬 더 많은데 수동의 의미보다는 자동사의 의미가 더 강하다.

- Se ve una casa. 집이 한 채 보인다. ○ se 자동사: p.215
  (「한 채의 집이 보여진다」라는 해석은 어색하다)
- Se oyó un ruido. 소음이 들렸다.
  (「소음이 들려졌다」라는 해석도 어색하다)
- Se abrió la puerta. 문이 열렸다.
- Aquí se compra buena carne. 여기서는 좋은 고기를 살 수 있다.

> **Nota**
>
> ### 제 1수동과 제 2수동
>
> [ser+과거분사]와 재귀수동태는 「행위자 agente」가 나오는지 나오지 않는지에 따라 다음과 같이 분류된다.
>
> 1. 제 1수동: 행위자 [por~]를 동반하는 것
>   (a) Juan es respetado por todos.
>   후안은 모두에게 존경받고 있다.
>   (b) Se firmó la paz por los embajadores.
>   평화조약은 대사들에 의해 조인되었다.
>
> 2. 제 2수동: 행위자 [por~]를 동반하지 않는 것
>   (a) Juan era respetado en su pueblo.
>   후안은 그의 마을에서 존경받고 있었다.
>   (b) Se firmó la paz.
>   평화조약은 조인되었다.
>
> 문맥상 por~를 말할 필요가 없거나, 화자가 por~에 흥미가 없거나, 행위자를 모른다거나, 혹은 화자의 의지로서 일부러 그것을 말하지 않는 경우이다.

③ 무인칭의 SE [se+le(as)+V]

이 문형은 se를 주어(사람들)로 해석하는 편이 알기 쉽다. 이 형태는 본래의 재귀동사에는 쓸 수 없다.
⊙ 무인칭의 se: p.235

- Nunca se les aplaude.
  - 직역: 사람들은 결코 그들에게 박수치지 않는다.
  - 의역: 그들은 결코 박수를 받지 못한다.
- Se les llevó. (=Les llevaron.) 그들은 동반되었다.
- Se le ha castigado como debiera. 그는 마땅히 벌을 받았다.
- A los jueces se les compraba. 재판관들은 매수되어 있었다.
- Se le ha admirado por su memoria extraordinaria.
  그는 비상한 기억력으로 칭찬받았다.
- Se la vio a María paseando con su novio en el parque.
  마리아가 자기 애인과 산책하고 있는 것이 보였다.

[Se+le+V]에는 세 가지 형식이 있다.

- [Se+V+(a+)O]   Se vio al hombre en el tejado.
- [Se+le+V+a+O] Se le vio al hombre en el tejado.
- [Se+le+V]   Se le vio en el tejado.
  그 남자가 지붕에 있는 것이 보였다.

▶ 지각동사 + se

ver와 oír는 지각동사이기 때문에 부정사와 현재분사를 동반하여 「~가 …하는 것을 보다(듣다)」라는 형태가 가능하다. 이것이 Veo dos casas → Se ven dos casas와 같이 재귀수동형을 취하면 부정사의 주어는 사람이나 동물이므로 재귀수동형이 아니라 무인칭의 se로 하지 않으면 안 된다.

- Oigo cantar a los pájaros. (Oigo que cantan los pájaros.)
- Se oye cantar a los pájaros. (Se les oye cantar.)
  새들이 지저귀는 소리가 들린다.
- Se ve a María jugando. → Se la ve jugando.
  마리아가 놀고 있는 것이 보인다.

즉, [Se oye+inf.+a~]와 [Se ve a~+현재분사]의 형태로 된다.

> **Nota**
>
> **혼동하기 쉬운 [Se+me+V+S]**
> 이 형태는 제 2문형의 [Se+V+S]에 me가 첨가된 형태이고 이것은 제 3문형과 닮았지만 주어 S가 있으므로 무인칭은 아니다.
>
> 1. 제 3문형처럼 수동으로 해석하는 경우
>   *Se nos dijo algo en quechua.* 께추아어로 뭔가가 들렸다.
>   *Se le ofreció un empleo.* 그는 일자리를 제공받았다.
>
> 2. 무의지의 se인 경우   ○ p.126
>   *Se me olvidó el cuaderno.* 나는 노트를 잊고 왔다. (그럴 생각은 없었지만)
>   *Se me perdió el dinero.* 나는 돈을 잃어버렸다.

④ 3인칭 복수

'3인칭 복수동사'의 주어가 일반적인 그들이 아닌 특정한 그들이 될 수도 있다.
○ 3인칭 복수형에 의한 무인칭: p.234

- Nos castigaron. 우리들은 벌을 받았다.
- Nos robaron todo lo que teníamos.
  우리들은 갖고 있던 것 모두를 도난당했다.
- Le dieron un premio. 그는 상을 받았다.
- Me pisaron el pie y me sacaron el zapato.
  나는 발을 밟혀서 구두 한쪽이 벗겨졌다.
- Antes de que pudiera gritar me taparon la boca y me ataron los brazos. 내가 소리치기 전에 나의 입을 막았고 팔을 묶었다.
- No me han dejado entrar. 나는 들어갈 수 없었다.
- ¿Me han llamado por teléfono? 나에게 전화왔었습니까?

Nota

수동태의 기본형

1. ser+과거분사   본래의 수동태
   Buenos Aires fue fundada por Mendoza.
   부에노스아이레스는 멘도사에 의해 건설되었다.

2. Se+V+S   재귀수동태
   Se vendió la casa hace dos años. 그 집은 2년 전에 팔렸다.

3. Se+le(as)+V   무인칭의 se에 의한 수동
   No se le ama. 그는 사랑받지 못한다.

4. Me+V(3인칭 복수)   3인칭 복수에 의한 수동
   Me robaron la cartera. 나는 지갑을 도난당했다.

5. estar+과거분사   행위의 결과로서의 상태
   Está protegida por la policía. 그녀는 경찰에 의해 보호받고 있다.

6. V+과거분사   과거분사[수동분사]에 의한 수동
   Salió acompañada de sus padres. 그녀는 부모들에 동반되어 나갔다.

처음 네 문형은 수동태의 기본형이라 할 수 있고 마지막 두 문형은 수동태에 준하는 것이다. 그러나 일반적으로 문법서에서 수동태로 취급받는 것은 1과 2 문형뿐이다.

⑤ [estar+과거분사]

- Se cerró la puerta.
- (La puerta fue cerrada.)
- La puerta estaba cerrada.

[estar+과거분사]의 형태는 문법적으로는 수동형이 아니다. 이것은 과거분사의 형용사 용법으로 생각할 수 있다. 수동은 행위가 행해지는 것을 표현한다. 이것에

반해 [estar+과거분사]는 행위가 아니라 행위가 끝난 후의 상태를 가리킨다. 수동이 아니라는 증거로서 estar의 자리에 다른 동사를 대입할 수 있다.

- El cuadro está terminado por un discípulo suyo. 그림은 완성되어 있다.
  　　　　parece terminado 완성된 것 같다.
  　　　　se supone terminado 완성되었다고 생각된다.
- La casa está rodeada por los niños.
- La casa está rodeada de árboles.
  그 집은 아이들로(나무들로) 둘러싸여 있다.
- La montaña está cubierta de nieve. 산은 눈으로 덮여 있다.
- Está herido. 그는 부상당해 있다. (cf. Fue herido 부상당했다)
- Está comido de ratones. 그것은 쥐에게 갉아먹혀 있다.
- El abrigo está agujerado por la polilla.
  외투는 좀에 의해 구멍이 나 있다.

위와 같은 유형의 문장에서 verse, hallarse, encontrarse 등이 estar의 동의어로 자주 쓰인다.

- Me hallaba atado. 나는 묶여 있었다.
- Me vi envuelto en una nube de tormenta. 나는 폭풍의 구름 속에 있었다.

Nota

전치사 por와 de의 사용

수동태 문장에서 「~에 의해」를 의미하는 por는 정신적, 감정적 내용일 경우에 de를 사용하기도 한다.

- Ella está rodeada de sus compañeras.
  그녀는 친구들에 의해 둘러싸여 있다.
- Ella está rodeada por la policía.
  그녀는 경찰에 포위되어 있다.
- Ella fue rodeada por la policía.
  그녀는 경찰에 포위되었다.

ser amado de~, ser temido de~, ser odiado de~와 같이 amar, odiar, querer, respetar, desear, envidiar, temer 등과 같은 동사에 de가 자주 쓰이지만 반드시 de가 아니면 안 되는 것은 아니다. 회화체에서는 por를 자주 쓴다.

⑥ [동사+과거분사]의 수동

동사는 ser 이외의 동사이다. 따라서 앞에서 본 [estar+과거분사]는 이것의 일종으로 생각할 수 있다. 이 과거분사는 주어에 걸리는 경우 [S+V+과거분사]와 목적어에 걸리는 경우 [V+O+과거분사]가 있다. ◐ 과거분사: pp.296-298

1. S+V+과거분사

   - El cónsul entró acompañado por otros bolivianos.
     영사는 다른 볼리비아인들에 의해 동반되어 들어왔다.
   - El caballo va protegido por un peto.
     말은 가슴받이 갑옷에 의해 보호되어 있다.
   - Me siento arrastrada hacia él.
     나는 그 남자쪽으로 마음이 끌림을 느낀다.

2. V+O+과거분사

   - Yo tenía las piernas juntas, liadas con una cuerda.
     나는 양다리가 함께 밧줄로 묶여 있었다.
   - Al meterme en el coche llevaba el corazón apretado.
     차에 탈 때 나는 가슴이 조여지곤 했다.

> **Nota**
>
> **그 외의 수동 표현**
>
> 1. dejarse+inf. (자신을) ~하는 대로 내버려 두다
>
>   No hay que dejarse tomar el pelo. 놀림을 받아서는 안 된다.
>   No dejes que se aproveche de ti. 그 너석에게 이용당하지 마.
>   (inf. 대신에 que+접속법)
>
> 2. A+manda(n)+que+B+sea(n)+과거분사   A는 B를 ~하라고 명령하다
>   (이 문형의 동사 mandar 대신에 ordenar를 사용해도 된다.)
>
>   Ordena que el tesoro sea llevado al salón.
>   그는 그 보물을 응접실로 운반하라고 명령한다.
>
>   cf. Me ordenó que fuera. 그는 나에게 가라고 명령했다.
>
>   Ordenó que fueran arrestados.
>   그는 그들을 체포하라고 명령했다.
>
>   El Cid manda que sean arrojados de la ciudad todos los moros y moras que la habitan.
>   엘시드는 그 도시에 사는 모든 남녀 모로인들을 쫓아내라고 명령한다.
>
>   dar una orden para que se haga cierta cosa
>   어떤 일을 하라고 명령하다
>
>   Di orden de que no se recibiera a nadie.
>   나는 아무도 맞아들이지 말라고 명령했다.

 스페인어의 수동태

1. 스페인어 수동태의 특징

스페인어 수동의 큰 특징은 크게 세 가지로 생각할 수 있는데 그 첫 번째는 본래의 능동문의 간접목적어는 주어가 될 수 없다는 것이다. 즉 간접 행위의 수동 구조가 생길 수 없다는 의미이다.

(a) Él me contó una historia.
(b) Una historia me fue contada.
(c) Me fue contada una historia.

위의 예문에서 (b), (c)는 문법적 요소로 보면 같은 문장이지만, 어순이 다르다. (c)는 어순을 바꿈으로써 Me에 대한 주의를 환기시키고 있으며 형태는 Yo가 아니고 Me이지만 sujeto de interés로 되어 있음에 주의해야 한다.

Le fue asestado un golpe por la espalda 「그는 등을 한 방 맞았다」에서 fue의 주어는 문법상으로 「그」가 아니고 un golpe인 것이다. 직역하면 「그에게 맞혀졌다」이지 「그가 맞았다」가 아니다. 특히 decir, dar, mandar, permitir와 같은 동사는 간접목적어에 해당하는 「사람」을 주어로 한 수동 구문을 형성하기 때문에 주의해야 한다.

(a) 들었다 Se me dijo.
(b) 받았다 Se le dio un libro.
(c) 허락받았다 Se le permitió salir.

이 경우 (a) Fui dicho와 (b) Fue dado와 (c) Fue permitido의 형태는 있을 수 없다. 왜냐하면 「나는 ~을 말해졌다」, 「책을 주어졌다」, 「그는 나가는 것을 허락되었다」 등의 표현은 우리말에서나 스페인어에서나 어법에 어긋나기 때문이다.

두 번째 특징은 스페인어는 능동형을 즐겨 쓰는 경향이 있다는 것이다.

(a) La agencia X ha transmitido nuevas informaciones.
(b) Nuevas informaciones han sido transmitidas por la agencia X.
(c) Por la agencia X han sido transmitidas las nuevas informaciones.

특별한 경우가 아니면, 스페인어에서는 (a) 형태(능동문)를 사용하는 것이 일반적이다.

마지막 세 번째 특징은 [ser+과거분사] 형태의 수동형은 점점 사용 빈도가 적어지고 있고, 그 대신 재귀수동형과 무인칭 형태가 많이 쓰이고 있다.

2. 수동의 se와 무인칭의 se의 차이

이 두 가지는 까다로와서 자주 문제가 된다. 「Aquí se vende los libros라고 해도 됩니까? Se hablan español y francés라고 해도 좋은지요?」라든가 「주어가 단수이면 수동인지 무인칭인지 어떻게 알 수 있습니까?」라는 질문들이 나온다.

- Se alquila coches.
- Se alquilan coches.

이 두 문장의 실질적 내용은 같다. 빌리는 것은 사람이고 빌려지는 것은 자동차이다. 만약에 이 coches가 단수라면 무인칭인지 재귀수동인지 알 수 없다. 스페인 사람들조차 때때로 혼동하는 이 두 가지의 구별을 근복적으로 이해하기 위해서는 se가 파생되어 온 역사적인 유래를 알아야 한다. 이 점에 관하여 Samuel Gili y Gaya는 그의 저서 「Curso Superior de Sintaxis Española」의 La Voz Pasiva(pp.121-129)에서 다음과 같이 설명한다. se는 본래 3인칭의 재귀대명사였으며 그것이 다음과 같이 변화한 것이다.

- Los pájaros se alborotan por el ruido.
  새들은 그 소음으로 인해 소란을 피운다.

스페인어에는 타동사 alborotar「소란하게 하다」에 상당하는 자동사「소란을 피우다」는 alborotarse 형태밖에 없다. 그러나 여기서는 내용상 alborotar하는 것은 el ruido이다. 따라서 los pájaros는 소란을 피웠지만 소란을 당하는 쪽이다. 다음 문장과 내용은 같다.

- Los pájaros fueron alborotados por el ruido.

이리하여 제 3인칭의 se를 사용한 수동태가 출현한 것이다. 그리고 점점 그 사용 빈도가 증가하여 현재에는 회화체와 문어체 모두에서 [ser+과거분사]에 대해 우세한 위치를 차지하기에 이르렀다. 즉 se는 재귀대명사에서 단순한 수동의 표시가 된 것이다.

- Se cometieron muchos atropellos.   수많은 학살이 행해졌다.
  (→ Los atropellos fueron cometidos.)

문법적으로 주어는 atropellos지만 내용상으로는 누가 학살했는지 말하고 있지 않다. 즉 무인칭이라고 말할 수 있다. 무인칭이면 어느 경우라도 동사는 복수형이 될 수 없음은 당연한 것이고 스페인과 중남미에서도 다음과 같은 형태가 자주 사용된다.

- Se ha pedido refuerzos. 증원군이 요청되었다.
- Se compone paraguas. 우산이 수리된다.

「요청되었다」, 「수리된다」와 같이 수동으로 해석되지만 동사를 보면 알 수 있듯이 이 문장들에서 refuerzos와 paraguas는 이미 행위를 받는 sujeto pasivo가 아니라 직접목적어 objeto directo이다. 주어는 se이다. 즉 se는 수동의 표시에서 무인칭의 표시가 된 것이다. 이러한 이유로 이 se의 사용은 지역차, 개인차가 있지만 널리 퍼져있다. 그러나 문제가 없는 것은 아니다.

- Se desea informes sobre el paradero de Fulano.
  (사람들은) 아무개가 어떻게 됐는지 그 정보를 알고 싶어한다.

이 경우에 문어체에서는 Se desea보다 Se desean을 즐겨 쓴다. 그 이유는 문어체는 고전 작가들을 본보기로 하며, 전통을 중요시하기 때문이다. 때문에 무인칭 능동형이 새롭고 현대적이라고 말할 수 있고 회화체에도 자주 나온다.

그러면 어떻게 하여 옛 수동형이 능동형으로 바뀐 것일까? 예를 들면 「아이들은 tú(너)라고 불린다」를 다음과 같이 말할 수 있다.

- Se tutean los niños.

이 경우 「아이들은 서로 말을 놓는다」라는 "상호의 se"로 해석될 우려가 있다. ayudar와 amar의 경우도 그렇고 특히 ver는 주어가 동물인 경우까지 「서로 얼굴을 보다」라고 해석될 가능성이 있다. 이 애매함을 피하기 위해서는 Los niños son tuteados로 하거나, 다음 예문처럼 los niños에 a를 붙여서 목적어로 하는 방법밖에 없다.

- Se tutea a los niños.

이렇게 되면 이미 수동태가 아니라 능동태가 된다.

- Se obsequió a las señoras. Se las obsequió. [무인칭의 se]
  그 부인들에게 선물이 선사되었다.

이 "se와 어울려 사람에 붙이는 a"는 15세기 경까지 고정되어 온다. 그리고 무인칭의 se는 맨 처음의 예에서 보듯이 「사물」의 분야에도 확산되어 있다.

원래 라틴어의 재귀대명사였던 se의 발달 과정은 다음과 같이 요약된다.

> reflexivo acusativo → reflexivo dativo → dativo ético → sujeto de participación en la acción → signo de pasiva → signo de pasiva impersonal → signo de impersonal activa

그리고 이것들은 전부 현대 스페인어에서 서로 간섭하고 다른 요소와 결합하기도 하여 복잡하게 되어 있는 것이다.

3. 수동태의 사용 기준

처음에 제시했듯이, 수동의 기본형으로 네 가지 문형이 있는데 언제 어떤 문형을 쓸 것인가 하는 사용법이 문제가 된다. 이것이 확실하지 않으면 해석은 되더라도 작문에서는 어려움을 겪게 된다. 아래에 그 적절한 사용을 위한 실용적인 네 가지 기준을 제시한다. 이것들은 문법 규칙이 아니기 때문에 보편화된 것이라고는 할 수 없겠지만 이것들을 이용하면 초보자들은 문법적 오류를 범하지 않을 것이다.

1. [ser+과거분사]는 por~를 동반할(적어도 그것을 의식하는) 때만 사용한다. por~를 동반하지 않을 때는 다른 세 가지(2, 3, 4) 형태 중 한 형태를 취한다.
   - El puente fue construido por los romanos.
   - El puente se construyó en el año 1998.

2. [Se+V+S]를 사용할 때 주어는 사람 이외의 사물에만 해당한다. 사람에게 이 형태의 se를 사용할 때는 상호동사와의 혼동을 피하기 위해 무인칭 능동형을 사용한다.

- Se olvidan los nombres. 〔재귀수동태〕
- Se olvida a las personas. 〔무인칭〕
- Se me olvidan las personas. 〔재귀수동태〕

3. 원래의 능동문의 간접목적어를 주어로 하여 수동문을 만들 때는 [ser+과거분사]의 형태는 쓸 수 없다. 간접 행위의 수동은 먼저 [Me+V]의 형태를 생각해야 한다.

- Me quitaron los documentos. 나는 신분증명서를 빼앗겼다.
- Me han puesto una multa. 나는 벌금을 부과당했다.

4. 사람(간접목적어)이 주어가 될 때 [Se+le+V]와 [Me+-n]의 두 형태가 있지만 후자가 자주 쓰인다.

- Se me ha dicho que no vienen.
- Me han dicho que no vienen. (가장 많이 쓰임)
- Se ha dicho que no vienen. (Se dice que...)
- He oído que no vienen. (Oí que...)

Nota

> 스페인어에서는 본래의 수동태 [ser+과거분사]는 회화체보다 문어체에 더 자주 쓰인다. 그리고 시간의 흐름에 따라 사용빈도가 감소되는 경향이 있기 때문에 일반적으로 수동형을 피하고 능동형을 사용하는 것이 좋다.

13 명령문
Oración exhortativa

① 명령문의 형태

② 명령문의 기본 문형

③ 기타 형태의 명령문

① 명령문의 형태

인칭 \ 수	단 수	복 수
1		hablemos / comamos / vivamos — nosotros
2	habla / come / vive — tú	hablad / comed / vivid — vosotros
3	hable / coma / viva — usted	hablen / coman / vivan — ustedes

1. tú와 usted의 명령형

usted / ustedes의 긍정 · 부정 명령형과 tú / vosotros의 부정 명령형은 접속법 현재형이고, tú / vosotros의 긍정 명령은 특별한 형태이다. 2인칭 단수 · 복수 명령문에서 인칭대명사는 생략되는 경향이 있다. 3인칭 명령문에서 인칭대명사는 때에 따라 함께 사용되기도 하고 생략되기도 한다.

- Come todo. 다 먹어라.
- No comas tanto. 그렇게 많이 먹지 마라.

- Coma (usted) todo. 다 드세요.
- No coma (usted) tanto. 그렇게 많이 들지 마세요.

- Hablad español. 스페인어를 해라.
- No habléis español. 스페인어를 하지 마라.

- Hablen (ustedes) español. 스페인어를 하세요.
- No hablen (ustedes) español. 스페인어를 하지 마세요.

> **Nota**
> 3인칭 명령에서 usted과 ustedes를 생략하지 않으면 더욱 정중한 표현이 된다.

2. 불규칙 명령형

vosotros의 명령형은 부정사의 어미 -r을 -d로 바꾸기만 하면 되고 전부 규칙적이지만, tú의 명령형에는 불규칙한 형태가 있다. 그리고 어근의 모음이 이중모음화되는 경우가 있다.

decir → di   poner → pon   recordar → recuerda
ser → sé   hacer → haz   pensar → piensa
salir → sal   tener → ten   volver → vuelve
ir → ve   venir → ven   perder → pierde

> **Nota**
> 동사의 활용에서 동형이의어가 나타나는 경우가 있다.
> ┌ **Ella ve el patio.** 그녀는 뜰을 본다. (ver)
> └ **Ve al patio.** 뜰로 가라. (ir)
> ┌ **Yo lo sé.** 나는 그것을 알고 있다. (saber)
> └ **Sé bueno.** 착한 사람이 되어라. (ser)

3. 명령법과 접속법

명령법이라는 활용 형태를 사용하는 경우는 tú와 vosotros에 명령할 경우이고, 게다가 긍정 명령일 경우에 한하며, 부정 명령의 경우에는 모두 접속법을 사용한다.

- **Habla fuerte.** 크게 말해라.
- **No hables tan fuerte.** 그렇게 크게 말하지 마라.
- **Hable fuerte.** 크게 말씀하세요.
- **No hable tan fuerte.** 그렇게 크게 말씀하지 마세요.

> **Nota**
>
> 명령법은 의미와 형태에 있어서 접속법과 관계가 있다. tú / vosotros의 긍정 명령을 제외한 나머지 명령문은 접속법 문장과 같은 형태를 갖는다.
>
> No comas tanto.　　　　　　　Quiero que <u>no comas tanto</u>.
> No coma (usted) tanto.　　　　Quiero que <u>no coma tanto</u>.
> No habléis español.　　　　　Quiero que <u>no habléis español</u>.
> No hablen (ustedes) español.　Quiero que <u>no hablen español</u>.

4. 명령문의 어순

긍정 명령문과 부정 명령문의 어순은 서로 다르다. 다음과 같이 긍정 명령문에서는 목적대명사가 동사에 붙지만 부정 명령문에서는 목적대명사가 동사 앞에 위치한다.

긍정 명령: 동사＋대명사
부정 명령: no＋대명사＋동사

- Dime la verdad.　나에게 사실을 말하라.
- No me digas la verdad.　나에게 사실을 말하지 마라.
- Píadeselo (tú) a él.　그에게 그것을 부탁해라.
- No se lo pidas (tú) a él.　그에게 그것을 부탁하지 마라.

② 명령문의 기본 문형

1. 명령＋y＋…　~하라, 그러면 …

- Espere y verá.　기다리십시오. 그러면 알게 될 것입니다.
- Ven a mi casa y te contaré cómo era.
  우리 집에 와라. 그러면 어땠는지 말해줄게.

Nota

> [명령+y+no+미래] ~하라, 그러면… 않을 테니
>
> **Sigue de esa manera jugando, y no pasarás el examen.**
> 그런 식으로 계속 놀거라. 그러면 시험에 떨어질 테니.
>
> **Llora que te llora, y no te daré nada.**
> 울고 싶은 만큼 울거라. 그러면 아무 것도 안줄 테니.

2. 명령1+pero+명령2   ~하라, 단 … 하라

- Juega [tú] bien; pero estudia mejor.
  잘 놀거라. 단, 공부는 그 이상으로 해라.

- Hazlo tú; pero no lo digas a nadie.
  네가 그것을 해라. 단, 그것을 아무에게도 말하지 마라.

3. 명령+o…   ~하라, 그렇지 않으면 …

- Apresúrate o salimos sin ti.
  서둘러. 그렇지 않으면 우리끼리만 갈 거다.

- Déjeme hacerlo, o me mato.
  내가 그 일을 하게 해줘요. 그렇지 않으면 죽어버릴 거에요.

- No me molestéis o grito, y mamá os castigará.
  너희들 성가시게 굴지 마. 그렇지 않으면 소리치겠어. 그러면 엄마가 너희들을 혼내줄 거야.

4. 명령+que[이유]   ~하라, …이니까

- Date prisa, que el desayuno está listo.
  서둘러라. 아침식사가 준비됐으니까.

- Señora, lávele la cara al niño, que la lleva muy sucia.
  아줌마, 그 아이의 얼굴을 씻어 주세요. 얼굴이 매우 더러우니까.

- Atiéndele bien, que él se lo merece.
  그를 잘 대접해라. 그만한 대접을 받을 만하니까.

③ 기타 형태의 명령문

1. 1인칭 복수의 명령 : ~하자(합시다) [청유문]

- Démonos prisa. 서두르자.
- No lo quitemos. 그것을 없애지(치우지) 말자.

이 형태보다는 같은 내용을 갖는 [Vamos a+inf.]가 자주 쓰인다.

- Vamos a levantarnos. 일어나자.
- Levantémonos. [문어적]

Nota

[Vamos a+inf.]의 경우 긍정문과 명령문을 구별하기 위하여 감탄 부호를 사용한다.
- ¡Vamos a escuchar la música! 음악을 듣자.
- Escuchemos la música.

2. 재귀동사의 명령문

긍정 명령에서 재귀대명사는 동사에 붙는다. 그리고 그때 2인칭 복수동사의 -d가 탈락된다. 또 1인칭 복수동사의 -s도 탈락된다.

- Quítate el sombrero. 모자를 벗어라. (quitarse)
- Quíteselo. 그것을 벗으세요.
- Poneos los guantes, niños. 얘들아, 장갑을 껴라. (poned+os의 d 탈락)
- No se ría de mi español. 나의 스페인어를 비웃지 마세요. (reírse de~)

3. 상호동사의 명령문

긍정 명령에서는 2인칭 복수의 -d가 탈락되고, 또한 1인칭 복수의 -s도 탈락한다.

- Amaos. 너희들 서로 사랑하거라. [Amad+os]
- Vestíos uno a otro. 서로 옷을 입혀 줘라. [Vestid+os]
- Amémonos. 우리 서로 사랑하자. [Amemos+nos]

4. 무인칭의 se를 사용한 명령문 (문어체)

- Véase el capítulo cuarto.
  제 4장을 보시오.
- Tradúzcanse al español las frases siguientes.
  다음 문장을 스페인어로 번역하시오.
- Consérvense los billetes.
  표는 (버리지 말고) 보관하시오. [기차 안의 안내문]

5. 사역의 명령: ~하게 하세요

- Haz que Juan lea la lección. 후안에게 그 과를 읽혀라.

Nota

Que lea Juan la lección (간접명령)과 같은 의미지만 사역의 명령은 Haz라고 확실하게 tú에 대해 명령을 내리고 있는 것에 반해 간접명령은 Deseo que Juan lea la lección 정도의 뜻으로 상대방을 밝히고 있지 않기 때문에 억지로 말한다면 듣는 사람이 다른 사람에게 후안이 읽도록 시켜도 좋다는 뜻이 된다.

6. 간접명령: [Que+접속법] ~하게 하세요

- Que entren. 들어오라고 하세요.
- Que lo compre si quiere. 그가 원하면 그것을 사게 하세요.
- Que no hagan ruido. 그들에게 소리내지 말라고 하세요.

○ 화법(명령문): p.391

7. 명령형과 접속법 이외의 법과 형태

1. 부정사: 명령형의 명령문만큼 강하지는 않다.
   - No fumar. 금연
   - ¡Venir acá! 이리 와. [=Ven acá]
   - No estacionarse de aquí a la Estación. 여기에서 역까지 주차하지 말 것.

2. [A+부정사] (아이에게 말할 때 자주 쓴다)
   - ¡A dormir! 자, 자거라.
   - ¡A callar! 자, 조용히 해.

3. 직설법미래 (상대방이 그렇게 할 것을 확신하며 말한다)
   - ¡No matarás! 너는 살생하지 마라!

- Vendrás a mi casa el domingo. 너는 일요일에 우리 집으로 와라.

4. 직설법현재

- Vas al banco −prosiguió con firme acento.
  "너는 은행으로 가는 거다"라고 그는 단호한 어조로 계속 말하는 것이었다.
- Vas y le dices de mi parte.
  그에게 가서 내 의향을 말해줘라.

8. hubiera+과거분사

문법서에는 「과거의 일에 대한 명령」이라고 하지만 오히려 이것은 끝난 것을 상대방에게 「~했더라면 좋았을 텐데」라고 회상적으로 말하는 표현이다.

- ¡Hubieras venido antes! 네가 더 일찍 왔었더라면 좋았을 걸.

9. 까다로운 형태의 명령형

1. ser: 우리말에서는 「~이거라」라는 표현은 많이 사용하지 않지만, 스페인어에서는 ser의 명령형을 자주 쓴다.

   - ¡Sed ambiciosos, chicos! 소년들이여, 야망을 가져라!
   - Sea compasivo con los animales.
     동물을 사랑하십시오. (직: 동물에게 동정적이시오)
   - No seas tonto. 더 현명해져라. (직: 바보가 되지 마라)

2. dejar

   ① 「내버려 두다, ~하는 채로 두다」
   - Déjale tranquilo. 그를 조용히 내버려 둬라.
   - Déjenla estar sola. 그녀를 혼자있게 해주세요.

   ② dejar de+inf. 「~하는 것을 그만두다」
   - Deje usted de molestar. 귀찮게 굴지 말아 주세요.

   ③ Déjeme~ 「~하게 해주세요」
   - Déjeme ver. 어디 좀 봅시다.

   ④ No deje(s) de+inf. 「반드시 ~해 주시오」 (명령 어조)
   - No dejes de venir esta tarde. 오늘 오후에 꼭 오너라.

3. saber
   - Sepa Ud. la lección para mañana. (= Aprenda ...)
     내일까지 그 과를 익혀 두세요.

4. **conste que~** ~라는 것을 명심하다
   - Conste que era enemigo poderoso. (= No olvide ...)
     그는 강력한 상대라는 것을 명심하시오.

〈마드리드의 벼룩시장〉

14 부정사
Infinitivo

1. 부정사의 용법
2. 부정사의 주어
3. 부정사의 형태
4. 특수 용법

① 부정사의 용법

부정사는 동사의 명사적 형태를 말한다. 동사로서 인칭이 없는 형태는 부정사, 현재분사, 과거분사가 있다. 부정사는 동사에서 생긴 명사이고 현재분사는 부사, 그리고 과거분사는 형용사라고 할 수 있다.

1. 명사적 용법

1. 명사 역할을 한다.

- Ver es creer. 보는 것이 믿는 것이다. (백문이 불여일견)
- Me gusta esquiar. 나는 스키타는 것을 좋아한다.

2. 주어, 목적어, 보어의 기능을 갖는다.

- Es mejor no decir nada. [주어] 아무 말도 안 하는 게 낫다.
- Lo mejor es no decir nada. [보어] 가장 좋은 것은 아무 말도 안 하는 것이다.
- Le prometí no decir nada. [목적어] 아무 말도 안 하겠다고 그에게 약속했다.

3. [el+inf.] · [un+inf.]

명사 역할을 하기 때문에 관사가 붙을 때가 있다. 특히 주어일 때 관사가 자주 사용되며 명사라는 것을 강화한다.

- El amar es comprender.
  사랑한다는 것은 이해하는 것이다.
- El ser terco no le traía ningún beneficio.
  완고한 것은 그에게 아무런 이익도 가져오지 않았다.
- La reunión fue un charlar sin sentido.
  그 모임은 아무런 의미없이 잡담하는 것이었다.
- El trabajar es útil.
  일하는 것은 유익하다.

4. [inf.+형용사]

명사처럼 형용사를 동반하기도 한다.

- Mi hablar gracioso la hacía reír.
  나의 익살스런 얘기는 그녀를 웃기곤 했다.

> **Nota**
>
> 형용사를 동반한 부정사
>
> mi parecer 나의 모습
> otro gritar 다른 아우성
> un hermoso anochecer 아름다운 석양
> un continuo moverse 계속되는 움직임

5. [inf.+부사]

명사화되어도 동사의 성질을 잃지 않고 부사를 동반할 수 있다.

- Me cansa ese charlar constantemente.
  그 끊임없이 잡담하는 것이 나를 피곤하게 한다.

6. 부정사의 주어

부정사의 주어가 주동사의 주어와 다를 때, 스페인어에서는 부정사를 사용하여 표현할 수 없다. 아래 예문 (a)에서는 comprar의 의미상 주어가 주동사의 주어와 같기 때문에 스페인어에서도 부정사를 사용할 수 있었지만 (b)에서는 종속동사의 주어와 주동사의 주어가 다르기 때문에 단문을 구성할 수 없는 것이다.

(a) Quiero comprar un coche.
   나는 자동차를 한 대 사고 싶다.
(b) Quiero que mi padre me compre un coche.
   나는 아버지께서 차 한 대를 사주시기를 원한다.

7. [Es+형용사+inf.] (Es의 주어는 inf.)

- Es triste ser mudo(sordo, ciego, cojo).
  벙어리(귀머거리, 장님, 절름발이)인 것은 슬프다.
- Es importante estudiar inglés.
  영어를 공부하는 것은 중요하다.

- El viajar es interesante. 여행(하는 것)은 재미있다.
- Es interesante viajar.
- Creo que es interesante jugar al fútbol.
  축구를 하는 것은 재미있다고 생각한다.

8. 여격대명사

난이, 가능성을 말할 때는 부정사를 사용해서 영어의 [It is ~ for~ to …]에 가까운 형태로 말할 수 있다. 단, [for+사람] 부분은 [para+사람]으로 되는 것이 아니고 여격 me, te, le …를 동사 es 앞에 놓는다.

- Me es difícil(fácil, imposible, necesario) tocar el piano.
  피아노를 치는 것은 나에게 어렵다(쉽다, 불가능하다, 필요하다).

Nota

Es difícil para mí tocar el piano라 해도 문법적으로 틀린 것은 아니지만 스페인어로서는 어색한 표현이며 윗 문장의 형태로 말하는 것이 일반적이다. 이 difícil, fácil이 복문 구성을 취하면 의미가 달라지는 것에 주의해야 한다.

Es difícil que Juan toque el piano.
후안이 피아노를 치는 것은 무리이다.

9. 지각동사

주동사가 지각동사일 때도 부정사를 사용하여 단문을 구성할 수 있다.
　　　　　　　　　　　　　　　　　　　　　　　　　○ 지각동사: p.112
- Te oigo cantar. 나는 네가 노래하는 것을 듣는다.
- Le veo pasar todos los días. 나는 그가 매일 지나가는 것을 본다.

10. 의지의 동사와 함께 쓰이는 부정사 [le+V의지+inf.]　　○ p.191

이 형태는 부정사의 의미상 주어가 거의 대명사일 때 한한다. 물론 다음 문장들은 모두 복문의 형태로 말할 수 있다.

[명령] - Le mandó callar.　→　Mandó a Juan que callara.
　　　　그는 그에게 조용히 하라고 명령했다. → 그는 후안에게 조용히 하라고 명령했다.

[금지] - Nos prohibió publicar el artículo.
　　　　그는 우리들이 그 기사를 발표하지 못하게 했다.

〔사역〕 ● Le hice acercarse al fuego. 〔hacer+inf. ~하게 하다〕
나는 그를 불 가까이로 오게 했다.

〔방임〕 ● ¿Nos deja usar su coche? 〔dejar+inf. ~하는 대로 두다〕
그는 우리들이 그의 차를 쓰게 합니까?

〔허가〕 ● Mi padre no me permite ir allí.
아버지는 내가 저곳으로 가는 것을 허락하시지 않는다.

● La nieve no les permite(deja) patinar.
눈 때문에 그들은 스케이트를 탈 수 없다. (눈이 스케이트 타는 것을 허락하지 않는다)

〔방해〕 ● Quiso impedirme hablar.
그는 내가 얘기하는 것을 방해하려고 했다.

〔요청〕 ● Les ruego no discutir más de política.
당신들, 더 이상의 정치에 관한 토론은 그만 하십시오.

〔권고〕 ● Nos aconseja salir temprano.
그는 우리들에게 일찍 출발하는 게 좋다고 충고한다.

Nota

1. decir가 주동사로서 명령·권고의 성격을 띤다고 해서 부정사를 사용한 단문 구성은 할 수 없으며 반드시 [que+접속법] 형태의 복문 구성을 해야 한다.

   ○ 화법: p.391

   Me dijo pasar. (×)
   Me dijo que pasara. (○)

2. 의지의 동사와 유사한 구성으로 a를 수반한 부정사를 요구하는 것들이 있다.

   Le obligo a confesarlo todo.
   나는 그에게 모든 것을 자백하라고 강요한다. 〔강제〕

   Ayudé a Juan a preparar los exámenes.
   나는 후안이 시험 준비하는 것을 도와주었다.

   Le enseñé a bailar.
   나는 그에게 춤추는 것을 가르쳐 주었다.

11. [de+inf.]

○ de: p.350

- una gorra de dormir 〔명사+de+inf.〕 수면용 모자
- la noticia de haber salido ellos. 그들이 출발했다고 하는 소식
- Los numerales son fáciles de olvidar. 〔형용사+de+inf.〕 숫자는 잊기 쉽다.

- Avíseme antes de salir. 외출하기 전에 알려주세요.
- En vez de ir, llámale por teléfono. 가지 말고 그에게 전화하거라.

2. 형용사적 용법

1. [명사+(전치사)+관계사+inf.] ~해야 할

- No tiene casa en que vivir.
  그에게는 살 집이 없다.

  <u>가야 할 장소</u>   (un) lugar donde ir
  <u>앉을 의자</u>   (una) silla donde sentarse
  <u>쓸 펜</u>   (una) pluma con que escribir
  <u>쓸 종이</u>   (un) papel en que escribir

2. [부정어+que+inf.] ~해야 할

- Tengo algo que contarte. 너에게 말할 것이 있다.
- Tendrás mucho que sentir. (그렇게 하면 후에) 너는 몹시 애석해 할 것이다.
- No tuvo nada que decir. 그는 아무 것도 할 말이 없었다.
- Hay mucho que hacer. 해야 할 게 많다.
- No queda nada que hacer. 해야 할 것은 아무 것도 남아 있지 않다.
- Le di un trabajo que hacer. 나는 그에게 해야 할 일(일거리)을 주었다.

Nota

의무감을 내포하지 않을 때는 que를 쓰지 않고 보통 [algo de+inf.] 형태를 취한다.

  Quiero algo de comer. 먹을 것 좀 원합니다.
  Déme algo de beber. 마실 것 좀 주세요.

[명사+para+inf.]의 형태가 될 때도 있다. 이것은 [V+목적어+para+inf.] 형태의 유용이라고 생각할 수 있다.

  Aquí hay dinero para gastar. 여기에 쓸 돈이 있다.
  Déme un libro para leer. 읽을 책을 주세요.
  Ana quiere una bicicleta para montar. 아나는 탈 자전거를 원한다.

3. [Saber+의문사+inf.] ~하면 좋은지 알고 있다

- No sé qué hacer. 나는 무엇을 해야 좋을지 모르겠어.

- No sé
  - cómo hacer 어떤 식으로 하면 좋을지
  - qué decir 뭐라고 말해야 좋을지
  - qué contestarle 그에게 뭐라고 대답해야 좋을지
  - adónde ir 어디로 가야 좋을지
  - a quién contarlo 누구에게 그것을 말해야 좋을지
  - con quién estar 누구하고 함께 있으면 좋을지
  - cuál coger 어느 것을 취하면 좋을지
  - qué libro escoger 어느 책을 선택하면 좋을지

  나는 모르겠다.

- Ya sé cómo decirlo(por dónde entrar).
  그것을 어떻게 말해야 할지(어디로 들어가야 할지) 이미 알고 있다.

- Él no sabe
  - cuándo venir. 언제 오면 좋을지
  - cuántas coger. 몇 개를 가지면 좋을지
  - cuál leer. 어느 것을 읽으면 좋을지

  그는 모른다.

- cf. Dígale
  - por dónde empezar. 어디부터 시작해야 할지
  - adónde llevarla. 그녀를 이디로 데려가야 할지
  - para qué estudiar. 무엇을 위해 공부하는지
  - de qué hablar. 무엇에 대해 얘기해야 할지

  그에게 말씀해 주세요.

3. 부사적 용법

부정사의 부사적 용법은 내용면에서 보면 목적 · 원인 · 이유 · 결과 · 정도 · 조건 등을 나타낸다.

- Fui allí para verlo. (Fui a verlo) 나는 그를 보러 그곳에 갔다.
- El inglés no es fácil de dominar. 영어를 마스터하는 것은 쉽지 않다.

1. 목적

- Trabaja mucho para pasar el examen.
  그는 시험에 합격하기 위해 열심히 공부한다.

2. 원인

- Se enfermó por beber demasiado.
  그는 과음했기 때문에 병에 걸렸다.

- Me alegro de conocerlo.
  당신을 만나게 되어 반갑습니다.

3. 이유

- Debe ser muy rico para (poder) comprarlo.
  그것을 사다니 그는 매우 부자임에 틀림없다.

4. 정도

- Esto es demasiado difícil de entender.
  이것은 이해하기 너무 어렵다.

5. 조건

- Usted será castigado por hacerlo.
  그렇게 하면 벌을 받습니다. (si lo hace)

Nota

> 부사적 용법에서 문제가 되는 것은 a, de, para, por 등의 전치사들 중에서 어느 것을 사용할 것인가이다.
>
> **Vino solo para verme.** 그는 단지 나를 만나기 위해서 왔다.
>
> 단순히 「보러왔다」면 a verme가 좋을 것이고 「단지 보고 싶어서 왔다」면 por verme [동기 · 원인]으로 될 것이다.

② 부정사의 주어

1. 부정 주어

일반적으로 말하는 것인지, 누가 하는 것인지에는 중요성을 두지 않는 경우이다. (원래「부정사」라 하면 주어가 정해지지 않았음을 의미한다.)

- Se prohíbe fumar.
  금연
  ○ 부정사에 의한 무인칭: p.237

- Carlos III mandó construir ese edificio.
  까를로스 3세가 그 건물을 짓도록 명령했다. (construir의 주어는 부정)

2. [inf.+de+명사]

- el murmurar de las fuentes
  샘물의 속삭임 (속삭이는 주어는 샘물이다)

- Vuestro charlar continuo me molesta.
  너희들의 쉴새없는 재잘거림은 나를 귀찮게 한다. (재잘거리는 주어는 '너희들'이다)

3. 주동사의 주어와 같은 경우

- Mi padre me prometió comprarme una bicicleta.
  아버지께서는 나에게 자전거 한 대를 사주기로 약속하셨다. (comprar의 주어는 아버지)

4. [inf.+주어]

부정사의 주어가 주동사의 주어와 다른 경우는 혼동하지 않도록 주어를 명시한다. 이 경우의 주어는 후치한다.

- El decirlo tú y entenderlo yo me causa nueva admiración.
  네가 그것을 말하고 내가 그것을 이해하는 것은 새로운 놀라움을 자아낸다.

5. 목적어가 부정사의 주어인 경우

- Juan propuso a Pedro venir. [권고] (S+V+간·목+직·목)
  후안은 뻬드로에게 오라고 제안했다. (venir의 주어는 Pedro)

- Juan propuso a Pedro ir juntos a España.
  후안은 뻬드로에게 스페인에 같이 가자고 제안했다. (ir의 주어는 두 사람)

③ 부정사의 형태

1. 부정사의 완료형: haber + 과거분사

- Su padre le dio una paliza por haber roto la ventana.
  그의 아버지는 그가 창문을 깼기 때문에 몽둥이로 때렸다.
- Te premiaron por haber estudiado mucho por todo el curso anterior.
  너는 지난 학기 내내 열심히 공부했기 때문에 상을 받았다. [과거]
- Estoy seguro de haber estado aquí antes.
  내가 전에 이곳에 와 본 적이 있는 게 확실하다. [경험]
- Entonces, te premiarán por haber estudiado mucho.
  그러면 너는 열심히 공부한 일로 상을 받을 것이다. [미래]

부정사의 시제는 다음과 같이 표현할 수 있다.

- Lo que te importa es ┌ llegar.   [현재] 도착하는 것이다.
  너에게 중요한 것은   ├ haber llegado.   [과거] 도착했다는 것이다.
                        └ haber de llegar. [미래] 도착하기로 되어 있는 것이다.

2. 부정사의 부정형: no + inf.

no는 항상 부정하는 말의 앞에 온다. no의 위치에 주의하여 부정문과 혼동하지 말아야 한다.

- Prometió ir. 그는 간다고 약속했다.
- Prometió no ir. 그는 가지 않겠다고 약속했다. (= que no iría)

- Luis tenía resuelto no ir a Madrid mientras pudiera no ir.
  루이스는 마드리드로 가지 않아도 될 동안은 가지 않기로 결정해 놓고 있었다.
- El no asistir a la reunión demuestra falta de interés.
  모임에 참석하지 않는다는 것은 관심이 없다는 증거이다.

▶ **para no+inf.** ~하지 않도록 (목적)

- Hace gimnasia para no engordar. 그는 살찌지 않으려고 체조를 한다.
- Hace gimnasia para que no engorde.

  cf. Se detuvo para hablar. 그는 얘기하기 위해 멈춰섰다.

▶ **por no+inf.** ~하지 않도록 (이유)

- Callaré por no disgustarle.
  그를 불쾌하게 하지 않도록 나는 조용히 있겠다. (불쾌하게 하고 싶지 않기 때문에)

▶ **전치사+no+inf.** (전치사를 포함하는 동사구가 앞에 오면 이 형태를 취한다)

- Ten cuidado de no romper nada.
  아무 것도 깨지 않도록 주의해라.
- El padre los amenazó con no llevarlos a la playa y por eso se tranquilizaron.
  아버지는 그들(아이들)을 해변으로 데려가지 않겠다고 위협했다. 그래서 그들은 조용해졌다.

3. 부정사의 수동형: ser+과거분사

- Muchos codician ser estimados.
  많은 사람들은 존경받기를 갈망한다.
- Se jactaba de haber sido aplaudido.
  그는 박수 갈채를 받았던 것을 자랑하곤 했다. 〔수동완료형〕

④ 특수 용법

▶ **al+inf.** ~하자 (동시성, Cuando~로 바꿀 수 있다)

- Al verme dio un grito.
  나를 보자 그는 소리를 질렀다.
- Al subir al autobús, se resbaló.
  버스에 오를 때 그는 미끄러졌다. (=Cuando subía~)
- Al ir a subir al autobús, se resbaló.
  버스에 오르려고 했을 때 미끄러졌다. (=Cuando iba a subir~)

cf. Al no encontrarle, le dejé un recado.
그를 만날 수 없어서 나는 그에게 메시지를 남겨 두었다. [원인]

▶ **a+inf.** ~이면 (조건, Si~로 바꿀 수 있다)

- A conocer yo su carácter, no le hubiera empleado.
  내가 그의 성격을 알았더라면 그를 고용하지 않았을 텐데.
- A no ser cierto, buen chasco llevaríamos.
  확실하지 않다면, 우리들은 크게 골탕 먹을 텐데.

▶ **de+inf.** ~이면 (조건)

- De haberlo sabido, te habría escrito.
- Si lo hubiera sabido, te habría escrito.
  만일 그것을 알고 있었더라면 네게 편지했을 텐데.
- De seguir las cosas así, no sé adónde iremos a parar.
  일이 이대로 나간다면 우리들의 종말이 어떻게 될지 모르겠다.

▶ **con+inf.** ~하면 (조건); ~함에도 불구하고 (양보)

- Con salir a las seis ya es suficiente. 6시에 떠나면 충분하다.
- Con venir más temprano se acabarán los problemas.
  더 일찍 오면 문제들은 매듭지어질 것이다.
- Con tener tanto dinero, vivo miserablemente.
  그렇게 많은 돈을 갖고 있는데도 나는 비참한 생활을 하고 있다.

▶ **por+inf.** ~하기 때문에 (이유)

- Por correr (haber corrido) tanto, llegó muy cansado.
  그토록 많이 달렸기 때문에 그는 매우 지친 채로 도착했다.

▶ **sin+inf.** ~하지 않고

- Dejó la casa sin barrer. 그는 집을 청소하지 않고 방치했다.

▶ **es de+inf.** ~해야 한다, ~해도 좋다, ~할 가치가 있다

- Es de creer.
  그것은 믿어도 좋다.
- Es de esperar que se mejore de salud.
  그가 건강을 회복하기를 기대해야 한다.

▶ **ser+형용사+de+inf.** ~는 … 하는 것이 ~하다

- Es difícil leer este libro. 이 책을 읽는 것은 어렵다.
- Este libro es difícil de leer. 이 책은 읽기가 어렵다.
- El chocolate era imposible de obtener durante la guerra.
  초콜릿은 전쟁 중에 구하는 것이 불가능했다.

▶ **tener(hay)+명사+por+inf.** 아직… 하고 있지 않은 ~가 있다

- Todavía tengo dos libros por leer(sin leer).
  나는 아직 읽어야 할(읽지 않은) 책이 두 권 있다.
- Había muchas cosas por terminar(sin terminar).
  아직 끝마쳐야 할(마치지 않은) 일이 많이 있었다.

▶ **¿cómo+inf.?** 도대체 어떻게 해서 그런 일이 있을 수 있지? (반어)

- ¿Cómo decírselo sin ofenderla?
  그녀를 화나게 하지 않고 어떻게 그것을 말할 수 있단 말입니까?

▶ **¡cómo no+inf.!** 도대체 어떻게 해서 …하지 않을 수 있지! (믿을 수 없다)

- ¡Cómo no caer en la cuenta!
  도대체 어떻게 해서 그가 알아채지 못하는 거지?

Nota

1. 명령형의 대용: 부정사 앞에 a를 붙여 명령문을 만들기도 한다.   ● 명령문: p.269

   ¡(A) trabajar! 자, 일해라. (=Trabajad.)
   ¡(A) no discutir! 논쟁하지 마라. (=No discutáis.)
   No fumar. 담배 피우지 마라.

2. 부정사로 시작되는 놀라움의 표현

   ¿Salir yo con usted? ¡Jamás! 내가 당신과 외출한다고? 결코 아니야!
   ¿Devolver yo ese dinero? ¡Nones! 나보고 그 돈을 갚으라고? 어림도 없지!

〈부르고스의 대성당〉

15 현재분사와 과거분사

Gerundio y Participio pasado

1. 현재분사

2. 과거분사

① 현재분사 gerundio

현재분사의 규칙적인 형태는 다음과 같이 -ar로 끝나는 동사는 어미 -ar 대신 -ando를 붙이고, -er, -ir로 끝나는 동사는 어미 대신 -iendo를 붙여서 현재분사를 만든다.

hablar	hablando
comer	comiendo
vivir	viviendo

이 외에 현재분사의 불규칙한 형태는 diciendo(← decir), pidiendo(← pedir), sintiendo(← sentir), viniendo(← venir), repitiendo(← repetir), durmiendo(← dormir), muriendo(← morir), pudiendo(← poder), cayendo(← caer), leyendo(← leer), oyendo(← oír), yendo(← ir) 등이 있다.

현재분사는 인칭이나 시제에 따라 변하지 않으며, 주절의 동사의 시제에 따라 과거, 현재, 미래를 나타낸다. 현재분사는 부정사와 마찬가지로 목적어, 보어를 취하는 동사의 기능을 가지면서 형용사 역할을 하기도 한다.

스페인어의 현재분사는 영어의 현재분사처럼 형용사적인 기능을 갖고 있지 않다. 따라서 다음과 같이 관계대명사를 통하여 구성된다.

- un perro que corre 달리고 있는 개
- la gente que vive en Seúl 서울에 사는 사람들
- un hombre que está leyendo una novela 소설을 읽고 있는 남자

스페인어에서 현재분사가 형용사적 역할을 하는 경우는 두 가지뿐이다.

- el agua hirviendo 끓고 있는 물
- la casa ardiendo 불타고 있는 집

1. 진행형: estar + 현재분사

- Los niños están jugando al fútbol. 아이들은 축구를 하고 있다.
- Estoy estudiando español. 나는 스페인어를 공부하고 있다.

1. 진행 상태의 강조

진행 상태를 강조한다. 즉 우리말로 「~하고 있는 중이다」라는 표현에만 사용해야 하고 그리 많이 쓰이지 않는다. 그 이유는 스페인어의 현재시제 및 불완료 과거로 각각 현재와 과거의 진행 행위를 표현할 수 있기 때문이다.

- Lee un libro. ┌ 그는 책을 읽는다. (현재)
  └ 그는 책을 읽고 있다. (진행)
- Hablaba lentamente. 그는 천천히 말하고 있었다. (과거진행)

2. 감정의 강조

진행의 강조뿐만 아니라 때로는 감정의 강조도 나타낸다.

- Estoy deseando que te cases. 나는 말이야, 네가 결혼하길 바란다. (절실하게)
- El profesor está fumando un puro. 선생님이 여송연을 피우고 있다. (의아하게)

3. 의미의 변화

- Estudia en la universidad.
  대학에서 공부하고 있다. (지금 대학생이다)
- Está estudiando en la universidad.
  대학에서 공부하고 있다. (지금 학교에서 한창 공부중이다)

- Estudia en la sala.
  (항상) 응접실에서 공부한다.
- Está estudiando en la sala.
  (지금) 한창 응접실에서 공부하고 있는 중이다.

4. 지속동사와 순시동사

amar, estimar, ir, saber, ser, tener 등과 같은 「지속동사」에 진행형은 필요하지 않다. 그리고 「순시동사」가 진행형을 취하면 행위의 반복성을 갖는다.

- Están golpeando a la puerta. 그들은 문을 쾅쾅 치고 있다.

5. 진행중인 동작

estar 이외에, ir(가다), venir(오다), seguir(계속하다), andar(걷다) 등과 같은 동사는 현재분사와 함께 진행중인 동작을 나타낸다.

▶ **ir+-ndo** 점점(계속) ~하다 (증대)

- Va anocheciendo. 점점 어두워진다.
- Las hojas van perdiendo su verdor.
  나뭇잎들은 점점 그 신록을 잃어가고 있다.
- Van bajando. 그들은 계속 내려간다.

▶ **venir+-ndo** 계속 ~해 오다 (과거 → 현재)

- Vengo observando sus actos.
  나는 그의 행동을 지켜봐오고 있다.
- Venimos reclamando eso desde hace meses.
  우리들은 몇 달 전부터 그것을 요구해 오고 있다.

▶ **seguir+-ndo** 계속(아직도) ~하고 있다 (고집 상태)

- Siguen golpeando. 그들은 계속 문을 두드리고 있다.
- Sigue estudiando en la misma escuela.
  그는 계속 같은 학교에서 공부하고 있다.

▶ **continuar+-ndo** 계속 ~하고 있다

- Continúa lloviendo. 비가 계속 내리고 있다.
- Me vio, pero continuó andando. 그는 나를 보았지만 계속 걸었다.

▶ **andar+-ndo** 여기저기서 ~하고 있다; ~하고 다니다

- Anda diciendo que se va a casar.
  그는 결혼할 거라고 소문을 내고 다닌다.
- ¿No era este el libro que andabas buscando?
  네가 찾아 다녔던 책은 이게 아니었니?

▶ **quedarse+-ndo** 가만히 ~하다 (부동 행위의 계속)

- Se quedó pensando.
  그는 꼼짝않고 생각에 빠져있었다.
- Se quedó contemplando el paisaje de nuestra meseta.
  그는 우리나라 고원지대의 풍경을 바라보는 데 빠져있었다.

2. 부사적 용법: 동사＋현재분사

대체로 「～하면서」, 「～해서」라는 두 가지 의미를 나타낸다.

1. [동시 행위]　～하면서

    - Subió la escalera cantando.
      그는 노래 부르면서 계단을 올라갔다.

    - "Buenos días" : dijo Antonio, sonriendo a Susana.
      "안녕하세요" 라고 안또니오는 미소지으면서 수사나에게 말했다.

2. [상태]　～하면서

    - Estoy perdiendo tiempo hablando contigo.
      나는 너와 얘기하면서 시간을 허비하고 있다.

    - Tú siempre acabas enojándote con todo el mundo.
      너는 항상 모든 사람에게 화를 내면서 끝낸다.

3. [수단]　～해서

    - Cruzamos nadando el río.
      우리들은 수영을 해서 그 강을 건넜다.

    - Su casa está, pasando el puente, a tres kilómetros más allá.
      그의 집은 다리 건너 3킬로미터 떨어져 있다.

4. [목적]　～하려고

    - Me escribió dándome instrucciones.
      그는 나에게 (어떻게 하면 되는지) 지시 내용의 편지를 보내왔다.

    - Han puesto un anuncio solicitando un cocinero.
      그들은 요리사를 구하는 광고를 냈다.

3. 분사구문

　현재분사의 단순형은 「동시성·직전성」을 나타내고 복합형은 「완료」를 나타낸다. 그리고 분사구가 주절의 앞에 위치하는지 뒤에 위치하는지에 따라 내용이 약간 달라질 수 있다. 현재분사의 주어는 현재분사 뒤에 위치한다.

1. [시간] ~하자, ~할 때 (cuando, mientras ~)

   - Yendo hacia tu casa me encontré con un amigo.
     너의 집쪽으로 가고 있었을 때 친구 한 사람을 만났다.
   - Estando yo en Europa, estalló la guerra.
     내가 유럽에 있었을 때 전쟁이 발발했다.

2. [원인 · 이유] ~때문에 (como, porque ~)

   - Corriendo mucho, pudo alcanzar el tren.
     열심히 뛰었기 때문에 그는 기차를 (놓치지 않고) 탈 수 있었다.
     (podrá이면 조건 3이 된다)
   - Estando yo presente, no cometerán esa tontería.
     내가 있는 이상 그들은 그런 바보 짓은 하지 않을 것이다.
   - Siendo pequeña, la sala no cabía toda la gente.
     응접실이 작아서 모든 사람이 다 들어갈 수 없었다.
   - Habiéndose puesto el sol nos apresuramos.
     해가 졌기 때문에 우리들은 서둘렀다.

3. [조건] ~라면, ~하면 (si~)

   - Hablando se entiende la gente.
     얘기하면 사람들은 서로 이해하는 법이다. (동사가 과거이면 2의 원인이 된다)
   - Estudiando un poco más, podrás aprobar el inglés.
     조금 더 공부하면 너는 영어시험에 합격할 수 있을 거야.
   - Poniéndoles un telegrama, te esperarán.
     그들에게 전보를 치면 너를 기다려 줄거야.

4. [양보] ~하지만, ~일지라도, ~인데도 (aunque, pero~)

   - Siendo inteligente, a veces parece tonto.
     그는 현명하지만 때때로 바보처럼 보인다.
   - ¿De qué servirá una vida larga, siendo uno pobre?
     (사람이) 가난한데 장수 따위가 무슨 소용이 있는가?

5. [연결] ~하고 (y~)

   - Saludando a los tres, volví a mi pueblo.
     그 세 사람에게 인사하고 나는 고향으로 돌아왔다.
   - Se ha marchado ocasionándoles graves perjuicios.
     그는 돌아갔지만 그들에게 큰 폐를 끼치는 일이 되었다.

6. [설명적 용법] ~하므로 (삽입구의 형태)

- El capitán, viendo que el barco se hundía, mandó preparar las lanchas de salvamento.
  선장은 배가 침몰하는 것을 보고 구명정을 준비하라고 명령했다. [원인]
- Los alumnos, viviendo lejos, llegaban tarde a la escuela.
  학생들이 멀리 살고 있어서 학교에 늦게 도착하곤 했다. [원인]
- Los chicos, desoyendo la orden, siguieron con sus juegos.
  소년들은 명령을 무시하고 게임을 계속했다. [연결]

7. 독립문에 사용되는 현재분사

1. 그림, 사진, 시 등의 제목에 사용된다.

- César pasando el Rubicón   루비콘 강을 건너는 시저
- Los aldeanos durmiendo la siesta   낮잠자는 마을 사람들
- Los madrileños combatiendo las tropas de Napoleón
  나폴레옹 군대와 싸우는 마드리드 시민들

2. 감탄문에 사용된다.

- ¡El país prosperando!   발전하는 나라!
- ¡Mi madre muriendo!   어머니께서 돌아가시고 있네!

3. 명령형의 역할을 한다.

- andando → anda, andad
- hablando → habla, hablad
- trabajando → trabaja, trabajad

8. 기타 용법

▶ **en+-ndo** ~하자마자 [현대용법: luego que~, en cuanto]

- En acabando de dar la clase iré al cine.
  수업을 끝내자마자 영화관으로 갈 것이다.
- En terminando aquí nos vamos.   여기에서 마치면 즉시 갑시다.

▶ **como+-ndo** 마치 ~하는 듯이   ⊙ como si: p.206

- El buey lo miraba como interrogándole.
  그 황소는 마치 그에게 묻듯이 그를 바라보고 있었다.
- Se metió el dinero en el bolsillo como no dándole importancia.
  그는 별로 중요하지 않은 듯이 그 돈을 주머니에 집어넣었다.

② 과거분사 participio pasado

과거분사의 규칙적인 형태는 다음과 같이 만들어진다. -ar로 끝나는 동사는 어미 -ar 대신 -ado를 붙이고, -er, -ir로 끝나는 동사는 어미 대신 -ido를 붙여서 과거분사를 만든다.

hablar	hablado
comer	comido
vivir	vivido

이 외에 과거분사의 불규칙한 형태는 abierto(← abrir), cubierto(← cubrir), escrito(← escribir), muerto(← morir), puesto(← poner), resuelto(← resolver), roto(← romper), visto(← ver), vuelto(← volver), dicho(← decir), hecho(← hacer), satisfecho(← satisfacer) 등이 있다.

> **Nota**
>
> 규칙 형태와 불규칙 형태 두 개의 과거분사를 갖는 동사가 있는데 불규칙 형태는 주로 형용사로 사용된다.
>
> bendecir → bendecido, bendito elegir → elegido, electo
> corregir → corregido, correcto soltar → soltado, suelto
> convertir → convertido, converso suspender → suspendido, suspenso
> despertar → despertado, despierto sujetar → sujetado, sujeto

과거분사는 과거와 수동의 성격을 지니고 있으며 두 가지 용법이 있다.

(1) 조동사와 어울려 동사 역할을 한다.

  haber + 과거분사
  ser + 과거분사

(2) 그 외의 동사와 어울려 형용사 역할을 한다.

여기서는 (2)의 용법에 대하여 살펴보기로 한다.

> **Nota**
> 과거분사는 조동사 haber와 함께 복합시제를 만들 경우에만 불변하고, 그 외의 모든 경우에는 성·수의 변화를 한다.

1. 형용사적 용법

과거분사는 형용사 역할을 한다고 했는데 cuadrar(네모나게 하다) → cuadrado (네모진)와 같이 과거분사라기보다는 이미 형용사화된 것이 많다.

1. 명사+과거분사

  - un soldado herido 부상당한 병사
  - la casa habitada 사람이 사는 집
  - las hojas caídas 낙엽들
  - un castillo arruinado 황폐된 성
  - paisajes nevados y campos floridos 눈이 내린 경치와 꽃이 만발한 들

2. 과거분사+명사

  - el llamado nuevo arte 소위 신예술 (= el nuevo arte, según se llama)
  - la proyectada boda de don A y doña B A 씨와 B 양의 예정된 결혼

3. 명사+과거분사+그 외의 성분

  - una carta escrita en inglés 영어로 쓰여져 있는 편지
  - una ciudad llamada Toledo 똘레도라고 하는 도시

4. 명사+부사+과거분사 (문형 1에 부사가 첨가된 형태)

  - un matrimonio recién casado 갓 결혼한 부부
  - No digas las cosas ya pasadas. 이미 지나간 것들은 얘기하지 마라.
  cf. la ya pasada contienda. 이미 과거의 일이 된 입씨름
  - Hay mujeres tan mal educadas. 그토록 버릇없는 여자들이 있다.

2. 명사적 용법

◉ 형용사: p.82, 생략: p.482

1. 관사+과거분사

형용사처럼 과거분사에 관사를 붙이면 간단히 명사화할 수 있다. 명사화라기보다는 처음에 붙어 있었던 명사가 생략되어 형용사가 명사로 승격된 형태이다.

casar 결혼시키다 → las mujeres casadas 결혼한 여자들 → las casadas 기혼여성
decir 말하다 → lo dicho 말한 것
hacer 하다 → lo hecho 한 것

- los recién llegados(casados)
  방금 도착한(결혼한) 사람들
- ¿Cuál de las dos puertas, la abierta o la cerrada?
  그 두 개의 문 중에서 어느 쪽입니까? 열린 문입니까, 닫힌 문입니까?
- No sé si hubo muertos pero sé que hay más de diez heridos.
  사망자가 있었는지 모르겠지만 10명 이상의 부상자가 있다는 것은 알고 있다.

2. 이미 명사가 된 경우

- comida 음식
- bebida 음료
- entrada 입구
- salida 출구
- vestido 옷
- calzado 신발
- querido(a) 애인
- conocido(a) 아는 사람
- tratado 조약
- pasado 과거

3. 부사적 용법: S+V+ 과거분사

과거분사의 성·수는 주어에 일치하고 형용사로서 주어와 동사를 모두 수식한다.

◉ 형용사: p.83

- Vienen cansadas.
  그녀들은 녹초가 된 채로 온다. (어미 -as로 주어가 여성임을 알 수 있다)
- Irritado dice algo.
  그는 격분하여 뭔가 얘기하고 있다.
- La vieja sale acompañada de su perro.
  노파는 개를 데리고 외출한다.
- *cf.* Ella recibió un paquete acompañado de una carta.
  그녀는 편지가 첨부된 소포를 받았다. (형용사 용법, paquete를 수식)

- Leer es vivir acompañado.
  읽는 것은 친구를 데리고 사는 것이다. (책은 인생의 벗)

> **Nota**
> 부정사는 무인칭으로 주어가 없으므로 acompañado라는 남성(여기서는 중성) 단수가 사용되었다.

4. 목적어의 보어가 되는 과거분사

```
┌ S+V+O+과거분사
└ V+과거분사+O
```

과거분사는 목적어를 수식하므로 목적어의 성·수에 일치한다.

○ 형용사: p.84

- Yo no quiero nada dado.
  나는 아무 것도 달라고 하지 않는다. (선물 같은 것은 싫다. nada는 중성)
- No te sabía tan preparado en civilización oriental.
  네가 그렇게 동양문화에 통달해 있는지는 몰랐다.
- Se alegró al saberme interesada por su dolor.
  그는 내가 그의 고통에 관심을 갖고 있다는 것을 알고는 기뻐했다.

소유의 동사(주동사가 tener, llevar, traer 등)와 어울려 「과거분사가 의미하는 상태로 해두다」라는 표현을 할 수 있다.

▶ **tener**+과거분사+O ~을 해두고 있다   ○ p.84 / p.102

- Téngame preparado el baño.
  목욕 준비 좀 해주세요.
- Todos tenéis metida en la cabeza mi dirección de antes.
  너희들 모두는 내 전 주소를 머리 속에 넣어 두었구나.

▶ **llevar**+과거분사+O

- Llevo dicho esto mismo docenas de veces.
  이것은 내가 골백 번 얘기하고 있다.

▶ **traer**+과거분사+O

- Traen todos puesto el abrigo.
  모두들 외투를 입고 와 있다.

▶ **dejar**+과거분사+O 과거분사의 상태로 해 두다

- dejar las luces encendidas
  전등을 켜둔 채로 두다
- dejar las puertas abiertas
  문을 열어둔 채로 두다
- Si sales de la casa, deja dicho dónde vas.
  만약 네가 외출하면 어디로 가는지 얘기해 두어라.

5. 술부동사에 사용되는 과거분사

이 경우 과거분사의 성·수는 주어에 일치한다.

▶ **estar**+과거분사   동작의 결과·상태   ○ 수동: p.253

- Siéntate. 앉아라.
- Estáte sentado. 앉아 있거라.
- El cielo está despejando. 하늘은 개이고 있다. (진행중)
- El cielo está despejado. 하늘은 활짝 개어 있다. (정지)
- El abrigo está agujereado por la polilla.
  외투는 좀 때문에 구멍이 나 있다.
- Las tiendas están cerradas(abiertas) a esa hora.
  그 시간에 가게들은 닫혀(열려) 있다.
- Está visto lo que se puede esperar de él.
  그에게서 기대할 수 있는 것은 뻔하다.

▶ **quedar**+과거분사   어떤 행위의 결과·상태 (놀란 상태에 자주 쓰인다)

- Quedamos aturdidos por la noticia. 그 뉴스에 우리들은 아연실색했다.
- Queda hecho lo principal. 주요한 것은 (이미) 되어 있다.
- Los alumnos quedaron dormidos. 학생들은 졸고 말았다.
- Nos quedamos asombrados. 우리들은 놀랐다.
  cf. Se quedó pensando. 그는 생각에 잠겨 있었다.

6. 분사구문

주동사의 주어와 다른 주어를 취할 때는 현재분사의 분사구문과 같이 그 주어는 후치한다. 분사구문은 대체로 문어체이며 용법은 부정사·현재분사의 경우와 같다.

1. [시간] ~하자 …하고 (cuando~, ~ y…)

   - Leída la carta, la hizo mil pedazos.
     편지를 읽고는 그는 그것을 갈기갈기 찢어버렸다.
   - (Habiendo) Levantado el campamento, se pusieron en marcha.
     야영지를 철수하고 그들은 출발했다.

   Nota

   > 내용이 「시간」일 경우는 después de, antes de 등과 같은 전치사와 어울리는 경우가 있다.
   >
   > Después de muerto yo, que hagan lo que quieran.
   > 내가 죽은 후에는 당신들 마음대로 하시오.
   > Una vez terminados mis asuntos iremos a pasear.
   > 일단 나의 일들을 끝내고 산책하러 갑시다.
   > Estuvimos bebiendo y cantando hasta pasada la medianoche.
   > 자정이 지날 때까지 우리들은 마시고 노래부르고 있었다.

2. [원인] ~이므로 (como~)

   - Declarada la guerra, las comunicaciones eran inseguras.
     전쟁이 선포되었기 때문에 통신은 불안정했다.
   - Visto que no hubo nada inconveniente, lo aprobó.
     아무런 지장이 없음을 보고 그는 그것을 승인했다.
   - Conseguida la licencia, no habrá ningún impedimento para el viaje.
     허가를 받았으니 여행에 아무런 장애도 없을 것이다.

3. [양태] ~해서 (삽입 형태를 자주 취한다)

   - La casa, puertas y ventanas cerradas, parecía abandonada.
     그 집은 문과 창이 닫혀 있어서 빈 집 같았다. (=con las puertas…)
   - El mar, agitado, producía el ruido de una serie de truenos.
     바다는 파도가 일어서 우레와 같은 소리를 내고 있었다.

4. [가정·조건] ~하면 (si~)

   - Una vez impuesta la pena, es difícil modificarla.
     일단 형벌이 부여되면 그것을 변경한다는 것은 어렵다.
   - Depositada en Correos antes de las ocho de la mañana puede ser distribuida en Londres el mismo día.
     (편지가) 오전 8시 이전에 우체국에 맡겨지면 당일에 런던으로 배달될 수 있다.

- Comprado un aire acondicionado, tendremos un verano agradable.
  에어컨을 사면 우리는 쾌적한 여름을 보낼 수 있을 것이다.

> **Nota**
>
> 바로 윗 문장은 「에어콘을 샀기 때문에 쾌적한 여름을 보낼 수 있을 것이다」(2의 원인)으로 해석할 수 있고 또 그것이 일반적인 표현이다. 따라서 단순한 조건으로서 「에어컨을 산다면…」(아직 사지 않았다)라고 하는 경우는 현재분사를 사용하는 것이 적당하다.

5. [양보] ~이지만 (**aunque**)

- Escrito de prisa, el libro no tiene ninguna falta.
  서둘러 집필되기는 했지만 그 책에는 아무런 오류도 없다.
- La tinta, descolorida por el tiempo, no se ha borrado y permite una lectura fácil.
  잉크는 세월과 함께 색이 바랬지만 지워지지 않아서 쉽게 읽을 수 있다.

〈똘레도의 대성당〉

16 부정어와 부정어
Indefinidos y Negativos

1. 부정어 indefinidos
2. 부정어 negativos

① 부정어 indefinidos

부정어 indefinidos는 다음에 이어 나오는 부정어 negativos와 대립된다.

부정어 (indefinidos)	부정어 (negativos)
algo 어떤 것	nada 아무 것도 아니다
alguien 누군가	nadie 아무도 아니다
alguno 누군가, 어떤 것	ninguno 어떤 사람·것도 아니다
siempre 항상	nunca, jamás 결코 ~ 않다
algún día 언젠가	
alguna vez 언젠가	
o ~, o ~ o ~ 혹은, 아니면	ni ~, ni ~ ni ~ ~도 아니다
también 역시 ~이다	tampoco 역시 ~아니다
con ~와 함께	sin ~없이
casi 거의	apenas 거의 ~않다

Nota

부정어에는 uno, otro, tal, tanto, semejante, todo, cierto, vario(as), mismo, propio, ajeno, así 등도 있다.

1. algo

1. [대명사] 어떤 것, 뭔가

- ¿Sucede algo? 뭔가 일어났습니까?
- Leeré algo. 나는 뭔가를 읽겠다.
- ¿Quiere Ud. algo? 뭔가를 원하십니까?
- ¿Quiere Ud. alguna cosa? 뭔가를 원하십니까?
  (조금 구체적이며 선택의 기분이 있다)

2. [부사] 약간, 조금
   - Me parece algo caro. 조금 비싼 것 같군요.
   - El enfermo está algo mejor. 환자는 조금 좋아졌습니다.

3. algo de+명사 얼마간 (셀 수 없는 것)
   - Tengo algo de dinero en la cartera. 지갑에 나는 돈을 약간 갖고 있다.
   - Tiene algo de bueno. 그에게는 약간 좋은 점이 있다.

4. tener algo que+inf. ~해야 할 어떤 것 ◯ 부정사: p.278
   - Tengo algo que contarte. 나는 너에게 말 할 것이 있다.

5. por algo 뭔가 이유가 있어서
   - Por algo me dice Ud. eso.
     뭔가 이유가 있어서 당신은 그것을 나에게 말하는 것이군요.

6. servir para algo 뭔가에 도움이 된다
   - No sé si esto le servirá para algo.
     이것이 당신에게 뭔가 도움이 될지 모르겠습니다.

7. faltar algo para+inf. ~에는 아직 조금 부족하다
   - Falta algo para dos metros.
     2m에는 아직 조금 부족하다.
   - Aún te falta algo para saber tanto como él.
     그 사람만큼 알기에는 아직도 너는 조금 부족하다.

8. algo así 대략
   - De aquí a allá habrá algo así como tres kilómetros.
     여기에서 거기까지는 약 3km 정도 될 겁니다.
   - Me dice que irá a verte un día de estos, o algo así.
     근일 중에 그가 너를 만나러 갈 거라고 대충 그런 얘기를 하더라.

2. alguien 누군가
   - Si pasa alguien, me avisas. 누군가 지나가면 알려줘.
   - Se refiere a alguien determinado. 특정한 누군가에 대한 얘기입니다.
   - ¿Hay alguien? 누구 계십니까?

3. alguno(as) [algún] (~중의) 누군가 [대명사]

　alguien은 단독으로 처음 나올 때 쓰이지만 alguno는 어떤 그룹 중의 누군가를 가리킨다.

- ¿Ha venido alguien? 누가 왔습니까?
- ¿Ha venido alguno? (=alguno de ellos의 뜻)

- Alguien contestó que sí. 누군가가 그렇다고 대답했다.
- Algunos contestaron que sí, otros dijeron que no.
  어떤 사람들은 그렇다고 대답했고 또 다른 사람들은 아니라고 말했다. (복수로 사용)

▶ **algún(alguna)**+명사　어떤~;　**algunos(as)**+명사　약간의~ [형용사]

- en algún sitio(lugar), en alguna parte　어떤 곳에
- de algún modo, de alguna manera　어떤 방법으로
- alguna vez　언젠가
- algunas veces　때때로
- No tiene ninguna casa en Seúl. 그는 서울에 집이 한 채도 없다.
- No tiene casa alguna en Seúl. (강조: 집이라고는 단 한 채라도)

4. uno(as)

1. [형용사]　**unos, unas** 약~ ;　**un, una** 하나의

   - Hay unas cincuenta personas.
     약 50여 명이 있다.
   - Me indicó unos cuantos libros.
     그는 나에게 몇 권의 책을 지적했다. (=algunos)

2. [대명사]　**uno, una.** 어떤 사람, 사람은(누구라도)　　◐ 무인칭: p.233

   - Descansar es reposar para reparar las fuerzas cuando uno está cansado.
     휴식한다는 것은 사람이 지쳤을 때 기력을 회복하기 위해 쉬는 것이다.

3. [형용사와 대명사]

   [un → 명사]　[uno ← 형용사]

   - **un nuevo** 한 명의 신참자 [형용사]
   - **uno nuevo** 새로운 것 [대명사]

- algún rico 어떤 부자 [형용사]
- alguno rico 부자인 어떤 사람 [대명사]

5. otro

1. [형용사] 다른

   - Tráeme otras mejores. 더 좋은 다른 것들을 가지고 오세요.
   - ¿No tiene otro azul? 그밖에 파란 것은 없습니까? [명사가 생략된 형태]
   - Eso es otra cosa. 그것은 다른 것입니다(별개입니다).

2. [대명사] 다른 사람

   - Que lo haga otro. 다른 사람보고 그걸 하라고 해라. [간접 명령]
   - Los otros vendrán más tarde. 다른 사람들은 뒤에 올 겁니다.

3. 더, 또 다른

   - Dame otros cinco dólares. 5달러를 더 다오.
   - Este chico va a ser otro Velázquez.
     이 소년은 또 다른 벨라스께스(훌륭한 화가)가 될 것이다.

4. [비교] otro tanto 같은 양(수)의

   - En las tres ciudades, mandó levantar otros tantos edificios.
     세 도시에 세 건물을 짓도록 그는 명령했다.

6. uno-otro

1. uno y otro 양쪽 모두 (=ambos)

   - Uno y otro han contribuido materialmente al buen éxito del proyecto.
     이것도 저것도 모두 계획의 성공에 물질적으로 기여했다.
   - No era ni una cosa ni otra. 이것도 저것도 모두 아니었다.

2. uno u otro 어느 한쪽

   - Uno u otro, no importa cuál. 어느 것이라도 상관없으니 어느 한쪽 것을 다오.
   - Lo hizo por algún(un) motivo u otro. 이런 저런 이유로 그는 그것을 했다.

3. uno ~ otro… ~도 있고 …도 있다

- Uno es rojo. Otro es verde. Los demás son negros.
  하나는 빨갛고 또 하나는 녹색이고 그 나머지 것들은 검은 색입니다.
- Uno salía y otro entraba.
  한 사람은 나가고 있었고 다른 사람은 들어오고 있었다.
- Los unos dicen que sí y los otros que no.
  좋다고 하는 사람들도 있는가 하면 안 된다고 하는 사람들도 있다.
- Unos son de España y otros son de Francia.
  일부는 스페인 출신이고 또 다른 사람들은 프랑스 출신이다.
- Va uno a un sitio y otro a otro.
  한 사람은 여기로 가고 다른 사람은 저기로 간다.
- A unos les gusta más ir a la sierra, a otros les gusta ir a las playas.
  산으로 가는 것을 좋아하는 사람들도 있고 해변으로 가는 것을 좋아하는 사람들도 있다.

세 항목 이상일 때는 무관사로 unos~, otros~ y otros …로 된다.

4. 기타

- Viene un día sí y otro no. 그는 격일로 오고 있다.
- Fueron fracasando uno tras otro. 그들은 실패의 연속이었다.

7. tanto

1. [부사] 그토록 (불변)

   - No hables tanto. 그렇게 재잘거리지 마라.
   - ¿Por qué trabajas tanto? 너는 왜 그렇게 열심히 일하니?

2. [형용사] 그렇게 많은 (성·수 변화)

   - No quiero tanta sopa. 난 그렇게 많은 수프는 필요 없어요.
   - Va y viene tanta gente. 그렇게 많은 사람들이 왕래한다.

3. 숙어

   - Le di *tanto cuanto* me pidió. 나는 그가 요구하는 것을 모두 주었다.
   - Hubo cincuenta *y tantas* víctimas. 50여 명의 희생자가 발생했다.
   - el año mil novecientos treinta *y tantos* 1930 몇 년에
   - el día *tantos* de diciembre (= a tantos de diciembre) 12월 며칠에

- Ganó nuestro equipo *por 2 tantos a 1*. 우리 팀이 2대1로 이겼다.
- El calor ha cedido *algún tanto*. 더위는 약간 누그러졌다. (un tanto)

8. tal

- No dijo tal. 그는 그렇게는 말하지 않았다.
- No haré tal. 나는 그렇게는 하지 않겠다.
- No conozco a tal persona. 나는 그런 사람은 모른다. (=semejante)
- Estaré allí tal día a tal hora. 나는 며칠 몇 시에 그곳에 가 있겠습니다.
- Dijo tal y cual pero yo no me enteré de nada.
  그는 이러쿵 저러쿵 얘기했지만 나는 전혀 알 수 없었다.

9. cualquiera

1. [대명사] 누구일지라도 (사람)

   - Cualquiera puede hacer eso. 어느 누구라도 그것을 할 수 있다.

2. [형용사] **cualquier**+명사; 명사+**cualquiera** 어떤 ~라도

   - cualquier libro 어느 책이라도
   - un libro cualquiera 어떤 책일지라도 [강조]
   - Cualquier día iré a Sevilla. 언제든지 내가 세빌랴로 가마.
   - Un trapo cualquiera me sirve a cualquier hora del día.
     어떤 누더기일지라도 그 날은 종일 나에게 도움이 된다.
   - Hágalo de cualquier manera(modo).
     어떤 방법이라도 좋으니까 어쨌든 그것을 하세요.

   Nota
   복수형 cualesquiera는 거의 사용하지 않는다.
   - Cualesquiera leyes son buenas. (거의 사용하지 않는다)
   - Cualquier ley es buena.
   어떤 법이라도 좋은 것이다.

3. 기타 부정어

   1. dondequiera 어디든지 (=en cualquier parte)

      - Dondequiera que va es estimado. 그는 어디에 가든지 존경받는다.

2. **quienquiera** 누구라도, 누구든지
   - Deja pasar a quienquiera que venga. 누가 오든지 통과시켜라.

3. **cuando quiera** 언제든지
   - Cuando quiera que vengas, te atenderé. 언제 오든지 간에 너를 응대하겠다.

4. **comoquiera** 아무튼, 어떻게 해서든지
   - Comoquiera que sea, iremos. 어떻게 해서든지 우리는 갈 것입니다.

② 부정어 negativos

긍정어 (afirmativos)	부정어 (negativos)
algo 어떤 것	nada 아무 것도 아니다
alguien 누가	nadie 아무도 아니다
alguno 누군가, 어떤 것	ninguno 어떤 사람·것도 아니다
siempre 항상	nunca 결코 ~않다
también 역시 ~이다	tampoco 역시 ~아니다
casi 거의	apenas 거의 ~않다
todavía 아직	jamás 결코 ~않다
sí 네, 그렇다	no 아니오, 아니다
con ~와 함께	sin ~없이
y 그리고	ni ~도 없이

1. 부정어(negativos)의 특성

1. no 이외의 부정어가 동사보다 앞에 있으면 부정문인 것이 확실하므로 동사 앞에 no를 붙일 필요가 없다.

- Nunca estudia. 그는 결코 공부하지 않는다.
- No estudia nunca.

2. 단문 내에서는 부정어가 중복되어도 이중 부정, 즉 긍정이 되지 않는다.

- Yo no dije nada a nadie. 나는 아무에게 아무 것도 말하지 않았다.
- No quiero ni café ni helado. 나는 커피도 아이스크림도 싫다.

3. 「사람」의 부정어(indefinidos)와 부정어(negativos)에는 a가 붙는다.

- ¿Ha visto Ud. a alguien? —No, no he visto a nadie.
  누군가를 보셨습니까? 아니오, 아무도 못 봤습니다.

> **Nota**
>
> 비교에 부정어를 사용하는 경우: más que nada(nadie, nunca)
>
> Sabe de cine más que nadie(nada).
> 그는 누구보다도(무엇보다도) 영화에 대해 잘 알고 있다.

2. 부정어의 용법

1. no

일반적인 용법은 [no+V]이다. 그 이외의 용법에서는 어느 말을 부정하고 있는지 주의해야 한다.   ◐ no+inf. : p.282

- Esa chica es no guapa, sino guapísima.
  그 아가씨는 예쁜 정도가 아니라 얼마나 예쁜지 모른다.
- La no existencia de pruebas no demuestra nada.
  증거의 부재는 아무 것도 증명할 수 없다.

2. nada

1. [대명사] 아무 것도 ~ 않다

   - Nada sucede. 아무 것도 일어나지 않는다.

2. [부사] nada+형용사(부사) 전혀 ~않다

   - Esta tela no es nada fuerte. 이 천은 전혀 질기지 않다.
   - No eres nada rápido. 너는 전혀 빠르지 않다.

3. nada de+불가산명사 전혀 ~않다

- No tiene nada de inteligencia. 그는 지성이라고는 전혀 갖고 있지 않다.
- No se encuentra nada de bien. 그의 몸 건강 상태는 전혀 좋지 않다.
- ¡Nada de excusas! 변명 따위는 안 통한다.

3. nadie

- Nadie lo conoce. 아무도 그를 모른다.
- Su suegro es un nadie. 그의 장인은 별 대단한 사람이 아니다.

4. ninguno(a)   ◐ alguno: p.304

- Ninguna de las casas que he visto me ha gustado.
  내가 보았던 집들 중에서 아무 것도 내 마음에 들지 않았다. 〔대명사〕
- En ninguna (otra) fiesta me he divertido como en esta.
  다른 어떤 축제에서도 이번 축제만큼 즐겨본 적은 없다. 〔형용사〕
- No he podido encontrarlo por ningún lado.
  나는 그것을 어디에서도 찾아낼 수가 없었다.

5. nunca, jamás

둘 다 같은 의미지만 jamás가 강조의 의미를 더 나타낸다. 그러나 nunca가 더 많이 쓰이며 nunca jamás라고 중복해서 사용하기도 한다.

- Jamás(Nunca) le he visto. 그를 한 번도 본 적이 없다.
- No le he visto jamás.

6. no(ni) A ni B(양자 부정)   A도 B도 ~않다

- Alicia y María no fueron al cine. 알리시아와 마리아는 영화관에 가지 않았다.
- Ni Alicia ni María fueron al cine. 알리시아도 마리아도 영화관에 가지 않았다.
- Es una llanura sin árboles ni vegetación. 그것은 수목도 식물도 없는 평원이다.

7. tampoco   역시 ~아니다

- No lo creo yo tampoco. 나 역시 그것을 믿지 않는다.
- Tampoco lo creo yo.
- No me invitaron y tampoco hubiera podido ir.
  나는 초대받지 않았고 또한 갈 수도 없었다.

17 비교
Comparación

1. 비교의 문형과 비교의 대상
2. 동등 비교
3. 우열 비교
4. 최상급
5. 비교와 관련된 표현
6. 비교의 의문문

① 비교의 문형과 비교의 대상

1. 비교의 문형

1. 형용사

> más(menos) + 형용사 + que
> 정관사 + más(menos) + 형용사 + 전치사(de, entre)
> tan + 형용사 + como

- París es más grande que Madrid.
  파리는 마드리드보다 더 크다.
- Busan es más pequeña que Seúl.
  부산은 서울보다 더 작다.
- Esta flor es la más hermosa entre todas.
  이 꽃이 모든 꽃 중에서 가장 예쁘다.
- Esta flor es tan hermosa como aquella.
  이 꽃은 저 꽃만큼 예쁘다.

2. 부사

> más(menos) + 부사 + que
> más(menos) + 부사 + 전치사(de, entre)
> tan + 부사 + como

- Carlos habla más rápido que Ana.
  까를로스는 아나보다 더 빠르게 말한다.
- Carlos es el que habla más rápido de todos.
  까를로스는 모든 사람 중에서 제일 빠르게 말한다.
- Carlos habla tan rápido como Ana.
  까를로스는 아나만큼 빠르게 말한다.

3. 명사

> **más(menos) ··· que**
> **tanto ··· como**

- Tiene más libros que tú.
  그는 너보다 더 많은 책을 갖고 있다.
- Tiene menos dinero que tú.
  그는 너보다 더 적은 돈을 갖고 있다.
- Tiene tanto dinero como tú.
  그는 너만큼 돈이 많다.
- Tiene tantos libros como tú.
  그는 너만큼 많은 책을 갖고 있다.

4. 동사

> **más(menos) que** (양)
> **mejor(peor) que** (질)
> **tanto como** (양)
> **tan bien como** (질)

- Juan trabaja más que yo.
  후안은 나보다 일을 더 많이 한다.
- Juan trabaja menos que yo.
  후안은 나보다 일을 더 적게 한다.
- María habla inglés mejor que yo.
  마리아는 나보다 영어를 더 잘 한다.
- Carlos escribe peor que yo.
  까를로스는 나보다 더 서툴게 쓴다.
- Juan trabaja tanto como yo.
  후안은 나만큼 일한다.
- María habla inglés tan bien como yo.
  마리아는 나만큼 영어를 잘 한다.

2. 비교의 대상

한국어에서는 「모스크바는 마닐라보다 크다」와 「모스크바는 마닐라보다 춥다」라는 두 개의 문장이 같은 문형으로 되지만 스페인어에서는 달라진다.

    (a) Moscú es más grande que Manila.
    (b) En Moscú hace más frío que en Manila.

(a)를 (b)의 형태로 Moscú es más frío…라고 말하면 틀린다. 그 이유는 (a)에서는 두 개의 도시 그 자체를 비교하고 있는 것에 반해 (b)는 두 도시의 기후를 비교하고 있기 때문이다. 이런 식으로 비교에 있어서 우리말의 문형과 스페인어의 문형 사이에 차이가 있는 경우가 많으므로 주의해야 한다.

내용상 비교 대상은 사람·물건·일·개념 등이겠지만 여기에서는 우선 문법적 요소에 의해 「비교하는 것」을 살펴본다.

1. 주어

- España es más grande que Corea del Sur. 스페인은 남한보다 더 크다.
- Tiene más vacas que yo. 그는 나보다 암소를 더 많이 갖고 있다.

2. 부정사(주어)

- Es más fácil ver que imaginar. 상상하는 것보다 보는 것이 더 쉽다.
- Más vale dar que recibir. 받는 것보다 주는 것이 더 가치가 있다.

3. 직접목적어

- Mejor quiero la pobreza que la vergüenza. 나는 수치보다는 가난을 원한다.
- Tiene más vacas que caballos. 그는 말보다 암소를 더 많이 갖고 있다.

4. 간접목적어

- Les tenía más miedo a los perros que a los gatos.
  그는 고양이보다 개를 더 무서워했다.
- Me salen(resultan) quince dólares menos que a ti.
  나는 너보다 15달러 적게 들었다.   ◐ 생략: p.483

5. 형용사

- Es más bien rico que pobre.
  그는 가난하기보다는 오히려 부자이다.
- El cesto es tan alto como ancho.
  바구니는 넓이 만큼 높기도 하다. [속성]
- España es un país más agrícola que industrial.
  스페인은 공업국이라기보다는 농업국이다.

6. 부사

- Ayer me levanté más tarde que de ordinario.
  어제는 평소보다 더 늦게 일어났다. [시간]
- Hoy el agua está más fría que ayer.
  오늘은 물이 어제보다 더 차갑다.

7. 동사

- Juega más que estudia.
  그는 공부하는 것보다 더 많이 논다.

8. 전치사＋명사

- Es más fácil llevar carbón en un carro que a mano.
  손으로 석탄을 운반하는 것보다 짐수레로 운반하는 것이 더 쉽다. [방법]
- Al sol hace más calor que a la sombra.
  양지가 음지보다 더 덥다. [장소]
- Hace menos calor en junio que en julio.
  6월은 7월보다 덜 덥다. [시간]

9. A (구체): B (추상)

- Vino más temprano de lo que imaginábamos.
  우리가 생각했던 것보다 그는 더 일찍 왔다.

10. 생략

- Yo puedo correr más rápido que antes.
  나는 전보다 더 빨리 달릴 수 있다. [A항: ahora: B항: antes]

- Yo corro más que tú.
  나는 너보다 잘 달린다. (más rápido)
- Esta chica es guapa, pero aquella es más (guapa que esta).
  이 아가씨는 미인이다. 그러나 저 아가씨가 더 예쁘다. (B항)

② 동등 비교 comparación de igualdad

동등 비교의 표현에 있어서 기능적인 중심을 이루고 있는 tanto는 명사 앞에서는 tanto(as)로 되고, 형용사와 부사 앞에서는 tan, 단독 사용의 부사로서는 불변화인 tanto como라는 것을 알아두어야 한다.

1. tan+형용사+como~   ~와 같은 정도(동사는 주로 ser, estar)

- Yo soy tan alto como tú.
  나는 너만큼 키가 크다.
- No le creo tan inteligente como dicen.
  나는 그가 소문만큼 현명하다고 생각하지 않는다.
- Es tan grande como este.
  그것은 이것만큼 크다.

2. 명사+tan+형용사+como~

- Él es tan buena persona como su hermano.
  그는 형만큼 좋은 사람이다.
- Nunca he visto a hombres tan estúpidos como estos.
  이 사람들만큼 우둔한 사람들을 결코 본 적이 없다.

3. ser tan+형용사$_1$+como+형용사$_2$ ~이기도 하고 …이기도 하다

- El libro es tan interesante como instructivo.
  그 책은 재미도 있고 교육적이기도 하다.

- ┌ • Susana es tan bonita como lista. 수사나는 예쁘기도 하고 현명하기도 하다.
  └ • Susana es bonita y lista a la vez.
- • El bárbaro es tan bárbaro en la corte como en la montaña.
  야만인은 궁정에 있어도 산에 있어도 야만인이다.

4. tan+부사+como~   ~만큼 …하다

- • Yo corro tan rápido como tú.
  나는 너만큼 빨리 달린다.
- • Hablan español tan bien como cualquier español.
  그들은 어느 스페인 사람만큼 스페인어를 잘 한다.

5. 동사+tanto como~   ~만큼 …하다

- • Yo estudio tanto como tú (estudias). 나는 너만큼 열심히 공부한다.
- • Él no sabe tanto como (ellos) dicen. 그는 소문만큼 많이 알고 있지는 않다.
- • No conocer el Rastro es casi tanto como no conocer el Prado.
  라스뜨로(벼룩시장)를 모른다는 것은 쁘라도 미술관을 모른다는 것이나 거의 마찬가지이다.

6. tanto(as)+명사+como~   ~와 같은 정도(수량을 비교)

- • ¿Sabe Ud. tantos poemas como ella?
  당신은 그녀만큼 시(의 수)를 많이 알고 있습니까?
- • No tiene tanto dinero como su hermano.
  그는 자기 형만큼 돈을 갖고 있지 않다. (불가산명사는 항상 단수형)
- • ¿Tiene Ud. más fotos que él? −No, tengo tantas como él.
  당신은 그보다 사진을 더 많이 갖고 있습니까? 아니오, 그와 비슷합니다.

7. 주어+동사+tanto(as)+명사$_1$+como+명사$_2$ ~도 …도 같은 정도로

- • Tengo tantas camisas como corbatas.
  나는 셔츠도 넥타이도 같은 정도로 갖고 있다.

8. tanto+A+como+B   A도 B도 …

이 문형을 문형 6, 7과 혼동해서는 안 된다. 문형 6, 7과 같이 수량을 비교하는 것이 아니라 A와 B를 화제에 올리는 것이 tanto의 역할이기 때문에 성·수의 변화는 하지 않는다.

- Tanto los muchachos como las niñas usan este campo de juego.
  소년들도 소녀들도 이 운동장을 사용하고 있습니다.
- Tanto Juan como Pedro juegan muy bien al tenis.
  후안도 뻬드로도 테니스를 매우 잘 한다.
- Me gusta tanto la carne como el pescado.
  나는 고기도 생선도 다 좋아한다.

Nota

tanto~ como…는 A와 B 두 개를 비교하는 역할을 하기 때문에 다음과 같은 용법도 있다.

Tanto si viene como si no viene, no nos importa.
그가 온다 해도 오지 않는다 해도 우리에게는 상관없다.

Supera a todos tanto en inteligencia como en honradez.
그는 지성에 있어서도 성실성에 있어서도 모든 사람을 능가한다.

9. no+V^{직설법}+tan+형용사+que+V^{접속법} … 할 만큼 ~가 아니다 [필요조건 부정]

- Ese muchacho no es tan inocente que vaya a creer eso.
  그 소년은 그것을 믿을만큼 철부지가 아니다.

10. B항(비교대상)의 생략

- No quiero tanta sopa.
  그렇게 많은 수프는 원치 않습니다. (como me sirve Ud.)
- No te esperaba tan pronto.
  네가 그렇게 빨리 오리라고는 생각하지 않았다. (como has venido)

③ 우열 비교

1. 우열 비교와 동등 비교의 차이

(a) La vaca es menos pesada que el elefante.
   암소는 코끼리보다 덜 무겁다.

(b) La vaca no es tan pesada como el elefante.
   암소는 코끼리만큼 무겁지 않다.

위의 두 문장은 내용은 같지만 심리적인 기준이 다르다. 즉 (a)는 차이를 말하는 기분이 더 적극적인 동시에, 코끼리와 암소에 대한 심리적인 차이도 (b)보다 크다. 따라서 동등 비교의 부정형은 다음과 같이 차이가 좀더 적은 경우에 사용한다.

- El aceite no es tan pesado como el agua.
  기름은 물만큼 무겁지 않다.

다음과 같은 용법의 차이도 볼 수 있다.

(a) Él tiene menos dinero que yo. 그는 나보다 돈을 더 적게 갖고 있다.
(b) Él no tiene más dinero que yo.

위의 예문에서 (b)의 우등 비교 부정형은 no más que [단지 ~밖에]와 혼동되기 때문에 일반적으로 사용되지 않는다.

다음의 예문은 열등 비교와 형태가 비슷하지만 그 내용은 비교가 아닌 경우이다. 즉 que는 접속사가 아니라 관계대명사이다.

- Eso es lo menos que puede usted hacer. 당신이 할 수 있는 최소의 일입니다.

불규칙 비교급

형용사	비교급
mucho 많은	más 더 많은
poco 적은	menos 더 적은
bueno 좋은	mejor 더 좋은
malo 나쁜	peor 보다 나쁜
grande 큰	mayor 더 큰, 연상의 más grande 더 큰
pequeño 작은	menor 더 작은, 연하의 más pequeño 더 작은

부 사	비교급
mucho 많이	más 더 많이, 보다 더
poco 적게	menos 더 적게
bien 잘, 좋게	mejor 더 잘, 더 좋게
mal 나쁘게	peor 보다 나쁘게

Nota
여기에서 앞으로 열거되는 각 문형의 más는 menos도 포함하는 것이며 비교급이라는 의미이다.

2. 우열 비교의 문형

1. más+형용사+que ~

   (a) ser(estar)+más+형용사+que ~
   - Es más habladora que su madre. 그녀는 어머니보다 더 수다쟁이이다.
   - Hoy el agua está menos fría que ayer. 오늘은 물이 어제보다 덜 차갑다.

(b) 명사+más+형용사+que ~
- Es mejor estudiante que Pablo. 그는 빠블로보다 더 좋은 학생이다.
- Quiero un cuarto mejor que este. 나는 이것보다 더 좋은 방을 원한다.

2. 수량+más+형용사+que ~   ~보다 (수량)만큼 많이(적게)
- Es cinco centímetros más alto que yo. 그는 나보다 5cm 더 크다.
- Es dos veces más grande que este cuarto. 이 방보다 두 배 더 크다.
- Yo corro cien metros dos segundos más rápido que tú.
  나는 100m를 너보다 2초 더 빨리 달린다.
- A es cinco años mayor que B. (más viejo que B)
- A tiene cinco años más que B.
  A는 B보다 다섯 살 더 많다.

3. ser+más+형용사₁+que+형용사₂   2라기보다는 1이다
- El perro es más fiel que inteligente. 개는 현명하기보다는 충실하다.
- Es más alto que ancho. 넓다기보다는 크다.

4. 동사+más+부사+que ~
- Puedo correr más rápido que tú. 나는 너보다 더 빨리 달릴 수 있다.
- Se levantó más temprano que de costumbre.
  그는 평소보다 더 일찍 일어났다.
- Escribo a máquina peor que Pablo. 나는 빠블로보다 타자를 더 못 친다.

5. 동사+más+que ~
   (a) A+동사+más que+B   A는 B보다 더 많이 ~하다
   - Yo estudio más que tú. 나는 너보다 더 많이 공부한다.
   - Yo puedo correr más que tú. 나는 너보다 더 잘 달릴 수 있다.

   (b) A+동사₁+más que+동사₂   2하는 것보다 1을 더 많이 ~하다
   - Descansa más que trabaja. 그는 일하는 것보다 휴식을 더 많이 취한다.
   - Cantan aun peor que bailan. 그들은 춤추는 것보다 노래를 더 못한다.

6. más + 명사 + que ~   ~보다 더 많은 … (명사의 수량을 비교)

- Hemos visto más películas este año que el año pasado.
  우리는 올해는 작년보다 영화를 더 많이 보았다.
- Él tiene más dinero que yo.
  그는 나보다 돈을 더 많이 갖고 있다.

7. 동사 + más 명사₁ + que + 명사₂   명사₂보다 명사₁을 더 (수량 비교)

- Hay más niños que niñas.   여자 아이들보다 남자 아이들이 더 많다.
- Tiene más dinero que juicio.   그는 판단력보다는 돈을 더 많이 갖고 있다.

8. Es más 형용사 + inf.₁ + que + inf.₂   2하는 것보다 1하는 것이 더 ~하다

- Es más fácil leer que escribir.
  쓰는 것보다 읽는 것이 더 쉽다.
- Sería mejor esperar aquí que ir a buscarlos.
  그들을 찾으러 가는 것보다 여기서 기다리는 것이 더 좋을 것이다.

9. 주어₁ + 동사 + 원급, pero 주어₂ + 동사 + 비교급   1은 ~이지만 2는 더 … 이다

- Yo soy tonto, pero tú más.
  나는 바보지만 너는 더 바보다.
- La criada guisa mal, pero yo guiso peor.
  하녀는 요리가 서툴지만, 나는 더 서툴다.

10. más de lo + 형용사   ~이상으로 (형용사를 lo로 추상화)

- Yo tengo más de lo suficiente.
  나는 매우 충분히 갖고 있습니다.
- Solía dormir mucho menos de lo normal.
  나는 평상시보다 훨씬 더 적게 자곤 했다.

11. más ~ de lo que + 동사   (동사)하던 것보다 더 ~하다

- La tarea era más fácil de lo que yo esperaba.
  일은 내가 예상했던 것보다 더 쉬웠다.

여기서는 「무엇을 비교할 것인가」가 문제가 된다. 예를 들어 「고래와 토마토」는 관계가 너무 동떨어진 것이라 비교할 수 없지만, 「고래와 말」이면 둘 다 포유류라는 공통점이 있기 때문에 비교하기 쉽다. 이와 같이 비교라고 하는 것은 같은 범주에 속하는 것이 아니면 비교하는 데 무리가 생기게 된다. 앞의 문장이 그 예인데 여기서는 「일」이라는 구체적인 것과 「예상했던 것 lo que esperaba」이라는 형태로 추상적으로 개념화하여야 비로소 비교할 수 있게 되는 것이다. (de lo que의 de는 원래의 que가 중복을 피하기 위하여 바뀐 것이라 보면 된다.)

우리말은 다음의 예와 같이 자유자재로 아무 것이나 비교할 수 있지만 스페인어는 그렇지 않기 때문에 주의해야 한다.

- El clima de Corea es más templado que el del Japón.
  한국의 기후는 일본보다 더 온난하다.

여기서 비교하고 있는 것은 「한국의 기후−일본의 기후」이지, 「한국의 기후−일본」이 아닌 것이다. 따라서 스페인어에서는 el de가 없으면 잘못된 문장이다. 그렇지만 동등 비교일 경우에는 직접적으로 비교할 수 있다.

- Juan no trabaja tanto como creíamos.
- Juan trabaja menos de lo que creíamos.
  후안은 우리들이 생각했던 것만큼 일하지 않는다.

이 문형〔de lo que + 동사〕에서 동사의 내용은 거의 결정되어 있다. 즉 이 문형의 동사는 pensábamos, esperaba, suponía, imaginaba, parecía, había oído, había visto 등이 될 수 있다.

- El barco era mejor de lo que creía.
  배는 생각했던 것보다 더 좋았다.
- Es más joven de lo que parece.
  그는 겉보기보다 더 젊다.
- Parecían más jóvenes de lo que son.
  그들은 실제보다 더 젊게 보였다.
- Habla menos de lo que sabes.
  알고 있는 것보다 적게 말해라.
- Habla español mejor de lo que yo creía.
  내가 생각했던 것보다 그는 스페인어를 더 잘 한다.

- ¿Es cómodo el tren? —Sí, es más cómodo de lo que te imaginas.
  기차는 쾌적하니? 그래, 네가 상상하고 있는 것 이상으로 쾌적해.

  cf. No quiere trabajar más de lo poco que le exigimos. 〔강조〕
  우리가 아주 조금밖에 시키지 않았는데도 그는 그 이상은 하려고 하지 않는다.

12. más ~de+정관사+que+동사

앞의 문형 11과 유사하지만 문형 11은 〔lo que+동사〕의 내용이 「생각하다」라는 행위인 반면에, 이것은 구체적인 것이며 주절에서 한 번 나왔던 명사를 다시 반복하지 않고 〔de lo que+동사〕의 형태로 한 것이다. 즉, 동종의 다른 사물을 수량적으로 비교하는 것이다.

- Me mandó más libros de los que pedí.
  그는 내가 주문했던 것보다 더 많은 책을 보내주었다.
  〔보내준 책의 수량-주문했던 책의 수량〕

- Hay más pan del que hace falta.
  필요한 것보다 빵이 더 많다.

- Recibí menos cartas de las que escribía.
  내가 쓴 만큼 편지는 오지 않았다.

- Trajo más flores de las que necesitábamos.
  그는 우리가 필요로 했던 것(꽃)보다 더 많은 꽃을 갖고 왔다.

- Trajo más flores de lo que le habíamos dicho.
  그는 우리가 말해줬던 것보다 더 많은 꽃을 갖고 왔다.

13. mayor 연상의, 더 큰 ; menor 연하의, 더 작은(수의 대소)

- Tu hijo es mayor que el mío.
  너의 아들은 내 아들보다 연상이다.

- Tu abuela tiene más años que mi abuela.
  너의 할머니는 나의 할머니보다 연세가 더 많으시다. (mayor는 젊은 사람에게만 사용한다)

- Aristóteles es más grande que Alejandro.
  아리스토텔레스는 알렉산더보다 더 위대하다.

- El número de hombres es menor que el de mujeres.
  남자의 수는 여자의 수보다 더 적다.

14. antes, después도 비교의 의미를 원래부터 포함하고 있기 때문에 más, menos를 요하지 않는다.

- María salió antes que su amiga.
  마리아는 자기 친구보다 먼저 출발했다.
- Ellos entraron después que su profesor.
  그들은 선생님보다 더 뒤에 들어왔다.

15. 동사 preferir, sobreponer, sobrevivir, llevar 등도 비교의 의미를 지니고 있다.

- Yo prefiero el verano al invierno.
  나는 겨울보다 여름을 더 좋아한다.

이것을 Me gusta más el verano que el invierno라고 말해도 의미는 대체로 같다. 그러나 gustar más는「좋아하다」의 의미이지만, preferir는 좋아하지 않더라도 둘 중의 어느 한쪽을 택하는 경우도 포함하므로 반드시 좋아한다고는 할 수 없다.

- ¿Cuál te gusta más, A o B? –Me gusta A más que B.
- ¿Cuál prefieres, A o B? –Prefiero A a B.
- ¿Prefiere tostadas o un pastel?
  토스트로 하겠습니까, 아니면 파이로 하겠습니까?
- De(entre) todas las hermanas la prefiero a ella.
  모든 자매들 중에서 나는 그녀가 좋다. [최상급 내용]
- Sobrepone a todo a su interés.
  그는 자신의 이익을 모든 것에 우선시킨다. (sobreponer ~a…)
- Sobrevivió a su mujer.
  그는 아내보다 더 오래 살았다.
- Me llevas dos años.
  너는 나보다 두 살 더 위다.
- Ese tren lleva diez millas a este.
  그 열차는 이 열차보다 10마일 앞서 달리고 있다.

16. 라틴어에서 온 비교급

불규칙비교급 mejor, peor, mayor, menor는 más, menos와 같이 접속사에 que를 사용했지만 라틴어에서 온 superior, inferior, anterior, posterior 등은 que 대신에 a를 사용한다.

1. **superior a~ ~보다 뛰어나다**

    - Esta tela es superior a esta otra.
      이 천은 이쪽 다른 것보다 더 좋다.
    - Es superior a su hermano en inteligencia.
      그는 지성에 있어서 그의 형보다 더 뛰어나다.

2. **inferior a~ ~보다 열등하다**

    - Esta tela es inferior a esta otra.
      이 천은 이쪽 것보다 더 나쁘다.
    - Yo estaba en una fila inferior a aquella en que él estaba sentado.
      나는 그가 앉아 있었던 그 줄보다 아랫 줄에 있었다.

3. **anterior a~ 더 앞의; posterior a~ 더 뒤의**

    - Ese viaje fue muy anterior al que yo digo.
      그 여행은 지금 내가 말하고 있는 여행보다 훨씬 더 전이다.
    - el anterior a mí en la lista.
      명부에서 나보다 앞 사람
    - Viajaba en un coche posterior a aquel en que yo iba.
      그는 내가 탔던 차의 다음 차를 타고 여행하고 있었다.

④ 최상급 superlativo

1. **el (명사) más + 형용사 + de ~**   ~중에서 가장…
   - Es el más viejo de todos. 그는 모두들 중에서 최연장자이다.
   - el chico menos aplicado de la clase 반에서 가장 근면하지 않은 소년
   - Lo más célebre de este templo … 이 사원에서 가장 유명한 것은…

2. **el (명사) más + 형용사 + que + 동사**
   - Es el número más grande que tenemos.
     이것이 우리 가게에 있는 가장 큰 사이즈입니다.
   - Son los más antiguos que existen.
     그것들은 존재하고 있는 가장 오래된 것들입니다.

3. **el (명사) que + 동사 + más (más + 동사)**   가장 ~하는 것
   - El que menos habla es el que más hace.
     가장 적게 말하는 사람이 가장 잘 하는 사람이다.
   - Ella es la que menos culpa tiene.
     그녀는 죄가 가장 가벼운 사람입니다.

4. **uno de los más ~**   가장 ~인 것 중의 하나
   - Es uno de los sitios más famosos de Corea del Sur por su belleza natural.
     자연미로 남한에서 가장 유명한 곳 중의 하나입니다.

5. **동사 + más**   가장 ~하다
   - Juan corre más (de la clase). 후안이 (반에서) 가장 잘 달린다.
   - Es Juan el que corre más. 가장 잘 달리는 사람은 후안이다.

6. 부정어와의 비교: 무엇보다도, 누구보다도 (최상급)

- Mi madre angustiaba más que nunca(nadie).
  나의 어머니는 여느 때보다(누구보다도) 더 걱정하고 계셨다.
- Lo conoce mejor que nadie(nada).
  그는 누구보다도(무엇보다도) 그것을 잘 알고 있다.

7. primero와 último의 최상급 표현

- Haga esto primero. 우선 (맨 먼저) 이것을 하시오.
- Está el primero en la cola(de la clase).
  그는 줄 맨 앞에 있다.(반에서 1등이다)
- Fue el primer niño en resolverlo. 그가 그것을 해결한 첫 번째 아이였다.
- Era el primero entre sus iguales. 그는 동료들 사이에서는 제 일인자이다.
- primero morir que cometer tal crimen
  그런 죄를 범하기보다는 차라리 죽다
- Vive en el último rincón de España.
  그는 스페인의 제일 끝 구석에 살고 있다.

8. mejor와 más bueno; peor와 más malo

bueno, malo가 일반적 성질을 말하는 경우의 비교급은 mejor, peor이지만, 도덕적 자질을 말하는 경우에는 más bueno, más malo가 된다.

- Es el mejor estudiante de la escuela. 그는 학교에서 가장 훌륭한 학생이다.
- Es el peor hotel de la ciudad. 시에서 가장 나쁜 호텔이다.
- Es el hombre más malo del pueblo.
  이 마을에서 가장 나쁜 사람이다. (=peor)
- El niño es más bueno que otros.
  그 아이는 다른 애들보다 (행실이) 더 좋다.
- Ese individuo es más malo que el demonio.
  그 자는 악마보다 (행실이) 더 나쁘다.

9. 절대 최상급

다른 존재나 사물과 비교하여 우위를 표현하는 것이 아니고 한 존재나 사물이 독립된 상태에서 최상의 것임을 나타내는 표현이다.

- Carlos es guapísimo(muy guapo). 까를로스는 매우 잘 생겼다.
- Ellas son guapísimas(muy guapas). 그녀들은 매우 예쁘다.
- Estos coches son carísimos(muy caros). 이 차들은 대단히 비싸다.
- Este chico es altísimo(muy alto). 이 소년은 키가 굉장히 크다.

절대 최상급은 형용사의 어미 모음을 삭제하고 그 자리에 접미사 -ísimo(-a, -os, -as)를 붙여서 만든다. 자음으로 끝난 형용사는 어미에 그대로 -ísimo를 붙이면 된다. 최상급 어미 -ísimo는 대부분의 형용사에 부가되어 최상급을 형성하며, 이 최상급 형태는 스페인어에서 매우 많이 사용되고 있다.

bueno 좋은	→	buenísimo 매우 좋은
grande 큰	→	grandísimo 매우 큰
mucho 많은	→	muchísimo 무척 많은
mal 나쁜	→	malísimo 극히 나쁜
elegante 우아한	→	elegantísimo 매우 우아한

어떤 형용사는 -érrimo의 형태를 취하는데 이것은 어원에서 기인한 것이다. 이런 형태들 중 일부는 현대 스페인어에서는 별로 사용되지 않고, 대신 〔muy + 형용사〕의 형태가 많이 사용된다.

acre	→	acérrimo 매우 신랄한
célebre	→	celebérrimo 매우 유명한
fiel	→	fidelísimo 극히 충실한
libre	→	libérrimo 매우 자유로운
mísero	→	misérrimo 더없이 가엾은
pobre	→	paupérrimo 극빈한
pulcro	→	pulquérrimo 아주 청결한
saludable	→	salubérrimo 매우 건강한

Nota

절대 최상급 어미 -ísimo를 갖는 형용사 중에는 두 형태의 최상급을 갖는 형용사가 있다. 한 형태는 문학적이며 교양적인 것이고 다른 형태는 구어체적이며 대중적인 것이다.

교양 형태	대중 형태	교양 형태	대중 형태
amicísimo	amiguísimo	integérrimo	integrísimo
aspérrimo	asperísimo	novísimo	nuevísimo
bonísimo	buenísimo	paupérrimo	pobrísimo
certísimo	ciertísimo	pulquérrimo	pulcrísimo
crudelísimo	cruelísimo	simplicísimo	simplísimo
fortísimo	fuertísimo	ternísimo	tiernísimo
grosísimo	gruesísimo		

이 두 형태 중에서 후자인 대중적인 형태가 더 많이 사용된다.

비교와 관련된 표현

1. 배수 multiplicativo

- A es dos veces más grande que B. A는 B보다 두 배 더 크다.
- A es cuádruple de alta que B. A는 B보다 네 배 더 높다.

(배수 형용사)

	1	2	3	4
배수 형용사	simple	doble	triple	cuádruple
배수 형용사	(sencillo)	(duplo)	(triplo)	cuádruplo
동사		duplicar	triplicar	cuadruplicar

	5	6	7
배수 형용사			
배수 형용사	quíntuplo	séxtuplo	séptuplo
동 사	quintuplicar	sextuplicar	septuplicar

이외에, óctuplo(8배의), nónuplo(9배의), décuplo(10배의), céntuplo (100배의), múltiplo(몇 배의) 등이 있다.

- Tu casa es tres veces más grande que la mía.
- Tu casa es triple de grande que la mía. (드물게 쓰임)
  너의 집은 나의 집보다 3배 더 크다. (3배이다)
- Comes doble que yo.
  너는 나보다 2배를 먹는다.
- rascacielos doble de alto que el otro
  다른 것보다 2배 높은 마천루
- El peso de A es el quíntuplo de B.
  A의 무게는 B의 5배이다.
- La población de Alemania es (el) doble de la de España.
  독일의 인구는 스페인의 2배이다.

Nota

~배로 하다

- Ha cuadruplicado el capital en diez años.
- Ha aumentado el capital por cuatro veces más en diez años.
  그는 10년 동안 자본을 4배로 늘렸다.

2. 분수 partitivos

- Vinieron solo un cuarto(una cuarta parte) de los alumnos.
  학생들의 4분의 1밖에 오지 않았다.
- Corea no tiene más que un veintavo de la población de China.
  한국의 인구는 중국의 20분의 1밖에 되지 않는다.

1/2: un medio	1/6: un sexto
1/3: un tercio	1/7: un séptimo
1/4: un cuarto	1/8: un octavo
3/4: tres cuartos	1/9: un noveno
1/5: un quinto	1/10: un décimo
1/11: un onzavo	1/20: un veintavo
1/12: un dozavo	1/30: un treintavo
1/13: un trezavo	1/50: un cincuentavo
1/14: un catorzavo	1/100: un centavo, un centésimo
1/15: un quinzavo	1/1,000: un milésimo
1/16: un dieciseisavo	1/10,000: un diezmilésimo
1/17: un diecisieteavo	1/1,000,000: un millonésimo
1/18: un dieciochavo	27/1235: veintisiete 1235-avos,
1/19: un diecinueveavo	veintisiete partido por 1235

Nota

más(menos)+수량   ~이상(이하)
Hay más de tres millones de autos en la ciudad.
도시에는 300만 대 이상의 자동차가 있다.
En menos de diez minutos voy y vengo.
10분 이내로 갔다 오마.

no más que~   ~밖에, ~만, ~에 지나지 않다
이 문형은 비교구문이 아니며, [solamente+긍정]의 강조형이다. 반대어는 [nada menos que]이다.
No tiene más que siete años.
그는 일곱 살밖에 되지 않는다. (Tiene solamente siete años.)
No hace nada más que estudiar.
그는 공부하는 것 외에는 아무 것도 하지 않는다.

cf. [No tiene más que diez vacas. 그에게는 암소가 10마리밖에 없다.
　　 No tiene más de diez vacas. 그는 암소를 10마리 이상 갖고 있지는 않다.

3. 상관관계 correlación

1. tanto~que … 너무 ~해서 …하다

   (a) 품질: tan+형용사+que   너무 ~하므로
   - Era tan pesado que no pudimos traerlo.
     너무 무거워서 우리는 그것을 가지고 올 수 없었다.

   (b) 수량: tanto(as)+명사+que   너무 많이 ~하므로
   - Comió tanto helado que se enfermó.
   - Se enfermó porque comió mucho helado.
     그는 아이스크림을 너무 많이 먹었기 때문에 병이 났다.

   (c) 방식: tan+부사+que
   - Jugaron tan bien que ganaron el partido.
   - Ganaron el partido de tan bien que jugaron.
     그들은 게임을 너무 잘 했기 때문에 시합에 이겼다. (de가 붙으면 결과 선행)

   (d) 행동: tanto que   너무 많이 ~하므로
   - Los niños hablaron tanto que el profesor se enojó.
   - El profesor se enojó de tanto que hablaron los niños.
     아이들이 너무 많이 떠들었기 때문에 선생님은 화를 내셨다. (de가 붙으면 결과 선행)

2. demasiado(muy) ~ para+inf.(para que+접속법)   너무 ~해서 …할 수 없다
   - Había demasiada gente para caber en la habitación.
     사람이 너무 많아서 방에 다 들어갈 수 없었다.
   - Iban demasiado lejos para que me oyesen.
     그들은 너무 멀리 가고 있었기 때문에 내 목소리가 들리지 않았다.
   - Ella es demasiado guapa para poder creerlo.
     그녀는 너무 예뻐 믿어지지 않는다.

3. es temprano(tarde) para+inf.   ~하기에는 너무 이르다(늦다)
   - Es tarde para empezar.
     시작하기에는 너무 늦다.
   - Todavía es temprano para que te acuestes.
     네가 자기에는 아직 너무 이르다.

4. cuanto más+원인~ (tanto) más [정비례]　~하면 할수록 더
   cuanto más+원인~ (tanto) menos [반비례]　~하면 할수록 덜

   - Cuanto más tiene, tanto más quiere.
     가지면 가질수록 더 갖고 싶어한다.
   - Cuanto más, mejor.
     다다익선
   - Cuanto menos ejercicio hagas, más engordarás.
     너는 운동을 적게 하면 적게 할수록 더 뚱뚱해질 것이다. (미래의 가정은 접속법)

   > **Nota**
   > 지역에 따라 cuanto 대신에 mientras를 사용하는 곳도 있다.
   > **Mientras más habla tanto más se equivoca.**
   > 말은 하면 할수록 더 많이 실수한다.
   > *cf.* Tanto gana, tanto gasta. (tanto~, tanto…)　그는 벌면 버는 만큼 쓴다.

5. tanto más (cuanto que~)　(~하는 만큼) 더욱 더

   - Cuanto lo siento tanto más (cuanto que) se trata de un amigo mío.
     내 친구에 관한 것인만큼 더욱 유감이다.

   cf. Si es así tanto mejor.　그런 식이면 더욱 더 좋다.

6. cada vez más (menos)　점점 더(덜)
   más y más　점점 더

   - Mi tío se pone cada vez peor.
     숙부님의 병환은 점점 더 나빠진다.
   - Cada año viene menor número de veraneantes.
     해마다 피서객이 줄고 있다.
   - Yo le hacía señas de callarse, pero él seguía más y más excitado.
     나는 가만히 있으라고 그에게 신호했지만 그는 점점 더 흥분하는 것이었다.

7. lo+más+부사+que+poder ⎤　가능한 한~
   lo+más+부사+posible　　⎦

   - Corrí lo más rápido que pude.
     나는 가능한 한 빨리 달렸다.

- Vuelva lo más pronto posible.
  가능한 한 빨리 돌아오세요.

- Procura llegar cuanto más tarde. (=lo más tarde posible)
  가능한 한 늦게 도착하도록 해라.

> **Nota**
> 위의 문형에서 내용이 미래일 경우에 poder는 접속법이 된다. 그리고 위와 같은 의미의 cuanto antes(más antes)와 같은 표현도 있다.

8. por más+(형용사·부사)+que+동사   아무리 ~하더라도

- Por más lista que sea, no podrá engañarlo.
  그녀가 제 아무리 똑똑하다 할지라도 그를 속일 수는 없을 것이다.

- Por más que quise dormir, no pude conseguirlo.
  아무리 자고 싶어도 나는 잘 수 없었다.

- Por muy bueno que sea, no le quiero aquí.
  아무리 좋은 사람일지라도 여기에서 나는 그런 사람을 원하지 않는다.

- Por mucho frío que haga, no me pondré el abrigo de piel.
  아무리 춥더라도 나는 모피 외투를 입지 않겠다.

> **Nota**
> 내용이 미래일 때는 동사는 접속법이 되며 más 대신에 [muy+형용사]와 [mucho+명사]가 쓰일 때도 있다.

9. ni más ni menos   같은 정도로, 딱 맞게 (=precisamente)

- Eso es, ni más ni menos lo que necesito.
  바로 그거야. 내가 필요로 하는 것이.

10. sin más ni más   생각없이, 덮어놓고

- No puedes romper el contrato sin más ni más.
  덮어놓고 계약을 파기할 수는 없다.

11. tener sus más y sus menos   여러 가지 (좋고 나쁜) 일이 있다

- Parece ser que entre el marido y la mujer hay sus más y sus menos.
  그 남편과 아내 사이에는 여러 가지 일이 있는 것 같다.

- Todo el mundo tiene sus más y sus menos.
  누구나 다 자기의 장점과 단점을 갖고 있다.

12. **en más**   규정보다 더 많이
    de menos   규정보다 더 적게

    - Hay en la cuenta un error de cinco dólares en más.
      계산에 5달러가 더 많은 착오가 있다.
    - Me han dado 50 gramos de menos en un kilo de azúcar.
      나는 1킬로그램보다 50그램 더 적게 설탕을 받았다.

13. **más bien ~que…**   …라고 하기보다는 오히려 ~이다

    - Es más bien rico que pobre.
      그는 가난하기보다는 오히려 부자이다.
    - Es más bien hombre de letras que político.
      그는 정치가이기보다는 오히려 문인이다.

    cf. No estoy enfadada, más bien triste.
    화가 나 있는 것이 아닙니다. 마음이 울적합니다.

6 비교의 의문문 preguntas comparativas

1. 비교의 대상이 A·B인 경우

   - ¿Quién tiene más dinero, A o B?
     A 씨와 B 씨 중 어느 사람이 돈을 더 많이 갖고 있습니까?
   - ¿Cuál cuesta más, este abrigo o aquel?
   - ¿Qué abrigo cuesta más, este o aquel?
     이 외투와 저 외투 중에서 어느 것이 더 비쌉니까?

   ➡ p.153

- ¿Qué le gusta más a Vicente, los huevos o el pescado frito?
  달걀과 튀긴 생선 중에서 비센떼는 어느 것을 더 좋아합니까?
- ¿Qué estación le gusta a Ud. más, la primavera o el verano?
  당신은 봄과 여름 중에서 어느 계절을 더 좋아하십니까?
- ¿Dónde hace más frío, en Alaska o en los EE. UU.?
  알래스카와 미국(본토) 중에서 어디가 더 춥습니까?
- ¿Cómo iríamos más pronto, por este camino o por ese?
  이 길과 그 길 중에서 어느 쪽이 우리가 빨리 갈 수 있을까?
- ¿Cuándo nieva más, en otoño o en invierno?
  가을과 겨울 중에서 어느 때가 눈이 더 많이 내리는가?

2. 비교의 대상이 A·B가 아닌 경우

- ¿Cuál de sus comedias te parece mejor?
  그의 희극들 중에서 어느 것이 가장 좋다고 생각하니?
- ¿Cuál de sus comedias crees más interesante?
  그의 희극들 중에서 어느 것이 가장 재미있다고 생각하니?
- ¿Qué color le gusta a Ud. más?
  당신은 어느 색을 가장 좋아합니까?
- ¿Qué es lo que más le gusta?
  당신이 가장 좋아하는 것은 무엇입니까?
- ¿Qué instrumento toca Ud. mejor?
  당신은 어느 악기를 가장 잘 연주합니까?

18 전치사
Preposición

1. 전치사의 기능
2. 스페인어 전치사의 특징
3. 전치사의 용법 (1)
4. 전치사의 용법 (2)

① 전치사의 기능

문장의 불변하는 일부분으로, 두 단어 혹은 두 성분이 자체에 갖고 있는 지배 관계나 다른 관계를 나타내는 기능을 갖고 있다. 즉 단독으로서는 아무 가치도 없고 명사와 결합하여 명사를 다른 문장 성분의 보어로 변화시켜 주는 기능이 있다. 명사와 함께 마치 하나의 단어처럼 하나의 개념을 형성하는 것이다. 전치사는 다음과 같이 단어들을 연결시켜 준다.

명사-명사	café con leche
형용사-명사	útil para el trabajo
형용사-동사	fácil de entender
동사-동사	empezar a llover
부사-부사	aquí por ahora
부사-명사	lejos de Madrid
동사-명사	ir al cine

위에서 볼 수 있듯이, 전치사는 두 사물 사이, 현상과 목적물 사이, 품질과 목적물 사이의 다양한 관계를 설정해주는 역할을 한다.

② 스페인어 전치사의 특징

1. 전치사의 중복

1. 두 개의 개념을 필요로 하기 때문에 전치사가 중복되는 경우가 있다.
    - hacia debajo del puente. 다리 아래 쪽으로
    - hasta con sus amigos 친구들과 함께라도
    - brindar a por el rey 왕을 위하여 왕에게 건배하다
    - la hospitalidad para con los forasteros 이방인에 대한 친절

2. 전치사를 포함하고 있는 관용구에 전치사가 붙는 경우가 있다.
    - desde por la mañana 오전부터
    - hasta por la tarde 오후까지

2. 주의해야 할 전치사

우리말에는 전치사라는 것이 없기 때문에 스페인어의 전치사격은 우리말과 구조가 다르다. 스페인어의 전치사격은 우리말의 직접목적, 간접목적, 소유격 혹은 주어로 해석된다. 해석하는 경우에는 별 문제가 없지만 우리말을 스페인어로 옮길 경우에, 예를 들면 우리말에서 「~을」이라고 해서 스페인어에서도 반드시 목적격일 것이라고 생각하여 전치사를 잘못 사용하는 경우가 있다.

1. 우리말에서 직접목적어가 되는 경우

(a) 나는 너를 신뢰한다.
→ Confío en ti. (o)
　　Te confío. (×)

(b) 그 말을 어떻게 했습니까?
→ ¿Qué hicieron con el caballo? (○)
　　¿Qué hicieron el caballo? (×)

(c) 당신의 이름을 불렀습니다.
→ Le llamé por su nombre. (○)
　　Llamé su nombre. (×)

2. 우리말과 의미는 같지만 다른 전치사를 사용하는 경우

왕은 아들에게 왕위를 물려주었다.
→ El rey abdicó la corona en su hijo.

상인은 아들에게 사업을 물려주었다.
→ El comerciante cedió el negocio a su hijo.

나는 눈이 근시안이다.
→ Soy corto de vista.

태양은 동쪽에서 뜬다.
→ El sol sale por el este.

그 아이는 체중이 늘었다.
→ El niño aumentó de peso.

3. 문제가 되는 전치사 (많이 쓰이는 순서)

- Se venden en · a · por cien pesos.
  100페소에 팔고 있다. (a는 뒤에 el kilo 등이 오는 경우에 쓰인다)

- Cose muy bien a · en · con máquina.
  그녀는 재봉틀로 매우 잘 꿰맨다.

- un biellete de · para coche cama
  침대차 승차권 한 장

- Corrió tras el coche. 그는 그 차 뒤를 따라 달렸다. [움직임]
- Está detrás del coche. 그 차 뒤에 있다. [정지]

- Vive de su trabajo. 그는 일로 생활하고 있다. (con은 안 됨)
- Vive con ahorros. 저축으로 생활하고 있다. (de도 사용할 수 있다)

4. 전치사에 따라 의미가 변하는 동사

- contar una cosa 어떤 것을 이야기하다
- contar con una cosa 어떤 것을 의지하다

- Le dio de comer sopa y carne.
  식사로 그에게 수프와 고기를 주었다.
- Le dio por comer sopa y carne.
  먹기 때문에 그에게 수프와 고기를 주었다.
- Le dio para comer sopa y carne.
  수프와 고기를 먹도록 그에게 주었다.

- desesperar al niño 아이를 실망시키다
- desesperar del niño 아이에게 실망하다

- Dispone los libros. 그는 책을 정리한다.
- Dispone de los libros. 그는 책을 마음대로 사용한다.

- Llena la botella con agua.
  그는 물로 병을 가득 채운다. (다른 액체를 엷게 하다)
- Llena la botella de leche.
  그는 병에 우유를 가득 넣는다.

- Espero que vuelvan mañana.
  난 그들이 내일 돌아오기를 기대한다. [기대]
- Espero a que salgan de la clase.
  그들이 교실에서 나가는 것을 나는 기다린다. [기다림]

- Le pregunta a su padre.
  아버지에게 질문한다. [le=아버지]
- Le pregunta por su padre.
  그에게 그의 아버지의 안부를 묻는다. [le=아들]

- Esto sabe a café.
  이것은 커피 맛이 난다. [주어=esto]
- Sabe de café.
  그는 커피에 대해 잘 알고 있다. [주어=그 사람]

- Tira la cuerda. 그는 밧줄을 던진다.
- Tira de la cuerda. 그는 밧줄을 잡아당긴다.

  → - La tira. 그는 그것을 던진다.
    - Tira de ella. 그는 그것을 잡아당긴다.

③ 전치사의 용법 (1)

1. [전치사] A

1. [간접목적어 앞] ～에게

- Voy a dar este libro a José. 나는 호세에게 이 책을 주겠다.
- Escribo la carta a mi padre. 나는 아버지께 편지를 쓴다.

2. [분리 · 탈취] ～에게서, ～한테서

- Quitaron las armas a los rebeldes. 반란자들에게서 무기를 빼앗았다.
- He comprado estas flores a esa muchacha. 나는 그 소녀한테서 이 꽃을 샀다.
- Se lo he quitado a él. 나는 그에게서 그것을 빼앗았다.

Nota
동사가 robar, quitar, comprar, oír 등일 때 「～에게서」가 된다.

3. [목적지] ～에, ～로

- Voy a Pusan. 나는 부산에 간다.
- Viene a mi casa. 그는 나의 집으로 온다.

4. [대상] ～에

- Son las respuestas a esas preguntas. 그 질문에 대한 대답이다.

Nota
존경, 두려움, 애정, 증오 등의 자세가 향하는 방향을 가리킨다.
  Tengo afición a la lectura. 나는 독서에 취미가 있다.
  Tengo miedo a los perros. 나는 개를 무서워한다.

5. [시간] ～에, ～가 되어

- Viene a las tres. 그는 3시에 온다.
- A una o dos horas volvió. 그는 한 두 시간만에 돌아왔다.

시간의 흐름 뒤에 발생한 일을 나타내기 위하여 [a+정관사+시간+de+inf.]의 형태를 사용한다.

- A las dos horas de estar en su casa, comprendí por qué me habían invitado.
  그들의 집에 두 시간 동안 있고 나서 그들이 왜 나를 초대했는지를 알았다.
- Al mes de vivir en Seúl, conocí al señor Fernández.
  서울에 산 지 한 달이 되어 나는 페르난데스 씨를 알았다.

전치사 a는 특히 과거시제에서 시간의 부사에서 [a+정관사+시간단위+siguiente]의 형태로 자주 사용된다. 보통 현재나 미래시제와는 사용되지 않는다.

- A la tarde siguiente, Juan salió para Madrid.
  그 다음 날 오후에 후안은 마드리드를 향하여 출발했다.
- José no quiso seguir estudiando al año siguiente.
  호세는 그 다음 해에는 공부를 계속하기를 원하지 않았다.
- A la semana siguiente tuvimos mucho que hacer.
  그 다음 주 우리는 할 일이 매우 많았다.

6. [위치 · 거리 · 방위각] ～에 (공간은 en보다 좁고 단지 위치만을 나타낸다)

○ 장소의 표현: p.499

- Nos reunimos en el parque. 우리는 공원에 집합했다.
- Nos reunimos a la entrada del parque. 우리는 공원 입구에 집합했다.
- Vive a corta(poca) distancia de aquí. 그는 여기서 가까이에 산다.
- La escuela está al norte de la ciudad. 학교는 도시의 북쪽에 있다.

7. [수단]

- Intenté abrir la puerta a golpes. 나는 문을 쾅쾅 두드려 열려고 했다.
- ir a pie 걸어서 가다
- ir a caballo 말을 타고 가다

- coser a máquina 재봉틀로 꿰매다
- coser a mano (손으로) 바느질하다

8. [방식 · 방법] a + 복수명사, a + 정관사 + 여성단수형용사

- Me llama a voces. (a gritos, a ciegas, a tontas y locas)
  그는 소리 소리치며 나를 부른다. (큰 소리로, 맹목적으로, 다짜고짜로)
- Rosa cocina a la española. 로사는 스페인식으로 요리를 한다.
- La señora Valdés se viste a la americana.
  발데스 부인은 미국식으로 옷을 입는다.
- ¡Qué desagradecido despedirse a la francesa!
  작별인사도 없이 가버리다니 배은망덕하군!

9. [비율]

- Viene tres veces al año(a la semana).
  그는 1년에(1주일에) 세 번 온다.

10. [가격] ~에

- Se vende a diez euros el kilo(el metro, el litro).
  1킬로그램(1미터, 1리터)당 10유로에 팔고 있다.
- Vendemos a diez euros por kilo.
  킬로에 10유로에 팔고 있다.

11. [맛 · 냄새 · 촉각] saber a~, oler a~

- Esto sabe a limón. 이것은 레몬 맛이 난다.
- Huele a petróleo. 석유 냄새가 난다.

12. [예정] 명사 + a + inf.   ~하기로 되어 있는

- deudas a pagar 갚아야 할 빚
- un empleo a seguir 계속해야 할 일자리
- cinco libros a elegir 선택해야 할 다섯 권의 책

13. [목적 · 시작 · 습득] 동사 + a + inf.

1. 목적: ~하러, ~하기 위해
   - Salió a recibirle (despedirle). 그를 환영하러(환송하러) 나갔다.

2. 시작: ~하기 (시작하다)
   - Empezó a trabajar. 그는 일하기 시작했다.
   - La niña se echó a llorar. 여자 아이가 울기 시작했다.

3. 습득: ~하는 것을

동사 aprender, enseñar, ayudar, negarse, decidirse, resolverse 등은 a를 동반한다.

- Me enseñaron a nadar. 그들은 나에게 수영을 가르쳐주었다.
- Le ayudamos a subir una carga. 우리는 그가 짐을 올리는 것을 도와주었다.
- Ella aprende a tocar el piano. 그녀는 피아노 치는 것을 배운다.
- Ella aprende el piano. 피아노를 배운다.

Nota

a보다 para가 목적 의식이 더 강하다.
- He venido a hablarte. 너에게 얘기하러 왔다.
- He venido para hablarte. 너에게 얘기하기 위하여 왔다. [특별한 목적]

- Vamos a estudiar a la escuela.
- Vamos a la escuela para estudiar.   학교에 공부하러 가자.

같은 뜻이지만 a를 사용한 문장을 더 자주 쓴다.

14. 전치사 a의 사용에 따라 의미가 변하는 경우

querer
- Quiere un chófer. 그는 운전사가 필요하다.
- Quiere a un chófer. 그녀는 운전사를 사랑한다.

tener
- Tengo un hermano. 나는 동생이 하나 있다.
- Tengo a mi hermano conmigo. 동생을 데려 왔습니다.

dar
- dar la pelota 공을 주다
- dar a la pelota (con el pie) (발로) 공을 차다

esperar
- Espero que vuelvan mañana.
  그들이 내일 돌아오기를 바라고 있다. [희망]
- Espero a que salga de la clase.
  나는 그가 교실에서 나오는 것을 기다리고 있다.

2. A

스페인어에서 전치사 a는 한정된 사람을 가리키는 직접목적어 앞에 사용된다. 이렇게 사용될 경우에는 전치사의 기능이 아니다.

1. 특정한 사람을 언급하는 직접목적어 앞에 전치사 a가 사용된다.
   - Mañana visitaré a Juan. 나는 내일 후안을 방문할 것이다.
   - Ayer encontré a mi primo en la calle. 나는 어제 거리에서 내 사촌을 만났다.

   Nota
   인칭사 a의 사용은 주어와 목적어를 구분해 주는 역할을 한다. 다음과 같은 문장에서 인칭사 a의 위치에 따라 주어-목적어가 바뀌는 현상을 볼 수 있다.
   - ¿Quiere Carlos a María? 까를로스는 마리아를 사랑하니?
   - ¿Quiere a Carlos María? 마리아는 까를로스를 사랑하니?

2. [의인법]
   - Temo al fuego. 나는 불을 두려워한다.
   - Temo a la muerte. 나는 죽음을 두려워한다.
   - Busco a mi perro. 나는 나의 개를 찾고 있다.
   - Busco un perro. 나는 개 한 마리를 찾고 있다.

   Nota
   다른 동물은 예외지만, 개가 직접목적어일 경우에는 전치사 a가 사용된다.
   Llevé a mi perro hasta el parque.
   나는 나의 개를 공원까지 데리고 갔다.

3. ¿quién?, ¿cuál?, quien, el cual, el que, alguien, ninguno, cada uno, nadie 등과 같은 의문사, 지시사, 관계사, 부정대명사 등에도 사용된다.

- ¿A quién conoces, a ella o a él?
  너는 누구를 알고 있니? 그녀니? 아니면 그니?
- No conozco a nadie que hable inglés.
  나는 영어를 하는 사람은 아무도 모른다.
- Vi por la ventana a los que tiraban piedras.
  나는 돌을 던지는 사람들을 창문을 통하여 보았다.

4. 목적대명사가 한정되지 않은 경우에는 (항상은 아니지만) 보통 생략된다. 특히 수사나 부정관사에 의하여 수식될 경우에 생략된다.

- Vimos tres cazadores en el bosque. 우리는 숲에서 세 명의 사냥꾼을 보았다.
- Oí un ladrón fuera de la casa. 나는 집밖에서 도둑의 소리를 들었다.

Nota

부정관사가 있는 경우에도 명사가 한정된 특정인이라면 인칭사 a는 생략되지 않는다. 다음 문장에서 첫 번째 문장은 의사의 존재가 아직 확인되지 않은 경우이고, 두 번째 문장은 이미 어떤 의사를 알고 있고 그 의사가 병원에서 일하고 있는 것을 알고 있는 경우이다.

- Busco un médico que trabaje en el hospital.
  나는 병원에서 일할 의사를 구하고 있다.
- Busco a un médico que trabaja en el hospital.
  나는 병원에서 일하고 있는 의사를 찾고 있다.

5. 직접목적어가 사람이 아닌 경우에도 주어와 직접목적어가 애매한 경우 직접목적어를 분명하게 하기 위하여 a를 사용한다.

- Siguió al gato el perro. 개가 고양이를 따라갔다.
- Siguió el gato al perro. 고양이가 개를 따라갔다.
- El adjetivo modifica al sustantivo. 형용사는 명사를 수식한다.
- Modifica al sustantivo el adjetivo.
- Venció a la dificultad el entusiasmo. 열의가 곤경을 이겨냈다.

6. 직접목적어와 간접목적어가 함께 있는 경우에, 그리고 방향을 가리키는 전치사 a와 직접목적어가 함께 있는 경우에는 혼동을 피하기 위하여 직접목적어에 a를 사용하지 않는 경우도 있다.

- Mandó su hijo al rey. 그는 아들을 왕에게 보냈다.
- Presenté mi sobrino a mi suegra. 나는 내 조카를 장모에게 소개했다.

- Llevé el chico al circo. 나는 그 아이를 서커스에 데려갔다.
- Llevaron los presos al cuartel. 포로들을 본부로 데리고 갔다.

7. 동사 **tener**는 대개 부정관사나 수사가 수식하는 직접목적어를 갖기 때문에, 사람의 직접목적어에는 a가 사용되지 않는다. 그러나 예외가 있을 수 있다.
- Aquí tiene a su hija. 따님은 여기에 있습니다.
- Tengo al culpable delante de mí. 내 앞에 죄인이 있다.
- Tiene a sus maestros por padres. 그는 자신의 선생님들을 부모처럼 생각하고 있다.

3. DE

우리말에는 전치사가 없기 때문에, 스페인어 전치사 de는 우리말의 다양한 조사로 해석된다.
- He aumentado de peso. 나는 체중이 늘었다.
- sombrero de niño 어린이(의) 모자
- bajar de categoría 등급을 내리다
- arrancar de raíz 뿌리를 뽑다
- ir de compras(pesca) 쇼핑(낚시질)하러 가다
- Mi hijo está de vacaciones. 나의 아들은 휴가(방학)중이다.
- La cubrieron de flores. 그들은 그녀를 꽃으로 덮어 씌웠다.

전치사 de의 기능과 용법은 매우 다양하기 때문에 이해하기 어려운 면이 있다. 여기서는 형태상의 용법과 내용에 의한 용법으로 분류하여 고찰해 보기로 한다.

1. 전치사 de를 동반하는 형태

우리말과 영어에서는 [명사$_1$+명사$_2$] '우편 post+사무소 office'와 같이 명사$_1$이 형용사처럼 명사$_2$를 수식하여 '우체국(post office)'이라는 단어를 만들어낼 수 있지만, 스페인어에는 이런 기능이 없다. 스페인어에서는 전치사 de를 사용하여 'casa de correos'와 같이 [명사$_2$+de+명사$_1$]의 형태가 된다.

보통 부정사라는 것은 동사가 명사로 된 것이므로 [명사+de+inf.]의 형태도 가

능하다. 따라서 스페인어에서는 [ser+형용사]의 형태와 같은 [ser+de+명사] 또는 [ser+de+inf.]의 형태도 사용할 수 있게 된다.

1. 본래의 형태 [**명사+de+명사**]
   - el libro de Juan
   - una mesa de madera

   ser를 동반하는 파생형 [ser+de+**명사**]
   - El libro es de Juan. [소속]
   - Esta mesa es de madera. [재료]

2. [**명사+de+inf.**]
   - el caballo de batallar [명사+de+inf.] 전투마
   - El caballo es de batallar. [ser+de+inf.] 그 말은 전투하기 위한 것입니다.

3. [**명사+형용사+de+명사**]
   - un hombre corto de vista 근시인 사람
   - El hombre es corto de vista. [ser+형용사+de+명사] 그 사람은 근시입니다.

4. [**명사+de+형용사**]
   - un problema fácil de resolver 해결하기 쉬운 문제
   - El problema es fácil de resolver. [ser+형용사+de+inf.]
     그 문제는 해결하기 쉽다.

Nota

다음의 예문에서 우리말은 'A=B'의 형태를 취하고 있지만 스페인어는 'A=de B'의 형태를 취한다. 즉 '발=9호'가 아니다. 원래의 형태 [pies del número nueve]를 생각하면 de가 붙는 이유를 알 수 있다.

- 나의 발은 9호이다.
- Mis pies son del número nueve.

2. 내용에서 본 용법의 분류

1. [소유] ~의 것이다
   - Los guantes son de la señora. 장갑은 그 부인 것입니다.

2. [소속]
   - Estamos en abril, pero el tiempo es de diciembre.
     지금은 4월이지만 날씨는 12월의 날씨이다.

3. [소산]
   - Estas canciones son de un compositor. 이 노래들은 어떤 작곡가의 작품입니다.

4. [범주의 규정]
   - médico de profesión 전문직 의사

5. [내용]
   - un vaso de agua 물 한 잔
   - el mes de mayo 5월달 (5월)
   - ¿Qué tenemos hoy de cena? 오늘 저녁식사는 무엇입니까?
   - Le hizo señas de que traía algo. 그는 뭔가 가지고 오고 있다는 신호를 했다.

6. [직종의 내용]
   - Trabaja de criada(secretaria). 그녀는 가정부(비서)로 일한다.

7. [자격] ~로서
   - Está en París de cónsul. 그는 영사로서 파리에 있다.

8. [재료]
   - Este anillo es de plata. 이 반지는 은제품입니다.
   - Las flores están hechas de cera. 꽃은 밀랍으로 만들어져 있다.

9. [출발점] ~에서
   - Vienen de Corea. 그들은 한국에서 온다.
   - Se levantan de la mesa. 테이블에서 일어선다.

10. [출신·출처]
    - Soy de Madrid. 나는 마드리드 사람입니다.
    - Alberto es de buena familia. 알베르또는 좋은 집안 출신입니다.

11. [부분점]
    - Me cogió del brazo. 그는 나의 팔을 잡았다.

12. [부분]
    - Quiero esta tela. 나는 이 천을 원합니다. 〔전부〕
    - Quiero de esta tela. 나는 이 천을 원합니다. 〔부분〕
    - Terminé el trabajo. 나는 일을 마쳤다. 〔전부〕
    - Terminé del trabajo. 나는 일을 마쳤다. 〔부분〕

Nota

스페인어에서는 특별한 경우가 아니면 algunos, algo de를 사용하지 않는다. 가산명사는 unos, unas가 있지만 불가산명사의 양을 나타내는 경우에는 문제가 된다. 이런 경우에 부분을 나타내는 표현으로는 다음과 같은 두 가지 방법이 있다.

- 무관사: Bebe vino.
- de 사용: Bebió del vino.

무관사는 특정하지 않은 것을 나타내고, 보통 이미 알고 있는 것에 대한 경우는 전치사 de를 사용한다. 〈Bebe el vino〉의 내용을 살펴보면 알 수 있다.

Bebe el vino.
  - 포도주라는 것을 마신다.
  - 그 포도주를 마신다.

그리고 Bebió el vino는 「그 술을 마셨다」 (당연히 '전부'이다)가 되고, 「술이라는 것을 (전부) 마셨다」는 될 수 없다. 따라서 일반적인 의미로 「술을 마시다」는 (술이라는 것의 전부가 아니므로) Bebió vino가 된다. 따라서 Bebe de vino의 형태는 있을 수 없다. Bebe del vino, 혹은 Bebe de este vino와 같이 정관사에 상응하는 말이 붙어야 한다.

Comió del pastel y bebió del vino. 케이크를 먹고 술을 마셨다.
Fuma siempre de mis cigarrillos. 그는 항상 내 담배를 피운다.
Dame de eso que llevas en el bolsillo.
주머니에 갖고 있는 그것을 (약간) 다오.
El muchacho puede comer de los que pescaba.
소년은 자기가 잡은 물고기를 먹을 수 있다.

13. [원인]
    - morir de hambre(frío, miedo) 기아(추위, 공포)로 죽다
    - Estoy medio muerto de hambre. 나는 배가 고파서 반은 죽은 상태다.
    - Está loco de amor(alegría). 사랑(기쁨)에 미쳐 있다.
    - Enfermó de estudiar tanto. 그토록 열심히 공부해서 병이 났다.

14. [이유] ~때문에
    - Pablo está contento de jugar al tenis.
      빠블로는 테니스를 해서(했기 때문에) 만족하고 있다.
    - Vicente está triste de no poder ir al colegio.
      비센떼는 학교에 갈 수 없어서 슬퍼하고 있다.

15. [방식]
    - Lo ha matado de una sola estocada. 그를 단칼에 찔러 죽였다.
    - Cayó de espaldas. 뒤로 젖혀 넘어졌다.

16. [행위자] ~에 의하여
    - Es respetado de todos. 그는 모두에게 존경받고 있다.
    - Era querida de todos. 그녀는 모든 사람으로부터 사랑을 받았다.
    - Juan irá acompañado de su madre. 후안은 어머니와 함께 갈 것이다.

17. [언급]
    - Hablamos de usted. 우리는 당신에 대하여 말하고 있습니다.
    - Hablamos de vestidos. 우리는 옷에 대하여 말하고 있습니다.
    - Se trata de este asunto. 이 사건에 대한 이야기이다.

18. ~에 관하여
    - Está mal de vista. 그는 시력이 나쁘다.
    - aumentar de peso(velocidad) 무게(속력)를 늘리다

19. [시간]
    - De estudiante me acostaba a la una. 학생 때는 1시에 잠자리에 들곤 했다.
    - ¿Qué vas a hacer de vacaciones? 너는 휴가(방학) 때 무엇을 할 생각이니?
    - Era de día. 그것은 낮에 있었던 일이다.

20. [색]

   ┌ **pintar**+목적어+**de**+색깔   목적어를 ~색으로 칠하다
   └ **teñir**+목적어+**de**+색깔   목적어를 ~색으로 물들이다

- las cajas pintadas de blanco   흰색으로 칠해져 있는 상자
- teñir una cosa de(con, en) negro   ~을 검게 물들이다

21. [강조]

- el sinvergüenza de los sinvergüenzas   철면피 중의 철면피

3. de를 사용한 문형

1. ┌ **명사**+**fácil (difícil) de**+**inf.**   ~하기 쉬운(어려운)
   └ **ser**+**fácil (difícil) de**+**inf.**   ~하기 쉽다(어렵다)

   ┌ ● Estas ideas son difíciles de explicar.   이런 사상은 설명하기 어렵다.
   └ ● Es difícil explicar estas ideas.   이런 사상을 설명하는 것은 어렵다.

2. **cambiar(mudar) de**+명사   ~을 바꾸다

   책과 빵을 바꾸듯이, 서로 다른 종류의 물건을 바꾸는 것이 아니라 같은 종류의 물건을 바꾸는 경우에 사용한다.

- cambiar de traje   옷을 갈아입다
- cambiar de calzado   신을 갈아 신다
- cambiar de empleo   직업을 바꾸다
- cambiar de lugar   장소를 바꾸다
- cambiar de muchacha   여자 친구를 바꾸다
- cambiar de asiento   좌석을 바꾸다
- cambiar de tren   기차를 갈아타다
- cambiar de opinión   의견을 바꾸다
- cambiar de tema   화제를 바꾸다
- cambiar de actitud   태도를 바꾸다
- cambiar de mente   사고를 바꾸다
- cambiar de costumbre   습관을 바꾸다

   ┌ ● Cambió de traje.   그는 옷을 갈아입었다.
   └ ● Cambió el traje por otro.   그는 그 옷을 다른 옷으로 바꾸었다. 〔교환〕

3. **cambiarse** 자신의 옷이나 집을 바꾸는 경우에는 재귀형을 취한다.

- Se cambió de zapatos. 그는 구두를 갈아 신었다.
- Se cambió de domicilio. 그는 주거지를 바꾸었다.

4. **mudarse de**+명사 ~을 바꾸다, 교환하다

- mudarse de hotel   호텔을 옮기다
- mudarse de colegio   학교를 옮기다
- mudarse de tren   기차를 갈아타다
- mudarse de camisa   셔츠를 바꾸다
- mudarse de piel   허물을 벗다

5. **dar de**+동사 ~하는 것을 주다

- dar de comer   먹을 것을 주다
- dar de beber   마실 것을 주다
- dar de mamar   젖을 주다
- dar de merendar   간식을 주다
- dar de trabajar   일거리를 주다
- dar de vestir   의복을 주다
- Damos de comer al niño. 아이에게 먹을 것을 준다.

4. EN

1. 전치사 en의 특성

시간적으로나 공간적으로 「자리잡다」라는 의미를 가지고 있으며, a는 동적인 것에 반하여 en은 정적이다.

- Voy a Madrid. 마드리드로 간다.
- Vivo en Madrid. 마드리드에 살고 있다.

라틴어와 고대 스페인어에서는 〔동작동사+en〕의 문형이 있었으며 지금도 그 흔적이 남아있는데, de flor en flor 「꽃에서 꽃으로」가 그런 예의 하나이다. en은 a와 de에 비하여 「확장감」을 갖고 있다.

- Te espero a ti. 나는 너를 기다린다.
- Espero en ti. 나는 너에게 기대한다.
- Te confío esto solo a ti. 나는 이것을 너에게만 맡긴다.
- Confío en ti. 나는 너를 믿는다.
- Pienso hacer un viaje. 나는 여행할 생각입니다. (결정)
- Pienso en hacer un viaje. 나는 여행할까 하고 생각하고 있습니다. (미결정)

2. 용법

1. [안] ~에, ~에서

    - Lo llevo en el bolsillo. 나는 그것을 주머니에 넣고 다닌다.
    - Cenaré en casa. 나는 집에서 저녁을 먹을 것이다.

2. [위] ~에

    - La comida está en la mesa. 음식은 식탁 위에 있다.
    - Escribo en papel blanco. 나는 백지에 씁니다.

3. [장소] ~에

    - Vivo en Busan. 나는 부산에 살고 있다.
    - La casa está en la esquina. 그 집은 모퉁이에 있습니다.

4. [상태]

    - Vive en la opulencia. 그는 부유하게 살고 있다.

    Nota

    전치사 en은 양태의 부사구를 많이 만든다.
    en serio 진지하게   en broma 농담으로
    en secreto 비밀리에   en particular 특히
    en general 일반적으로   en fin 결국

5. [때] ~에

    - en 2002 (en el año 2002) 2002년에
    - en la juventud 청년 시절에

6. [기간] ~에

   - Lo ha hecho en tres días. 그는 그것을 3일만에 만들었다(했다).

7. [방법] ~으로

   - Lo habló en inglés. 그는 그것을 영어로 말했다.
   - pagar en billete 지폐로 지불하다
   - viajar en avión(tren, taxi) 비행기(기차, 택시)로 여행하다

8. [착용]

   - estar en pijama(zapatillas) 잠옷을 입은 채로(슬리퍼를 신고) 있다

9. [가격]

   - comprar(vender) en 2.000 euros 2,000 유로에 사다(팔다)

10. [분야] ~에 있어서

    - Nadie le gana en regatear. 값을 깎는 것에 있어서는 아무도 그를 따를 수 없다.
    - Es valiente en la pelea. 그는 싸움에 있어서는 용감하다.
    - doctor en letras(derecho) 문학(법학) 박사

5. PARA

1. [목적] ~을 위하여, ~을 위한

   - Lo digo para ti. 너를 위하여 말하는 거야.
   - ¿Para qué habéis venido? 너희들은 무엇 하러 왔느냐?
   - Estudia para (ser) médico. 그는 의사가 되려고 공부한다.

2. [para+inf.], [para+no+inf.]

   - Se levantó temprano para coger el tren.
     그는 기차를 타려고 일찍 일어났다.
   - Se levantó temprano para no perder el tren.
     그는 기차를 놓치지 않으려고 일찍 일어났다.

3. [para que ~], [para que no ~]

- Cenamos temprano para que puedan ir al cine.
  우리는 그들이 영화 보러갈 수 있도록 저녁을 일찍 먹는다.
- Lo voy a fijar bien para que no se caiga.
  나는 그것이 떨어지지 않도록 단단히 고정시켜 놓겠다.

4. [방향]

- Salieron para Caracas. 그들은 카라카스로 향하여 출발하였다.
- Esto es para usted. 이것은 당신에게 드리는 것입니다.

5. [용법]

- un vaso para vino 포도주 잔
- un vaso de vino 포도주 한 잔
- madera para entarimar 마루깔개용 목재

6. [기한] ~까지

- Para mañana lean ustedes el capítulo diez. 내일까지 제 10장을 읽어 오세요.
- Iré allí para el día 15. 15일까지는 내가 그 곳에 가겠다.

7. [대비] ~에 비해서는, ~하기에는

- Es bajo para su edad. 그는 나이에 비해 키가 작다.
- Para un muchacho de diez años sabe demasiado.
  열 살짜리 꼬마로서는 너무 많이 안다.
- Es muy(demasiado) tarde para salir.
  외출하기에는 너무 늦은 시간이다.

Nota

para의 기본적인 의미는 「목적」이지만 다음 예와 같이 미래에 대한 「조건」과 「이유」를 포함하는 경우도 있다. 그러나 용법은 제한되어 있다.

Para darte el libro tienes que venir a verme.
책을 받고 싶으면 네가 나를 만나러 와야 한다.
Ven acá para darte una cosa.
뭔가를 줄 테니 이리 오너라.

6. POR

기본적으로 원인을 나타내는 「~때문에」라는 의미를 갖고 있다.

1. [원인]   ~때문에

- Por la lluvia las calles están resbaladizas. 비 때문에 거리가 미끄럽다.
- Se enfermó por beber demasiado. 과음했기 때문에 병이 났다.

2. [이유]   ~때문에

- Se ha hundido por mal construido. 잘못 건축했기 때문에 붕괴되었다.
- Lo hizo por tonto. 그는 바보이기 때문에 그렇게 했다. (porque es tonto)

3. [동기적 목적]

- hablar por hablar (inf.+por+inf.) 말하려고 말하다 (말하는 것이 목적)
- Lo soporta todo por ti. 그는 너 때문에 모든 것을 참는 거야.
- Fue por el médico. 의사를 부르러 갔다.
- Viene por su libro que olvidó. 그는 깜빡 잊었던 책을 가지러 온다.
- mandar por ~을 가지러 보내다
- Se levantó a las seis por no llegar tarde. (por no+inf.)
  늦게 도착하지 않으려고 그는 6시에 일어났다.

4. [장소]   ~으로, ~을

- Voy a dar un paseo por el parque. 나는 공원을 산책할 거야.
- Ha viajado por toda España. 그는 전 스페인을 여행했다.
- Iremos a Portugal por Salamanca.
  우리는 살라망까를 통해서 포르투갈로 갈 것입니다.
- Estará por aquí. 그는 이쪽에 있을 거야.
- El barco estaba hundido por la proa y levantado por la popa.
  배는 선수가 가라앉고 선미는 올라와 있었다.

5. [행위자]   ~에 의하여, ~에 의한

- La casa fue destruida por el incendio. 집은 화재에 의하여 파괴되었다.
- el problema discutido por muchos 많은 사람들에 의하여 논의된 문제

6. [교환]
    - Pagúe cien dólares por esta corbata. 나는 이 넥타이에 100달러를 지불했다.
    - cambiar A por B   A를 B와 교환하다
    - dar A por B   B 대신에 A를 주다
    - tomar A por B   A를 B라고 잘못 알다

7. [가격]
    - Vendió su casa por unos millones de pesos.   그는 집을 수백만 뻬소에 팔았다.
    - Venderé el coche por poco dinero.   나는 낮은 값에 차를 팔 것이다.

8. [비율]   ~마다, ~당
    - El treinta por ciento de los presentes protestaron.
      참석자의 30%가 항의했다.
    - Viene dos veces por mes. (al mes, cada mes, mensualmente)
      그는 한 달에 두 번 온다.
    - El tren corre a cien kilómetros por hora.
      기차는 시속 100km로 달린다.

9. [대리]   ~대신
    - Hablo por él.   나는 그 사람 대신 말하고 있습니다.
    - Voy al mercado por mamá.   나는 엄마 대신 시장에 간다.

10. [감정의 표현]
    - Siento por ella antipatía.   나는 그녀에게 반감을 느낀다.
    - dar (las) gracias por una cosa   어떤 일에 대하여 감사하다

11. [자격]   ~으로
    - admitir alguna cosa por válida   어떤 일을 유효로 인정하다
    - recibir por esposa   아내로 맞이하다
    - Lo adoptó por hijo.   그를 양자로 삼았다.

12. [평가]
    - Le tomaron por tonto. 그들은 그를 바보 취급했다.
    - Ella pasa por lista. 그녀는 영리하다고 알려져 있다.

13. [가담]
    - ¿Votaron por él? –Sí, todos están por él.
      그들은 (투표에서) 그를 찍었니? 응, 모두가 그 사람 편이야.

14. [방법]
    - colocar por orden 순서대로 놓다
    - examinar caso por caso 사례별로 조사하다

15. [수단] ~으로, ~에 의해서
    - Oímos las noticias por radio. 우리는 라디오로 그 뉴스를 들었다.
    - Lo has ganado por tu trabajo. 너는 그것을 노동에 의해 얻은 것이다.
    - Lo has conseguido por tu tío. 너는 숙부님 덕택에 그것을 얻은 것이다.
    - ir por tren(avión) 기차(비행기)로 가다
    - hablar por teléfono 전화로 말하다(통화하다)

16. [기간] ~무렵, ~에
    - Por noviembre suele llover mucho. 11월 경에는 자주 비가 많이 내린다.
    - Por aquellos días era muy popular. 그 당시에 그는 매우 인기가 있었다.
    - Estuve en España por tres años. 스페인에 3년간 있었다.
    - Hablaron por un largo rato. 그들은 장시간에 걸쳐 이야기했다.
    - mañana por la mañana 내일 아침에

17. [por+inf.] 아직 ~하지 않다
    - El tren está por salir. 기차는 아직 출발하지 않고 있다.
    - Está por venir. 그는 곧 올 것이다.
    - la tarea por realizar (queda por realizar) 아직 실현되지 않은 과업

7. PARA와 POR

1. para와 por의 차이

전치사 para와 por는 그 경계가 애매하며 두 전치사 모두 사용할 수 있는 경우가 있기 때문에 매우 까다롭다.

(a) Este libro es para usted.
(b) Hágalo por mí.

위의 예문에서 (b)의 경우 para를 쓰면 안 되고 por를 써야 하는 점이 문제가 된다. 기본적으로 para는 목적을 의미하며 그 대표적인 해석은 「~을 위하여」이다. por는 원인을 의미하며 그 대표적인 해석은 「~때문에」이다.

(a) El tren está para salir.
(b) El tren está por salir.

위에서 (a)는 para를 사용하고 있기 때문에 기차는 이제 곧 앞으로 떠나려고 하는 상태이다. 따라서 [estar para+inf.]는 「이제 막 ~하려고 하는 참이다」라는 의미이다. 이와 달리, (b)는 por를 사용하고 있기 때문에 para처럼 앞으로 향하는 느낌이 아니라 뒤로 끌려가는 느낌을 주고 있다. 그래서 시간적으로 더 여유가 있고 「기차는 출발하기로 되어 있고, 출발할 예정이고, 아직 출발하지 않았다」라는 내용이다.

(a) Vino solo para verme.
(b) Vino solo por verme.

(a)의 para는 목적을 나타내기 때문에 단지 「만나기 위하여」 온 것이다. (b)의 por는 원인이기 때문에 만나기 위하여 온 것은 아니다. 오게 된 그 원인이 「나를 만나는 것 verme」에 있다. 그렇기 때문에 단지 「만나고 싶은」 한 가지 마음으로 온 것이다. 애인을 만나고 싶어한 나머지 애인의 집에 찾아간 경우에는 반드시 para verla가 아니라 por verla를 사용해야 한다.

(a) Lo hago para ayudarte.
(b) Lo hago por ayudarte.

위의 예문에서 객관적 현상은 하나이지만 말하는 사람의 마음에 따라 para를 사용하기도 하고 por를 사용하기도 한다. (a)는「너를 도와주기 위하여」단지 이것을 목적으로 한다. 그러나 (b)는 원인이기 때문에「너를 도와주고 싶어서」라는 마음에서 하는 것이다.

이와 같이 por의 동기 목적이 para의 목적과 그 해석이「~하기 위해」로 똑같아 보이지만 이상과 같은 차이가 있는 것이다.

para ti는「너를 위해」, por ti는「너 때문에」가 된다. 그래서「조국을 위하여 죽다」는 morir por la patria이지 para la patria가 아니다. 즉, 죽는 것은「조국에 대한 애정 때문에」라는 마음 가짐으로 죽는 것이지 조국 자체가 죽는 목적이 아닌 것이다.

2. para와 por에 의한 대조의 예

- Compré un regalo para Isabel. 나는 이사벨에게 줄 선물을 샀다.
- Compré un regalo por Isabel. 나는 이사벨이 아닌 다른 사람에게 줄 선물을 샀다.

- Me dio un radio para el coche. 그는 나에게 차에 부착할 라디오를 주었다.
- Me dio un radio por el coche. 그는 나에게 차 대신에 라디오를 주었다.

- Corrió para el pueblo. 그는 마을 쪽으로 달렸다.
- Corrió por el pueblo. 그는 마을을 통과해 달렸다.

- Estudia mucho para ser médico. 그는 의사가 되기 위하여 열심히 공부한다.
- Estudia mucho por ser médico. 그는 의사이기 때문에 열심히 공부한다.

- Estudia para sacar buenas notas. 좋은 점수를 얻으려고 열심히 공부한다.
- Estudia por sacar buenas notas. 좋은 점수를 얻고 싶어서 열심히 공부한다.

- Están agotados para ese trabajo. 그 일을 하기에는 그들은 지쳐 있다.
- Están agotados por ese trabajo. 그 일을 했기 때문에 그들은 지쳐 있다.

- Estaré allí para diciembre. 나는 12월까지 거기에 가 있겠습니다.
- Estaré allí por diciembre. 나는 12월 경에 거기에 가 있겠습니다.

- El helicóptero fue traído para ellos. 헬기는 그들을 위하여 운반되었다.
- El helicóptero fue traído por ellos. 헬기는 그들에 의하여 운반되었다.

- Compró una estufa para su mujer. 그는 아내를 위하여 난로를 샀다.
- Compró una estufa por su mujer. 그는 아내가 말했기 때문에 난로를 샀다.

- ¿Para qué lo hizo? 무엇을 위하여 (어떤 목적으로) 그것을 했습니까?
- ¿Por qué lo hizo? 왜 (어떤 이유로, 무엇 때문에) 그것을 했습니까?

- Fuimos para darles gusto a los niños. 우리는 아이들을 기쁘게 하려고 갔었다.
- Fuimos por darles gusto a los niños.
  우리는 아이들을 기쁘게 할 생각으로 갔었다.

Nota

아래 두 문장은 para나 por, 둘 다 사용할 수 있으며 의미도 같다.

Entré con cuidado para(por) no despertarlos.
나는 그들을 깨우지 않으려고 조심해서 들어갔다.

Siempre he trabajado para(por) mi familia.
나는 항상 가족을 위하여 일해 왔다.

④ 전치사의 용법 (2)

1. ANTE

1. ~앞에

- Compareció ante el juez. 그는 재판관 앞에 출두했다.
- María se pinta ante el espejo. 마리아는 거울 앞에서 화장하고 있다.

2. ~을 보니, ~을 생각하니

- Ante estas circunstancias tienes que marcharte.
  상황이 이러니 너는 떠나야만 한다.
- No puedo opinar ante este asunto.
  이 사건을 보니 할 말이 없다.

2. BAJO ~아래에

- Me gusta echar la siesta bajo un árbol.
  나는 나무 아래에서 낮잠 자는 것을 좋아한다.
- Acaeció bajo el reinado de Isabel.
  (그것은) 이사벨 여왕의 통치 하에서 발생했다.
- El termómetro marcó diez grados bajo cero.
  온도계는 영하 10도를 가리켰다.

3. CON

1. [동반 · 부속] ~와 함께
   - café con leche 밀크 커피
   - fresa con nata 크림 넣은 딸기
   - Estoy con mi novia. 나는 나의 애인과 함께 있다.
   - Quería reservar dos habitaciones con baño.
     욕실이 딸린 방 두 개를 예약하고 싶습니다.

2. [도구 · 수단] ~으로, ~을 갖고
   - En Corea se come con palillos. 한국에서는 젓가락으로 식사한다.

3. [원인] ~때문에
   - Está contento con el regalo. 그는 그 선물을 받고 만족스러워 한다.
   - No puedes salir con este frío. 넌 이 추위에 외출해서는 안 된다.

4. ~에 대하여
   - Siempre eres muy amable con todo el mundo.
     너는 항상 모든 사람들에게 매우 친절하구나.
   - No te enfades conmigo: yo no tengo nada que ver.
     나에게 화내지 마. 난 아무 상관도 없으니까.

5. [con+추상명사]
   - con facilidad 쉽게 (fácilmente)
   - con frecuencia 빈번하게 (frecuentemente)
   - con cuidado 조심하여 (cuidadosamente)

6. [비교] ~에 비하여

- Su fuerza no es nada con la que profeso.
  그의 힘은 나의 힘에 비하면 아무 것도 아니다.

7. [con+부정사] ~하기(했기) 때문에 (현재분사의 의미)

- Con declarar se eximió del tormento.
  자백했기 때문에 그는 고문을 면했다.

8. [con+부정사] ~이지만

- Con ser tan guapa, nadie la quiere.
  그토록 예쁘지만 아무도 그녀를 좋아하지 않는다.

4. CONTRA

1. ~에 반대하여, ~에 반하여

- Es una organización que lucha contra la discriminación racial.
  그것은 인종차별에 반대하여 투쟁하는 단체이다.
- Voy contra mi voluntad.
  나는 내 의지와 달리 간다. (가고 싶지 않지만 간다)

2. ~에, ~을 향하여

- Se arrojaron contra su enemigo. 그들은 적을 향하여 돌진했다.
- Así se va a caer, mejor que lo apoyes contra la pared.
  그러면 쓰러질 거야. 벽에 기대어 놓는 것이 좋겠어.

3. [충돌]

- El coche se estrelló contra un árbol. 자동차가 나무에 충돌해 산산조각이 났다.
- Tropezó contra la piedra. 그는 돌에 부딪쳤다.

4. ~의 앞에

- Mi casa está contra la iglesia. 나의 집은 교회 앞에 있다.

5. DESDE

1. [시간 · 공간] ~부터, ~이래

- La torre se veía desde lejos. 탑이 멀리서 보였다.
- Desde ayer está lloviendo. 어제부터 비가 내리고 있다.
- Me conocen desde hace 5 años. 그들은 나를 5년 전부터 알고 있다.

2. 관용어

- desde aquí 지금부터, 여기서부터
- desde niño 어릴 때부터
- desde luego 물론
- desde el primero hasta el último 처음부터 끝까지

6. ENTRE

1. [장소 · 위치 · 시간] ~의 사이에(서)

- Entre tú y yo no hay secreto.
  너와 나 사이에는 비밀이 없다.
- Te prometo que entre lunes y martes nos vemos.
  월요일과 화요일 사이에 우리가 만날 것을 약속하지.
- La mesa no cabe entre la cama y la ventana.
  탁자는 침대와 창문 사이에 들어가지 않는다.

2. 둘이나 그 이상이 공동으로

- Entre tú y yo vamos a abrir esta caja.
  너와 내가 함께 이 상자를 열자.

3. 관용어

- Tal pensaba yo entre mí. 나는 속으로 그렇게 생각하고 있었다.

  cf. ⎡ decir entre sí 자신에게 말하다
  ⎣ pensar entre sí 속으로 생각하다

7. HACIA

1. [공간적] ~의 쪽으로, ~쪽에

- En cuanto me vio, se puso a correr hacia mí.
  그는 나를 보자마자 나를 향하여 달리기 시작했다.
- Vivo hacia el norte de la ciudad. 나는 도시 북쪽에 살고 있다.

- Hacia el sur llueve mucho. 남쪽 방면에는 비가 많이 내린다.

2. [시간적] ~경, ~무렵

- ¿Nos vemos mañana hacia las cuatro y media?
  우리 내일 4시 반 경에 만날까?
- Ellos florecieron hacia el año 1970.
  그들은 1970년 경에 번창했다.

3. [관념적] ~에 대하여

- Siento un gran respeto hacia(por) él.
  나는 그에 대하여 깊은 존경심을 느낀다.
- Yo hacia el tipo de personas solo siento desprecio.
  나는 그런 사람들에게는 경멸감만 느낄 뿐이다.

8. HASTA

1. [시간 · 공간의 한계] ~까지

- Estuvimos trabajando hasta las seis de la mañana.
  우리는 아침 6시까지 일하고 있었다.
- No vendrán hasta terminar el trabajo.
  그들은 일을 마칠 때까지 오지 않을 것이다.
- ¿Cuánto hay desde Seúl hasta Pusan?
  서울에서 부산까지 거리가 얼마나 됩니까?

Nota

 ┌ **Desde** Seúl **hasta** Pusan fuimos en avión.
 └ **De** Seúl **a** Pusan fuimos en avión. 서울에서 부산까지 우리는 비행기로 갔다.

2. [부사적] ~까지(도), 심지어는

- Hasta los niños entenderían lo importante que es.
  어린 아이들까지도 그것이 얼마나 중요한지를 알 것이다.
- Gastó hasta el último centavo. 그는 마지막 한 푼까지 돈을 썼다.
- Pelearon hasta las mujeres. 심지어는 여자들까지도 싸웠다.

3. hasta que ~할 때까지

- No me acostaré hasta que vuelva mi amigo.
  내 친구가 돌아올 때까지는 나는 자지 않겠다.

9. SEGÚN

1. [근거] ~에 의하여, ~에 따라서

   - Según él, esta es la única solución. 그에 의하면, 이것이 유일한 해결책이다.
   - Sentenció según la ley. 그는 법에 따라 판결을 내렸다.
   - Pórtate según las circunstancias. 상황에 따라 행동해라.
   - Según el horario, el tren sale a las ocho.
     시간표에 따르면, 기차는 8시에 출발한다.
   - Se te pagará según lo que trabajes. 네가 일하기에 따라 지불될 것이다.

2. [접속사로 사용] ~하는 바에 따라

   - Todo sigue según estaba.
     모든 것이 이전 그대로이다.
   - Según ha afirmado el gobierno, no vendrá el Presidente.
     정부가 발표한 바에 따르면 대통령은 오지 않을 것이다.
   - Según dicen, Juan se casará la semana que viene.
     사람들이 말하는 바에 따르면, 후안은 내주에 결혼할 겁니다.

3. [부사적] 경우에 따라

   - Iré o me quedaré, según. 경우에 따라 가거나 남겠다.
   - ¿Quiere tomar esto? —Según.
     이것을 드시겠습니까? 상황에 따라서. (맛이 좋다면)

4. 관용어

   - ¿Vendrás mañana? —Según y como.
     내일 올래? 형편(때와 경우)에 따라서요.
   - ¿Lo vas a hacer mañana? —Según y conforme.
     내일 그것을 하겠니? 형편(때와 경우)에 따라서요.

10. SIN

1. ~이 없는, ~없이

   - Sin la llave, no podemos entrar. 열쇠 없이 우리는 들어갈 수 없다.
   - Sin ti no podré vivir jamás. 너 없이는 난 결코 살지 못할 거야.
   - Nos quedamos sin agua. 우리에게 물이 없다(떨어졌다).

2. ~이외에 (además)

   - Tiene diez hectáreas de tierra sin el olivar.
     그는 올리브밭 이외에 10헥타르의 토지를 갖고 있다.
   - Costará mil dólares sin los gastos.
     경비 외에 1,000달러가 들 것이다.

3. [sin+부정사] ~하지 않고

   - Llueve sin cesar. 계속해서 비가 내린다.
   - No se puede presentar sin pasarlo a máquina.
     그것을 타자로 치지 않고서는 제출할 수 없다.

4. [sin que+접속법] ~하지 않고(도)

   - Sin que hables yo sé lo que quieres.
     네가 말하지 않아도 나는 네가 뭘 원하는지 안다.
   - Ella se marchó sin que nadie se diera cuenta.
     그녀는 아무도 모르게 떠나버렸다.

5. [부정어와 함께 쓰이면 긍정]

   - No veía nada sin examinar. 그는 뭔가를 보면 항상 그것을 살펴본다.
   - No pasa ni un día sin leer. 그는 독서를 하지 않고는 하루도 못산다.
   - Ella no pasa un día sin que me llame por teléfono.
     그녀는 하루도 빠짐없이 내게 전화를 한다.

11. SOBRE

1. ~위에(서)

   - Pon el libro sobre la mesa. 책을 탁자 위에 놓아라.
   - La casa está sobre una colina. 집은 언덕 위에 있다.

- El avión pasó sobre la ciudad. 비행기는 도시 상공을 지나갔다.

2. ~에 대해, ~에 관한

- Hablaron sobre las obras de Cervantes.
  그들은 세르반테스의 작품에 대하여 이야기했다.
- Discutamos un poco más sobre esta cuestión.
  이 문제에 대하여 좀더 토론해보자.

3. ~이외에 (además de)

- Sobre el sueldo tiene gratificación. 그는 급여 이외에도 상여금을 받고 있다.
- Sobre ser hermosa Susana es inteligente.
  수사나는 아름다운 것 이외에 똑똑하기도 하다.

4. [수량 · 분량 앞에서] 대략, 약

- Ella tendrá sobre treinta años. 그녀는 30세 가량 되었을 거야.
- Volveré sobre las doce. 나는 12시 경에 돌아오겠다.

5. [근접] 바로 곁에

- La vanguardia ya va sobre el enemigo.
  선봉대는 벌써 적군에 접근하고 있다.
- La ciudad está sobre el río.
  도시는 강에 면해 있다.

12. TRAS

1. [시간 · 공간 · 순서] ~의 뒤에, 잇따라

- Tras la fortuna viene la adversidad.
  행운 뒤에는 불행이 온다.
- Tras este tiempo vendrá otro mejor.
  이런 시간이 지나가면 더 좋은 시절이 올 것이다.
- Nos miró a nosotros con atención, uno tras otro.
  그는 우리들을 한 명씩 주의 깊게 살펴보았다.

2. ~의 뒤에

- El niño se ocultó tras la puerta.
  그 아이는 문 뒤에 숨었다.

- Está tras la segunda o tercera casa, a mano derecha.
  그것은 두 번째나 세 번째 집 뒤, 오른쪽에 있다.

3. ~이외에 (además de)

- Tras de ser atractivo, es muy inteligente.
  그는 매력적인 데다가 매우 똑똑하다.
- Tras de ser malo, es muy caro.
  그것은 (물건이) 나쁜 데다가 값도 아주 비싸다.

Nota

전치사가 아니지만 전치사처럼 사용되는 단어

1. durante ~동안

   Se conocieron durante la guerra.
   그들은 전쟁 동안에 서로 알게 되었다.

   He estudiado español durante 4 años seguidos.
   나는 계속해서 4년 동안 스페인어를 공부했다.

   Han estado charlando durante toda la clase.
   그들은 수업시간 내내 잡담을 하고 있었다.

2. incluso ~조차도, 까지 (hasta)

   Estaban todos, incluso mi hermana, que vive en Japón.
   일본에 사는 내 여동생까지 모두가 있었다.

3. mediante ~을 통하여 (por medio de)

   Se informó a todos los socios mediante un anuncio en la prensa.
   신문광고를 통하여 모든 회원들에게 알려주었다.

4. excepto ~을 제외하고

   Todo el mundo está enterado de eso excepto tú.
   너를 제외한 모든 사람이 그것을 알고 있다.

5. menos ~외에는 (excepto)

   Fueron todos, menos yo.
   나를 제외하고 모두 떠났다.

6. salvo ~을 제외하고 (excepto)

   Todos vinieron salvo él.
   그를 제외하고는 모두가 왔다.

19 접속사
Conjunción

1. 접속사의 기능
2. 접속사의 분류
3. 접속사 que

① 접속사의 기능

전치사가 단어와 단어를 연결시켜 준다면 접속사는 단어와 단어, 문장과 문장을 연결하고, 이 문장들 사이의 독립 또는 종속관계를 갖도록 관계를 연결시켜 주는 기능을 갖고 있다.

다음의 예문에서 y, ni, o, pero, porque 등은 문장의 성격을 띤 두 개의 단어 혹은 두 개의 문장을 연결시켜 주고 있다. 따라서 접속사는 단어와 단어, 문장과 문장 사이의 독립적이거나 종속적인 관계를 나타낼 수 있다.

- Antonio y Juan   안또니오와 후안
- Ni bueno ni malo.   좋지도 나쁘지도 않다.
- Se marchó, pero volvió pronto.   그는 떠났다. 그러나 곧 돌아왔다.
- Ya hoy, ya mañana.   오늘이나 아니면 내일.
- Consiguieron aprobar el examen, porque estudiaron mucho.
  그들은 열심히 공부했기 때문에 시험에 합격했다.

② 접속사의 분류

접속사는 형태에 따라 단순접속사와 복합접속사로 분류되기도 하고, 의미와 연결관계에 따라 대등접속사와 종속접속사로 분류되기도 한다. 그러나 주로 의미와 연결관계에 따라 분류한다.

1. 대등접속사

1. 대등 · 연결: y(e), ni, que

- Juan y Pedro vinieron a verme. 후안과 뻬드로가 나를 보러 왔다.
- Ni Juan ni Pedro vinieron a verme. 후안도 뻬드로도 나를 보러 오지 않았다.
- Llegaron padre e hijo. 아버지와 아들이 도착했다.
- No llegó ni padre ni hijo. 아버지도 아들도 도착하지 않았다.
- Corre que corre. 뛰고 또 뛰어라.

접속사 y는 i나 hi로 시작되는 단어 앞에서는 e가 된다. 그러나 ie라는 이중모음 (diptongo) 앞에서는 그대로 y를 쓴다. 부정의 접속사 ni는 각 요소에 모두 쓸 수도 있고 한 번만 쓸 수도 있다.

2. 분리: o(u), ya, bien, ora, sea que, ora… ora, bien… bien

- El café o el té 커피 아니면 차
- diez u once 10 또는 11
- Te lo enviaré bien por el correo de hoy bien por el de mañana. 오늘이나 내일 우편으로 너에게 그것을 보내주겠다.
- tomando ora la espada, ora la pluma 때로는 칼, 때로는 펜을 들고
- 3 o 4   3 또는 4
- 3 o mas   3 또는 그 이상

Nota

이전 철자법에서는 분리접속사 o가 숫자 사이에 사용될 경우에는 숫자 영(0)과 알파벳 o의 혼동을 피하기 위하여 '3 ó 4', '3 ó más'와 같이 악센트 부호를 표기했었다. 그러나 2010년 개정된 철자법에서는 악센트 부호를 표기하지 않기로 했다.
3 ó 4 → 3 o 4
3 ó más → 3 o más

3. 반대: sino, sino que, antes bien

- No lo haré hoy sino mañana. 오늘 그것을 하지 않고 내일 하겠다.

- No solo le insultaban, sino que le arrojaban piedras.
  그들은 그를 모욕했을 뿐만 아니라 그에게 돌을 던졌다.
- No se acobardó, antes bien se encaró con el enemigo.
  그는 겁내기는 커녕, 오히려 적과 마주 섰다.

4. 원인: por, que, porque, ya que, puesto que, supuesto que

- No puedo ir porque estoy enfermo.
  나는 아프기 때문에 갈 수 없다.
- Puesto que no quieres venir, iré a buscarte.
  네가 오기를 원하지 않으니 내가 너를 찾으러 가겠다.
- Vaya, pues le han llamado.
  당신을 불렀으니 가십시오.

5. 결과 · 추정: conque, luego, pues, así que, por tanto, por consiguiente, de modo(manera) que

- Pienso, luego, existo.
  나는 생각한다. 고로 존재한다.
- Ayer no fui, de manera que tengo que ir hoy.
  어제 나는 가지 않았다. 그래서 오늘 가야 한다.

6. 조건 · 필요: si, si no, como, cuando, con tal de, siempre que, con que, caso que, dado que, ya que, a no ser que, a menos que, a condición de que

- Si yo tuviera mucho dienro, compraría un coche nuevo.
  내가 만일 돈이 많다면 새 차를 살 텐데.
- Te prestaré mil euros con tal de que me lo devuelvas dentro de una semana.
  일주일 내에 갚는다는 조건으로 너에게 1,000유로를 빌려주겠다.
- Te espero mañana a menos que tú me avises.
  네가 나에게 연락하지 않는 이상 나는 내일 너를 기다리겠다.
- Iré a condición de que ella vaya conmigo.
  나는 그녀가 나와 함께 간다는 조건으로 가겠다.

2. 종속접속사

1. 양보: si, aunque, cuando, más que, por más que, por... que, a pesar de (que), bien que, mal que

    - Aunque llueva, saldré.
      비록 비가 오더라도 떠나겠다.
    - Aunque llueve, tengo que trabajar.
      비록 비가 오고 있지만 일을 해야 한다.
    - Aun cuando no venga, tenemos que empezar.
      비록 그가 오지 않는다 할지라도 우리는 시작해야 한다.
    - Por más que te hable, no me entenderás.
      아무리 너에게 말해도 너는 내 말을 이해하지 못할 거야.
    - A pesar de ser aún niño, es muy inteligente.
      그는 아직 어린데도 매우 현명하다.

2. 목적: para, para que, a fin de que, porque

    - Estudia mucho para salir bien en el examen.
      그는 시험에 합격하기 위하여 열심히 공부한다.
    - Vamos pronto para que no nos vean.
      나쁜 사람이 우리를 보지 않도록 빨리 갑시다.
    - A fin de que pudiera volver, le mandé dinero.
      그가 돌아올 수 있도록 나는 그에게 돈을 보냈다.

3. 시간: cuando, como, mientras, luego que, así que, en cuanto, antes que, primero que, después de que

    - Cuando terminemos de comer, saldremos a dar un paseo.
      우리는 식사를 마치면 산보하러 나갈 것이다.
    - Luego que te vi, me enamoré de ti.
      너를 보자마자 너를 사랑하게 되었어.
    - Antes de que lo haga, piénselo bien.
      그것을 하기 전에 잘 생각해 보세요.
    - Después de que hayas llegado, me llamarás.
      도착한 다음에 내게 전화해라.

4. 비교: que, así, como, así como, según que, a la manera de(que), lo mismo que, del mismo modo que

- Esta respuesta es lo mismo que negarlo.
  이 대답은 거절하는 것이나 다름없다.

5. 확인: **pues, así que, además de, otro sí, supuesto que**

- Pues, si no quieres no te vayas.
  자, 그럼 네가 원하지 않으면 가지 말아라.

③ 접속사 que

접속사 que는 문장을 연결하는 기능 외에 다음과 같은 세 가지 기능이 있다.

1. 문장의 명사화

1. 문장을 명사화하여 보어를 형성한다.

   - Lo cierto es que él no está aquí. 확실한 것은 그가 여기에 없다는 것이다.
   - No le dejó que viniera. 그를 오게 하지 않았다.

2. 문장을 명사화하여 주어를 형성한다.
   Es que~, Lo de que~, Eso de que~

   - Que no entiendes nada de eso está bien claro.
     네가 그것을 전혀 모른다는 것은 아주 분명하다.
   - Lo de que tú sabes más lo veremos. [직접목적어]
     네가 더 많이 안다는 것을 우리는 이제 알게 되겠지.
   - Eso de que llegó ayer no es verdad.
     그가 어제 도착했다는 것은 사실이 아니다.

2. 문장 내용의 강조

1. ¡Que+V직설법 …! ~인 거야

- ¡Que no puedo! 이젠 틀렸다! (Te digo…)
- ¡Que no, que no! 아니야, 아니야!
- ¡Que sí, que sí! 맞아, 맞아!

2. **¡Que+접속법!** ~하다니 유감이다 (¡Qué triste es…!)

- ¡Que tenga yo que aguantar este insulto…!
  이런 모욕을 내가 참아야 하다니!
- ¡Que haya llegado la noticia, justamente en estos momentos! (¡Qué lástima…!)
  하필이면 이런 때 소식이 도착하다니!

3. **Que+접속법 (원망, 간접명령)**

- Que tenga buena suerte. 당신에게 행운이 깃들기를. (Deseo que)
- Que vengas pronto. 네가 일찍 와 주기를 바란다.
- Que entren. 그들에게 들어오라고 하세요. (Deseo que)

4. **¿Que...?** 의심, 부정, 불신 (~라고?)

- ¿Que no estaba en casa? 그가 집에 없었다고? (Dices que…)
- ¿Que tú lo vas a arreglar...? 흥, 네가 그걸 고치겠다고?
- ¿Que te invita al cine...? 흥, 그가 너에게 영화구경시켜 준다고?

5. **¡Que+hubiera+과거분사!** ~했으면 좋았을 텐데(~했어야 하는 건데)

- ¡Que lo hubiera dicho! 그가 그것을 말했더라면 좋았을 텐데.
  cf. ¡Hubieras venido antes! 너는 더 일찍 왔어야 하는 건데.

6. **¡Que+S+-ra!** ~라면 좋을텐데

- ¡Que todo fuera tan fácil! 모든 것이 그토록 쉽다면 좋으련만.
- ¡Que yo supiera lo que él sabe! 그가 알고 있는 것을 내가 알고 있다면 좋으련만.

3. 두 개념의 대립

1. 긍정(A), que+부정(B) A이지 B는 아니다 (y 대신 쓰인다)

- Necesito dinero, que no consejos.
  내가 필요한 것은 돈이지 충고는 아니다.

- Lo dijo él, que no yo.
  그가 그것을 말했지 내가 말한 것이 아니다.

2. 접속법+que+no+접속법 ~하든 안 하든 간에

- Quieras que no quieras, te lo haré comer.
  좋든 싫든 간에 너에게 그것을 먹이겠다.
- Quieras que no (quieras), tendrá que venir.
  네가 원하든 원하지 않든 그는 오지 않으면 안 될 것이다.

4. que와 관련된 문형

1. ¡A que…! ~이다, 틀림없어 (Apuesto a que…)

   - ¡A que llueve esta tarde! 오늘 오후에 비가 온다, 틀림없어.
   - ¡A que no le encontramos en casa! 집에 가서 찾아봐도 그가 없어, 틀림없어.

2. ¡Con lo que…! ~이건만 (유감이다)

   - ¡Con lo que yo le quiero!
     나는 이토록 그를 사랑하고 있건만.
   - ¡Con lo que él se ha sacrificado por todos!
     그는 저토록 모두를 위해 희생했건만.

3. conque ① ~한 이상에는 ② 그러니 ③ 그렇다면

   - ① Conque ya sabes: si no estás aquí a las dos en punto, nos iremos sin ti.
     너도 이미 알고 있는 이상, 만약 두 시 정각에 여기에 없으면 우리끼리 가버릴 거야.
   - ② No entiendes nada de esto; conque cállate.
     너는 이것에 대해서는 아무 것도 모른다. 그러니 잠자코 있어.
   - ③ Conque ¿vienes o te quedas?
     그렇다면, 너는 오는 거니 아니면 남는 거니?

4. 명령, que (이유) ○ 명령문: p.267

   - Cierra la puerta, que tengo frío.
     문을 닫아. 춥단 말이야.

> **Nota**
>
> 접속사 que가 포함된 숙어
> Que yo me acuerdo 내가 기억하고 있는 한
> Que yo sepa 내가 알고 있는 한
> Que tengamos noticia 우리가 접한 소식에 따르면

5. que 의 생략

직접 목적어의 기능을 갖는 종속명사절에서 접속사 que가 생략되는 경우가 있다. 다음과 같이 종속절의 동사가 접속법으로 되어 있을 때 que를 생략할 수 있다.

- Le agradeceré me envíe la cuenta.
  계산서를 보내주시면 감사하겠습니다.
- Le ruego me diga lo que debo hacer.
  제가 해야 할 일을 말씀해주시기 바랍니다.

동사 preguntar에 연결되어 있는 간접의문문에서는 que가 자주 생략된다.

- Le preguntamos [...] por qué lo había hecho.
  우리는 그에게 왜 그것을 했느냐고 물었다.
- Le pregunté [...] cómo se encontraba.
  나는 그에게 어떠냐고 물었다.
- Le preguntaron [...] cuándo volvería.
  그들은 그에게 언제 돌아올 것인가를 물었다.

그러나 그런 간접의문문이 'preguntar'의 의미를 가진 decir로 연결되는 경우에는 그 접속사를 생략할 수 없다.

- Juan dice que cuándo volverás.
  후안은 네가 언제 돌아올 것이냐고 말한다.

20 화법
Estilos directo e indirecto

1. 평서문
2. 의문문
3. 명령문
4. 감탄문

① 평서문

1. 구두점의 변화와 소문자의 사용

직접화법 **estilo directo**　　Juan dice: "Estoy contento".
간접화법 **estilo indirecto**　Juan dice que está contento.

Nota

> 「~가 …라고 말하다」라는 부분이 인용부호 없이 대사 가운데 끼어있는 형태도 있는데, 이것은 순수한 직접화법의 형태라고 보기는 어렵다. 다음에서 (a)는 직접화법, (b)는 간접화법으로 볼 수 있다.
>
> (a) En este caso, dijo don Fernando, no podemos entendernos.
> (b) Don Fernando dijo que en ese caso no podíamos entendernos.
> "그런 경우 우리는 서로 이해할 수 없다"라고 페르난도 씨는 말했다.

2. 접속사의 사용

접속사 que로 전달문을 연결한다. 원문 중에 y, pero 등의 접속사가 있으면 일반적으로 그 뒤에 다시 que를 또 붙인다. 특히 문장이 길 때는 종속절임을 상기시키기 위해 que를 반복하여 쓴다. (속어, 고전에 많다)

- El bandido le contesta que con mucho gusto lo haría, pero que no tiene más balas, que las ha gastado todas.
  도둑은 "기꺼이 하겠다. 하지만 탄환이 더 이상 없다. 모두 써버렸다"고 그에게 대답한다.

윗 문장은 "Con mucho gusto lo haré, pero no tengo más balas. Las he gastado todas"라는 직접화법 문장을 간접화법으로 바꾼 것이다. decir는 그대로 변함없이 사용되기도 하고, 내용에 따라 contar, preguntar, contestar, gritar 등으로 바꿀 수도 있다.

3. 종속동사의 시제변화

주동사가 현재, 현재완료, 미래인 경우에는 종속동사의 시제는 그대로 사용되어도 문제가 없지만, 주동사가 과거일 경우에는 전달문의 동사를 주동사에 일치시켜야 한다.

현재
불완료과거] → **불완료과거**

Él dijo: "Yo lo hago".
Él dijo: "Yo lo hacía".] → Él dijo que él lo hacía.

현재완료
과거
과거완료] → **과거완료**

Él dijo: "Yo lo he hecho".
Él dijo: "Yo lo hice".
Él dijo: "Yo lo había hecho".] → Él dijo que él lo había hecho.

미래 → 가능

Él dijo: "Yo lo haré". → Él dijo que él lo haría.

미래완료 → 가능완료

Él dijo: "Yo lo habré hecho". → Él dijo que él lo habría hecho.

위의 내용에서 불완료과거라는 것은 과거의 그 시점에서는 현재이다. 과거완료라는 것은 과거의 시점에서 볼 때 과거를 의미한다. 또한 직설법 가능이라는 것은 과거의 시점에서 볼 때 미래를 의미한다. ● 직설법 가능: p.97

화법 전환의 대부분의 경우에 위와 같은 규칙에 따르지만 그 규칙에 따르지 않아도 되는 예외가 있다.

(a) 진리(현재형), 역사적 사실(과거형)은 꼭 시제를 일치시키지 않아도 된다.

- Él dijo: "La tierra se mueve alrededor del sol".
- Él dijo que la tierra se movía(mueve) alrededor del sol.
  지구는 태양의 주위를 돌고 있다고 그는 말했다.

- Él dijo que Colón había descubierto(descubrió) América.
  콜럼버스가 아메리카를 발견했다고 그는 말했다.

(b) 접속법의 현재는 전술한 규칙대로 하지만 접속법의 과거, 과거완료(조건문)는 원문의 시제를 그대로 사용한다.

- Él dijo: "Si yo fuera tú, no iría".
- Él dijo que si él fuera yo, no iría.
  그는 (나에게) "만약 내가 너라면 가지 않을 텐데"라고 말했다.

(c) 습관적인 것으로서 말하고 있는 시점에도 그것이 아직 변하지 않은 사항이라면 현재형을 사용한다. 단, 이 경우는 현재의 상태를 염두에 두면 규칙대로 불완료 과거로 해도 좋다.

- Él dijo que se levanta temprano todas las mañanas.
  그는 매일 아침 일찍 일어난다고 말했다.

4. 인칭 변화

객관적으로 봐서 실제의 사람이 누구인가에 주목해야 한다.

- Me dijo: "Tú puedes ir".
- Me dijo que yo podía ir.
  "너는 가도 좋아"라고 나에게 말했다.

- Nos dijo: "Vuestra hermana es guapa".
- Nos dijo que nuestra hermana era guapa.
  그는 우리에게 "너희들의 누이는 미인이다"라고 말했다.

- Dice: "Nadie me comprende".
- Dice que nadie le comprende.
  그는 "아무도 나를 이해해 주지 않는다"고 말한다.

5. 화법에 따른 문장 성분의 변화

- Pedro me había preguntado: "¿Adónde irá Ud. mañana?"
- Pedro me había preguntado adónde iría yo al día siguiente.
  뻬드로는 나에게 내일 어디로 갈 거냐고 물었다.

다음은 화법의 전환에서 변화할 가능성이 있는 문장 성분이다. 변화시켜 사용할 것인가 그대로 사용할 것인가는 말하고 있는 시점과 현재의 시간적 관계에 의해 결정된다.

- este(a, os, as) → aquel(la, los, las)
- hoy → aquel día, ese día
- ayer → el día anterior
- mañana → al día siguiente
- anteayer → dos días antes
- anoche → la noche anterior
- pasado mañana → dos días después
- la próxima semana → la semana siguiente
- la semana que viene → la semana que venía
- la semana pasada → la semana anterior

Nota

간접화법을 사용한 문장

Dígale "hola" a José y que Ud. es Juan Martínez.
"안녕, 호세, 내가 후안 마르띠네스야"라고 그에게 말하세요.
("Hola, José. Yo soy Juan Martínez".)

Contéstele que sí, claro, que lleve el coche, pero que no tarde mucho.
"예, 좋아요, 차를 가지고 가요. 하지만 많이 늦지 않도록 하세요"라고 그에게 대답해 주십시오.
("Sí, claro. Lleva el coche pero no tardes mucho".)

② 의문문

1. 구두점의 변화와 소문자의 사용

구두점과 소문자를 바꾸는 것은 평서문과 같다.

2. 주동사 decir

주동사의 decir는 preguntar로 바꿀 수 있다.

- Él dijo: "¿Quién lo tiene?" "누가 그것을 갖고 있는가?"라고 말했다.
- Él preguntó quién lo tenía.

3. 접속사

1. 의문사가 있는 의문문(부분 질문)은 별도로 접속사를 필요로 하지 않는다.

- "Teresa, ¿en qué piensas tanto? Estás muy seria".
- Roberto, pregúntele a Teresa en qué piensa tanto, que está muy seria.
  로베르또, 떼레사에게 무엇을 그렇게 심각하게 생각하고 있는지 물어 보아라.

단, 주동사 decir, preguntar의 다음에 다시 que를 붙여서 종속절로서의 성격을 중복적으로 강조할 수도 있다.

- Él dijo que qué era eso(aquello).
  그는 "이것은 무엇입니까?(¿Qué es esto?)"라고 말했다.

2. 의문사가 없는 의문문 (전체질문)은 접속사 si로 연결한다.

- Él dijo: "¿Tienes sueño?" "졸립니?"라고 그는 말했다.
- Él preguntó si yo tenía sueño.

○ 이중의문: p.151

단, 이 경우도 que를 첨가하여 연결을 강조할 수 있다.

- Preguntó que si ya era hora de levantarse.
  이제 일어날 시간인지 그는 물었다. (¿Ya es hora de levantarse?)

가정문의 경우는 원문이 si를 이미 동반하고 있으므로 que si로 한다.

- Dijo: "Si se fue ayer ¿cómo puede estar hoy aquí?"
  "어제 떠났다면 어떻게 오늘 여기 있을 수 있지?"라고 말했다.
- Dijo que si se había ido el día anterior que cómo ese día podía estar allí.
  그 전날 떠났다면, 그날 어떻게 거기에 있을 수 있냐고 물었다.

자기 자신에게 묻는 의문문(~일까)의 경우도 같은 구성이 된다.

- Me pregunto cuándo vendrá. 그는 언제 올까?
- Me pregunto si vendrá mañana. 그는 내일 올까?

○ 간접의문: p.150

③ 명령문

1. 명령문의 간접화법

명령문을 간접화법으로 바꾸려면 [que+접속법]의 형태를 취한다.

○ 전달의 동사: p.192

- Él me dijo —Pase. 그는 나에게 들어오라고 말했다.
- Él me dijo que pasara.
- Diles que no vengan. [부정명령] 그들에게 오지 말라고 얘기해.
- Me ha escrito, "Salid a recibirnos al aeropuerto".
- Me ha escrito que salgamos a recibirles al aeropuerto.
  그는 "너희들, 공항으로 우리를 맞이하러 나와라"라고 나에게 편지를 썼다.

> **Nota**
>
> 직접화법의 명령문에서는 대명사는 동사에 붙지만 간접화법으로 말할 때는 동사의 앞에 나와야 한다.
>
> ┌ Me dice: "Díselo tú mismo".
> └ Me dice que se lo diga yo mismo.
> 　내 자신이 그것을 그녀에게 말하라고 그는 말한다.
>
> ┌ El guía nos dice —Espérenme Uds. a la puerta.
> └ El guía nos dice que le esperemos a la puerta.
> 　안내원은 우리들에게 입구에서 기다려 달라고 말한다.

2. 주동사 decir

내용에 따라 주동사 decir를 mandar, ordenar, aconsejar 등의 「의지동사」로 바꿔 말할 수 있다. 단, 이 경우 내용은 같더라도 간접화법이라고 말하기는 어렵다.

　　　　　　　　　　　　　　　　　　　　　　　　　　○ 의지의 동사: p.276

┌ ● Mamá le dijo: "Sigue en la cama un rato".
├ ● Mamá le dijo que siguiera en la cama un rato.
└ ● Mamá le mandó seguir en la cama un rato.
　　엄마는 그의 아들에게 조금 더 누워 있으라고 말했다.

┌ ● Nos dice: "No salgáis".
├ ● Nos dice que no salgamos.
└ ● Nos prohíbe salir.
　　그는 우리들에게 외출하지 말라고 말한다.

┌ ● Les dijo: "Por favor, déjenme en paz".
└ ● Les rogó que le dejaran en paz.
　　그는 그들에게 "나 좀 가만히 내버려 둬"라고 말했다.

> **Nota**
>
> **이중명령**
>
> Por favor, dígale que diga a su hermano que venga mañana.
> (내 대신) 그에게 그의 동생한테 내일 좀 와달라고 말해 주세요.

④ 감탄문

① 감탄사나 의문사로 시작하는 전달문은 그대로 que로 연결한다.
② 주동사 decir는 exclamar 등과 같은 동사로 바꿀 수 있다.

- Él dijo: "¡Qué desastre es esto!"
- Él exclamó que qué desastre era eso.
- Él dijo que eso era un desastre enorme.
  "이건 웬 재난이야!"라고 말했다.

- Dijo que qué rápido corría el tren.
  "기차는 참 빠르구나!"라고 그는 말했다.

- Dijo: "¡Cómo me encantó el concierto!"
- Dijo que cómo le había encantado el concierto.
  연주회는 매우 훌륭했다고 그는 말했다.

- Ahora mismo estaba pensando qué bien si viniera Ud.
  당신께서 오신다면 얼마나 좋을까라고 생각하던 중이었습니다.

Nota

의문문과 명령문과는 달리, 원망문의 화법에는 확실한 기준이 없다.

- Dijo: "¡Ojalá que yo fuera rico!"
- Dijo que ojalá que él fuera rico.
  "내가 부자라면!"이라고 그는 말했다.

21 기본 동사와 동사구

Verbos básicos y frases verbales

1. 기본 동사
2. 동사구

① 기본 동사 verbos básicos

1. SER와 ESTAR

- **ser**+형용사: 본질, 영구적, 불변
- **estar**+형용사: 상태, 일시적, 가변

1. 본질적인 면과 일시적인 면

- El hielo es frío. 얼음은 차갑다. [본질적]
- El café está frío. 커피는 식어있다. [일시적]
- Es malo. 그는 나쁜 녀석이다. [본질적]
- Está malo. 그는 병에 걸려 있다. [일시적]
- Es guapa. 그녀는 미인이다. [본질적]
- Está guapa. 그녀는 예뻐 보인다. [일시적]

Nota

위의 기준에 예외가 있다.

Somos jóvenes. 우리들은 젊다. [일시적]
Era pobre. 그는 가난했다. [일시적]
Son muy gordos. 그들은 매우 뚱뚱하다. [일시적]
Está muerto. 그는 죽어있다. [영구적]

2. 일시적 상태

- Juan es muy delgado. 후안은 매우 야윈 사람이다.
- Juan está muy delgado. 후안이 매우 야위었네.
- La leche es a 2 pesos el litro. 우유는 1리터에 2뻬소이다.
- Los plátanos están a 2 pesos el kilo. 바나나는 1킬로에 2뻬소이다. [일시적 가격]

3. 예상 외의 상황

- ¡Qué limpia es la playa! 해수욕장이 깨끗하군요!
- ¡Qué limpia está la playa! (예상외)

4. ser와 estar에 따라 의미가 변하는 형용사

- ser aburrido 귀찮은 사람이다
- estar aburrido 지루하다

- ser alegre 명랑하다
- estar alegre 기뻐하다

- ser callado 말이 적다
- estar callado 잠자코 있다

- ser cansado 귀찮은 사람이다
- estar cansado 지쳐 있다, 피곤하다

- ser listo 영리하다
- estar listo 준비되어 있다

- ser fresco 뻔뻔스럽다
- estar fresco 차갑다

- ser malo 나쁜 사람이다
- estar malo 건강이 나쁘다

- ser loco (정신이) 미쳐 있다
- estar loco (기분이) 미쳐 있다

- ser seguro 확실하다
- estar seguro 안전하다, 확실하다

- ser muerto 살해되었다
- estar muerto 죽어 있다

- ser descontentadizo 성미가 까다롭다
- estar descontentadizo 불쾌하게 느끼다

- ser vivo 기민하다, 약다
- estar vivo 살아있다

5. 위와 같이 ser와 estar에 따라 의미가 확실하게 변하기도 하지만, 그 중에는 뉘앙스가 미묘하게 변하는 것도 있다.

- Estos zapatos son buenos. 이 구두는 좋다. (좋은 구두이다)
- Estos zapatos están todavía buenos. 이 구두는 아직 (상태가) 좋다.

- Somos casados. 우리는 부부이다.
- Estamos casados. 우리는 독신이 아니다.

- ¿Es cierto que está arriba?
  2층에 있는 것이 확실합니까? [객관적 · 무인칭 · 확실]
- ¿Estás cierto que está arrriba?
  2층에 있다고 너는 믿고 있니? [주관적 · 유인칭 · 확신]

Nota

ser가 「행해지다 · 개최되다 tener lugar」의 뜻으로 활동 내용을 가리키는 경우가 있다.

La comida es aquí. 식사는 여기입니다. (여기서 합니다)
¿Dónde es la conferencia? 강연회는 어디입니까?
¿Cuándo es el concierto? 연주회는 언제입니까?

2. CAER

1. 떨어지다
   - El avión cayó en el mar. 비행기가 바다에 떨어졌다.
   - La manzana madura cayó del árbol. 익은 사과가 나무에서 떨어졌다.

2. 병에 걸리다
   - Mi amigo cayó enfermo ayer. 내 친구가 어제 병에 걸렸다.

3. 붕괴되다
   - El Imperio Romano cayó en el año 467. 로마제국은 467년에 붕괴되었다.

4. 이해하다, 알다
   - Ahora caigo en lo que me querías decir.
     네가 나에게 말하려던 것을 이제 알겠다.

5. 해당되다
   - Este año la Semana Santa cayó en abril. 금년에는 성주간이 4월이다.
   - Mi cumpleaños cae en domingo. 내 생일은 일요일이다.

6. [bien · mal과 함께] 어울리다, 맞다
   - Te cae muy bien ese vestido. 그 옷이 너에게 잘 어울린다.
   - La comida coreana no me cae bien. 한국음식은 나에게 맞지 않는다.
   - Tu hermana me cae bien. 나는 네 여동생이 좋다.

7. (해가) 지다
   - Al caer el sol daremos un paseo. 해가 지면 우리는 산보를 할 것이다.

8. [caerse] 넘어지다, 떨어지다
   - Por poco me caí. 나는 하마터면 넘어질 뻔했다.
   - Se me cayó un diente. 나의 이가 하나 빠졌다.　　　○ 무의지의 se: p.126

3. DAR

1. 주다
   - Me ha dado su pluma. 그는 나에게 펜을 주었다.
   - Dame el libro que compraste ayer. 네가 어제 산 책을 나에게 다오.

2. [dar de ~] 음식물을 주다
   - dar de comer 먹을 것을 주다
   - dar de merendar 간식을 주다
   - dar de beber 마실 것을 주다
   - dar de mamar 젖을 주다

3. [dar+명사] (명사의) 행위를 하다
   - dar un aviso 알려주다 (avisar)
   - dar un beso 키스하다 (besar)
   - dar un grito 소리치다 (gritar)
   - dar un paseo 산보하다 (pasear)
   - dar una clase 수업하다, 강의하다
   - dar una vuelta 1회전시키다, 한 바퀴 돌다
   - dar una bofetada 따귀를 때리다
   - dar una patada 발로 차다
   - dar un salto 훌쩍 뛰어오르다
   - dar muerte 죽이다, 살해하다

   위에서 명사가 복수형이 되면 행위의 반복을 나타낸다.
   - dar voces 아우성치다
   - dar mujidos 소가 울다
   - dar latidos 고동치다
   - dar vueltas 빙빙 돌다
   - dar saltos 깡충깡충 뛰다

4. [dar a+정관사+명사] ~을 사용하다
   - dar a la bomba 펌프질하다
   - dar a la radio 라디오를 켜다

- dar a la pelota 공을 차다
- dar a la comba 줄넘기를 하다

cf. dar cuerda al reloj 시계의 태엽을 감다

5. 생산하다

- El sol da luz y calor. 태양은 빛과 열을 발산한다.
- El peral ha dado muchas peras. 배나무에 배가 많이 열렸다.
- La vaca da leche. 암소는 우유를 생산한다.
- Su primera mujer le dio tres hijos. 그의 첫 아내는 아들 셋을 낳았다.

6. 느낌을 주다 ● p.125

- dar un susto 깜짝 놀라게 하다
- dar disgustos 불쾌하게 하다
- dar envidia 부럽게 하다
- Me da vergüenza. 나는 창피스럽다.
- Me da sueño. 나는 졸린다.
- Me da escalofríos. 나는 오한이 있다.

7. 인사하다

- dar los buenos días 아침인사를 하다
- dar las gracias 고맙다는 인사를 하다
- dar el pésame 애도를 표하다
- dar la enhorabuena 축하의 말을 하다
- Me dio recuerdos para ti. 그가 너에게 안부를 전해달라고 했어.
- Les dio las buenas noches y se fue a la cama.
  그들에게 잘 자라는 인사를 하고는 침대로 갔다.

8. [dar a ~] ~으로 향하여 있다.

- Mi ventana da a un patio. 나의 창문은 정원으로 향해 있다.

9. 발하다

- dar buen(mal) olor 좋은(나쁜) 냄새를 풍기다
- dar la baba 군침을 흘리다

10. [dar a+인지동사] 알게 하다

- dar a conocer(entender, saber) 알리다

11. [dar las ~] 시계가 몇 시인지 치다

- Acaban de dar las nueve. 방금 9시를 쳤다.
- El reloj de la catedral ha dado las tres. 성당의 시계가 3시를 쳤다.

12. 상영·상연하다

- Esta semana dan *Rambo* en el cine. 금주에 영화관에서 〈람보〉를 상영한다.

4. DEBER

1. 빚지다

- Pablo me debe mil euros. 빠블로는 나에게 1,000유로를 빚지고 있다.

2. [deber+inf.] ~해야 한다

- Debo obedecer a mis padres. 나는 부모님께 순종해야 한다.

3. [deber+de+inf.] ~일 것이다, ~임에 틀림없다

- Hoy debe de hacer frío. 오늘 날씨는 추울 것이다.
- Debe de haber llovido. 틀림없이 비가 왔을 것이다.

4. [deberse a ~] ~에 원인이 있다, ~의 덕분이다

- Su suspenso se debe a que no estudió.
  그가 낙제한 것은 공부를 하지 않았기 때문이다.

5. DEJAR

1. 방치하다

- Dejé el libro sobre la mesa.
  나는 그 책을 테이블 위에 놓아두었다.
- Por esa mujer dejó su casa y su familia.
  그 여자 때문에 그는 집과 가족을 버렸다.

2. 남기다

- dejar huella 흔적을 남기다
- dejar su comida 음식을 남기다
- Dejé un recado. 나는 메시지를 남겨두었다.

3. 빌려주다(prestar)

- Me dejó su pluma para firmar. 그는 나에게 사인을 하도록 펜을 빌려주었다.

4. 맡기다

- dejar el niño al vecino 이웃 사람에게 아이를 맡기다
- dejar la llave al portero 수위에게 열쇠를 맡기다
- Le dejó a su hija el gobierno de su casa. 그는 딸에게 집의 관리를 맡겼다.

5. [dejar+목적어+형용사] ~을 어떤 상태로 방치하다

- dejar las puertas abiertas 문을 열어둔 채로 두다
- dejar el cuarto sucio(limpio) 방을 더러운(깨끗한) 상태로 두다
- Déjame tranquilo(en paz). 나를 가만히 내버려 둬.

6. [dejar+inf.] 허락하다

- dejar caer algo 뭔가를 떨어뜨리다
- dejar salir el agua 물을 방출하다
- Déjame ver(salir, estar solo). 보게(나가게, 혼자 있게) 해줘.
- Déjeme que se lo explique. 내가 그것을 설명하도록 해주세요.
- El café no me deja dormir. 커피 때문에 잠을 잘 수 없다.

7. 중지하다 (← 포기하다)

- Ha dejado su carrera y se dedica al comercio.
  그는 학업을 중단하고 상업에 종사하고 있다.

8. [dejar de+inf.] ~하는 것을 중지하다 ◐ p.430

- Dejó de llorar(cantar, hablar, comer).
  그는 우는(노래하는, 말하는, 먹는) 것을 멈추었다.
- No dejó de llover toda la mañana.
  오전 내내 비가 그치지 않았다.

- Déjate de escribir y vete a verle en persona.
  그에게 편지 쓰는 것을 그만두고 그를 직접 만나러 가거라.

9. [no dejar de+inf.] 반드시 ~하다

- No dejes de escribirme. 꼭 편지하거라.
- No dejes de pasar por mi oficina mañana. 내일 내 사무실에 꼭 들려주게.

10. [dejarse+inf.] ~하도록 내버려두다

- dejarse llevar por la corriente 대세에 따르다
- El caballo se le dejó coger. 말은 그에게 붙잡히도록 가만히 있었다.
- Se dejó llevar de su entusiasmo.
  그는 흥분에 몸을 맡겼다. (남을 의식하지 않고 흥분했다)

6. ECHAR

1. 버리다, 던지다

- Los desperdicios de la comida los echamos a la basura.
  우리는 음식 찌꺼기를 쓰레기통에 버린다.
- Échame la pelota.
  공을 나에게 던져라.

2. 몰아내다, 쫓아내다

- El encargado echó del cine al borracho que estaba molestando a los demás.
  책임자는 다른 사람을 귀찮게 하던 술취한 사람을 영화관에서 내쫓았다.

3. 넣다

- Mi padre me mandó echar una carta en el buzón.
  아버지께서는 나에게 편지를 우체통에 넣으라고 하셨다.

4. (싹, 꽃, 이, 수염 등이) 나기 시작하다, 돋아나다

- En primavera las plantas echan flores.
  봄에는 초목에서 꽃이 피기 시작한다.
- El niño echa los dientes.
  아이에게서 이가 돋아난다.

5. (나이, 값 등을) 짐작하다
   - ¿Cuántos años me echas? (=¿Qué edad me echas?)
     너는 내가 몇 살이라고 생각하니?
   - A la señorita le echamos 20 años.
     우리는 그 아가씨의 나이를 20세로 짐작했다.

6. 계산을 하다
   - Cuando eché cálculos, me di cuenta de que no podía comprarme la bicicleta.
     계산을 해보니, 나는 자전거를 살 수 없다는 것을 알았다.

7. (어떤 일에) 걸다
   - Como nadie quería quedarse, lo echamos a suerte.
     아무도 남아 있으려 하지 않았기 때문에 우리는 제비뽑기를 했다.

8. [echar a+inf.] ~하기 시작하다
   - Echamos a andar para subir a la cima de la montaña.
     우리는 산 정상에 오르기 위하여 걷기 시작했다.

9. [echarse a+inf.] (갑자기) ~하기 시작하다
   - Se echó a llorar.
     그녀는 (갑자기) 울기 시작했다.

10. [echarse]
    - La policía encerró al ladrón y se echó sobre él.
      경찰이 도둑을 에워싸고 그에게 덤벼들었다.

11. 눕다
    - Estaba cansada y me eché un rato sobre la cama.
      나는 피곤해서 잠시 침대에 누웠다.

12. [echar de menos] 보고 싶어하다, 없는 것을 서운해하다
    - Como el niño echaba de menos a su madre, se puso a llorar.
      아이는 엄마가 보고 싶어져서 울기 시작했다.
    - Echaba de menos el abrigo.
      그는 외투가 있었으면 하고 생각했다(아쉬워 했다).

13. [echar(se) a perder] 썩(히)다, 타락하다, 망가지다

- El muchacho se echó a perder con las malas compañías.
  그 소년은 나쁜 친구들 때문에 타락했다.
- Como hacía días que había comprado la fruta, se echó a perder por el calor.
  과일을 산 지 며칠 되었기 때문에 더위로 인해 썩어버렸다.

7. FALTAR

1. 부족하다, 없다

- Devolví el libro a la librería porque le faltan varias hojas.
  책에 몇 장의 낙장이 있기 때문에 그 책을 서점에 돌려주었다.
- Me falta tiempo para escribirle.
  나는 그에게 편지 쓸 시간이 없다.

2. 죽다

- Cuando su padre faltó, se quedó solo con su madre.
  그의 아버지가 돌아가셨을 때 그는 어머니하고만 함께 있게 되었다.

3. 남아있다, 필요하다

- Faltan diez minutos para las seis.
  6시 10분 전이다.
- Faltan tres días para la fiesta.
  축제일까지 3일 남았다.
- Faltan tres semanas para que lleguen las vacaciones.
  방학이 되려면 (아직) 3주가 남았다.
- Faltan diez kilómetros para llegar a Seúl.
  서울까지는 아직 10km 남았다.

4. [faltar a ~] ~을 어기다, 벗어나다, 빠지다

- No faltaré a mi palabra. 나는 약속을 어기지 않을 것이다.
- No les faltes al respeto a tus padres. 너의 부모님께 무례하게 굴지 말아라.
- Ayer mi amigo faltó a clase. 어제 내 친구가 결석했다.

5. [faltar poco para+inf.] 하마터면 ~할 뻔하다

- Le faltó poco para caer. 그는 하마터면 넘어질 뻔했다.
- Faltó poco para que cayera.

8. HABER

1. [haber+과거분사] 완료형을 만드는 조동사

완료부정사	haber의 부정형+과거분사
현재완료	haber의 현재+과거분사
과거완료	haber의 불완료과거+과거분사
미래완료	haber의 미래+과거분사
가능완료	haber의 가능+과거분사

2. [hay] ~가 있다

(1) 단수나 복수에 모두 사용할 수 있다.

- Hay un libro en la mesa.
- Hay muchos libros en la mesa.

(2) 정관사와 함께 사용할 수 없다. 단지 「있다」라는 것만 의미한다.

- Hay un libro y el libro está sobre la mesa.
  책이 한 권 있는데 그 책은 탁자 위에 있다.

(3) 원래 「갖다」의 의미였기 때문에 [lo hay]와 [las hay]의 문형도 있다.   ◐ lo: p.65

- ¿Hay tiempo? —Sí, lo hay.
  시간 있어? 응, 있어.
- ¿Hay cartas hoy? —Pues debe haberlas.
  오늘 편지 온 것 있나? (당연히) 있어야지.
- ¿Hay posibilidad de encontrar entradas? —Sí, la hay.
  입장권을 구할 수 있을까? 그럼, 구할 수 있지.

Nota

의미의 차이

Parece haber mucha gente. 사람이 많이 있는 것 같다.
Puede haber mucha gente. 사람이 많이 있을지도 모른다.
Debe haber mucha gente. 사람이 많이 있음에 틀림없다.

3. 날씨

- Hay sol. 햇볕이 든다.
- Hay luna. 달이 떠 있다.
- Hay viento. 바람이 분다.
- Hay mucho polvo. 먼지 투성이이다.

4. 거리

- ¿Cuánto hay de aquí a Chicago? —Hay veinte millas.
  여기서 시카고까지 거리가 얼마나 됩니까? 20마일입니다.

5. [he aquí ~] 여기에 ~이 있다

   He는 haber의 명령형이고 원래의 의미는 「너, ~을 가져라」이다.

- He aquí mi libro. 여기에 내 책이 있다.
- He allí la iglesia. 저기에 교회가 있다.
- Heme aquí. 나는 여기에 있다.
- Helos allí. 그들은 저기에 있다.
- He aquí lo que buscabas. 여기 네가 찾고 있던 것이 있다.

6. [hay que+inf.] ~해야 한다   ◯ p.423

- Hay que darse prisa. 서둘러야 한다.

   [no hay que+inf.] ~해서는 안 된다, ~할 필요 없다

- No hay que exagerar. 과장해서는 안 된다.
- No hay que pagar los portes. 운임을 지불할 필요는 없다.

7. [haber de+inf.] ~할 것이다, ~할 필요가 있다

- Ha de llegar. 그는 이제 도착할 것이다.   ◯ p.424

- Has de escucharme. 너는 내 말을 잘 들을 필요가 있다.

8. [no hay más que+inf.] ~하기만 하면 된다

    - No hay más que enviarlo por correo.
      단지 그것을 우편으로 보내기만 하면 된다.

Nota

> haber의 관용어
> ¿Qué hay (de nuevo)? 뭔가 새로운 일이 있나? (어떻게 지내?)
> No hay de qué. 천만에. (=De nada)
> Siempre he de ser yo el que ceda. 양보하는 사람은 언제나 내 쪽이다.

9. HACER

1. [동작동사] ~을 하다

    - hacer gimnasia 체조를 하다
    - hacer un viaje(una pregunta) 여행(질문)을 하다
    - hacer compras 물건을 사다, 쇼핑하다
    - Hago lo que quiero. 나는 하고 싶은 것을 한다.

행위 내용이 일정한 것인 경우에는 정관사를 붙인다.

    - hacer la casa 가사를 돌보다
    - hacer la cama 잠자리를 준비하다
    - hacer la visita 방문하다
    - hacer la maleta(el baúl) 짐을 싸다
    - hacerle alguien el pelo(la barba, las uñas)
      누군가의 머리를 자르다(턱수염을 깎다, 손톱을 깎다)

[hacer+목적어+목적보어] 목적어를 ~로 만들다

    - hacer feliz(desgraciado) a alguien 누군가를 행복하게(불행하게) 만들다
    - La hizo su mujer. 그는 그녀를 자신의 아내로 만들었다.

2. [대동사] 그렇게 하다 ● lo: p.66

    - ¿Ustedes abrieron las ventanas? —No, no lo hicimos.
      당신들은 창문을 열었습니까? 아니오, 그러지 않았습니다.

3. 만들다

- hacer versos 시를 쓰다
- hacer proyectos 설계도를 만들다
- hacer una comida 음식을 만들다
- Hizo una pajarita de papel. 그는 종이새를 만들었다.

4. 날씨

- Hace calor(frío). 날씨가 덥다(춥다).
- Hace fresco. 날씨가 선선하다.
- Hace viento. 바람이 분다.
- Hoy hace buen día. 오늘 날씨가 좋다.

5. [hace+시간+que ~] ○ 시간의 표현: p.505

- Hace cinco años que habitamos esta casa.
  우리가 이 집에 산 지 5년이 된다.

6. 소리를 내다

- El coche hace ruido extraño.
  그 차는 이상한 소리를 낸다.
- ¿Cómo hace la gallina? —La gallina hace clo, clo.
  암탉은 어떻게 울지요? 암탉은 꼬끼오, 꼬끼오 하고 웁니다.

7. [hacer+inf.] ~하게 하다 ○ 동사구: p.425

- hacer llorar(reír) a alguien 누구를 울게(웃게) 하다
- Le hicieron leerlo. 그에게 그것을 읽게 했다.
- Siento mucho haberte hecho esperar. 너를 기다리게 해서 매우 미안해.

8. [hacerse] ~가 되다 ○ p.435

- María se ha hecho una mujer, ya no es una niña.
  마리아는 숙녀가 되었다. 이제는 어린애가 아니다.

10. JUGAR

1. [jugar a ~] ~의 경기를 하다, 놀이를 하다

- jugar al baloncesto 농구를 하다

- jugar al golf 골프를 치다
- jugar al tenis 테니스를 하다
- jugar al ajedrez 장기를 두다
- jugar al escondite 숨바꼭질을 하다
- jugar a los dados 주사위 놀이를 하다
- jugar a la comba 줄넘기를 하다
- jugar a la lotería 복권을 사다

cf. Ayer jugamos un partido de fútbol. 어제 우리는 축구경기를 했다.

2. 움직이다, 작용하다

- La puerta no juega. 문은 움직이지 않는다.

3. [jugar con ~] ~를 갖고 놀다, 우롱하다

- Cuídate, no juegues con tu salud. 조심해. 너의 건강을 경시하지 마.

4. 어울리다, 맞다

- Este mueble no juega bien con el decorado.
  이 가구는 장식과 잘 어울리지 않는다.

5. **jugar limpio(sucio)** 페어(더티) 플레이를 하다

- Puedes fiarte de él, siempre juega limpio.
  너는 그 사람을 믿어도 된다. 그는 항상 페어 플레이를 한다.
- Nadie quiere estar con él porque siempre juega sucio.
  그는 항상 비열하게 굴기 때문에 아무도 함께 있으려 하지 않는다.

6. 도박하다, 내기하다

- Él jugó y perdió. 그는 도박을 해서 돈을 잃었다.
- jugar a cara o cruz 동전을 던져 앞뒤 면에 따라 내기하다
- jugar el todo por el todo 모든 것을 단 한 번에 걸다

11. LLEVAR

1. 운반하다, 가지고 가다

- Este barco lleva carga y pasajeros. 이 배는 화물과 승객을 운반한다.
- Yo le llevé un paquete a su hermano. 나는 그의 동생에게 소포를 가지고 갔다.

- Juan lleva un paquete a la espalda.   후안은 그 짐을 등에 지고 간다.

2. 데리고 가다, 이르다
    - Tengo que llevar a mi hijo al cine.   나는 아들을 영화관에 데리고 가야 한다.
    - Esta calle lleva al río.   이 길은 강에 이른다.

3. 몸에 지니고 있다
    - llevar gafas(medias, el traje roto)
      안경(스타킹, 찢어진 옷)을 쓰고(신고, 입고) 있다
    - llevar bigotes(barba)   콧수염(턱수염)을 기르고 있다
    - llevar el pelo largo(las manos sucias)   긴 머리(더러운 손)를 갖고 있다
    - María lleva una falda azul.   마리아는 푸른색 치마를 입고 있다.
    - Esa muchacha lleva mucha alegría.   그 소녀는 매우 명랑하다.
    - Llevaba siempre consigo el retrato.   그녀는 그 초상화를 항상 가지고 다녔다.
    - Juan lleva dinero encima.   후안은 돈을 갖고 있다.

4. 관리하다, ~해가다
    - Como no está su madre, lleva ella la casa.
      어머니가 안 계셔서 그녀가 집을 돌보고 있다.
    - Su mujer lleva muy bien el negocio.   그의 아내는 사업을 매우 잘 하고 있다.
    - Mi abuelo lleva bien su enfermedad.   나의 할아버지는 병을 잘 견디고 계시다.
    - Lleva tú el coche que yo tengo sueño.   나는 잠이 오니 네가 차를 운전해라.

5. [llevar+시간]   ~시간을 보내고 있다
    - Llevo una semana en cama.   병상에 누운 지 일주일이 된다.
    - Llevo una semana en Madrid.   나는 마드리드에 온 지 1주일 되었다.
    - ¿Cuánto tiempo lleva usted estudiando español?
      당신은 스페인어를 공부한 지 얼마나 되었습니까?
    - ¿Cuánto tiempo lleva usted sin estudiar español?
      당신은 스페인어를 공부하지 않은 지 얼마나 되었습니까?

6. [A lleva+수량+a B]   A가 B보다 ~만큼 우위에 있다
    - Mi hijo me lleva diez centímetros.   내 아들은 나보다 10cm 더 크다.
    - Mi hijo lleva al tuyo tres años.   내 아들이 네 아들보다 세 살 많다.
    - Me llevas dos años.   너는 나보다 두 살 많다.

- Te llevo seis tantos. 내가 너에게 6점을 이기고 있다.

7. [llevarse+차이] 차이가 있다

  - Mi hermano y yo nos llevamos dos años.
    남동생과 나는 두 살 차이다.
  - Los dos se llevan poco de torpes.
    그 두 사람은 어리석은 점에서는 별 차이가 없다.

8. [llevarse] 자신의 것으로 삼다 → 가지고 가다, 가지다

  - Después de mucho esfuerzo, me llevé el premio.
    많은 노력을 한 끝에 나는 상을 받았다.
  - Alguien se ha llevado por equivocación mi sombrero.
    누군가 내 모자를 잘못 알고 가져가 버렸다.

9. [llevar+과거분사+목적어] 벌써 ~하고 있다

  - He caminado dos millas. 나는 2마일 걸었다.
  - Llevo caminadas dos millas. (지금) 나는 2마일을 걸어왔다.
  - Llevo estudiadas varias lecciones. 나는 벌써 여러 과를 공부했다.

10. [llevar a alguien+inf.] (~하기에) 이르게 하다

  - Eso les llevó a sublevarse.
    그것 때문에 그들은 반란을 일으키게 되었다.
  - Esto me lleva a pensar que no está descontento.
    이 일로 나는 그가 불만이 없다고 생각하게 되었다.

11. [llevarse] 유행하다

  - Estas faldas largas ya no se llevan. 이런 긴 치마는 이미 유행이 지났다.

12. [llevarse bien · mal] 사이가 좋다 · 나쁘다

  - Elena y Juana se llevan bien. 엘레나와 후아나는 사이가 좋다.

12. PERDER

1. 잃다, 없애다, 낭비하다

  - He perdido mi bolígrafo y ahora no tengo con qué escribir.
    나는 볼펜을 잃어버려 갖고 쓸 것이 없다.

- Has perdido una gran oportunidad. 너는 좋은 기회를 잃었다.
- Juan ha perdido la salud. 후안은 건강을 잃었다.
- Perdió todos sus bienes. 그는 모든 재산을 잃었다.
- No pierdas el tiempo viendo tonterías en la televisión.
  텔레비전에서 멍청한 것을 보면서 시간을 낭비하지 말아라.

2. (경기 · 승부에서) 지다, 패배하다

- El equipo perdió el partido. 팀은 경기에서 패했다.
- Jugué y perdí. 나는 내기를 해서 졌다.
- perder la batalla 전투에서 패배하다

3. (탈 것을) 놓치다

- He perdido el tren. 나는 기차를 놓쳤다.

4. 여의다

- María ha perdido a su abuelo. 마리아는 할아버지를 여의었다.

5. (색깔이) 바래다

- Este vestido lo has lavado mucho y ha perdido el color.
  네가 이 옷을 많이 빨아서 색깔이 바랬다.

6. [perderse] 길 · 방법을 잃다

- Nos perdimos en el bosque.
  우리는 숲에서 길을 잃었다.
- Me pierdo ante este problema tan difícil.
  나는 그토록 어려운 문제를 해결할 길이 없다.

7. [perderse] 썩다

- Con el granizo se ha perdido mucha fruta.
  우박 때문에 많은 과일이 상했다.

8. [perderse] 사라지다

- Al final el barco se perdió en el horizonte y ya no lo veíamos.
  결국 그 배는 수평선에서 사라져 보이지 않았다.

13. PONER

1. 놓다
   - Pon el espejo hacia aquí. 거울을 이쪽 방향으로 놓아라.

2. 붙이다, 기입하다
   - poner precio 가격을 붙이다
   - poner énfasis 강조하다
   - poner una coma 콤마를 붙이다
   - poner la firma 서명을 기입하다
   - Ha nacido una niña y le van a poner de nombre 'Isabel'.
     여자 아기가 태어났다. 그 아기에게 '이사벨'이라는 이름을 지어주려 한다.

3. [poner+형용사] ~상태로 되게 하다 (사역동사의 기능)
   - Le has puesto colorado. 너는 그의 얼굴을 빨개지게 하였다.
   - Esta noticia me ha puesto de mal humor. 이 소식은 나를 불쾌하게 만들었다.

4. [poner cara de ~] ~ 얼굴을 하다 ◐ tener: p.418
   - poner cara agria(triste, alegre)
     떨떠름한(슬픈, 기쁜) 얼굴을 하다
   - poner buena(mala) cara a alguien(algo)
     누군가(무언가)에게 좋은(나쁜) 얼굴을 하다

5. 알을 낳다(poner huevos)
   - Esta gallina ya no pone. 이 암탉은 이제 알을 낳지 않는다.

6. [ponerse] 자세를 취하다
   - Póngase aquí. 여기 서 주십시오.
   - Póngase de pie. 일어서 주십시오.
   - Se puso al sol para ponerse morena. 그녀는 검게 되려고 몸을 햇볕에 쪼였다.

7. (태양이) 지다
   - El sol se pone por el oeste. 태양은 서쪽으로 진다.

8. [ponerse+형용사] ~로(가) 되다 ◐ p.435

- Se puso roja de ira. 그는 노여움으로 얼굴이 빨개졌다.
- Se puso sonrosada. 그녀는 얼굴을 붉혔다.
- Al oír la noticia Pedro se puso pálido. 그 소식을 듣자 뻬드로는 창백해졌다.

9. [ponerse+명사] ~을 입다 · 쓰다 · 끼다 · 신다   ● 재귀동사: p.226
   - Me pongo el sombrero. 나는 모자를 쓴다.
   - Se pone el abrigo. 그는 외투를 입는다.
   - Ponte los zapatos. 구두를 신어라.

10. 상영 · 공연하다
    - En el cine ponen una buena película. (=dan)
      영화관에서 좋은 영화를 상영한다.

14. QUEDAR

1. 있다, 남다
   - No queda aceite en casa. 집에 식용유가 떨어졌다.
   - Quitando seis de diez, quedan cuatro. 10에서 6을 빼면 4가 남는다.
   - Me quedan solo 100 euros. 나에게는 100유로밖에 남아 있지 않다.

2. [quedar+수량] ~하려면 (수량만큼) 남아 있다
   - Todavía queda bastante para llegar.
     도착하려면 아직 멀었다.
   - Nos quedan diez kilómetros para llegar a Madrid.
     마드리드에 도착하려면 아직 10km가 남아 있다.

3. ~로 끝나다, ~의 결과가 되다   ● quedar+과거분사: p.298
   - El viaje ha quedado en proyecto. 여행은 계획만으로 끝났다.
   - El cuadro quedó sin acabar. 그 그림은 완성되지 못한 채로 남았다.

4. ~가 되다   ● p.436
   - quedar(se) ciego 맹인이 되다
   - quedar(se) huérfano 고아가 되다
   - quedar(se) pobre 가난뱅이가 되다
   - quedar(se) atónito 어리둥절해지다

- quedar(se) sorprendido 놀라다
- El pobre hombre (se) quedó ciego a causa del accidente.
  그 불쌍한 남자는 사고 때문에 맹인이 되었다.
- Nos quedamos asombrados al oírlo. 우리는 그 말을 듣고 깜짝 놀랐다.

cf. Quedó el primero en la carrera. 그는 경주에서 1등이 되었다.

5. [위치 · 방향] ~에 있다

- La casa queda muy lejos del centro de la población.
  그 집은 마을의 중심에서 매우 멀리 있다.
- Eso queda hacia el norte de Madrid.
  그것은 마드리드의 북쪽에 있다.

6. [quedar bien] 잘하다, 성공하다(tener éxito)
   [quedar mal] 실패하다(fracasar)

- Quedó bien el trabajo. 일은 잘 되었다.

7. [quedarse] 잔류하다

- Aquel verano nos quedamos en Madrid.
  그 해 여름에 우리는 마드리드에 남았었다.
- Fui a Madrid para dos días pero me quedé una semana.
  나는 이틀을 보내려고 마드리드에 갔는데 1주일을 머물렀다.

8. [quedarse con~] ~을 자기 것으로 삼다

- La criada, haciendo compras, se quedó con la vuelta.
  하녀는 쇼핑을 하고서는 거스름돈을 자신이 가졌다.
- Es un caradura, se ha quedado con los libros que le dejé.
  내가 빌려준 책을 돌려주지 않다니 그는 정말 뻔뻔스러운 놈이다.

9. 약속 · 결정하다(acordar una cita)

- ¿A qué hora quedamos? 우리 몇 시에 만날까?
- Hemos quedado mañana a las seis en mi casa.
  우리는 내일 6시에 나의 집에서 만나기로 약속했다.
- Quedamos en reunirnos al otro día. 우리는 다른 날 만나기로 되어 있다.

15. SENTAR

1. 앉히다

- Quiero sentarle en la primera fila. 나는 그를 제일 앞 줄에 앉히고 싶다.

2. 맞다, 적합하다

- Si te duele la cabeza, este té te sentará bien.
  머리가 아프면 이 차를 마시면 좋아질 거야.
- Le sentará mal el café. 커피는 그에게 좋지 않을 것이다.

3. [sentar+bien · mal] 맞다, 어울리다, 어울리지 않다

- Este traje le sienta bien. (=le favorece) 이 옷은 그에게 잘 어울린다.
- Te sienta bien este sombrero. 이 모자는 너에게 잘 어울린다.

4. 마음에 들다

- Me sentó muy mal que no me saludara. (=me molestó)
  그가 나에게 인사하지 않아 기분이 아주 좋지 않았다.
- Su consejo no me sentó. 그의 충고는 내 마음에 들지 않았다.

5. [sentarse] 앉다

- Me sentaré en esta silla. 나는 이 의자에 앉겠다.

16. SENTIR

1. 느끼다

- Siento un calor terrible. 나는 굉장히 덥다. (Tengo mucho calor.)
- Sentí gran alegría cuando me comunicaron que había aprobado el examen.
  내가 시험에 합격했다고 알려왔을 때 나는 매우 기뻤다.

2. [sentirse+형용사] ~하다고 느끼다

- Me siento feliz. 나는 행복하다고 생각한다.
- Ana se siente enferma. 아나는 자신이 아프다고 생각한다.

3. 슬퍼하다, 유감으로 생각하다

- Mi familia ha sentido la muerte de mi abuela.
  나의 가족은 할머니의 죽음을 슬퍼했다.
- Siento mucho que Pedro no haya venido.
  뻬드로가 오지 않아서 매우 유감스럽다.

4. 생각하다, 판단하다

- Soy sincero porque digo lo que siento.
  나는 내가 생각하는 것을 말하기 때문에 진지한 사람이다.

17. TENER

1. 소유하다, ~가 있다

- Tengo fiebre(apetito). 나는 열(식욕)이 있다.
- La casa tiene tres habitaciones. 그 집은 방이 세 개이다.
- La ciencia no tiene fronteras. 과학에는 국경이 없다.
- Tengo algo que decirte. 너에게 할 말이 있다.
- Hoy tendremos invitados. 오늘 우리는 초대 손님이 있다.

2. [tener+신체의 부분+형용사] ~을 하고 있다   ○ poner: p.414

- Tengo los ojos azules. 나는 눈이 파랗다.
- Tiene (la) cara de enfermo. 그는 환자의 얼굴을 하고 있다.
- Tiene (la) cara de Pascuas. 그는 기쁜 얼굴을 하고 있다.

3. 손에 갖고 있다

- ¿Qué tienes en la mano? 너는 손에 무엇을 갖고 있니?
- Juan tenía cuerda por un extremo y yo por el otro.
  후안은 밧줄의 한쪽을 잡고 있었고 나는 다른 쪽을 잡고 있었다.

4. [tener+추상명사]

- tener cuidado 주의하다, 조심하다
- tener razón 옳다, 타당하다
- tener buena(mala) suerte 운이 좋다(나쁘다)

5. [me tiene+형용사] 나를 ~로 만들다 (me vuelve+형용사)
   - Me tiene usted fastidiado. 당신에게 진절머리가 납니다.

6. [tener que+inf.] ~해야만 한다
   - Ahora tendrás que darle explicaciones.
     이제 네가 그에게 설명해야 할 것이다.
   - Tendrás que salir mañana. 너는 내일 떠나야 한다.

7. [tener+과거분사+목적어] ~해놓고 있다   ◐ p.102
   - Tengo escritas dos cartas. 나는 편지 두 통을 써두었다.
   - ¿Tenéis hecho el equipaje? 너희들은 짐을 챙겨 두었니?
   - Me tenía preparada una sorpresa. 그는 나를 놀라게 하려고 준비해 놓고 있었다.

8. [tener+수량+de largo · ancho · alto · profundidad] 크기의 표현
   - Esta caja tiene veinticinco centímetros de largo.
     이 상자는 길이가 25cm이다.

9. [tenerse por] 자신을 ~라고 생각하다
   - Se tiene por gracioso. 그는 자신을 익살스런 사람이리고 생각한다.
   - *cf.* Se tiene en mucho(poco).
     그는 자신을 대단한(보잘 것 없는) 사람이라고 생각한다.

10. tener의 숙어   ◐ p.125
    - tener ganas de+inf. ~하고 싶다
    - tener dolor de+신체의 부분 ~가 아프다
    - tener a bien+inf. ~하여 주시다 (dignarse)
    - tener costumbre de+inf. ~하는 버릇이 있다
    - tener ~ años (나이가) ~살이다
    - tener en cuenta 명심하다, 고려하다
    - tener presente algo 뭔가를 분명히 기억하다
    - tener la culpa de~ ~의 책임 · 탓이다
    - tener lugar (일이) 일어나다, 개최되다
    - no tener remedio 방법이 없다

18. TOCAR

1. 닿다, 만지다

    - No debes tocar los enchufes.
      너는 전기 소켓을 만지지 말아야 한다.
    - Este trabajo está bien hecho, no lo toques más.
      이 일은 잘 되었으니 그대로 놔둬라.

2. (배가 항구에) 도착하다

    - El barco tocó puerto. 배가 부두에 닿았다.

3. (악기를) 연주하다

    - María toca el piano. 마리아는 피아노를 연주한다.

4. (차례가) 맞다, 돌아오다

    - En reparto de la tarta, me tocó una pequeña parte.
      케이크를 나눠주는데, 나에게는 작은 것이 돌아왔다.
    - Tocaba a María repartir la tarta.
      마리아가 케이크를 나누어 줄 차례였다.
    - Te tocó el turno de repartir la tarta.
      케이크를 나누어 줄 차례가 너에게 돌아왔다.

5. (추첨에서) 당첨되다

    - Le tocó la lotería y ganó mucho dinero.
      그는 복권에 당첨되어 돈을 많이 받았다.
    - En el sorteo de Navidad me tocó la lotería.
      크리스마스 추첨에서 나는 복권에 당첨되었다.

6. 관계가 있다

    - Esto no me toca a mí. 이것은 내가 관계할 일이 아니다.

7. [tocarse] 접촉하다

    - Nuestras casas se tocan. 우리의 집들은 바로 옆에 붙어 있다.

19. TOMAR

1. 잡다, 쥐다

    - Juan tomó el cuchillo que su hermano tenía en la mano.
    후안은 형이 손에 들고 있던 칼을 잡았다.

2. (음식, 음료수, 약 등을) 먹다, 마시다

    - Juan tomará una cerveza y yo un café.
    후안은 맥주를 마실 것이고 나는 커피를 마실 것이다.

3. 타다, 타고 가다

    - Pedro toma el autobús para ir a la escuela.
    뻬드로는 학교에 가기 위하여 버스를 탄다.

4. (길을) 잡아들다, 향하여 가다

    - Toma la primera calle a la derecha y luego sigue recto hasta el final.
    첫 번째 거리에서 오른쪽으로 가서 끝까지 똑바로 계속 가거라.

5. 사다, 매수하다

    - Tomaré el coche, si me lo da barato. 싸게 해준다면 내가 차를 사겠네.

6. 점령하다, 차지하다

    - El ejército enemigo tomó la ciudad. 적군이 도시를 점령했다.

7. [tomar+명사(보어)] ~을 하다

    - El sastre tomó las medidas de la cintura antes de hacerle el traje.
    재단사는 그의 옷을 만들기 전에 허리의 치수를 쟀다.
    - En clase, tomo notas de lo que dice el profesor.
    수업시간에 나는 교수가 말하는 것을 노트에 적는다.
    - Durante el viaje tomamos varias fotografías.
    여행하는 동안에 우리는 많은 사진을 찍었다.

8. 판단하다, 여기다

    - Tomas mal todo lo que te digo.
    너는 내가 말하는 모든 것을 나쁘게만 생각하는구나.

9. [tomar+por~] ~로 여기다, 오인하다

- Me tomaron por ladrón. 그들은 나를 도둑으로 생각했다.

20. VOLVER

1. 돌아오다, 돌아가다

- María volvió a casa después de un largo viaje.
  마리아는 오랜 여행을 하고 집으로 돌아왔다.

2. 넘기다

- Vuelve la página. 그는 책장을 넘긴다.

3. 뒤집다

- María ha vuleto su vestido para plancharlo.
  마리아는 옷을 다리려고 뒤집었다.

4. 돌리다, 향하다

- Vuelve la cabeza hacia mí. 그는 나를 향하여 머리를 돌린다.

5. [volverse] 돌아보다

- Mi compañero de clase se volvió hacia atrás. 나의 급우가 뒤로 돌아보았다.

6. [volver] (어떤 상태로) 만들다, 바꾸다

- Esa idea me vuelve loco. 그 생각은 나를 미치게 만든다.

7. [volverse] (어떤 상태로) 되다, 변하다

- Era muy alegre pero desde que empezó el problema, se ha vuelto triste. 그는 매우 명랑했는데 문제가 생긴 후부터 슬픔에 잠겼다.
- Se me ha vuelto el pelo muy blanco. 나의 머리카락이 매우 하얗게 되었다.

8. [volver a+inf.] 다시 ~하다

- Carlos volvió a leer la carta. 까를로스는 편지를 다시 읽었다.

9. [volver en sí] 회복하다

- Se mareó pero enseguida volvió en sí. 그는 멀미를 했지만 바로 회복되었다.

② 동사구 frases verbales

1. 의무 obligativo

▶ **tener que+inf.** (개인으로서) ~해야만 한다
- Tenemos que estudiar mucho. 우리들은 열심히 공부해야만 한다.
- Es cosa que tiene que oír. 그것은 당신이 들어야만 하는 것입니다.

▶ **no tener que+inf.** ~해서는 안 된다, ~하지 않아도 된다
- No tienes que hacerlo. 너는 그것을 해서는 안 된다.
- Hoy no tengo que ir a la escuela porque es fiesta.
  오늘은 휴일이기 때문에 나는 학교에 가지 않아도 된다.

▶ **no tener más que+inf.** ~만 하면 된다   ◯ p.332
- Ud. no tiene más que mandar. 당신은 명령만 하면 됩니다.

Nota

┌ No tienes que apresurarte. 너는 서둘러서는 안 된다. 서두르지 않아도 된다.
└ Tienes que no apresurarte. 서두르지 않는 게 필요하다.
  (=Es necesario que no te apresures.)

▶ **Hay que+inf.** ~해야만 한다 (무인칭으로 그 필요성을 말한다)
┌ ● Hay que estudiar muchas cosas. 많은 것들을 공부해야 한다.
└ ● Hay muchas cosas que estudiar. 공부해야 할 것들이 많다.

일종의 무인칭이므로 주어가 없을 때 사용한다.

┌ ● Hay que estudiar. 공부해야 한다. [일반론]
└ ● Tengo que estudiar. 나는 공부를 해야 한다. [개인적]

▶ **No hay que+inf.** ~해서는 안 된다, ~하지 않아도 된다
- No hay que exagerar. 과장하여 말해서는 안된다.
- No hay que pagar los portes. 운임을 지불할 필요는 없다.

▶ **haber de+inf.**

① 〔당연의 의무〕「~해야만 하다」의 가장 오래된 형태로 tener que보다 문어적인 표현이다.

- Has de sufrir un examen para obtener el título.
  타이틀을 따려면 당연히 너는 시험을 치러야만 한다.

② 이미 결정된 것으로 생각하다 →「~할 것이다(당연)」,「~하기로 되어 있다」

- Ha de cantar en el palacio. 그는 궁전에서 노래하게 되어 있다.
- Ha de tener como cuarenta años. 그는 40세 정도일 것이다. 〔당연〕
- Hemos de llegar pronto. (자신들에게 부과하고 있다) 〔예정적〕
- Tenemos que llegar pronto.
  (주위의 상황에 의해 동작이 행해지지 않을 것도 그렇게 된다)

▶ **no haber de+inf.**

① ~해서는 안 된다

- ¿Por qué no he de decirlo ahora mismo?
  왜 내가 지금 당장 그것을 말하면 안 되는 거야?

② ~하지 않을 것이다 〔당연〕

- No ha de estar lejos.
  그것은 멀리 있지 않을 것이다.

Nota

> [haber de+inf.]는 반어적 표현에 사용되기도 한다.
> ¿Qué pasa aquí? — ¡Qué había de pasar!
> 여기에 무슨 일이 일어났는가? 무슨 일이라도 일어났을까 보냐!

▶ **deber+inf.** ~해야 한다

deber가 명사일 때는 「의무」를 의미한다. 의무는 이행하는 사람도 있고 이행하지 않은 사람도 있다. 즉 의무의 이행 여부는 행위자의 자유이다. 〔tener que+inf.〕처럼 부정사의 행위가 반드시 행해져야만 할 정도로 강하지는 않다. 〔tener que+inf.〕가 우리말의「~해야만 하다」또는「~하지 않으면 안 되다」에 해당한다면〔deber+inf.〕는「(단순히) ~해야 한다」에 해당한다. 즉, tener que

〉 haber de 〉 deber와 같이 의무의 강도를 나타낼 수 있다.

- Los niños deben obedecer a sus padres. 아이들은 부모님께 순종해야 한다.
- Debe venir, aunque le moleste hacerlo. 그는 귀찮더라도 와야 한다.

▶ **no deber+inf.** ~해서는 안 된다
- Los grandes no deben preguntar tonterías.
  다 큰 사람은 바보같은 것을 묻는 게 아니다.

▶ **deber de+inf.** ~임에 틀림 없다
- Debe de haber pasado algo. 무슨 일이 일어났음에 틀림없다.
- No debe de haber nadie en casa, porque no hay ninguna luz encendida.
  집에 누군가 있을 리 없다. 왜냐하면 켜진 불이 하나도 없기 때문이다.

Nota

부정사가 ser, estar, haber, tener일 때는 de를 자주 생략한다.
Ya debe estar allí. 그는 이미 거기에 있음에 틀림없다.
Debe ser tarde. 늦었음에 틀림없다.

2. 사역 causativo

「~하게 하다」, 「~하는 것을 허락하다」 등 사역·방임·용인의 동사는 뒤에 부정사가 오는 것과 [que+접속법]이 오는 것의 두 가지 형태를 취한다.

○ 부정사: p.276

(기본문형)

hacer+inf.+a+사람	Hicimos estudiar a los alumnos.
hacer+a+사람+inf.	Hicimos a los alumnos estudiar
me+hace+inf.	Eso me hace reír.
(me)+hacer que+접속법	Nos hizo que fuésemos.

▶ **hacer** (강제로) ~시키다
- Juan hizo correr a Pedro. 후안은 뻬드로를 달리게 했다.
- Le hice acercarse al fuego. 나는 그를 불에 가까이 오게 했다.
- No me haga hacerlo. 저에게 그것을 시키지 말아 주세요.
- Haz que Pedro lea la lección. 뻬드로가 그 과를 읽게 해라.

제 21장 기본 동사와 동사구 425

hacer와 자주 어울리는 부정사로는 llorar, reír, entrar, esperar, estudiar, limpiar, ver, cerrar, abrir, correr, trabajar, leer, escribir, sentarse, levantarse 등이 있다.

Nota
> 목적의 「사람」 없이 '~해 받다'라고 해석하는 경우가 있다.
> Haré escribir la carta. 그 편지를 써 받으려고 한다.

▶ **dejar** (~하는 대로) 하게하다 [방임]
- dejar pasar(escapar, caer) 통과시켜 주다, 도망치게 해주다, 떨어뜨리다
- Déjame ver(ir, leerlo). 나에게 보여(가게 해, 그것을 읽게 해) 다오.
- Pedro no deja sentarse a José. 뻬드로는 호세를 앉게 하지 않는다.

Nota
> hacer와 dejar는 우리말로 「~하게 하다」이지만 앞의 것은 강제, 뒤의 것은 방임·허용을 의미한다.
> ┌ Les hice salir. 나는 그들을 외출시켰다. (그들은 원하지 않았지만)
> └ Les dejé salir. 나는 그들을 외출시켰다. (원하고 있던 대로)

▶ **permitir** ~하는 것을 허락하다
- Te permito salir. 너는 외출해도 좋다.
- Eso me ha permitido llegar antes.
  그 일 덕택으로 나는 (예정보다) 일찍 도착했다.

  cf. ¿Me permite darle un consejo? 당신에게 충고 하나 해도 되겠습니까?

Nota
> 허가의 표현에는 스페인에서는 dejar보다 permitir를 더 많이 사용한다.

▶ **meter a+사람+a+inf.** 사람을 ~하게 하다
- Le metieron al obrero muy joven a trabajar.
  매우 젊은 그 노동자에게 일을 시켰다.

▶ **obligar a+inf.** 부득이 ~하게 하다 (강요하다)
- ┌ Me obligó a sentarme en el pasillo. 그는 나를 복도에 앉혔다.
- └ Me obligó a que me sentase en el pasillo.

- El frío nos obligó a meternos en casa.
  추위가 심해서 우리들은 집 안에 틀어박혀 있을 수밖에 없었다.

▶ **mandar** ~하라고 명령하다
- Mandamos regar a los alumnos. 우리들은 학생들에게 물을 뿌리라고 명령했다.

▶ **ordenar** ~하라고 명령하다
- Ordenó que le sirvieran la comida. 그는 그에게 음식을 갖다 달라고 명령했다.

3. 가능 posibilidad

▶ **poder** [능력·가능성] ~할 수 있다, ~일 것이다
- Yo puedo levantar esa piedra. 나는 그 돌을 들어올릴 수 있다.
- Puedes marcharte ya. 너는 이제 가도 좋다.
- Tú no puedes entrar aquí. 너는 여기에 들어와서는 안 된다.
- Pueden tener razón. 그들의 말이 옳을지도 모른다.
- No pueden tener razón. 그들의 말이 맞을 리가 없다.
- No puede salir. 그는 외출할 수 없다.
- No puede haber salido. 그는 외출했을 리가 없다.
- Tu hermano no puede venir. 너의 동생은 올 수 없다.
- Tu hermano puede no venir. 너의 동생은 오지 않을지도 모른다.
- Tu hermano puede que no venga. 너의 동생은 오지 않을지도 모른다.
- Puede que no venga tu hermano. 너의 동생은 오지 않을지도 모른다.

▶ **Puede que**+접속법 ~일지도 모르다   ◯ 접속법: p.191
- Puede que vengan. 그들은 올지도 모른다.
- Es posible que vengan.

  cf. ┌ Puede que vuelva. 그는 돌아올지도 모른다.
  └ No se sabe si vuelve 그가 돌아오는지 안 오는지 알 수 없다.

▶ **no poder menos de**+inf. ~하지 않을 수 없다
- Yo no podía menos de reír. 나는 웃지 않을 수 없었다.

▶ **saber**+inf. ~하는 방법을 알고 있다 → 할 수 있다 [기술적 능력]
- Sabe nadar(leer inglés, tocar el piano).
  그는 수영할 줄(영어를 읽을 줄, 피아노를 칠 줄) 안다.

▶ **Es+fácil+que+접속법** 〔가능성〕　　　　　　　　○ p.190
　　difícil
　　probable
　　posible
　　imposible

- Es fácil que venga esta tarde. 그가 오늘 오후에 올 것 같다.
- Es difícil que venga esta tarde. 그가 오늘 오후에 올 것 같지는 않다.
- Es posible que Juan comprenda esto. 후안은 이것을 이해할지도 모른다.
- Es imposible que Juan comprenda esto. 후안이 이것을 이해할 것 같지 않다.
- Es probable que tengas algo de fiebre.
  〔개연성〕 너는 열이 약간 있을지도 몰라. (있을 것 같다)

▶ ~해도 지장이 없다

- No tengo el menor inconveniente en ir contigo.
  나는 너와 같이 가도 조금도 지장이 없다.
- No tiene inconveniente en que salgamos.
  우리가 외출해도 그에게는 별 지장이 없다.
- No hay inconveniente en comer aquí delante de la gente.
  여기에서는 사람들 앞에서 식사를 해도 지장이 없다.
- No hay obstáculo a que vengas. 네가 와도 지장이 없다.
  cf. No importa que llueva. 비가 온다해도 상관없다.

4. 기동 incoativo

▶ **empezar a+inf.** ~하기 시작하다

- Empezó a leer por la mitad del libro. 그는 그 책을 중간부터 읽기 시작했다.

Nota

전치사 por는 시점을 가리킨다. 예: empezar por~　~부터 시작하다
- Empezaron a reír. 그들은 웃기 시작했다.
- Empezaron por reír. 웃는 것에서부터 시작했다.

▶ **comenzar a+inf.** ~하기 시작하다

- Comienza a andar. 그는 걷기 시작한다.

Nota

empezar와 같은 의미지만, comenzar보다는 empezar를 더 많이 사용한다.

▶ **principiar a+inf.** ~하기 시작하다
  - Principió a leer. 그는 책을 읽기 시작했다.

▶ **echar(se) a+inf.** (급히) ~하기 시작하다
  - Echó a correr en dirección contraria. 그는 반대 방향으로 달리기 시작했다.
  - Los pájaros se echaron a volar. 새들은 날아가기 시작했다.
  - La niña se echó a reír(llorar). 소녀는 웃기(울기) 시작했다.

▶ **lanzarse a+inf.** (급히) ~하기 시작하다   ◯ p.433
  - Se ha lanzado a gastar dinero. 그는 돈을 마구 쓰기 시작했다.

▶ **romper a+inf.** 갑자기 ~하기 시작하다
  - romper a llorar(reír) 별안간 울음(웃음)을 터뜨리다
  - romper a hacer calor 별안간 더워지다

▶ **ir a+inf.** [거의 확정된 가까운 미래] ~하려고 하다, ~하겠다(1인칭)
  - Van a venir. 그들은 올 것이나. 오려고 한다.
  - Voy a decírselo a tu padre ahora mismo.
    나는 그것을 너의 아버지에게 지금 당장 말하겠다.   ◯ p.96

▶ **vamos a+inf.** ~하자, ~합시다
  - Vamos a llamar a Teresa. 떼레사를 부르자.
  - Llamemos a Teresa. (위의 표현이 더 자주 쓰인다)

▶ **estar a punto de+inf.** 막 ~하려 하고 있다
  - El tren está a punto de partir. 기차는 이제 막 출발하려고 한다.

Nota

estar a punto de salir 막 출발할 참이다
estar para salir 막 출발할 참이다
estar por salir 아직 출발하지 않고 있다(출발하기로 되어 있다)

▶ **apresurarse a+inf.** 서둘러 ~하다
  - Se apresuró a cederme el asiento. 그는 서둘러 나에게 자리를 양보해 주었다.

5. 완료 perfectivo

▶ **terminar de+inf.** ~하는 것을 마치다
  - Terminó de escribir sus cartas. 그는 편지 쓰는 것을 마쳤다.

▶ **terminar por+inf.** ~하는 것으로 마치다, 결과는 ~로 끝나다
  - Terminó por hacerse monja. 그녀는 결국 수녀가 되었다.

▶ **acabar de+inf.** ~하는 것을 마치다 (특수한 경우에만)
  - ¿Cuándo acabaste de leer el ejercicio? 언제 너는 그 연습문제를 다 읽었니?

▶ **acabar de+inf.** 방금 막 ~했다
  - Acaba de llegar. 그는 이제 막 도착했다.

Nota

> 이 동사에 사용되는 시제는 현재와 불완료과거뿐이다. ⊙ 시제: p.109
> Acabo de recibir un telegrama suyo. 나는 방금 막 그의 전보를 받았다.

▶ **no(nunca) acabar de+inf.** 아무리 해도 ~하지 않다
  - No acaba de gustarme esa proposición.
    나는 아무리 해도 그 제안이 마음에 들지 않는다.
  - Nunca acaba de entenderlo. 그는 아무리 해도 그것을 이해하지 못한다.

▶ **acabar por+inf.** ~하는 것으로 마치다
  - Acabará por ceder. (=Concluirá por~) 그는 결국 양보하게 될 겁니다.

▶ **dejar de+inf.** ~하는 것을 멈추다   ⊙ p.402
  - Dejó de cantar(comer, hablar, trabajar).
    그는 노래하는 것(먹는 것, 말하는 것, 일하는 것)을 멈추었다.

▶ **no dejar de+inf.** ~하는 것을 멈추지 않다, 반드시 ~하다
  - No deja de venir ni un solo día. (=sigue viniendo)
    그는 단 하루도 오는 것을 멈추지 않는다. (반드시 계속해서 온다)
  - No dejes de escribirme. 꼭 편지하거라. (명령)

▶ **cesar de+inf.** ~하던 것을 그만두다 (계속되던 행위의 중단)
  - El motor cesó de funcionar. 엔진은 작동을 멈추었다.
  - cesar de llover(nevar) 비가(눈이) 그치다

▶ **parar de+inf.** ~하는 것을 멈추다
  ● No para de llover desde ayer. 어제부터 비가 멈추지 않고 있다.

▶ **limitarse a+inf.** ~하는 것만으로 한정하다 (=hacer solamente)
  ● Yo me limito a tomar sopa. 나는 수프만 먹기로 한다.

Nota

1. 「마치다」의 의미를 내포한 동사는 다음과 같다.

   acabar 다하다 → 마치다   cesar 중단하다 → 그만두다
   parar 정지하다 → 멈추다   terminar 끝내다 → 마치다
   dejar 포기하다 → 멈추다   concluir 결론 짓다 → 마치다

2. 「~하기 시작하다」는 emperzar a~, comenzar a~처럼 전치사 a를 동반하고, 「~을 마치다」는 거의 de를 동반한다.

   cesar
   parar   de+inf.
   dejar
   terminar

6. 결과 resultativo

▶ **resulta que~** ~라고 하는 결과가 나오다
  ● Resulta que no tiene la edad reglamentaria.
    결국, 그는 규정 연령에 미달된다는 것이다.
  ● Resulta ser un tío de mi mujer. 그는 결국 내 처의 숙부였던 것이다.

▶ **llegar a+inf.** ~하기에 이르다, ~하게 되다
  ● Llegó a creerlo. 그는 그것을 믿기에 이르렀다.
  ● Si llega a enterarse, nos armará escándalo.
    만약 그가 알게 되면 난리를 피울 거야.
  ● No llegó a oír lo que decíamos.
    우리들이 말하는 것은 아무리 해도 그에게 들리지 않았다.

▶ **venir a+inf.** ~하게 되다
  ● Vino a perder el sentido. 그는 의식을 잃게 되었다.
  ● Viene a tener la misma edad. 그는 같은 나이가 되었다.

cf. ⎡venir a ser ~가 되다
⎣Vino a ser presidente. 그는 결국 대통령이 되었다.

▶ **conseguir+inf.** ~을 성취하다 (~하는 것에 성공하다)
- Consiguió aprender a nadar. 그는 결국 수영을 배웠다.

▶ **fue a+inf.** ~하기에 이르렀다
- Fue a tropezar con un granuja. 그는 어떤 불량배와 우연히 만나게 되었다.

▶ **alcanzar a+inf.** ~을 성취하다
- No alcanzo a verlo claro. 나는 (아무리 해도) 그것을 확실히 볼 수 없다.

7. 반복 reiterativo

▶ **volver a+inf.** 다시 ~하다
- No volví a verle. 난 다시는 그를 보지 못했다.

▶ **tornar a+inf.** 다시 ~하다
- Tornó a llover. 비가 다시 내리기 시작했다.

cf. ⎡Me escribió de nuevo(otra vez). 그는 나에게 편지를 다시 썼다.
⎢Volvió a escribirme.
⎣Tornó a escribirme. [문어적]

8. 원망 desiderativo

▶ **querer+inf.** ~하기를 원하다
- Quiero visitar Italia este verano.
  이번 여름에 이탈리아를 방문하고 싶다.
- Yo quería que mañana hiciese buen tiempo.
  나는 내일 날씨가 좋기를 기대했다.

cf. ⎡Esta mujer quiere un hijo. 이 여자는 아들 하나를 바라고 있다.
⎣Esta mujer quiere mucho a su hijo. 이 여자는 아들을 매우 사랑하고 있다.

▶ **desear+inf.** ~하기를 원하다
- Deseo verle cuanto antes. 가능한 한 빨리 당신을 만나고 싶습니다.

cf. Es de desear que no se repita esto.
이런 일은 다시는 반복되지 않는 것이 바람직하다.

▶ **estar deseoso(as) de+inf.** ~을 하고 싶어하다
  ● Está deseosa de complacernos.
    그녀는 우리들을 기쁘게 하고 싶어한다.

▶ **estar ansioso(as) de+inf.** ~을 매우 갈망하다
  ● Estoy ansioso de conocerla.(=Tengo muchas ansias de conocerla)
    나는 그녀와 가까와지고 싶어서 참을 수가 없다.

▶ **tener ganas de+inf.** ~하고 싶어하다
  ● Tengo ganas de bañarme en el mar. 나는 바다에서 수영하고 싶다.

▶ **me da la (real) gana de+inf.** ~하고 싶어지다 ⊙ p.125
  me dan las ganas de inf. ~하고 싶어지다
  ● No me da la gana de decírtelo.
    너에게 그것을 말하고 싶은 기분이 나지 않는다.
  cf. ┌ De buena gana me iría a París contigo. 너와 함께라면 기꺼이 파리로 갈 텐데.
       └ De mala gana se puso a trabajar. 그는 마지못해 일을 하기 시작했다.

▶ **Espero que+접속법** ~하기를 바라다
  ┌ ● Espero que vuelvan mañana. 나는 그들이 내일 돌아오길 바라고 있다.
  ├ ● Espero que volverán mañana. 나는 그들이 내일 돌아온다고 생각하고 있다.
  └ ● Espero a que vuelvan mañana. 나는 그들이 내일 돌아올 것을 기다리고 있다.
    ● Esperan casarse en próximo octubre. 그들은 오는 10월에 결혼할 예정입니다.

▶ **Ojalá que+접속법** ~라면 좋으련만 ⊙ 접속법: p.186
  ● ¡Ojalá que yo pueda ir! 갈 수 있다면 좋으련만!

9. 결정 decisivo

▶ **atreverse a+inf.** 감히 ~하다
  ● No se atreve a decírmelo. 그는 감히 그것을 나에게 말하지 못한다.

▶ **lanzarse a+inf.** 감히 ~하다
  ● Me lancé a pedirle aumento de sueldo. 나는 감히 그에게 봉급인상을 요구했다.

▶ **no cansarse de+inf.** 끝까지 ~하다
  ● No me cansaré de repetirte que vayas.
    나는 끝까지 너에게 가라고 반복해서 말할 것이다.

▶ **pensar+inf.**　~할 생각이다.
　┌ ● Pienso hacer un viaje.　나는 여행할 생각이다.
　└ ● Pienso en hacer un viaje.　나는 여행할까 생각하고 있다.
　　cf. Piensa en vivir.　산다는 걸 생각해 봐. [pensar en+명사]

▶ **intentar+inf.**　~하려고 하다, ~할 생각이다 [의도]
　● ¿Qué intenta Ud. hacer?　무엇을 하실 생각입니까?
　● Intentó abrir mi cajón.　그는 나의 상자를 열려고 했다. (과거형은 실패를 의미한다)

▶ **pretender+inf.**　~하려고 하다, ~하려고 애쓰다 [희구]
　● Pretende convencerme.　그는 나를 설득하려고 한다.
　cf. Pretendió no haberme visto.　그는 나를 못 본 척 했다.

▶ **tratar de+inf.**　~하려고 시도하다, ~해보다 [노력]
　● Trata de introducir algunas mejoras.
　　그는 몇 가지 개선책을 강구하려고 하고 있다.
　● Trató de levantarse.　그는 일어서려고 했다. (과거형은 실패를 의미한다)
　cf. Se trata de la boda de su hija.　그의 딸 결혼에 관한 이야기이다.

▶ **probar a+inf.**　~인지 해보다
　● Prueba a levantar esa piedra.　그 돌을 들어올릴 수 있는지 해봐라.
　● Probó a levantarse.　일어나려고 해보았다. (과거형은 실패를 의미한다)

▶ **procurar+inf.**　~하려고 노력하다, 힘껏 ~하다
　● Procura que no te vean.　눈에 띄지 않게 해라.
　● Procuraré llegar al teatro a tiempo.
　　나는 극장에 제시간에 도착하도록 해볼 것이다.

▶ **hacer por+inf.**　~하려고 노력하다 (=procurar)
　● Hizo por levantarse.　그는 일어나려고 노력했다.

▶ **vacilar en+inf.**
　dudar+inf.　] ~을 망설이다, 주저하다
　● Vacilo en hacerlo o no hacerlo.　나는 그것을 할까 말까 망설이고 있다.
　● Dudo entre pasar por París o ir directamente.
　　나는 파리를 거쳐서 갈 것인가 곧장 갈 것인가를 망설이고 있다.

10. 필요 necesidad

▶ **hace falta que**+접속법 ~할 필요가 있다

- Me hace falta que vengáis en seguida.
  너희들이 즉시 오는 것이 나에게 필요하다.

▶ **no hace falta que**+접속법 ~할 필요는 없다

- No hace falta que vengas. 네가 오는 것은 필요 없다.

cf. ┌ No importa que no tengas dinero.
    │ 네가 돈을 갖고 있지 않아도 상관없다.
    └ No se moleste Ud. en venir; yo iré a su casa.
       당신이 일부러 오실 필요는 없습니다. 제가 댁으로 가겠습니다.

▶ **vale(merece) la pena (de)+inf.** ~할 가치가 있다

- (No) Vale la pena ir allí. 거기에 가볼만한 가치가 있다(없다).
- Vale la pena que hagas un esfuerzo. 너는 한 번 노력해볼 가치가 있다.

11. ~가 되다

▶ **ponerse**+형용사 (외관, 감정의 일시적 변화 상태)

- Se ha puesto enfermo. 그는 병이 났다.
- Se ha puesto rojo. 그는 얼굴이 붉어졌다.

Nota

> gordo, delgado, colorado, travieso, severo, alegre, triste, preocupado, serio, nervioso, de mal humor 등과 같은 형용사가 올 수 있다.

▶ **hacerse**+명사(무관사) 어떤 노력에 의하여 그 상태가 되다
  hacerse+형용사 ~상태가 되다

- Se hizo médico(dictador). 그는 의사(독재자)가 되었다.
- El vino se ha hecho vinagre. 포도주는 식초가 되었다.
- El trabajo se ha hecho más difícil. 일은 더 어려워졌다.

▶ **volverse**+형용사 A에서 B로 급격하게 변하다

- Se ha vuelto loco(ambicioso).
  그는 미쳤다(야심만만해졌다).

- Las hojas se vuelven rojas en octubre.
  나뭇잎은 10월에 붉어진다(단풍이 든다).

▶ **llegar a ser**+명사(형용사)
- Llegó a ser médico en 1999. (마침내) 그는 1999년에 의사가 되었다.

▶ **meterse**+명사　　직업을 급히 바꾸다
- Se metió monja(fraile, soldado). 그는 수녀(수도사, 군인)가 되었다.

> **Nota**
> [meterse a ~]는 「일시적으로 그 직업에 손을 대다」라는 의미를 갖는다. 이 경우에 a는 자주 경멸적인 의미를 갖게 된다.
> Se cansó de ser pescador y se metió a carpintero.
> 그는 어부의 일에 싫증이 나서 목수 일에 손을 댔다.

▶ **convertirse en**+명사(형용사)　(사람이나 사물의 기본적 성질이 변하는 경우)
- El líquido se convirtió en gas(hielo). 그 액체는 가스(얼음)가 되었다.
- Se convirtió en católico(al catolicismo). 그는 카톨릭 신자가 되었다.

▶ **transformarse en**+명사　　A가 B로 변하다
- El gigante se transformó en una nube. 거인은 구름이 되었다.

▶ **tornarse**+형용사　(ponerse, volverse의 동의어이며, 문어체에 많이 사용)
- Las montañas se tornaron blancas. 산은 하얗게 변했다.

▶ **quedarse**+명사(형용사)　(어떤 부정적인 요인이나 소실로 인하여 상태가 변하는 경우)
- Se ha quedado calvo. 그는 대머리가 되었다.　　　○ quedar: p.415
- Te has quedado sin dinero. 너는 빈털털이가 되었다.

▶ **resultar**+명사(형용사)　　결과로서 ~가 되다
- La casa me resulta muy pequeña. 집은 나한테는 매우 좁다.

▶ **ser**　미래의 내용일 경우 「~가 되다」의 의미를 갖는다.
- Vicente quiere ser marino. 비센떼는 선원이 되고 싶어한다.

▶ **venir (a ser)**
- Vino a ser presidente. 그는 대통령이 되었다. (hacerse)
- El abrigo le viene ya pequeño. 외투는 그에게 이미 작아졌다.

▶ **pasar a ser~**
  - Pasó a ser estudiante de segundo año. 그는 2학년 학생이 되었다.

▶ **salir**   결과적으로 ~가 되다
  - Salió buen matemático. 그는 훌륭한 수학자가 되었다.

Nota

> 몇몇 자동사와 재귀동사 중에는 의미적으로 이미 「~가 되다」를 포함하는 있는 동사가 있다. 특히 en__se 형태의 동사에 많다.
>
> enloquecer 미치다 (volverse loco)
> envejecer 늙다 (hacerse viejo)
> enrojecerse 붉어지다 (ponerse rojo)
> entristecerse 슬퍼지다 (ponerse triste)
> empobrecerse 가난해지다 (quedarse pobre)
> agriarse 시큼해지다 (volverse agrio)
> acortarse 짧아지다
> alargarse 길어지다
> debilitarse 약해지다
> enfriarse 차가워지다
> ensuciarse 더러워지다
> enviudarse 과부(홀아비)가 되다
> mejorar(se) 좋아지다

12. 기타

▶ **parece~** ~인 것 같다, ~라고 생각되다   ● p.179
  - Este niño parece muy inteligente. 이 어린이는 매우 영리한 것 같다.
  - Me parece que ya no viene. 그가 이젠 오지 않을 것 같다.
  - Parece mentira poder ver estas cosas en el siglo XX.
    20세기에 이런 것들을 볼 수 있다니 거짓말 같다.
  - Parece mentira que ya estemos en México.
    우리들이 벌써 멕시코에 와 있다니 거짓말 같다.

▶ **creer que~** ~라고 생각하다
  - Creo que está en su casa. 그는 자기 집에 있다고 나는 생각한다.
  - Creo de él que es sincero. 그에 대해서는 그가 성실한 사람이라고 생각한다.
  cf. Me creo feliz. 나는 내가 행복하다고 생각한다.

▶ ~라고들 하다
- Dicen ⎤
- Se dice ⎬ que es verdad. 그것은 사실이라고 한다.
- Oigo ⎦

▶ **Mc pregunto (si)**   ~일까
- Me pregunté si él había visitado París.
  과연 그가 파리에 가본 적이 있었을까라고 나는 생각했다.
- Me pregunto cuándo volverá.
  그는 과연 언제 돌아올까.

▶ 하마터면 ~할 뻔 했다
(a) **por poco+V**   ⊙ p.491
- Por poco tenemos un accidente de tráfico.
  하마터면 우리들은 교통사고를 당할 뻔 했다.

(b) **faltaba poco para+inf.**
- Faltaba poco para caerme. 하마터면 나는 넘어질 뻔 했다.

(c) **casi+V**
- Casi lloraba. 그는 곧 울 것 같았다.
- Yo casi estaba bailando al oír esa música.
  그 음악을 듣자 나는 춤을 출 뻔 했다.

(d) **estar próximo a+inf.**
- Estuvo próximo a caer al río. 그는 강물로 떨어질 뻔 했다.

(e) **estar a poco menos de+inf.**
- Estaba a poco menos de caerme. 나는 하마터면 넘어질 뻔 했다.

▶ **soler+inf.** ~하는 것이 상례이다, 자주(대체로) ~하다
- Suele venir muy temprano a la escuela.
  그는 학교에 일찍 오는 것이 상례이다.
- Solíamos hacer excursiones por la montaña.
  우리들은 자주 그 산으로 소풍가곤 했었다.

▶ **acostumbrar (a)+inf.** ~하는 것이 습관이다, 자주(대체로) ~하다
- Acostumbra (a) venir los sábados.
  그는 대체로 토요일마다 온다.

cf. ⎡Tengo la costumbre de dormir sin almohada.
   ⎣Acostumbro dormir sin almohada.
   나는 베개 없이 자는 버릇이 있다.

Nota

soler와 acostumbrar는 현재와 불완료과거 시제로만 쓸 수 있다.   ● 시제: p.109

▶ **Es mejor que**+접속법 ~하는 편이 낫다
  ● Es mejor que no venga. Espere usted.
    오시지 않는 편이 낫습니다. 기다려 주십시오.

▶ **¿Por qué no+V...?** ~하면 어떻겠습니까?
  ● ¿Por qué no compras uno mejor?
    더 좋은 것을 사는 게 어때?

22 부정의 표현
Expresión de negación

1. 준부정어
2. 이중 부정
3. 부분 부정

① 준부정어 subnegativos

문법적으로는 부정형을 취하고 있지 않지만 우리말로 해석할 때는 부정형이 되는 말을「준부정어」라고 한다.

- Tardo muy poco tiempo.

「나는 매우 적은 시간이 걸린다」라는 해석은 어색하다.「아주 조금밖에 시간이 걸리지 않는다」라고 부정형으로 해석해야 비로소 자연스러운 표현이 된다.

1. 준부정어

1. **poco** 거의 ~않다 (=no mucho)

    - Tengo poco dinero. 나는 거의 돈이 없다.
    - Tengo poca experiencia. 나는 거의 경험이 없다.
    - Una persona poco amable 별로 친절하지 않은 사람
    - Tiene pocos conocidos en Nueva York. 그는 뉴욕에 아는 사람이 별로 없다.

    poco는 단독으로 부정의 내용을 나타내고, un, unos 등의 부정관사를 동반하면 긍정의 내용을 나타낸다.

    ┌ poco(as): 별로 없다
    │ un poco de+명사: 조금 있다 [양]
    └ uno(a)s poco(a)s+명사(복수): 조금 있다 [수]

    - Tengo un poco de dinero. 나는 돈이 조금 있다.

    > **Nota**
    > algún dinero, algunos amigos이면「꽤 있다」는 뜻이 된다.

2. **mal** [부사] 나쁘게, 잘못 (=no bien)

    - He descansado mal. 나는 잘 쉬지 못했다. (「나는 나쁘게 쉬었다」가 아니다)

- Todo va muy mal. 모든 것이 잘 안 되어간다.
- Ud. ha entendido mal. 당신은 잘 이해하지 못했습니다. (잘못 알고 있다)
- Este traje me sienta mal. 이 옷은 내 몸에 맞지 않는다.
- Con estas gafas veo un poco mal. 이 안경은 잘 보이지 않는다.

이상과 같이 poco=no mucho; muy poco=casi no; mal=no bien으로 부정형으로 해석하거나 아니면 다음과 같이 적당한 말로 바꾸어 해석해야 한다.

- cantar mal 서툴게 노래하다
- traducir mal 오역하다
- salir mal 실패하다

3. **faltar** [동사] 부족하다

- Le falta un brazo. 그는 한쪽 팔이 없다.
- Me faltan dos pesos. 나는 2페소가 부족하다(모자란다).

4. **carecer de~** ~이 빠져 있다, 없다

- La leona carece de melena. 암사자는 갈기가 없다.
- Carece totalmente de sentido de responsabilidad.
  그는 완전히 책임감이 결여되어 있다. (책임감이 없다)

5. **sin** [전치사] ~없이

- Llegó sin un centavo. 그는 한 푼도 없이 도착했다.

6. **apenas** [부사] 거의 ~않다, 겨우 ~하다

- Apenas puede andar. 그는 거의 걸을 수 없다. (Casi no puede andar.)
- Apenas tiene diecisiete años. 그녀는 겨우 17살이다.

7. **rara vez** 거의 ~않다

- Rara vez tengo dolor de cabeza. 나는 거의 두통이 나지 않는다.
- Le veo rara vez. 나는 그를 거의 볼 수 없다.

8. **en vano, en balde, para nada** [부사] 헛되이, 쓸데없이

- La zorra intentó en vano alcanzar las uvas.
  암여우는 포도를 따려고 했지만 소용없었다.

- Trató en balde de hablar con ella por teléfono.
  그는 그녀와 전화로 얘기하려고 했지만 소용없었다.
- Te has molestado para nada.
  너는 애태워 봤지만 아무 소용도 없었다.

9. **un comino** [부사] 조금도 ~않다

- Me importa un comino que vengas o no.
  네가 오든 말든 나에게는 전혀 상관이 없다. (No me importa nada.)

2. 준부정어의 비교급

1. **menos: poco의 비교급**

menos는 poco의 비교급으로, menos를 사용한 문장은 다음과 같이 네 가지로 생각할 수 있다. ○ 비교: p.319

Madrid es menos grande que Seúl.

① 마드리드는 서울만큼 크지 않다. (no~tan… como)
② 마드리드는 서울보다 덜 크다.
③ 마드리드는 서울보다 작다. (más pequeño que)
④ 서울은 마드리드보다 크다. (주어를 바꾼다)

menos는 비교급이기 때문에 비교하는 대상이 문장에 나와 있지 않은 경우라도 뭔가 비교하는 기준이 있다는 것을 의미하며 그 기준보다「더 작다」는 의미이다.

- Ellos son menos trabajadores.
  그들은 별로 일하지 않는다. (다른 사람들과 비교해서)
- Ahora hay menos taxis. 지금은 택시가 (예전만큼) 없다. (줄었다)
- La casa se ha construido en menos de un año.
  그 집은 1년도 채 안 되어 지어졌다.
- Eso es lo de menos. 그런 것은 문제가 되지 않는다.
- El alumno que ha faltado menos veces a clase es Juan.
  수업에 가장 적게 빠진 학생은 후안이다.
- Es lo que me gusta menos de todo.
  그것은 모든 것 중에서 내가 가장 좋아하지 않는 것이다.
- Prefiero el cuarto con menos rudio.
  나는 가능한 한 소음 없는 방이 좋습니다.

- Donde menos se espera salta la liebre.
  전혀 생각도 못한 곳에서 산토끼가 뛰쳐 나온다.
- Es un segundo París. −Sí, ··· pero menos.
  이건 제 2의 파리다. 응, 하지만 그 정도는 아니야.

> **Nota**
>
> **echar de menos + 목적어**
>
> ~가 있다면 좋겠다고 생각하다, ~가 없는 것을 섭섭하게 생각하다, ~을 그리워하다
>
> ¿Qué echáis de menos? 너희들은 무엇이 있으면 좋겠다고 생각하니?
> La echamos de menos. 우리들은 그녀가 그립다(보고 싶다).
> Echaba mucho de menos a sus amigos. 그는 그의 친구들을 그리워하고 있었다.

2. **peor: mal의 비교급**

- Él lo hace peor que nadie.
  그는 누구보다도 그것을 서툴게 한다.
- Este vino es malo, pero aquel todavía es peor.
  이 포도주는 나쁘다. 그러나 저것은 더 나쁘다.

3. 관용어

다음에 제시한 관용어는 부정의 의미를 갖고 있기 때문에 이것이 문두에 나올 때는 동사 앞에 no를 붙이지 않아도 부정문이 된다.

- *En la vida* lo he visto. 일생에 그런 것을 본 적이 없다.
- No lo he visto en toda la vida.
- *En su vida* ha jugado a las cartas. 그는 일생 동안 트럼프를 한 적이 없다.
- *En todo el día* ha llovido. 하루종일 비가 내리지 않았다.
- No ha llovido todo el día.
- *En toda la noche* he dormido. 밤새도록 나는 자지 않았다.
- *En el mundo* se hallará otra joven tan simpática.
  이토록 상냥한 아가씨는 세상에 또 없을 것이다.
- *En parte alguna* pude encontrar sellos.
  어디를 찾아봐도 우표를 발견할 수 없었다.
- ¿Te gusta? −*En absoluto*. 마음에 드니? 절대 아니야.

4. 기타 접속구

1. **difícil** 어렵다, 좀체로 ~하지 않다, 무리다

   - Considero difícil que nos veamos esta tarde.
     오늘 오후에 우리가 만나는 것은 무리라고 생각한다. (만날 것 같지 않다)

2. **Es difícil que**+접속법 ~할 것 같지 않다, 그런 일은 여하간 없다

   - Es difícil que Pablo haga eso.
     빠블로가 그런 일을 하다니 있을 수 없다.
   - Es difícil que aquí no haya agua potable.
     여기에 마실 물이 없다니 있을 수 없는 일이다.

3. **a menos que**+접속법 ~하지 않으면, ~하지 않는 한   ▶ p.200

   - Voy mañana a menos que no me sienta bien.
     몸의 상태가 나쁘지 않으면 저는 내일 가겠습니다.

4. **dudar que**+접속법 ~아닐까 하고 생각하다 (=no creer que)

   - Dudo que sea tan rico. 나는 그가 그렇게 부자가 아니라고 생각한다.
   - Dudo que pueda venir a esa hora. 그는 그 시간에 올 수 없는 게 아닐까.

5. **antes de~**   ~하기 전에, ~보다 전에

   - Iré antes de dos meses. 나는 두 달이 지나기 전에 갈 것이다.
   - Voy a apuntarlo antes de que me olvide.
     잊기 전에 나는 그것을 적어 놓겠다.

6. **no ~hasta que…**   …할 때까지 ~않다

   - La muchacha no fue hasta que le dijeron.
     그들이 말해주었을 때까지 그 소녀는 가지 않았다.
   - No le mandaron el periódico hasta que lo pidió otra vez.
     그는 신문을 다시 요구했을 때까지 신문을 받아보지 못했다.

7. **estar por**+inf. 아직 ~하고 있지 않다

   - Está todavía por encontrar. 아직 발견되지 않았다.
   - No se ha encontrado todavía.

8. **cuidado con+inf.** ~하지 않도록 조심하다

- Cuidado con tragarte un hueso. 뼈를 삼키지 않도록 주의해라.
- Ten cuidado de no tragarte un hueso.

② 이중 부정 negación doble

다른 언어에서는 [부정어+부정어]는 이중 부정으로 긍정을 의미하지만 스페인어에서는 긍정이 되지 않는다.

- No dijo nadie nunca nada. 누구도 결코 아무 것도 말하지 않았다.

그러나 다음과 같은 예도 있다.

- No consigo no encontrarme con él.
  나는 그와 만나지 않으려고 하는데도 잘 되지 않는다.

앞 문장에서는 no, nadie, nada 모두 dijo를 부정하고 있지만 아래 문장에서는 앞의 no는 consigo를, 뒤의 no는 encontrar를 각각 분담하여 부정하고 있기 때문에 결과적으로 이중 부정이 되어 있다. 그러나 이러한 형태는 많지 않고, 빈번하게 사용되는 형태는 [준부정어+부정어]와 [주절과 종속절에 부정어가 있는 복문]이다. 이런 경우들은 「없지도 않다, ~이 없는 것도 아니다」와 같이 긍정이 된다. 단, 단순한 긍정문과는 뉘앙스가 다르다. 이러한 이중 부정은 잘못 생각하면 의미가 반대로 되므로 주의해야 한다.

1. **no poco** 적지 않게 (=bastante)

- Vinieron y no pocos. 적지 않게 왔다.
- La carta le dio no poco que pensar. (=le hizo pensar bastante)
  그 편지는 그로 하여금 적지 않은 생각을 하게 했다.

- No pocas de tales murmuraciones llegaron a los oídos de Juan.
  그러한 소문이 적지 않게 후안의 귀에 들어왔다.

2. **no mal** 나쁘지 않게

   - No he dormido mal. 잘 자지 못하지는 않았다.
   - una mujer no mal parecida 겉보기에 그리 못생기지는 않은 여자

3. **no faltar** 부족하지 않다

   - No me falta nada para el viaje.
     나는 여행에 아무 것도 부족하지 않다. (＝Tengo todo)
   - No faltará quien nos ayude.
     우리를 도와줄 사람이 부족하지 않을 것이다.
   - Aunque no era atractivo, no carecía(no faltaba) de encanto.
     매혹적이진 않았지만 매력이 없지는 않았다.

   cf. No dijo que pensaba faltar pero no vino.
     그는 결석할 생각이라고는 말하지 않았지만 오지 않았다.

4. **no falta(-ba, -ría) más sino que+접속법** ~라니 말이 됩니까?

   - No faltará más sino que hoy se le ocurra no venir.
     오늘따라 그가 오지 않는다니 말이 되겠니?

   cf. ¡No faltaba más!
     ① 월급을 더 올려 주십시오. → 당치도 않은 소리! [노여움]
     ② 차로 보내드릴까요? → 그럴 필요는 없습니다. [사양]
     ③ 여기에서 잠깐 기다려도 되겠습니까? → 예, 그렇게 하십시오.

5. **no ignorar** 모르지는 않다

   - No ignoraba que tal cosa andaba.
     그런 일이 일어나고 있었다는 것을 그는 모르지는 않았다.

6. **no sin: con bastante의 완곡 표현**

   - Habló no sin misterio.
     그는 말은 했지만 뭔가 사유가 있는 것 같았다.
   - Lo acepto, mas no sin condiciones.
     그것을 승락합니다만 조건부입니다.
   - No sin pena me alejo de este país.
     적지 않이 유감스럽게 생각하면서 나는 이 나라를 떠나는 것입니다.

- no sin motivo = con motivo
- no sin temor = con temor

7. **no ~sin⋯**   ⋯하지 않고서는 ~하지 않다, ~하면 반드시 ⋯하다

- No veía nada sin examinar.
  그는 무엇이든 보면 반드시 조사했다.
- No vendrán sin decírnoslo.
  그들은 우리에게 알리지 않고 오지는 않을 것이다.
- Tú nunca preparas tus lecciones y no pasa ni un día sin que te castigue el maestro.
  너는 한 번도 예습해 오지 않으니까 하루도 선생님께 꾸지람듣지 않는 날이 없는 거야.

8. **no⋯ menos de(que)~**   ~이하가 아니다, ~을 예외로 하지 않다

- Ha cambiado no menos de cinco veces de empleo.
  그가 직업을 바꾼 것은 다섯 번을 내려가지 않는다. (다섯 번이나 바꾸었다)
- Estos alumnos no han faltado menos que él.
  이 학생들은 그를 예외로 하지 않고 결석했다. (그는 물론 모두 결석했다)

9. **ni mucho menos**   ~이기는 커녕, 그 반대이다

- No es fácil ni mucho menos.   쉽지 않기는 커녕, 그 반대이다. (=facilísimo)
- ¿Estás contento en tu nuevo empleo? −¡Ni mucho menos!
  너는 새 직업에 만족하고 있니? 천만에!
- Pedro no es uno de los que se escapan de la clase, ni mucho menos.
  뻬드로가 수업에서 뛰쳐나간 사람들 중의 한 사람이라니 천만의 말씀이다.

10. **nada menos que(de)**   ~씩이나 (과장하여), 바로 ~이다

- Ha heredado nada menos que diez millones de euros.
  그는 천만 유로나 상속했다. (↔ nada más que~)
- Ese señor es nada menos que el alcalde.
  그 분이 바로 시장님이십니다.
- Le estafaron nada menos que un millón de euros.
  그는 무려 백만 유로나 사기당했다.

11. **no poder menos de+inf.**   ~하지 않을 수 없다
    - No pude menos de reír.   나는 웃지 않을 수 없었다.

12. **poco menos que** [준부정어+준부정어]   ~와 같은
    - Les era poco menos que indiferente.
      그들에게는 냉담하다고 할 만 했다.

13. **menos mal** [준부정어+준부정어]   참 다행이다
    - Menos mal.   야, 참 다행이다.

14. **no dejar de+inf.**   꼭 ~하다, 그냥 내버려 두지 않다
    - No deje Ud. de escribirme pronto.   꼭 빨리 편지해 주세요.
    - No dejaré de cumplir la promesa.   약속을 꼭 지키겠습니다.
    - No deja de venir ni un solo día.   단 하루라도 그가 오지 않는 날이 없다.
    - No deja de extrañarme tu conducta.   너의 행동은 아무리 생각해도 이상하다.
    - No puede dejar de ser cierto.   그것은 반드시 확실하다. (확실하지 않을 리가 없다)

    > **Nota**
    > [dejar de+inf.]는 「~하는 것을 그만두다」이지만, 여기에 no가 붙으면 「반드시 ~하다」와 같은 적극적인 의미를 갖게 된다.

15. 부정어+부정접두어
    - Y ya menos inquieto, fui a la escuela.
      이미 마음이 조금 가라앉았기 때문에 나는 학교로 갔다.
    - Si él conocía este prodigioso vegetal, ella tampoco lo desconocía.
      만일 그가 이 불가사의한 식물을 알고 있었다면 그녀 역시 그것을 모르지 않았다.

Nota

> **복문의 이중 부정: no+V+que no+접속법**
>
> No había nadie que no estuviese cansado.
> 지쳐 있지 않은 사람은 아무도 없었다. (모두들 지쳐 있었다)
>
> En Sevilla no hay calle que no tenga su leyenda.
> 세빌랴에는 전설을 갖고 있지 않은 거리가 없다.
>
> No hay nadie que no tenga sus faltas.
> 결점이 없는 사람은 아무도 없다.
>
> No digo que Ud. no me interese.
> 나는 당신이 흥미없다고는 말하지 않겠습니다.
>
> No es (decir) que no vaya.
> 내가 가지 않는다는 게 아닙니다. ◐ p.180 / p.194 / p.201

③ 부분 부정 negación parcial

1. 부정어 no 의 위치

부분 부정에서는 no의 위치에 주의해야 한다. 일반적인 부정문에서는 [no+V]의 형태를 취하지만 부분 부정은 부정하는 말의 바로 앞에 온다.

1. V+no+inf.

동사를 부정하는 것이 아니고 부정사를 부정한다. ([no+V]는 전체 부정)

- No estoy disgustado contigo. 나는 너에게 불쾌해 하고 있지 않다.
- Estoy disgustado no contigo. 너에게 불쾌해 하고 있는 게 아니야.
- No es contigo con quien estoy disgustado.
  너에게 불쾌해 하고 있는 게 아니야.

- La herida no puede ser mortal. 부상은 치명적일 리가 없다.
- La herida puede no ser mortal. 부상은 치명적이 아닐지도 모른다.

- ¿Jugamos al béisbol? –No, prefiero no jugar.
  우리 야구할까? 아니야, 하지 않는 게 좋겠어.

그러나, 모든 경우에 [V+no+inf.]의 형태를 사용해서는 안 된다. 예를 들면 아래 예문 (b)는 문법적으로는 맞더라도 쓰이지 않고 (c)의 형태를 사용한다.

(a) No tienes que apresurarte. 넌 서두르지 않아도 된다(서둘러서는 안 된다).
(b) Tienes que no apresurarte. 넌 서두르지 않아야 한다.
(c) Es necesario que no te apresures. 넌 서두르지 않는 것이 필요하다.

2. no todo 모두가 ~라는 것이 아니다

- Todos los profesores no vienen. 선생님들이 모두 오시지 않는다.
- No todos los profesores vienen. 선생님들이 모두 오시는 것이 아니다.
- No todos piensan como tú. 모두가 너처럼 생각하고 있는 것이 아니다.
- No todos están equivocados. 모두가 잘못했다는 것이 아니다.
- No todo el mundo tiene esa suerte. 모든 사람이 그렇게 운이 좋은 것은 아니다.

Nota

위의 첫 번째 표현은 보통 사용하지 않고 Ningún profesor viene「선생님은 아무도 오시지 않는다」를 사용한다.

3. no siempre 항상 ~하는 것은 아니다

- Siempre no estudia. 그는 항상 공부하지 않는다. (=nunca)
- No siempre estudia. 그는 항상 공부하는 것은 아니다.
- Lo hermoso no es siempre lo mejor. 아름다운 것이 항상 최상은 아니다.
- No siempre pueden sustituirse. 항상 대체될 수 있는 것은 아니다.

4. no porque~ ~이기 때문이라는 것은 아니다

- No porque él se oponga abandonaremos nuestro propósito.
  그가 반대하기 때문에 우리들의 의도를 포기하는 것이 아니다.
- Por eso no perdió la esperanza. 그래서 그는 희망을 잃지 않았다.
- No por eso perdió la esperanza. 그래서 그가 희망을 잃은 것이 아니었다.

5. no por más(mucho)~+V 아무리 ~해도 … 하지 않다

- No por mucho madrugar amanece más temprano.
  일찍 일어난다고 해서 날이 일찍 새는 것은 아니다.

- No por más fuerte(por ser fuerte) te está permitido abusar.
  아무리 강력하다 한들 남용하는 것이 너에게 허락되어 있는 것은 아니다.

그외의 경우에는 no가 무엇을 부정하고 있는가에 주의해야 한다.

- No a cualquier niño se le ocurre esa explicación.
  아무 아이에게나 그런 설명이 문득 떠오르는 것이 아니다.
- Había no más de cincuenta personas.
  사람은 있었지만 50명은 넘지 않았다. (50명 이상 있지 않았다)

2. 일부 긍정 · 일부 부정

- Él fue al cine, pero yo no. 그는 영화관에 갔지만 나는 가지 않았다. [일부 부정]
- Él no fue al cine, pero yo sí. 그는 영화보러 가지 않았지만 나는 갔다. [일부 긍정]
- ¿Traigo a mis hermanos? –Sí, pero no al menor.
  내 형제들을 데려올까? 응, 하지만 막내는 안 돼. [일부 부정]
- ¿Viene él? –No, él no; ella.
  그는 오니? 아니야, 그는 오지 않아. 그녀가 온다. [일부 부정 · 일부 긍정]

1. no A sino B A가 아니라 B이다

- No hable con Alicia sino con Cecilia.
  알리시아와 얘기하지 마시고 세실리아와 얘기하세요.
- No hable con Alicia pero con Cecilia sí.
  알리시아와 얘기해서는 안 되지만 세실리아와는 얘기해도 좋습니다.
- Hable con Cecilia pero con Alicia no.
  세실리아와는 얘기하세요. 하지만 알리시아와는 안 돼요.
- No vayas a la playa sino al lago.
  해변으로 가지 말고 호수로 가거라.
- No acuso por malvado sino por tonto.
  나쁘다고 책망하는 것이 아니라 바보라고 말하고 있는 것이다.

2. O(bien) A o(bien) B [양자 택일] A나 B 중 어느 쪽

- Este hombre es o bien doctor o bien dentista.
  이 사람은 의사나 치과의사 중 어느 한쪽이다.
- O Juan o Pablo, uno de los dos participa.
  후안이나 빠블로 중 한 사람이 참가한다.
- Partiré o esta noche o mañana.
  나는 오늘밤 아니면 내일 출발한다.

- José está jugando al béisbol o nadando.
  호세는 지금 야구를 하고 있거나 수영을 하고 있거나 어느 한쪽입니다.
- Dáselo bien a mi hermano, (o) bien a mi hermana.
  그것을 내 남동생이나 여동생에게 주어라.
- …y una de dos, o está mal de vista o se está burlando de mí.
  그는 시력이 나쁘던가 나를 놀리고 있던가 둘 중의 하나이다.

3. 양자 긍정

- Él fue al cine, y yo también.
  그는 영화보러 갔었고 나도 갔었다. 〔양자 긍정〕
- Él no fue al cine y yo tampoco.
  그는 영화관에 가지 않았고 나도 가지 않았다. 〔양자 부정〕

1. no solo A sino(también 또는 además) B   A뿐만 아니라 B도

- No es solo poeta sino novelista también.
  그는 시인일 뿐만 아니라 소설가이다.
- Va a venir no solo él sino toda la familia.
  그 사람뿐만 아니라 가족 전체가 올 것이다.
- No venimos solo a hablar, sino también a escuchar.
  우리들은 말하기 위해서 뿐만 아니라 듣기 위해서도 온 것입니다.
- La boca es útil no solo para hablar sino también para comer.
  입은 말하는 데 뿐만 아니라 먹는 데도 쓸모 있는 것이다.

2. ser A y B a la vez   A이기도 하고 B이기도 하다

- Es poeta y novelista a la vez.   그는 시인이기도 하고 소설가이기도 하다.
- Es bueno y barato a la vez.   그것은 좋고도 싸다.

4. 양자 부정   ni A ni B

- Ni Juan ni Pablo estudian.   후안도 빠블로도 공부하지 않는다.
- Ellos no son ni pobres ni ricos.   그들은 가난하지도 않고 부유하지도 않다.
- Roberto no canta ni baila.   로베르또는 노래도 부르지 않고 춤도 추지 않는다.

23 강조와 완곡어법
Énfasis y Eufemismo

1. 강조
2. 감탄문
3. 완곡어법

1 강조 énfasis

1. 주어의 강조

1. 1·2인칭 주격 인칭대명사의 사용

- Eso no lo he dicho yo. 난 그것을 말하지 않았어.
- Tú puedes quedarte. 넌 남아도 좋아.

2. [S+mismo], [propio+명사]   ▶ p.222

- Yo mismo lo haré. 내 자신이 그것을 하겠다.
- Me lo ha dicho el propio ministro. 장관 자신이 나에게 그렇게 말했다.

2. 목적어의 전치·중복   ▶ p.59

- A ella le hablé ayer. 그녀에게는 내가 어제 말했다. [간접목적어]
- Tú no me quieres a mí. 너는 나를 사랑하지 않는다. [직접목적어]

3. 동사의 강조 si+V, que+V, sí que+V   ▶ 진행형: p.289

- Esto si no lo puedo sufrir.
  이것을 결코 참을 수 없다.
- ¿Por qué llora, mamá? —Si no lloro. —Si lloras.
  엄마, 왜 울어? 울기는 (누가 울어)? 울고 있잖아.
- La materia no desaparece, pero si cambia de forma.
  물질은 사라지지 않는다. 그러나 형태는 변한다.
- ¡Caramba, que me caigo! 우와, 내가 넘어진다!
- Aquello sí que era bonito. 저것은 확실히 아름다웠다.
- Ahora sí que no te escapas. 이번만은 도망치지 마라.

4. 반복에 의한 술부의 강조

- No te lo perdono, no. 나는 너를 절대 용서하지 않는다.
- Sigue terco que terco. 그는 완고하고 완고하게 계속 고집부리고 있다.

5. 도치에 의한 강조

- ¡Niña querida! 사랑하는 얘야. (← querida niña)
- Difícil es su situación. 그의 상황은 (매우) 어렵다.
- Dinero, tengo mucho, pero educación ninguna.
  나는 돈은 많은데 말야, 교육은 전혀 받지 못했어.
- Era de Portugal el viajero que había perdido su pasaporte.
  여권을 잃어버린 여행객은 포르투갈 출신이었다.

6. 다른 표현에 의한 강조

- Tengo mucha hambre. → Estoy muerto de hambre.
  배가 매우 고프다. → 배가 고파서 죽을 것 같다.
- Déjame tranquilo. → No me mates.
  나 좀 가만 내버려둬. → 제발 괴롭히지 마라.

7. 강조어의 부가

1. mismo+명사, 명사+mismo(as)
   - en el mismo centro de la ciudad 도시의 한 복판에서

2. propio+명사
   - Lo vi con mis propios ojos. 나는 그를(그것을) 내 눈으로 똑똑히 보았다.

3. puro+명사
   - Eso es pura mentira(verdad). 그것은 새빨간 거짓말(진짜 사실)이다.
   - Le encontré por pura casualidad. 전혀 우연히 나는 그를 만났다.

4. aun ~조차도, ~까지도 (=hasta, incluso, también)
   - Aun el presidente lo cree. 대통령까지도 그것을 믿고 있다.
   - Va sin sombrero aun(aunque sea) en pleno verano.
     한 여름에도 그는 모자 없이 다닌다.

5. aún (=todavía) 아직도, 더욱 더 (cf. aún más)
   - La ropa estaba sucia, aún después de lavado.
     옷은 세탁 후에도 더러웠다.
   - La niña es habladora, pero su hermanito es aún más hablador.
     그 소녀는 수다쟁이이지만 그의 남동생은 더한 수다쟁이이다.

6. **bien (=muy, mucho)**
   - Nos levantaremos bien temprano. 우리는 아주 일찍 일어날 것입니다.
   - Bien me has fastidiado. 넌 나를 정말 귀찮게 했어.

7. **hasta**　~조차도, ~까지도
   - Hasta los niños lo comprenden. 아이들까지도 그것을 알고 있다.
   - Allí hace frío hasta en verano. 거기는 여름에도 춥다.

8. **incluso**　~조차도, ~까지도
   - Este reloj es tan barato que incluso yo puedo comprarlo.
     이 시계는 너무 싸서 나도 살 수 있다.
   - Incluso para mí tiene secretos.
     그는 나에게까지도 비밀이 있다.
   - Incluso cuando hiela salimos de excursión.
     얼음이 얼 때 조차도 우리들은 소풍하러 나간다.

9. **todavía+비교급**　더욱 더
   - Él es todavía más inteligente que su hermano.
     그는 형보다 더욱 더 똑똑하다.
   - Lo puede hacer mejor todavía si quiere.
     그는 원하면 그것을 더욱 더 잘 할 수 있다.

10. **todo**　~뿐
    - Este pescado es todo espinas. 이 생선은 가시뿐이다.

11. **pero**　그건 그렇다 치고라도 또~
    - ¡Pero cómo te vas a marchar con lo que llueve!
      비가 이렇게 내리는데도 떠나려 하다니!
    - ¡Pero que muy guapa!
      그건 그렇고, 참 예쁘다!

12. **cierto que~, claro que~, seguro que~**　확실하게~, 이고 말고
    - Cierto que él no lo sabía, pero eso no le disculpa.
      확실히 그는 그것을 몰랐다. 그러나 그것은 변명이 되지 않는다.
    - ¿Uds. pueden venir? —Claro que podemos.
      당신들은 올 수 있습니까? 올 수 있고 말고요.
    - Seguro que es una exageración tuya.
      확실히 그것은 너의 과장이다.

13. **cómo que**   어떻게 ~라는 것인가
    - ¡Cómo que no tenemos que trabajar! 어떻게 일을 하지 않아도 된다는 거야!
    - ¿Cómo que despediste a la criada? 도대체 어떻게 해서 하녀를 쫓아낸 거니?

14. **lo que**   ~인 것   ◯ lo의 용법: p.67
    - ¿Sabes qué es un retrato? [정의] 초상화가 무엇인지 알고 있니?
    - ¿Sabes lo que es un retrato? [힐문] 도대체 너는 초상화가 뭔지 알고나 있니?
    - ¡Cómo nos divertimos en casa de Rosario! (이 문장은 일반적인 감탄문)
    - ¡Lo que nos divertimos en casa de Rosario!
      우리는 로사리오 집에서 얼마나 즐겼던지!
    - ¡Lo que vale ser hijo de gente rica!
      부자 아들이라면 얼마나 좋을까! (=¡Cuánto~!)

15. **lo+형용사 · 부사+que~**   얼마나 ~인지
    - No te das cuenta de lo difícil que es.
      얼마나 어려운지 너는 깨닫지 못하고 있다.

16. **no ~sino…**   단지 …뿐 (=solamente)
    - No quiero (otra cosa) sino que me dejéis en paz.
      단지 너희들이 나를 조용히 내버려 두길 바랄 뿐이다.
    - Nadie sino él puede haberlo dicho. [반어]
      그 사람 외에는 아무도 그것을 말했을 리가 없다.
    - *cf.* ¿Quién sino tú es capaz de hacer eso?
      네가 아니고서야 누가 그것을 할 수 있을까?

17. **(que) no cabe más**   ~ 정도 만이 아니다, 얼마나 ~한지
    - Es simpática que no cabe más. 그녀는 상냥한 정도만이 아니다.
    - ¿Es bueno ese sitio? —No cabe más. 그 장소는 좋아? 얼마나 좋은지 몰라.

18. **Excusado es que**+접속법…   …는 (말)할 필요가 없다
    - Excusado es que yo dé razón a todos de mi conducta.
      나의 행동을 모두에게 변명할 필요가 없다.
    - Excusado es que diga que el corazón me saltaba en el pecho.
      내 심장이 뛰고 있었다는 것은 말할 필요도 없다.
    - *cf.* Excusamos decir. 두 말할 것 없다.

19. **ni** ~도 아니다
    - A Juan y a Paco no les gusta el helado.
      후안도 빠꼬도 아이스크림을 좋아하지 않는다.
    - Ni a Juan ni a Paco les gusta el helado.

20. **ni (no) siquiera** ~조차도 …않다 ◯ siquiera. p.200
    - Ni siquiera él me lo dijo. 그 사람조차도 말해주지 않았다. [주어]
    - Ni (siquiera) me lo dijo. 나에게조차도 말해주지 않았다. [간접목적어]
    - No me lo dijo ni siquiera. 말조차도 해주지 않았다. [동사]

21. **nada**+형용사 조금도, 전혀
    - Alicia no es nada guapa. 알리시아는 전혀 아름답지 않다.
    - ¿Algo bueno? —Nada bueno. 좋습니까? 전혀 좋지 않습니다.

22. **nada de**+명사 조금도, 전혀 [불가산명사]
    - No tengo nada de sed. 나는 조금도 목마르지 않다.

23. **ningún(a)**+명사 하나도 ~아니다 [가산명사]
    - No tenemos ningún libro interesante.
      우리는 재미있는 책은 한 권도 없다.

8. 관계사 구문

관계사를 사용한 문형에 의한 강조문은 보통 「주어, 술부동사, 직접목적어, 간접목적어, 상황보어」로 구성되어 있기 때문에 그것들 중 어느 것을 강조하는 경우, 스페인어에서는 ser를 사용하여 「~한 것은 …이다」라는 형태의 표현이 가장 자주 사용된다. 단, 이 경우 ser의 시제와 수(단·복)가 문제가 된다.

◯ 관계사: p.160

Mi hermana le mandó las revistas a José. 내 여동생은 호세에게 잡지를 보냈다.
  주어   간·목 동사   직·목   간·목

주어	La que le mandó las revistas a José fue mi hermana.
동사	Lo que mi hermana hizo a José fue mandarle las revistas.
직·목	Lo que mi hermana mandó a José fueron las revistas.
간·목	Al que mi hermana mandó las revistas fue a José.

1. 사람 이외의 주어 또는 직접목적어의 강조

   Lo que+V+ser+ ▢

   ① 시제 ┌ (a) V가 현재 및 과거일 때 ser는 V의 시제에 일치시킨다.
          └ (b) V가 미래 및 가능시제일 때 ser는 현재형을 취한다.

   ② ser가 단수형 또는 복수형이 되는가는 ▢ 의 수와 일치한다.

   (a) ┌ ● Lo que veo es la casa. 〔현재〕 내가 보고 있는 것은 집이다.
       │ ● Lo que vi fue la casa. 〔과거〕 내가 보았던 것은 집이었다.
       └ ● Lo que veía era la casa. 〔불완료과거〕 내가 보고 있었던 것은 집이었다.

   (b) ┌ ● Lo que veré es la casa. 〔미래〕 내가 볼 것은 집이다.
       └ ● Lo que vería es la casa. 〔가능〕 내가 볼 것이었던 것은 집이다.

       ┌ ● Me sorprendió su actitud. 그의 태도가 나를 놀라게 했다.
       └ ● Lo que me sorprendió fue su actitud. 나를 놀라게 한 것은 그의 태도였다.

2. 사람 주어를 강조

   El(las) que+V+ser+ ▢

   ① el, la, los, las는 ▢ 에 일치하다.
   ② ser의 시제는 위의 경우와 같다.
   ③ ▢ 가 인칭대명사일 때는 [ser+▢]가 문두에 자주 나온다.

   ①② Las que llegaron fueron las profesoras. 도착한 사람들은 여교수들이다.
   ③ ┌ Tú rompiste el espejo. (María)
      └ Tú fuiste la que rompiste el espejo. 거울을 깬 것은 너였다.
   ● Yo soy el que lo vende. 그것을 파는 것은 나다.

3. 사람 목적어(직·목, 간·목)를 강조

   Al(las)+V+es+a+ 사람

   사람일 때는 전치사 a(을, 에게)를 동반하는 것이 특징이다. 이 ser는 (a~ = a ~)이라는 동등의 ser이기 때문에 항상 3인칭 단수형(es, fue)이다.

   ┌ ● A nosotros criticaban. 그들은 우리들을 비판하고 있었다.
   └ ● A los que criticaban era nosotros. 〔직·목〕

- A ti te regalan el libro. (Carmen) 너는 책을 선물받는다.
- A la que le regalan el libro es a ti. [간 · 목]

4. 술부동사의 강조

   Lo que+hacer+es+inf. ~가 하는 것은 …하는 것이다

   - Le traje dulces al niño.
     나는 아이에게 과자를 갖고 왔다.
   - Lo que hice fue traerle dulces al niño.
     내가 한 것은 아이에게 과자를 가져오는 것이었다.

   - Estás perdiendo el tiempo.
     너는 시간을 낭비하고 있다.
   - Lo que estás haciendo es perder el tiempo.
     네가 하고 있는 것은 시간을 낭비하는 것이다.

5. 상황보어(장소, 시간, 방법)의 강조   ● 관계부사: p.169

   Donde(Cuando, Como)+V+es+☐

   - Le gusta estudiar en España. 그는 스페인에서 공부하는 것을 좋아한다.
   - Donde le gusta estudiar es en España.

   - Cuando salían de vacaciones era en junio.
     휴가를 떠났던 것은 6월이었다.

   - Como me encanta el bacalao es a la vizcaína.
     대구(요리)에 매료되는 것(요리 방법)은 비스까야식이다.

   Nota
   > 위의 문형에서 [es ☐]가 문두에 오는 경우가 종종 있다.
   > Era en junio cuando salían de vacaciones.

6. 전치사의 목적어를 강조

   전치사+el(las) que+V+es+전치사+☐

   - Siempre pensábamos en Cecilia. 우리는 항상 세실리아를 생각하고 있었다.
   - En la que siempre pensábamos era en Cecilia.

   - Fuimos a la tienda por los huevos. 우리는 가게로 계란을 사러 갔다.
   - Por los que fuimos a la tienda fue por los huevos.

이 문형에서 [전치사+el(las)]는 [전치사+☐]이기 때문에 el, los, la, las는 ☐에 일치시킨다. 즉 앞의 예문에서 En la=en Cecilia, Por los=por los huevos 이기 때문에, 정관사는 Cecilia와 huevos에 일치하여 la, los가 된 것이다.

② 감탄문 oración exclamativa

스페인어의 감탄문에서 사용되는 감탄사는 Qué, Cómo, Cuánto 등이며, 감탄문은 원칙적으로 [¡V+S!]의 어순이 된다.

- ¡Qué hermosa pintura / es esta!
- ¡Qué hermosa / es esta pintura!

1. ¡Qué + 명사!

    - ¡Qué muchacho! 이런 녀석을 봤나!
    - ¡Qué casualidad! 뜻밖의 우연인걸!
    - ¡Qué lata! 에이, 지겨워!

2. ¡Qué + 명사 + 동사!

    - ¡Qué frío hace! 날씨가 참 춥구나!
    - ¡Qué tormenta se aproxima! 불행이 다가오고 있구나!

3. ¡Qué + 형용사!

    - ¡Qué mono! 얼마나 귀여운지!
    - ¡Qué amables! (그들은) 얼마나 친절한지!

4. ¡Qué + 형용사 + 동사(+ 주어)! 　　　　　　　　　　　　○ 미래: p.96

   - ¡Qué altas son aquellas montañas! 저 산들은 얼마나 높은지!
   - ¡Qué alto eres! 너는 키가 참 크구나!
   - ¡Qué contentos están! 그들이 얼마나 기뻐하고 있는지!

5. ¡Qué + 부사 + 동사(+ 주어)!

   - ¡Qué de prisa corre! 그는 얼마나 빨리 달리는지!
   - ¡Qué bien canta María! 마리아는 얼마나 노래를 잘 하는지!
   - ¡Qué tarde llegó Pablo! 빠블로는 얼마나 늦게 왔던지!

6. ¡Qué + 형용사 + 명사 + 동사 + 주어!

   - ¡Qué buen café es este! 이것은 얼마나 좋은 커피인가!
   - ¡Qué fuerte viento hace! 바람이 참 심하게 부는구나!
   - ¡Qué bonita cara tiene esa chica! 그 소녀는 얼굴이 얼마나 예쁜가!

7. ¡Qué + 명사 + más(tan) + 형용사 + 동사 + 주어!

   - ¡Qué cara más(tan) bonita tiene esa chica!
     그 소녀는 얼굴이 얼마나 예쁜가!
   - ¡Qué forma más curiosa de llevar a los niños!
     아이들을 데리고 다니는 방식이 얼마나 신기한지! (어린 애를 업고 있는 것을 보고 하는 말)
   - ¡Qué día tan hermoso! 얼마나 화창한 날인가! (동사가 생략된 경우)

   Nota

   [형용사+명사]의 감탄은 앞에 Qué만 붙이면 되지만 [명사+형용사]일 때는 위와 같이 명사와 형용사 사이에 más나 tan을 넣지 않으면 안 된다.

8. ¡Con qué + 추상명사 + 동사 + 주어!

   - ¡Con qué gusto se comían las galletas los monos!
     원숭이들이 얼마나 맛있게 비스킷을 먹어 치우던지!
   - ¡Con qué destreza y suavidad efectúa el aterrizaje!
     얼마나 날렵하고 부드럽게 착륙하는가!

9. ¡Qué de + 명사(+ 동사)! 얼마나 많은 ~인가!

- ¡Qué de gente(flores, pobres)! 얼마나 많은 사람들(꽃, 가난한 사람들)인가!
- ¡Qué de pájaros muertos se hallan alrededor!
  주위에 얼마나 많은 죽은 새들이 있는지!
- ¡Qué de cosas me contó! 그는 얼마나 많은 것을 나에게 얘기해 주었던지!

10. ¡Qué + 형용사(명사) + que + 동사!

이 문형은 형용사(명사)의 내용(que 이하)에 감탄하는 표현이다.

- ¡Qué bueno que llamaste! 네가 불러주어서 참 좋았다!
- ¡Qué contento que se puso! 그는 얼마나 만족해 하던지!
- ¡Qué suerte que yo no estuve! 내가 없었던 것은 참 운이 좋았다!
- ¡Qué pueblo que visitamos! 우리가 방문했던 마을은 얼마나 좋았던지!

11. ¡Cómo + 동사(+ 주어)!

이 문형이 앞의 문형 3, 4, 5와 다른 점은 형용사나 부사를 동반하지 않는 것이다. 즉 Cómo는 동사만을 강조한다.

- ¡Cómo llueve! 야, 비 내리는 것 좀 봐!
- ¡Cómo trabaja ese hombre! 야, 그 사람 일하는 것 좀 봐!
- ¡Cómo me encantó el concierto! 그 연주회는 얼마나 황홀했던지!
- ¡Cómo me gustaría ser rico! 얼마나 부자가 되고 싶은지! (=아, 부자라면!)
- *cf.* ⎡¡Qué bien juegan los niños! 그 애들 참 잘도 논다!
         ⎣¡Cómo juegan los niños! 야, 애들 노는 것 좀 봐!

12. ¡Cuánto + 동사(+ 주어)!

여기서 Cuánto는 동사의 양, 즉 정도를 강조한다.

- ¡Cuánto me alegro (de verte)! 너를 만나서 얼마나 기쁜지!
- ¡Cuánto tarda ese hombre! 그 사람은 얼마나 늦는지!
- ¡Cuánto nos hemos divertido! 우리들은 얼마나 즐거웠던지!

13. ¡Cuánto(as) + 명사(+ 동사)!

명사의 수량을 강조하는 표현이다.

- ¡Cuánta gente! 사람들이 굉장하군! (=¡Qué de gente!)
- ¡Cuánto gusto de verte aquí! 여기서 너를 만나다니 이렇게 기쁠 수가 있나!
- ¡Cuántas ganas tengo yo de ver el museo! 박물관이 얼마나 보고 싶은지!

14. ¡Cuán + 형용사(+ 동사+ 주어)!

cuán은 cuánto의 축소형이며 문어체에서만 사용한다. 회화체에서는 주로 qué, cómo를 사용한다.

- ¡Cuán difícil es contestar a todos!
  모두들에게 대답한다는 것은 얼마나 어려운지!
- ¡Cuán hermosa me parecía!
  그녀가 나에게 얼마나 아름답게 보였던가!

cf. ⎡ ¡Cuán felices eran! [문어체] 그들은 얼마나 행복했던지!
    ⎣ ¡Qué felices eran! [회화체]

15. ¡Vaya un(a) + 명사!

경멸을 나타내는 표현이다.

- ¡Vaya un muchacho! 이런 녀석 봤나!
- ¡Vaya un regalo! 흥, 좋은 선물이군!
- ¡Vaya una comida que nos han servido! 이런 시시한 음식을 내놓다니!

Nota

vaya는 ir에서 나온 동사이지만 여기에서는 감탄사로 쓰였다.

¡Vaya, hombre, no esperaba encontrarte aquí!
어! 여기에서 너를 만날 줄은 몰랐네!

16. ¡Vaya con +명사! ~은 곤란하다

- ¡Vaya con el niño, qué pesado se pone!
  아이는 곤란해, 얼마나 귀찮은지!
- ¡Vaya con el problemita este, qué lata me está dando!
  어이구, 이런 문제는 정말 곤란한 걸, 얼마나 나를 지겹게 하는지!

○ p.78

17. 반어의 내용을 갖는 감탄문

- ¡Quién sabe lo que pasará! 무슨 일이 일어날지 누가 알아!
  (=Nadie lo sabe.)
- ¡Cuándo te vuelves juicioso! 넌 언제 정신 차릴 거야!
- ¡Qué no daría yo por estar allí! 내가 거기에 있으면 뭘 못주겠어!

18. 감탄문에서 동사를 생략하는 경우

- ¡Qué tensión la del torero! 투우사는 얼마나 긴장하고 있는가! (es)

동사를 생략하고 부정사를 사용하는 감탄문도 가능하다.

- ¡Qué bueno oírte decir eso! 네가 그렇게 말하니 얼마나 좋은지!

19. 문장 속의 감탄문

mire, vea, fíjate + qué, cómo 등과 같은 단어가 문장 속의 감탄문을 만든다.

- Mire Ud. qué llenos están los tendidos. 보세요, 관람석이 꽉 찼어요!
- Oiga cómo cantan esos hombres. 그 남자들이 노래하는 것 좀 보세요!
- Mire cómo trabajan esos obreros. 그 노동자들이 일하는 것 좀 보세요!

Nota

지금까지 감탄사 qué, cómo, cuándo를 동반하는 것만 보았는데 감탄문 중에는 다음과 같이 감탄사를 사용하지 않고 다른 방법을 사용하는 경우도 있다.

¡Hombre, vosotros aquí! 이런, 너희들이 여기에 있다니!
¡Bonita casa es esta! 이 집은 참 예쁜 집이구나!
¡Lástima que yo no hablo inglés! 내가 영어를 못해서 참으로 유감입니다!

③ 완곡어법 eufemismo

1. 완곡어법

다른 사람에게 뭔가를 부탁할 때 「~해 주세요」라고 직설적으로 말하는 것보다는 「아무쪼록 ~해 주시기를 바랍니다」 또는 「~해 주시지 않겠습니까?」와 같이 정중하게 부탁하는 것이 훨씬 더 관계를 원만하게 할 뿐만 아니라 또 이렇게 하는 것이 일반적이다. 이러한 표현을 「완곡어법 eufemismo」이라고 하는데 스페인어의 부탁 표현으로는 다음과 같은 방법이 있다.

> **원문**
> Deja esto en mi casa. 이것을 우리 집에 두어라.

(a) 다른 말을 부가한다.
   Por favor, deja esto en mi casa.
   Hazme el favor de dejar esto en mi casa.

(b) 의문형으로 하여 상대방의 의향을 묻는다.
   ¿Puedes(quieres) dejar esto en mi casa?

(c) 부정의문형으로 하여 상대방의 의향을 묻는다.
   ¿No puedes(quieres) dejar esto en mi casa?

(d) 다른 시제를 사용하여 정중하게 말한다.
   ¿No podrías hacerme el favor de dejar esto en mi casa?

2. 용 례

1. 다른 말을 부가하여 정중함을 나타낸다.

1. **por favor** 아무쪼록, 제발
   일반적인 표현으로 문장의 앞이나 뒤에 올 수 있다.
   - No abran la puerta, por favor. 제발 문을 열지 마세요.

2. **hacer el favor de+inf.** 제발 (아무쪼록) ~해 주십시오 [Hazme, Haga]
   - Hagan el favor de no detenerse a la entrada.
     제발 입구에서 멈추지 마시길 바랍니다.
   - ¿Me hace Ud. el favor de decirme qué hora es?
     지금 몇 시인지 말씀해 주시겠습니까?

3. **sírva(n)se+inf.** ~해주십시오 [servirse+inf. ~해주시다]
   - Sírvase reenviar el ascensor. 엘리베이터를 되돌려 보내주십시오.

4. **(Deseo) Que+접속법** ~하기 바란다
   - Que mire si hay algo para mí. 나에게 뭔가 있는지 봐주시기 바랍니다.

5. **rogar, suplicar+que+접속법** ~해주십시오
   - Le ruego que me escuche. 제가 말하는 것을 들어주십시오.

2. 의문형으로 상대방의 의향을 묻는다.

주요 동사는 querer, poder, permitir 등이 있다.

- ¿Quieres darme ese libro que está a tu lado?
  네 옆에 있는 그 책 좀 주겠니?
- ¿Puedes darle a la llave de la luz?
  전등 스위치 좀 넣어 줄 수 있겠니?

3. 부정의문형으로 하여 상대방의 의향을 묻는다.
¿No quiere~? ¿No puede~?

- ¿No quiere Ud. venir conmigo? 저와 함께 가시지 않겠습니까?
- ¿No puedes prestarme un poco de dinero? 나에게 돈 좀 빌려 줄 수 없겠니?

4. 다른 시제의 사용

다른 시제를 사용하여 정중하게 말한다. 특히 자주 쓰이는 것은 과거 내용을 갖는 「불완료과거」와 「가능시제」(과거에 있어서의 미래)이다.

1. 직설법 불완료과거

이 시제는 과거에 있어서 계속만을 문제로 하고 처음과 끝을 문제로 하지 않는다. 따라서 무엇인가가 진행되고는 있지만 그 일이 되고 안 되는 것은 상대방의 의지 여하에 달려있다고 보는 견해에 의한 표현이 이것이다. 때문에 시제는 불완료과거지만 내용은 현재를 나타낸다.

- ¿Qué desea Ud.? [원형] 무엇을 원하십니까?
- ¿Qué deseaba Ud.? 무엇을 원하시는지요?
- Quería pedirte un favor. 너에게 부탁이 하나 있는데.
- Me proponía hablar contigo. 너와 얘기하고 싶었는데.

2. 가능

이것 역시 미래라고 하는 끝이 문제가 되지 않는 불완료의 성격에 의한 완곡어법으로 쓰인다. 화자 자신의 의지를 제거한 표현이다.   ✪ 가능: p.97

- Deseo hablar con Ud. 당신과 얘기하고 싶습니다.
- Deseaba hablar con Ud. 당신과 얘기하고 싶습니다만.
- Desearía hablar con Ud. 당신과 얘기하고 싶습니다만.
- Es mejor que Ud. mismo lo haga. 당신 자신이 하는 것이 낫습니다.
- Sería mejor que Ud. mismo lo hiciera. 당신이 직접 하시는 것이 낫지 않을지요.

이 형태에 자주 사용되는 동사는 querer, deber, poder, haber 등이고 특히 deber, poder는 직설법 「가능」의 형태가 현저하게 사용되며 때로는 비꼬는 표현도 된다.

- Querría pedirte un favor. 너에게 부탁이 하나 있어.
- Desearía que me escucharas. 내말 좀 들어 주었으면 좋겠다.
- Deberías trabajar. 넌 일해야 해.
- Juan podría ser más discreto. (=pudiera) 후안은 더 신중할 수 있을 텐데.

3. 접속법 불완료과거

querer, deber, poder는 접속법 과거 -ra형도 사용하는데 느낌상 이것이 가장 정중하다. -ría형과 -ra형은 「주저하는 기분 carácter dubitativo」이라는 공통점이 있다.

- Quiero ser rico. 나는 부자가 되고 싶다.
- Quisiera ser rico. 저는 부자가 되었으면 합니다.

- Quiero que me ayudes. 네가 나를 도와주기 바란다.
- Quisiera que me ayudara. 당신이 저를 좀 도와주었으면 합니다.

- Quisiera mandarle un buen regalo. 좋은 선물 하나를 보내 드렸으면 합니다.
- No debieras enojarte. 너는 화를 내지 말아야 할 텐데.
- ¿Pudiera Ud. aceptar menos?
  약간 덜 받으시면 어떨까요? (나에게 말할 권리는 없지만)
- Quisiera que lo pensara por algunos días.
  당신께서 며칠동안 그것을 생각해 보셨으면 합니다.

5. 3인칭에 의한 정중표현

1. 상대방에게 2인칭을 사용하지 않고 3인칭을 사용한다.

- Si el señor conde me lo permite…
  만일 백작님(당신)께서 허락하신다면…
- Si la señora es servida de pasar por esta oficina…
  만일 부인께서 당사무실까지 왕림해 주신다면…
- El señor presidente no me ha entendido.
  대통령께서는 제 말을 이해 못하셨습니다.

2. 자신에게 3인칭을 사용한다.

- Le queda muy agradecida.
  (내가 당신에게) 매우 감사하고 있습니다. (quedo)
- Si prefiere, les pueden servir las comidas aquí arriba.
  원하신다면 여기 2층에서 식사를 대접할 수 있습니다. (podemos)

6. 기타 표현 형식

1. **¿Me permite+inf.?** ~해도 좋습니까?
   - ¿Me permite darle un consejo? 충고 하나 해도 되겠습니까?

2. **Me permito+inf.** 실례합니다만 ~하겠습니다
   - Me permito dudarlo. 실례합니다만 저는 그것이 의심됩니다.

3. **Me tomo la libertad de+inf.** 실례지만 ~합니다
   - Me tomé la libertad de visitarle a Ud. por si era algo urgente.
     뭔가 급한 일인가 해서 실례인 줄 알면서도 당신을 방문했던 것입니다.
   - Me tomo la libertad de escribir esta carta.
     실례인 줄 알면서도 이 편지를 드립니다.

4. **tener a bien+inf.** ~하시다
   - Le rogamos tenga a bien pasar por esta oficina.
     당사무실에 왕림해 주시기를 부탁드립니다.
   - Veremos si tiene a bien presentarse a trabajar algún día.
     언제 일하러 와주시는지 보겠습니다.

5. **dignarse+inf.** ~하시다
   - Su Majestad se ha dignado conceder una audiencia al embajador.
     폐하께서는 대사에게 알현을 윤허하셨습니다.
   - No se dignó acceder a mi petición. 나의 청원에 동의해 주시지 않았다.
   - Dígnese Ud. pasar por esta secretaría antes del día doce.
     12일 전까지 당비서실로 왕림해주시기 바랍니다.

6. **servirse+inf.** ~하시다
   - Se ha servido venir. 그분은 와주셨다.
   - Sírvase explicármelo. 그것을 저에게 설명해주세요.
   - Se sirvió traérmelo él mismo. 그분은 직접 그것을 가지고 와주셨다.

7. **No se moleste Ud.** 조금도 염려하지 마시고
   - No se moleste Ud. en venir: yo iré a su casa.
     굳이 오실 필요는 없습니다. 제가 댁으로 가겠습니다.
   - No se moleste Ud. por mí. 저의 일은 조금도 염려마십시오.

- Perdone Ud. tantas molestias. –No, no es ninguna molestia.
  폐를 끼쳐드려서 죄송합니다. 아닙니다. 폐라니요? 천만의 말씀입니다.

8. Si… 만약 좋다면

우리말에서도 자신의 의지를 보이기 전에 가정 사항을 표현하는 경우가 많다.

- Si no es molesto(una molestia) para Ud., venga mañana.
  번거롭지 않으시다면 내일 와 주십시오.
- Si me lo permites, te daré un consejo.
  만약 좋다면 (네가 허락한다면) 충고 하나 하겠다.

9. 복수형에 의한 정중한 표현

- Nosotros creemos que…   =Yo creo que…
- En nuestra opinión…   =En mi opinión…

〈사그라다 파밀리아〉 (Sagrada Familia : 성 가족 성당)

24 문장의 구조
Estructuras oracionales

① 어순

② 생략

① 어순 orden de las palabras

1. 스페인어 어순의 특징

스페인어의 어순은 다른 언어에 비하여 매우 자유롭기 때문에 오히려 더 어렵게 느껴질 수 있다.

(a) El criado trajo una carta para mí.

이 문장은 [주어+동사+직접목적어+간접목적어]의 4개의 요소로 구성되어 있는데 이 순서를 여러 가지로 바꿔보면 수학적으로 24가지가 나올 수 있다. 물론, 모든 경우를 문장으로 사용할 수 있는 것은 아니다. 그러나 스페인어에서는 절반인 12가지가 사용 가능한 형태이다. 사용할 수 없는 것의 대부분은 동사가 문장의 끝에 오는 경우이다.

◐ 부사의 위치: p.135

따라서 다음 두 문장의 의미를 잘못 생각할 가능성도 있다.

(b) Es usted muy amable.
(c) Llamó la señora Flores.

예문 (b)는 [동사+주어+보어]로 구성되어 있지만 의문문이 아니다. 의문문으로 생각할 수 있지만 스페인어에서는 반드시 그런 것은 아니다. 예문 (c)에서는 'Flores 부인'이 주어이다.

위에서 볼 수 있듯이, 스페인어에서는 평서문뿐만 아니라 의문문도 공히 [V+S]와 [S+V]의 두 가지 형태를 가지고 있으며, 평서문인지 의문문인지를 결정하는 것은 억양과 문장부호이다.

2. [동사+주어]의 어순

1. [Me+V+S]를 기본형으로 하는 gustar와 같은 동사
   - 기본형　No me gusta hacer tales cosas.　나는 그런 것을 하는 것이 싫다.
   - 파생형　El hacer tales cosas no me gusta. [S+me+V]
   - 중복 강조　A mí no me gusta hacer tales cosas.

2. [se+me+V+S]를 기본형으로 하는 「무의지의 se」를 동반하는 동사
   - Se me olvidó el número.　나는 번호를 잊어버렸다.
   - Se me perdió el dinero.　나는 돈을 잃어버렸다.

3. 의문문의 경우 결합력이 강한 보어와 결합력이 강하지 않은 보어가 있다.
   - Pepe es pequeño. → ¿Es pequeño Pepe? [V+C+S]
   - Este es el equipaje. → ¿Es este el equipaje? [V+S+C]

4. 감탄문　　　　　　　　　　　　　　　　　　　　　○ p.464
   - ¡Qué ancha es esta calle! [V+S]　이 거리는 참 넓구나!

5. 명령문　　　　　　　　　　　　　　　　　　　　　○ p.264
   - Hable Ud. más fuerte. [V+S]　더 큰소리로 말하세요.

6. [부사구+V+S]

   보어, 특히 부사구가 문두에 나오면 대체적으로 [V+S]의 어순이 된다. 부사와 동사의 관계가 보다 밀접하기 때문이다.　　　　　○ 부사의 위치: p.135
   - 기본형　El propietario salió esa tarde con aire de conquistador.
   - 변형 1　Esa tarde salió el propietario con aire de conquistador.
   - 변형 2　Con aire de conquistador salió el propietario esa tarde.
     지주(주인)는 그날 오후 정복자 티를 내며 외출했다.
   - No solo de pan vive el hombre.　사람은 빵만으로는 살 수 없다.
   - Para eso estás tú aquí.　그것을 위해 너는 여기 있는 거야.
   - Ya sale el tren.　이제 기차가 출발한다.

7. 종속절에서는 [동사+주어]의 순서가 일반적이다.
   - la carta que trajo Inés [V+S]　이네스가 가지고 온 편지

- Devolveré esta carta en cuanto aparezca su dueño.
  당신의 주인이 나타나는 즉시 이 편지를 돌려 주겠소.
- Dígale al Sr. Mario, que acaba de llegar la máquina.
  마리오 씨에게 기계가 방금 도착했다고 말하시오.

8. 대사보다 뒤에 나오는 "~라고 말했다"는 [동사+주어]가 된다.
   - –No vive aquí –contestó Juan.
     "그는 여기에 살지 않는다"라고 후안은 대답했다.

9. [짧은 문장+y+긴 문장] 구성에서는 짧은 문장이 [동사+주어]로 된다.
   - Llegó octubre y todavía no había ganancias.
     10월이 되었지만 아직 이익이 없었다.

10. 주어를 강조할 때는 [동사+주어]의 형태를 자주 취한다.
    - Es él quien tiene la culpa. 잘못이 있는 것은 그 사람이다.
    - Lo digo yo y basta. 내가 그것을 말할테니 그것으로 됐다.
    - Lo sabías tú, pero no él. 너는 그것을 알고 있었지만 그는 몰랐었다.

    (a) 동사를 문장의 맨 앞에 놓으면 강조의 표현이 된다.
        - Trabaja sin descanso el labrador. 농부는 쉬지 않고 일한다.

    (b) 주어가 되는 명사가 관사없이 동사 뒤에 위치하는 경우가 있다.
        - Llegaron noticias alarmantes. 마음이 놓이지 않는 소식이 도착했다.
        - Nos esperan días de prueba. 시험의 날이 우리를 기다리고 있다.

11. 주어의 길이가 길면 뒤에 위치한다.
    - Solo está de veras despierto el que tiene conciencia de estar soñando.
      꿈을 꾸고 있다는 자각을 갖고 있는 사람만이 진정 깨어 있는 것입니다.

12. 전후관계로부터 [V+S]가 요구되는 경우가 있다.
    - ¿Quién llamó? –Llamó la señora Gloria.
      누가 전화했습니까? 글로리아 부인이 전화했습니다.
    - ¿Qué hizo la señora Gloria? –La señora Gloria llamó.
      글로리아 부인은 무엇을 했습니까? 글로리아 부인은 전화를 했습니다.

3. 삽입

1. 호격의 말을 삽입하는 경우

   - Vamos a ver, Conchita, cuando digo, "yo fui bella", ¿eso qué es?
     봐라, 꼰치따. 내가 예뻤었다는데, 그게 어때서?

2. 설명을 삽입하는 경우

   - Yo, lo sé, ignoro muchas cosas.
     나는 알아. 나는 모르는 것이 많다는 것을.

   - El primer tren sale a las cinco y el último creo que a las ocho.
     첫 기차는 5시에 출발하고 마지막 기차는 내 생각에 8시에 출발한다.

   - Yo lo pensaré esta noche, contestó la mujer; mientras tanto calentémonos, porque hace frío.
     "오늘 밤에 그것을 생각해 볼께요. 그동안 우리 몸 좀 녹여요. 날씨가 추우니까요"라고 여인이 대답했다. (이 경우는 보통 —를 사용하지 않는다)

3. 부사를 주어와 동사의 사이에 삽입하는 경우

   - Mamá durante la película bostezó muchas veces.
     엄마는 영화를 보는 동안 하품을 여러 번 했다.

   - Paquito, llorando, le contestó que hizo.
     빠끼또는 울면서 자기가 그것을 했다고 그에게 대답했다.

4. 강조어의 삽입

   - Eso sí que es raro. 그것은 확실히 묘하다.

5. 조건절의 삽입

   - Esto, si es cierto, es extraño. 이것이 확실하다면 이상하다.

4. 도치

1. [보어+ser] (← [ser+보어]); [보어+estar] (← [estar+보어])

   - Mejor es que tomemos el avión. 우리가 비행기를 타는 편이 낫다.
   - Mala cosa es disgustar al padre. 아버지를 불쾌하게 하는 것은 좋지 않다.
   - Cuatro fueron los viajes realizados por Colón. [C+V+S]
     콜럼버스에 의해 실현된 항해는 네 번이었다.

- Claro está que aprovecharemos nuestra visita para ver los alrededores también.
  물론 우리들의 방문을 이용하여 교외를 둘러보기도 할 것입니다.

2. 목적어가 동사 앞에 오는 경우

- Al camarero le he dado una propina.
  나는 웨이터에게 팁을 주었다.

- De los niños a ninguno he visto aún.
  아직 나는 그 애들 중에 아무도 못봤다.

Nota

> 위의 문장은 목적어 안에서 도치된 것이다. 즉 원래의 문장은 No he visto aún a ninguno de los niños이다.

3. 목적어보다 목적보어를 선행시키는 경우 ○ 형용사: p.84

- Ávila todavía conserva intactas sus murallas del siglo XV.
  아빌라는 15세기의 성벽을 그대로 보존하고 있다.

- Tenía metida en el alma la imagen de aquella otra mujer.
  그는 마음 속에 또 다른 한 여인의 모습을 간직하고 있었다.

4. 주어와 보어의 도치

- Dura va a ser la batalla. 전투는 치열해질 것이다.

5. 종속절의 선행

- Si te vi no me acuerdo. 내가 너를 봤는지 안 봤는지 기억이 나지 않는다.

6. 부사구의 선행

- Para acabar esta casa se necesita más de un año.
  이 집을 마무리짓는 데는 1년 이상 필요합니다.

7. 문장 전체가 도치되어 있는 경우

- Carácter más sencillo y popular tienen estos: vals, paso doble y polka.
  왈츠, 빠소도블레, 폴카, 이러한 것들은 가장 단순하고 대중적인 성격을 지니고 있다.

5. 주어의 위치

1. 분사 구문에서 주어는 분사 뒤에 위치한다. ● 현재분사와 과거분사

- Viniendo tú no hace falta que venga él.
  네가 온다면 그는 올 필요가 없다.
- Pasado el verano, volvimos a encontrarnos.
  여름이 지나고 우리는 다시 만났다.
- Al salir el sol, partimos.
  해가 뜨자 우리는 출발했다.

단, 도치되는 경우도 있다. (A와 B가 대칭이 되는 경우)

- Yo metiendo y tú sacando, no vamos a acabar nunca.
  내가 집어 넣고 네가 꺼내고 하면 우리는 결코 일을 마칠 수가 없어.
- Es buena combinación la una cortar y la otra coser.
  한 여자가 재단하고 또 다른 여자가 꿰매는 것은 좋은 콤비이다.
- Cuando Carmen iba a echar la carta, advirtió que la dirección estaba equivocada. (원문)
  까르멘은 편지를 부치러 갈 때 주소가 잘못되어 있음을 알아차렸다.

  ① Al ir a echar la carta, Carmen advirtió que …
  ② Al ir Carmen a echar la carta, advirtió que …
  ③ Carmen, al ir a echar la carta, advirtó que …
  ④ Carmen advirtió que la dirección estaba equivocada al ir …

2. 의문문

(1) 주어가 대명사이면 주어는 동사 직후에 온다. [¿V+S+C?]

- ¿Tiene Ud. tres hermanas? 당신은 자매가 세 명 있습니까?
- ¿Está Ud. cansado? 당신은 피곤합니까?

(2) 주어가 명사이면 주어는 일반적으로 목적어와 보어의 뒤에 온다. [¿V+C+S?]

- ¿Es hermosa tu prima? 너의 여자 사촌은 예쁘니?
- ¿Está cansado don Alfredo? 알프레도 씨는 지쳐 있습니까?
- ¿Compraron los zapatos los chicos? 애들은 구두를 샀습니까?

(3) 목적어가 주어보다 길 때는 주어가 앞으로 나온다.

- ¿Vio José al gran astro de la pantalla? 호세는 은막의 대스타를 보았습니까?

② 생략 elipsis

1. 생략 현상

단어뿐만 아니라 어구, 문절 등도 생략된다. 특히 스페인어는 같은 계통의 말이 중복되는 것을 피하는 경향이 있기 때문에 생략이 꼭 필요하게 되는 경우가 있다.

- Este niño y el niño que vino ayer son el mismo niño.
  이 아이와 어제 왔던 아이는 같은 아이다.

위의 예에서 niño가 세 번 나온다. 우리말에서는 이것이 별로 거슬리지 않지만 스페인어에서는 같은 말의 반복을 피하는 경향이 있다.

- Este niño y el que vino ayer son el mismo.
- Este y el niño que vino ayer son el mismo.
- Este y el que vino ayer son el mismo niño.

- Este niño es el mismo que vino ayer.
- Este es el mismo niño que vino ayer.

명사를 생략하여 형용사만 남게 된 경우와 [de+명사]만 남게 된 경우도 있다.

- Hay menos casas antiguas que nuevas.   ◐ 비교: p.312
  새 집보다 오래된 집이 더 적다.
- Comemos más carne frita que asada.
  우리는 구운 고기보다 튀긴 고기를 더 많이 먹습니다.
- Hicieron menos helado de fresa que de vainilla.
  그들은 바닐라 아이스크림보다 딸기 아이스크림을 더 적게 만들었다.

2. 형용사의 생략

- Esa chica es hermosa, pero aquella es más.
  그 소녀는 아름답다. 그러나 저 소녀는 더 아름답다.

3. 동사의 생략

1. 동사가 **poder**일 때는 본동사를 자주 생략한다.

    - 더 드세요. —No puedo más. 더 이상 먹을 수 없습니다.
    - No puedo [aguantar] con la hipocresía. 이 위선에는 참을 수 없다.

2. 같은 동사가 두 번 나오면 한쪽을 생략하여 문장을 간결하게 한다.

    - Yo llevaba zapatos y ellos [llevaban] botas.
      나는 구두를 신고 있었고 그들은 장화를 신고 있었다.
    - Los unos dicen que sí y los otros [dicen] que no.
      그렇다고 하는 사람도 있고 아니라고 하는 사람도 있다.
    - Él cantó antes, ella [cantó] después.
      그가 먼저 노래 부르고 그녀는 나중에 불렀다.

4. 절(S+V)의 생략

1. 감탄문 ○ p.463

    - ¡Qué buen chico [es él]! 참 착한 어린이구나!

2. 비교문 ○ pp.314-316

    - Yo te quiero más que él [te quiere]. [주어의 비교]
      나는 그(가 너를 사랑하는 것)보다 더 너를 사랑하고 있다.
    - Yo te quiero más que [yo quiero] a ella. [목적어의 비교]
      나는 그녀(를 사랑하는 것)보다 너를 더 많이 사랑하고 있다.

3. 가정문의 조건절이나 귀결절의 생략

    - Si yo tuviera dinero, compraría esta pluma.
      만일 내가 돈을 갖고 있다면 이 만년필을 살 텐데.
      → Yo compraría esta pluma. 이 만년필을 사련만.
      → ¡Si yo tuviera dinero! 만일 내게 돈이 있다면!

5. 선행사의 생략

- No tengo [una persona] con quien hablar.
  나는 함께 얘기할 상대가 없다.

- De veras no tengo [dinero] con que comprar este vestido.
  정말로 나는 이 옷을 살 돈이 없다.

6. 전치사 뒤의 ser의 생략

- Mi hijo estudia para [ser] médico.
  내 아들은 의사가 되기 위해 공부하고 있다.
- Ella le desprecia por [ser] pobre(tonto).
  그녀는 그가 가난하기(바보이기) 때문에 그를 경멸하고 있다.

7. 접속사 que의 생략 (명령, 요구일 경우)

- Les ruego [que] no le den de comer ahora.
  당신들, 저 애에게 먹을 것을 주지 말아 주십시오.
- Les mandó [que] viniesen en seguida.
  그는 그들에게 즉시 오라고 명령했다.

8. 속담, 격언, 광고, 게시, 전보문 등은 흔히 간결하게 한다.

- [Pone] Cara de beato [pero guarda] uñas de gato.
  그는 성인의 얼굴을 하고는 고양이의 발톱을 간직하고 있다.
- De tal padre, tal hijo [nace].
  그 아버지에 그 아들. (태어난다)
- SOLICITO agente de ventas, [que] conozca mercado [de] neumáticos, con coche.
  자가용을 가지고 있으며 타이어 시장에 경험이 있는 세일즈맨을 구함.

Nota

ser, estar, tener 등의 보어나 목적어를 생략하고 목적대명사를 사용하는 경우가 있다.

¿Es Ud. camarero? — Sí, señor, lo soy.
당신은 웨이터입니까? 네, 그렇습니다.

¿Está enfermo Juan? — Sí, lo está.
후안은 아픈가요? 네, 그렇습니다.

¿Tienes hermanos? — Sí, los tengo.
너는 형제들이 있니? 네, 그렇습니다.

25 기타 표현
Otras expresiones

1. 정도 · 분량의 표현
2. 장소의 표현
3. 시간의 표현
4. 소유의 표현

① 정도 · 분량의 표현
expresiones cuantitativas

우리들은 일상생활에서 단순하게 「크다」와 「작다」라는 표현만으로는 충분하지 않기 때문에 「조금 작다」, 「약간 크다」라는 정도의 표현을 필요로 하게 된다. 여기서는 그러한 정도의 표현을 다룬다.

1. 정도 · 분량의 부사: 동사의 정도를 수식

- Sabe <u>mucho</u> acerca de la luna.
  그는 달에 관해서 많이 알고 있다.

위의 예문에서 밑줄친 부분에 다음과 같은 단어들이 들어갈 수 있다.

bien 잘	bastante 충분하게
algo 약간	un poco 조금, 약간
muy poco 매우 조금	todo 뭐든지, 모두
más 더	menos 덜
muchísimo 매우 잘	no …nada 거의 아무것도
poquísimo 매우 조금	

2. 정도 · 분량의 형용사

- Hay _____ lápices. _____ 연필이 있다.
- Tiene _____ dinero. 그는 _____ 돈을 갖고 있다.

	셀 수 있는 것 (수)	셀 수 없는 것 (양)
많은	muchos(as)	mucho(a)
약간의	unos(as), algunos(as)	algo
매우 조금의	unos(as) pocos(as)	un poco de
거의 없다	pocos(as)	poco(a)
조금도 ~않다	no…ni uno(a)	no…nada de

Nota

우리 말에서는 「조금의 돈을 갖고 있다」라고 형용사를 사용하여 말하지 않는다. 즉 Tiene dinero un poco처럼 부사를 사용하여 말하는 것은 잘못된 표현이다.

　Tiene un poco de dinero. (형용사) 그는 돈을 조금 갖고 있다. (부사)

3. 형용사의 정도를 구분하는 부사

- Son muy buenas. 그것들은 매우 좋다.
- Estoy muy triste. 나는 매우 슬프다.

demasiado 너무	muy 매우, 아주
bastante 꽤	algo 조금, 약간
un poco 조금, 약간	nada 전혀

4. 비교급의 정도

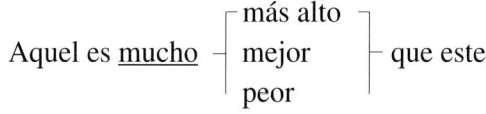

저것은 이것보다 훨씬 ┬ 더 높다.
　　　　　　　　　　├ 더 좋다.
　　　　　　　　　　└ 더 나쁘다.

bastante 꽤	algo 조금, 약간
un poco 조금, 약간	

Nota

mucho más와 mucho mejor는 가능하지만 más peor나 más mejor는 비교급이 이중이 되므로 사용할 수 없다.

5. 시간의 정도

- Tardó mucho tiempo en escribirlo.
  그는 그것을 쓰는 데 시간이 많이 걸렸다.

mucho 많이	bastante 상당히
poco 조금	algún 약간

- Lo ha hecho en <u>muchos</u> días.
  그는 며칠씨이나 걸려서 그것을 했다.

varios 수일	unos cuantos 며칠인가
pocos 며칠 안 가서	

6. 이것 정도 (저것 정도)

- Es tan <u>grande</u> como este(aquel).
  그것은 이것 정도(저것 정도)로 <u>크다</u>.

largo 길다	grueso 두껍다	alto 높다
ancho 넓다	rojo 붉다	profundo 깊다
bueno 좋다		

Nota

Son tan buenas como estas. (윗 예문의 여성 복수형)
그것들은 이것들 정도로 좋다.

7. 약, 대체로

- Tiene <u>unos</u> cincuenta años.
  그는 <u>약</u> 50세입니다.

aproximadamente 거의	más o menos 대략
alrededor de 대략	como 약
o cosa así 그 정도(후치)	

- Vino <u>como a las dos</u>.
  그는 <u>2시 경</u>에 왔다.

2시 경에	a eso de las dos alrededor de las dos sobre las dos

- Había cerca de cien personas.
  100명 가까운 사람들이 있었다.
- Llegamos a la estación alrededor de las dos de la tarde.
  우리는 오후 2시 경에 기차역에 도착했다.
- Me dijo que iría a verte un día de estos, o algo así(o cosa así).
  그는 조만간 너를 만나러 갈 것이라고 뭐 그렇게 말하더라.

8. 비율

- La mayor parte de los estudiantes lo afirman.
  대부분의 학생들은 그것을 긍정한다.

대부분의	la mayor parte de ~
일부의	una parte de ~
극히 일부의	una pequeña parte de ~
모든	todos(as) los(as) ~
전부 부정	ninguno de (ningún) ~
절반의	la mitad de ~
10%의	el diez por ciento de ~

- **De** siete hijos que tiene don Antonio, seis son varones.
  안또니오 씨의 일곱 자식 중에 여섯 명이 아들이다.
- Lo dijo **medio** en broma, **medio** en serio.
  그는 그것을 농담 반 진담 반으로 말했다.
- ¿Quiere usted mucha leche en el café? – **Mitad** y **mitad**.
  커피에 우유를 많이 넣을까요? 반반씩 넣어주세요.
- ¿Cómo está usted? – **Regular**(así, así).
  어떻게 지내세요? 그럭저럭 지냅니다.

9. 빈도

- <u>Siempre</u> viene a mi casa. 그는 항상 우리 집에 온다.

항상	siempre
때때로	algunas veces, a veces
자주	con frecuencia, a menudo
자주 ~하다	soler+inf.
사흘에 한 번	cada tres días
몇 번이나	repetidas veces, una y otra vez
거의 ~않다	raras veces, pocas veces
언제나	a cada momento

10. 횟수

- He ido allí <u>muchas veces</u>. 나는 저기에 여러 번 가봤다.

여러 번	varias veces
몇 번인가	algunas veces
언젠가	alguna vez
때때로	a veces
두세 번	unas veces
수천(백) 번	mil(cien) veces
몇 번이고	repetidas veces
한두 번	alguna que otra, una vez que otra
한 번도 ~않다	no~ ni una vez, nunca

11. 점점~ [cada vez+비교급]

- Se pone cada vez <u>más gorda</u>. 그녀는 점점 뚱뚱해진다.

mejor 좋아지다	más guapa 예뻐지다
peor 나빠지다	más roja 빨개지다

> **Nota**
>
> más y más(점점 더), cada día(나날이)를 사용하여 다음과 같이 표현할 수 있다.
>
> **Se pone más y más guapa.** 그녀는 점점 더 예뻐진다.
> **Progresa cada día.** 나날이 발전한다.

12. 한계

- Aquí habrá, por lo menos, 200 palabras.
  여기 최소한 200 단어가 있을 겁니다.

많아야, 최대로	a lo más, cuando más, como máximo
적어도, 최소한	al menos, cuando menos, por lo menos

13. 겨우, 좀처럼 apenas

- **Apenas** puede andar. 그는 간신히 걸을 수 있다. (동사 앞에 위치)
- No le he visto **apenas**. 나는 그를 본 적이 거의 없다. (동사 뒤에 위치)

14. 하마터면 ~할 뻔했다

- (Me) Faltó poco para caerme. 나는 하마터면 넘어질 뻔했다.
- Estaba próximo a caer me.
- Estaba a poco de caerme.
- Estaba a punto de caerme.
- Por poco me caigo.
- A poco más me caigo.

15. 조금도 ~않다

1. no+동사+nada
   - No duerme nada. 나는 조금도 자지 않는다.

2. nada de+명사
   - No hace nada de gracia. 조금도 재미없다.
   - No tiene nada de particular. 특별한 것은 아무 것도 없다.

3. nada+형용사(부사)
   - No estoy nada cansado. 나는 조금도 지쳐있지 않다.

4. en lo más mínimo
   - No nos importaba realmente en lo más mínimo.
     정말 우리와는 조금도 관계가 없었다

16. 초과

   - Estoy **demasiado** cansado **para** estudiar.
     공부하기에는 너무 지쳐있다. 〔직역〕
     너무 지쳐있어서 공부할 수 없다. 〔의역〕
   (=Estoy **tan** cansado **que** no puedo estudiar.)

17. 가능한 한

   - Corrí **lo más** rápido **que pude**. 나는 가능한 한 빨리 달렸다.
   - Vuelve **lo más** pronto **posible**. 가능한 한 빨리 돌아와라.

② 장소의 표현 expresiones de lugar

1. 위치

1. 위에

세 가지 표현이 있는데, 〔~위에〕라는 기본적인 의미에서부터 강한 순서대로 나열해보면 en, sobre, encima de이다.
   - Dejé el dinero **en** la mesa. 나는 돈을 테이블에 두었다.
   - Dejé el dinero **sobre** la mesa. 나는 돈을 테이블 위에 두었다.
   - Yo he dicho que lo dejé **encima de** la mesa.
     그것을 테이블 위에 두었다고 말했잖아.

Nota

en은 장소만 말할 때, encima de는 「무엇의 위」라고 강하게 표현할 때 사용한다.

2. 안에
   - La pluma está **en** la caja. 펜은 상자 속에 있다.
   - Metió la pistola **dentro del** cajón. 그는 권총을 서랍 속에 넣었다.

   cf. En el interior de la casa hace buena temperatura. 집안은 좋은 온도이다.

3. 아래에
   - El gato está **debajo de** la mesa. 고양이는 테이블 아래에 있다.

4. 앞에
   - **Delante de** la casa hay un árbol. 집 앞에 나무 한 그루가 있다.

5. 정면에
   - Vive en la casa que está **enfrente de** la nuestra.
     그는 우리 집 맞은 편 집에 산다.
   - El coche paró **frente a** la puerta.
     차는 현관 앞에 섰다.

6. 뒤에
   - Está escondido **detrás del** buzón. 그는 우체통 뒤에 숨었다.

7. 오른쪽에
   - Vemos un castillo **a la (mano) derecha**. 오른쪽에 성이 보인다.
   - Estaba **a mi derecha**. 그는 나의 오른쪽에 있었다.
   - torcer(doblar) **a la derecha** 오른쪽으로 꺾다. 우회전하다.

8. 왼쪽에
   - La niña se sentó **al lado izquierdo de** su madre.
     그 소녀는 자기 엄마의 왼쪽에 앉았다.

Nota

> 「왼쪽」, 「오른쪽」의 명사형은 izquierda, derecha이고, 「왼쪽의」, 「오른쪽의」를 나타내는 형용사는 각각 izquierdo(-a, -os, -as), derecho(-a, -os, -as)로 변화한다. 또한 「똑바른」(형용사) derecho(as)와 「똑바로, 곧장」(부사) derecho를 분명하게 구별해야 한다.
>
> **un alambre derecho** 쭉 곧은 철사 [형용사]
> **Fui derecho a Berlín** 나는 곧장 베를린으로 갔다. [부사]

9. 사이에   ┌ entre A y B   A와 B 사이에
            └ entre ellos   그것들 사이에

- Zaragoza está **entre** Madrid **y** Barcelona.
  사라고사는 마드리드와 바르셀로나 사이에 있다.

10. 옆에

- Juanita está **al lado de** su madre.   후아니따는 자기 어머니 옆에 있다.
- Lo coloco **al lado de** la chimenea.   나는 그것을 벽난로 옆에 둔다.
- La casa está **junto a**(**al lado de**) la plaza.   집은 광장 옆에 있다.
- Se sentó **junto a** ella.   그는 그녀의 옆에 앉았다.

Nota

> 엄밀하게 말하면, lado는 「옆」이라는 경우만을 의미하고, junto는 「함께」를 의미한다.

11. 밖에

- Los zapatos estaban **fuera de** la caja.   구두는 상자 밖에 있었다.

12. 주위에

- Están sentados **alrededor de** la mesa.   그들은 테이블 주위에 앉아 있다.
- Yo estaba leyendo ajeno de todo de que pasaba **a mi alrededor**.
  나는 내 주위에서 일어나고 있었던 것에 전혀 무관심하게 책을 읽고 있었다.

13. 중간에

- **En medio de** la meseta castellana está Segovia.
  까스띠야 고원지대의 중간에 세고비아가 있다.
- Ya estamos **a medio camino**.
  우리는 이미 반쯤 왔다.

14. 도중에
- Me lo encontré **en el camino de** mi casa a la oficina.
  나는 집에서 사무실로 가는 도중에 그를 만났다.
- El auto se paró **en medio de** la carretera.
  자동차는 고속도로의 중간에서 멈췄다.

Nota
> en el medio del camino와 같이 정관사가 붙으면 「정확히 중간에서」의 의미가 된다.

15. 건너편에
- **Más allá de** estas montañas hay un pueblo.
  이 산 건너편에 마을이 하나 있다.
- Viven **al otro lado de** este río.
  그들은 이 강 건너편에 살고 있다.

16. 저쪽 옆에 · 이쪽 옆에
- Está **al lado de allá de** la plaza. 광장의 저쪽 옆에 있다.
- Está **al lado de acá de** la casa. 집의 이쪽 옆에 있다.

17. 양측에
- Hay casas **a ambos lados(a los dos lados) del** camino.
  길 양측에 집이 있다.

  cf. ⎡ el lado de allá de la carretera 고속도로의 맞은편 옆
      ⎣ el lado de acá del río 강의 이쪽 옆

      ⎡ el lado de arriba 위쪽 옆
      ⎣ el lado de abajo 아래쪽 옆

- mirar a todos lados 사방을 살펴보다
- Está rodeado de agua por todos lados. 사방이 물로 둘러싸여 있다.

18. 통과하여
- El tren pasó **por** el túnel. 기차는 터널을 빠져나갔다.

19. 가로질러
- Vinimos **a través del** jardín. 우리는 정원을 가로질러 왔습니다.
- Hay un madero colocado **a través del** río.
  강에 통나무 하나가 가로질러 놓여 있다.

20. 통하여
- Lo oyó **a través del** muro. 그는 그것을 벽 너머로 들었다.

21. ~을 따라
- Hay un bosque **a lo largo del** río. 강을 따라 숲이 있다.
- Fuimos **a lo largo de** la vía del tren. 우리들은 철로를 따라 갔다.

22. 돌아서
- Volvimos **dando una vuelta por** el parque.
  우리는 공원을 한 바퀴 돌아왔다.

23. 가까이에, 멀리에
- Mi casa está **cerca(lejos)**. 나의 집은 가까이(멀리) 있다.
- Mi casa está **cerca de(lejos de)** la escuela. 나의 집은 학교에서 가깝다(멀다).
- Viven **aquí cerca(allá lejos)**. 그들은 이곳 가까이(저 멀리) 살고 있다.
- Voy allí para ver el cuadro **de cerca(de lejos)**.
  나는 그 그림을 가까이에서(멀리서) 보기 위해 저기로 간다.

24. 가깝다
- La primavera está **próxima**. (=cercana) 봄은 가까이 왔다.
- Mi casa está muy **próxima a** la suya. 나의 집은 당신의 집에서 매우 가깝다.

25. 멀리에
- El barco se perdió de vista **en la lejanía**. 그 배는 멀리 시계에서 사라졌다.
- Se ve **a lo lejos** un grupo de árboles. 멀리 한 무리의 나무들이 보인다.

26. 이웃에
- ¿Quién vive **al lado**? 이웃에 누가 살고 있습니까?
- Vivimos **al lado de** la escuela. 우리는 학교의 이웃에 살고 있습니다.

Nota

우리말의 「이웃」이라는 말은 「바로 옆에 붙어있는 이웃」의 의미이지만, 스페인어의 vecino는 「가까운 cerca」의 뜻이고 「바로 옆」은 al lado이다.

vecino 이웃 사람(명사), 이웃의(형용사)
- todos los vecinos 모든 이웃 사람들
- el pueblo vecino 이웃 마을

2. 부사와 전치사구의 차이

- Lleva **encima** toda la ropa que tiene. 〔부사〕
  그는 갖고 있는 모든 옷을 겉에 입고 있다.
- Lleva un abrigo **encima del** otro. 〔전치사구〕
  그는 외투 위에 외투를 입고 있다.

- Mi madre está **dentro**.
  나의 어머니는 안에 계십니다.
- Mi madre está **dentro de** la casa.
  나의 어머니는 그 집 안에 계십니다.

- Dame el libro que está **debajo**.
  아래에 있는 책을 다오.
- El libro está **debajo de** la silla.
  책은 의자 아래에 있다.

- Mi hermana es la que va **delante**.
  앞에 가는 애가 내 여동생이다.
- La máquina va **delante de** los vagones.
  기관차는 객차의 앞에 간다.

- Va delante la locomotora, y **detrás** van los vagones.
  기관차는 앞에 가고 객차는 뒤에 간다.
- Los vagones van **detrás de** la locomotora.
  객차는 기관차의 뒤에 간다.

 cf. La fotografía lleva **detrás** una dedicatoria.
  그 사진은 뒷면에 헌사가 쓰여져 있다.

- Fuimos a verle, pero estaba **fuera**.
  우리는 그를 만나러 갔지만 그는 밖에 나가고 없었다.
- Está **fuera de** la ciudad.
  그는 시외에 있다.

 cf. Eso está **fuera de** mis planes.
  그것은 나의 계획에 들어있지 않다.

- Miró **alrededor**. 그는 주위를 살폈다.
- Miró **alrededor de** él. 그는 자신의 주위를 살폈다.

3. bajo와 abajo

bajo와 abajo처럼 형태가 비슷하여 혼동하기 쉬운 부사들이 있는데, 후자가 〔a+**장소의 부사**〕 형태를 취하고 있는 것은 방향성을 내포하고 있기 때문이며 「가다, 걷다」 등의 동작동사와 함께 사용된다.

- 위치: **Está** detrás(delante, dentro, fuera, debajo, arriba).
  그것은 뒤에(앞에, 안에, 바깥에, 아래, 위에) 있다.
- 방향: **Vamos** atrás(adelante, adentro, afuera, abajo, arriba).
  뒤로(앞으로, 안으로, 밖으로, 아래로, 위로) 가자.

- Va delante. 앞에 가고 있다.
- Va adelante. 앞으로 간다. (=avanzar)
- Soy el vecino de abajo(arriba). 나는 아래층(위층) 이웃입니다.

따라서 방향을 내포하는 para, hacia와 어울리는 것은 〔a+장소의 부사〕 형태이다.

- No mire hacia abajo. 아래쪽을 보지 마세요.
- Vamos para arriba(abajo). 위층(아래층)으로 갑시다.

위의 예는 「~로」의 경우였지만, 「~에서부터 de」와 어울리는 경우에는 대체로 〔a+장소의 부사〕의 형태를 사용하지 않는다.

- **De fuera** entra aire caliente. 밖으로부터 더운 공기가 들어온다.
  - de debajo 아래에서부터
  - de enfrente 정면에서부터
  - de atrás 뒤에서부터
  - del lado derecho 우측에서부터
  - de todas (las) partes 사방팔방에서부터
  - de todos (los) lados 사방팔방에서부터
  - de dentro 안으로부터

- Viene un poco(mucho) más atrás. 조금(훨씬) 뒤에 오고 있다. (detrás 불가)
- Por detrás le dio un empujón. 뒤에서 그를 떠밀었다. (atrás 불가)

Nota

detrás는 대체로 「뒤에 달라붙어서」의 뜻이지만, atrás는 「뒤에 떨어져서」의 의미이다. tras는 주로 문어체에 사용된다.

[명사+**de**+장소의 부사] 형태에서는 장소의 부사를 명사처럼 사용한다.
- Coge ese libro de encima. 그 위의 책을 집어라.
- la sábana de encima 커버
- las casas de alrededor 주위의 집들
- Mi abrigo es el de debajo(arriba). 내 외투는 아래(위)의 것이다.

4. 전치사 por

전치사 por는 공간의 확대성을 내포한다. 시간에 사용되는 경우도 마찬가지로 확대성을 의미한다.

- Ahí está. 저기에 있다.
- Por ahí debe de estar. 저쪽에 있는 것이 틀림없다.
- Puso una servilleta **por encima de** la fruta. 그는 과일 위에 냅킨을 씌웠다.

「위를 지나가다」, 「앞을 지나가다」 등의 움직임이 있는 경우는 [por+부사]의 전치사구를 사용하는 것이 좋다. 넓이가 인식되기 때문이다.

- El avión está **encima de** mi pueblo. 비행기는 나의 마을 위에 있다.
- El avión voló **por encima de** mi pueblo. 비행기는 나의 마을 위를 날았다.
- El barco pasó **por debajo del** puente. 배는 다리 아래를 지나갔다.
- Pasó un coche **por delante de** mí. 자동차 한 대가 내 앞을 지나갔다.

5. 전치사 a

전치사 a는 「~로」라는 움직임이 있는 의미와 「~에서」라는 위치를 나타내는 두 가지 의미를 갖고 있다.　　　　　　　　　　　　　　　　○ 전치사 a: p.345

- Fuimos **a** la puerta. 우리는 현관으로 갔다.
- Llamó **a** la puerta. 그는 현관에서 초인종을 울렸다.

1. 위치
- Trabajan **a** la sombra(**al** sol, **al** aire libre).
  그들은 응달에서(양지에서, 옥외에서) 일하고 있다.
- estar **a** lo lejos(**al** pie de una montaña, **a** todos los vientos)
  멀리에(산기슭에, 사방팔방에) 있다.

제 25장 기타 표현　499

- sentarse **a** la mesa(**al** otro lado, **al** fuego, **a** la cabecera).
  테이블에(맞은편에, 불 가까이에, 상석에) 앉다

cf. sentarse en el suelo   바닥에 앉다

2. 거리
   - **A** tres kilómetros hay un pueblo.
     3km 지점에 마을이 하나 있다.
   - Vive **a** 15 kilómetros de aquí.
     그는 여기서부터 15km 되는 곳에 산다.
   - ¿**A** qué distancia está?
     어느 정도의 거리에 있습니까?
   - La ventana está **a** dos metros del suelo.
     창문은 바닥에서 2m 되는 곳에 있다.
   - ¿**A** qué altura estamos sobre el nivel del mar? —Estamos **a** …
     우리는 해발 어느 정도의 높이에 있습니까? 우리는 ~지점에 있습니다.
   - Tiene una casa de campo **a** dos horas de Madrid.
     그는 마드리드에서 2시간 거리에 별장 한 채를 갖고 있다.

Nota

거리를 묻는 방법에는 다음과 같은 표현이 있다.

¿Qué distancia hay entre A y B?
A와 B의 거리는 얼마나 됩니까?

¿Cuánto dista el río del pueblo? -Dista 10 kilómetros.
강은 마을로부터 얼마나 떨어져 있니? 10km 떨어져 있다.

¿Cuánto se tarda en llegar a la estación desde aquí?
여기서부터 역까지 가는 데 얼마나 걸립니까?

¿Cuántos minutos tarda usted en llegar a la estación?
당신이 역까지 가는 데 몇 분이나 걸립니까?

3. 방향: 동·서·남·북
   - Vimos un barco **al oeste**.   서쪽에서 배 한 척을 보았다.
   - Tokio está **al este** de Seúl.   동경은 서울의 동쪽에 있다.

   cf. Pusan está en el sur de Corea.   부산은 한국의 남부에 있다.
   - El río corre en dirección este-oeste.   강은 동-서 방향으로 흐른다.

4. 방위: estar a ~ grados de   ~도(°)에 있다
   - Estamos a 25 grados de longitud este.   우리들은 동경 25도에 있다.

- Está a 36 grados de latitud norte. 북위 36도에 있다.

> **Nota**
>
> para는 「~을 향하여」, hacia는 「~쪽으로」를 나타낸다.
> el tren para Chicago 시카고행 기차
> ┌Partió para la India. 그는 인도로 출발했다.
> └Partió a la India. (para쪽이 지향성이 더 강하다)
> Vamos para abajo. 아래층으로(아래쪽으로) 내려가자.
> Dio tres pasos hacia adelante(atrás). 그는 3보 전진(후퇴)했다.

6. 장소를 나타내는 숙어

- río arriba(abajo) 강 위(아래)쪽으로
- mar adentro 바다 속으로
- tierra adentro 땅 속으로
- de flor en flor 꽃에서 꽃으로
- calle arriba(abajo) 거리 위(아래)쪽으로
- cuesta arriba(abaja) 비탈길 위(아래)로
- de arriba abajo 위에서 아래로 (아래까지)
- saltar de peña en peña 바위에서 바위로 뛰다
- rodar de un lado para otro 여기저기로 구르다
- buscar por todas partes (todos lados) 사방팔방으로 찾다
- al alcance de la mano 손이 닿는 곳에

③ 시간의 표현 expresiones de tiempo

1. 때의 표현 : 「~에」

1. 시간
   - Se levanta **a** las siete. 그는 7시에 일어난다.

2. 날 ○ 관사: p.26
   - Viene **el** (día) quince de septiembre. 그는 9월 15일에 옵니다.

3. 요일
   - Vuelve **el** lunes. 그는 월요일에 돌아온다.
   - Todos **los** domingos voy al cine. 나는 매주 일요일 영화관에 간다.

4. 월
   - Aquí llueve mucho **en** abril. 여기는 4월에 비가 많이 내린다.

5. 계절
   - Los cerezos florecen **en** la primavera. 벚꽃은 봄에 핀다. ○ 관사: p.26

6. 해
   - **En** 1988 se celebraron Los Juegos Olímpicos de Verano en Seúl.
     1988년에 하계올림픽이 서울에서 개최되었다.

7. 세기
   - Los hombres podrán llegar a la luna **en** el siglo XX.
     인류는 20세기에 달에 도착할 수 있을 것이다.

8. 시대
   - **En** la Edad Media luchaban los españoles contra los moros.
     중세에 스페인 사람들은 모로인들과 싸웠다.

Nota

요일과 달의 첫 글자는 소문자로 쓴다. 그리고 스페인어에서는 시간에는 a, 날짜, 요일에는 관사 el, 달 및 그 이상의 긴 시간의 단위에는 전치사 en을 사용한다. 단 「우리는 내년에 마드리드에 갈 것이다」라고 하는 경우에는 다음과 같이 세 가지 표현이 가능하다.

El año próximo
Al año próximo ⎫ iremos a Madrid.
En el año próximo ⎭

「내년」을 한 순간처럼 짧게 보는가, 「내년 중에」라고 길게 보는가에 따라 전치사가 달라지게 된다. 전치사가 쓰이지 않은 첫 번째 예문에서는 명사를 부사로 사용하고 있는 것이다.

9. ~경에
- Llega **a eso de**(**aproximadamente a, sobre**) las cinco.
  그는 다섯시 경에 도착한다. (=a las cinco, más o menos)

10. 기간
- Estuve (**por**) tres años en México.
  나는 멕시코에 3년(간) 있었다.　　　　　　　　　　○ 전치사 por: p.362

11. ~동안
- Trabajaba en una compañía **durante** las vacaciones.
  그는 방학동안 어떤 회사에서 일하고 있었다.

12. 시종
- Está **a todas horas** diciéndome que tiene mucho dinero.
  그는 시종 자기가 돈이 많다고 말하고 있다.

13. ~안에
- Regresa **dentro de** diez minutos.　그는 10분 안에 돌아온다.

14. ~내에
- Regresa **en menos de** diez minutos.　그는 10분 이내에 돌아온다.

15. ~에
- Por la carretera llegamos **en** una hora a la playa.
  도로로 한 시간만에 해변에 도착한다.

제 25장 기타 표현　503

16. ~되어
    - **A los** quince o veinte años murió.
      15년인가 20년인가 되어 그는 죽었다.
    - **Al** poco tiempo(**A la** media hora) decidió marcharse.
      조금 있다가(반시간이 되어) 그는 떠나기로 결심했다.

17. ~부터 …사이에
    - Ven **entre** las seis **y** las siete de la mañana.
      아침 6시부터 7시 사이에 와라.

18. ~까지
    - Apréndalo **para** mañana. 내일까지 그것을 익혀 두십시오.

19. ~부터 …까지
    - Te esperaba **desde** la una **hasta** las tres.
      1시부터 3시까지 너를 기다리고 있었다.
    - **Desde** aquel tiempo **hasta** ahora no lo he visto.
      그때 이후로 지금까지 그를 만난 적이 없다.
    - Pienso acabar **de** aquí **a** la hora de cenar(**al** lunes).
      지금부터 저녁식사 시간까지(월요일까지) 마칠 생각이다.

20. ~부터 앞으로
    - **De** ahora **en adelante** será una buena chica.
      그녀는 지금부터 앞으로 착한 소녀가 될 것이다.
    - **Desde** las nueve **en adelante** no miro la televisión.
      나는 9시 이후에는 텔레비전을 보지 않는다.

21. 도중에
    - Surgió esto **en el curso de** la conversación. 대화 도중에 이런 일이 일어났다.
    - **En mitad de** la función se apagó la luz. 공연 도중에 불이 나갔다.

22. 이전에 · 나중에
    - **Antes** no estaba aquí esa estatua. 그 동상은 전에는 여기에 없었다. [부사]
    - **Después** te lo diré. 나중에 말해줄게. [부사]

23. ~전에 · 후에
- Cinco días **antes**(**después**) me escribió.
  5일 전에(후에) 그는 나에게 편지를 썼다.
- Me lavo las manos **antes de** comer. 식사하기 전에 손을 씻는다.
- Hago gimnasia **después de** comer. 식사하고 나서 체조를 한다.
- Dígame **antes (de) que** alguien lo sepa.
  누군가가 알기 전에 나에게 말해주십시오.
- Me lo contó **después (de) que** lo supo todo el mundo.
  모든 사람들이 그것을 알고 난 후에 그는 나에게 말해주었다.

años		몇 년 후에(전에)
meses	más tarde	몇 달 후에(전에)
días	(antes, atrás)	며칠 후에(전에)
horas		몇 시간 후에(전에)

- Me lo contó años más tarde.
  그는 나에게 그것을 몇 년 후에 말해주었다.

2. 시간의 경과를 나타내는 동사

1. hacer

- Hace cinco años que lo vi. 나는 5년 전에 그를 만났다.

이 예문에서 hace는 까다로운 면을 지니고 있다. 우리말에서는 「시간＋전에(부사)」라는 방식으로 표현하지만, 스페인어에서는 동사 hacer를 기본으로 하는 문형 전체로 표현한다. 이것은 우리말과는 문법적 · 기능적으로 전혀 다른 표현이다. 이러한 특징은 다음의 예에서 뚜렷하게 나타난다.

(a) Tres días <u>antes</u> nos escribió.
(b) <u>Hace</u> tres días <u>que</u> nos escribió.

(a)는 「3일 전」이라는 것뿐이며 현재와는 단절되어 있지만, (b)에서는 「3일 전」과 「지금」이 연결되어 있다. 동사 hacer의 시제인 「현재」가 그렇게 만들고 있는 것이다. 우리말 표현에서는 「그가 우리에게 편지를 쓴 지 3일이 된다」가 된다. 그렇기 때문에 문형은 [hace＋시간＋que＋과거]가 되지만 이 형태에는 항상 시제의 제

한이 따른다. 그 중 하나는 que 뒤에 오는 동사가 「과거」인가 「현재」인가에 따라 의미가 달라진다는 것이다.

> **Hace**+시간+**que**+현재 ··· 하고 있는 지 ~시간이 된다
> **Hace**+시간+**que**+과거 ··· 한 지 ~시간이 된다

이와 같이 que절의 시제에 따라 의미가 달라지는 것은 스페인어의 「현재」는 지금 진행하고 있는 행위에도 사용하며, 「과거 pretérito indefinido」는 결정적으로 끝난 사실을 나타내기 때문이다.

(a) Hace dos años que está enfermo. 〔현재〕 그는 2년 전부터 병을 앓고 있다.
(b) Hace dos años que murió su madre. 〔과거〕 그의 어머니는 2년 전에 죽었다.

또한 이 hace의 문형은 현재진행형과도 어울려 쓰일 수 있다.

- Hace dos años que estoy estudiando español.
  나는 스페인어를 공부하고 있는지 2년이 된다.

위의 문장에서 문두에 있는 〔hace+시간〕을 문장 뒤로 돌릴 수도 있다. 단 이때 (a)의 문장에는 desde를 첨가해야 한다. 물론 접속사 que는 필요없게 된다.

(a) Está enfermo desde hace dos años.
(b) Su madre murió hace dos años.

시간을 도입하는 hacer는 동사이기 때문에 시제로부터 분리될 수 없는 특성이 있다. 즉 현재형 hace 외에 불완료과거형 hacía도 사용한다. 또한 특수한 경우에는 미래형 hará를 사용한다. 이 세 가지 이외의 시제는 사용하지 않는다. hace는 현재를 기준으로 하고, hacía는 과거의 어느 시점을, 그리고 hará는 미래의 어느 시점을 기준으로 한 표현이 된다.

> **Hacía**+시간+**que**+불완료과거 ··· 하고 있던 지 ~가 되었었다
> **Hacía**+시간+**que**+대과거 ··· 했던 지 ~되었었다

(a) Hacía cinco minutos que estudiaba. 〔불완료과거〕
(b) Hacía cinco minutos que había estudiado. 〔과거완료〕

(a) 공부하고 있던 지 5분이 되었었다.
(b) 공부했던 지 5분이 되었었다.

이 경우에도 시간 표현 [hacía+시간]이 문장의 뒤에 위치할 수 있다.

(a) Estudiaba desde hacía cinco minutos.
(b) Había estudiado hacía cinco minutos.
(c) Mañana hará tres semanas que llegué aquí. [미래형]
    내일은 내가 여기 온 지 3주일이 된다(될 것이다).

스페인어에서 경과한 시간을 표현하는 방법은 이상과 같이 네 가지에 각각 두 개의 시제, 즉 모두 여덟 가지 형태가 있다. 이 문형에서 hace 뒤에 오는 「시간」에는 몇 분, 몇 시간, 몇 년 외에 다음과 같은 것도 자주 사용된다.

- hace
  - mucho 오래 전에
  - poco tiempo 조금 전에
  - un momento 잠깐 전에
  - un instante 방금 전에
- desde hace algún tiempo 얼마 전부터
- hasta hace poco 조금 전까지

2. llevar · tardar · durar · quedar · faltar

(1) llevar+시간 시간을 몸에 지니고 있다 → 시간을 보내다

- Hace poco tiempo que estoy en este país.
- Llevo poco tiempo en este país.
  나는 이 나라에 있은 지가 얼마 되지 않습니다.

- Hacía dos semanas que trabajaban en ese terreno.
- Llevaban dos semanas trabajando en ese terreno.
  (그 당시) 그들은 그 분야에서 일하고 있던 지가 2주일 되었었다.

(2) tardar+시간+en+inf. …하는 데 ~걸리다

- Tardé una hora en escribir la carta. 그 편지를 쓰는 데 1시간이 걸렸다.

(3) 주어+dura(n)+시간 주어는 ~걸리다

- La película dura dos horas. 그 영화는 2시간 걸린다.
- Este bolígrafo ha durado mucho. 이 볼펜을 오래 사용하였다.

(4) quedar
- Me quedan dos días de estar aquí. 여기 있을 날이 이틀 남았다.

(5) faltar
- Faltan tres semanas para(hasta) Navidades.
  크리스마스까지는 3주일이 남았다.

3. 과거 · 현재 · 미래: antes · ahora · después

1. 지금 (현재)
   - por el momento 지금으로서는
   - por ahora 우선은, 지금 당장에
   - por de(lo) pronto 우선은
   - de momento 지금에서는
   - En este momento ha salido.
     그는 방금 나갔다. (ahora mismo)
   - De momento dejaremos las maletas en el coche.
     우리는 우선 가방을 차에 두겠다.

2. 앞으로 (미래)
   - en adelante
   - más adelante
   - más tarde
   - en el futuro

   지금부터 앞으로 (장래에)

   - De hoy en adelante estudiaré más. 오늘부터 앞으로는 더 열심히 공부하겠다.

3. 어제 · 오늘 · 내일

그저께	어제	오늘	내일	모레
anteayer	ayer	hoy	mañana	pasado mañana

- Viene mañana por la mañana. 그는 내일 오전에 온다.
- Hablé con él ayer por la tarde. 나는 어제 오후에 그와 얘기했다.
- Nos reunimos hoy por la noche. 우리들은 오늘 저녁에 모인다. (esta noche)
- Vino anteayer a las ocho de la mañana. 그는 그저께 오전 8시에 왔다.

- Un día(el otro día) fuimos al cine. 어느 날(그 날) 우리는 영화관에 갔었다.
- Un día de estos(otro día) te lo diré. 조만간에(어느 날) 너에게 말해주겠다.

Nota

> 시간을 가리키는 「~시에」가 오전·오후·밤과 어울릴 경우에는 전치사 por를 사용하지 않고 de를 사용한다.
>
> - por la mañana 오전에
> - por la tarde 오후에
> - por la noche 밤에
>
> - las once de la mañana 오전 11시
> - las cinco de la tarde 오후 5시
> - las once de la noche 밤 11시

4. 작년·금년·내년

재작년	작년	금년	내년
el año antepasado (hace dos años)	el año pasado (el último año)	este año	el próximo año (el año que viene)

위의 표에서 año를 mes(월), semana(주)로 바꾸어 표현할 수 있다.

- 다음 주 la próxima semana, la semana que viene
- 내후년 siguiente al próximo año, dentro de dos años

5. 아침·점심·저녁

- Trabaja
  - de día. 〔주간〕
  - de noche. 〔야간〕

- Trabaja
  - por la mañana. 〔오전〕
  - por la tarde. 〔오후〕
  - por la noche. 〔밤〕

- Volvió
  - a(l) mediodía. 〔정오〕
  - a (la) medianoche. 〔자정〕
  - a media tarde. 〔3시 경〕
  - en la noche 〔밤〕

Nota

> 아침·오전 **la mañana** (명사)   오후 **la tarde** (명사)
> 내일 **mañana** (부사)   늦게 **tarde** (부사)

6. ~시간에

a la hora de+명사   ~의 시간에
a la hora de+inf.   ~하는 시간에
Es la hora de+inf.   ~할 시간이다
Es hora de que+접속법   (누가) ~할 시간이다

- No vi a Roberto a la hora de la comida.
  나는 식사 시간에 로베르또를 보지 못했다.
- No vi a Roberto a la hora de salir.
  나는 출발 시간에 로베르또를 보지 못했다.

- Es la hora de irse a la cama.
  잠자리에 들 시간이다.
- Es hora de que se vayan.
  그들이 떠날 시간이다.

- En buena hora me avisaste.
  좋은 때에 알려주었다.
- En mala hora se le ocurrió ir a bañarse al río.
  그는 나쁜 때에 강으로 목욕하러 가고 싶은 생각이 문득 들었다.

7. 월의 초순 · 중순 · 하순

5월 초순에	a principios de mayo
	a primeros de mayo
	a comienzos de mayo
5월 중순에	a mediados de mayo
5월 하순에	a fines de mayo
	a últimos de mayo

- Se publicó el libro a principios del mes pasado.
  그 책은 지난 달 초순에 출판되었다.

Nota

복수는 시간적 확대성을 갖는다. 특정한 날이 아니므로 관사를 사용하지 않는다.

a(l) final de octubre   10월 말일에 (31일)
a últimos de octubre   10월 말 경에

8. (과거의) 그 전날 · 그 날 · 그 다음날

- el día anterior (과거의) 그 전날
- aquel día (과거의) 그 날
- al día siguiente (과거의) 그 다음날
- **Al día siguiente** continuaron la misma conversación **del día anterior**.
  다음 날 그들은 전날과 같은 얘기를 계속했다.
- al mismo día 같은 그 날에
- entonces 그때 (과거나 미래에 모두 사용)
- Entonces(en ese momento) dio un grito.
  그때(그 순간) 그는 소리를 질렀다.
- Entonces comprenderá usted mis palabras.
  그때가 되면 당신은 내 말을 이해할 것입니다.
- en aquel tiempo ⎫
- en aquel entonces ⎬ 그 당시에 (모두 과거에만 사용)
- en aquel momento ⎭
- ¿Qué edad tenía usted **en aquel entonces**?
  당신은 그 당시 몇 살이었습니까?

9. 연령에 의한 구분

유아기	la infancia	유년기	la edad tierna
유년기	la niñez	장년기	la edad madura
청년기	la juventud	갱년기	la edad crítica
사춘기	la adolescencia	노년기	la edad avanzada
노년기	la vejez		

- **En mi infancia** me gustaba mucho oír cuentos.
  나는 유년기에 이야기 듣는 것을 매우 좋아했다.
- Quedó huérfano **a los seis años**.
  그는 여섯 살에 고아가 되었다.
- *cf.* **A los cuatro o cinco años** se casó.
  4~5년 되어 그는 결혼했다.

10. 날짜 · 요일

- ¿Qué fecha es hoy? —Es el primero de marzo.
  오늘은 며칠입니까? 3월 1일입니다.

- ¿Cuál es la fecha de hoy? —Es el quince de octubre.
  오늘은 며칠입니까? 10월 15일입니다.

- ¿A cuántos estamos hoy? —Estamos a primero de mayo.
  오늘은 며칠입니까? 5월 1일입니다.

- ¿Qué día de la semana es hoy? —Hoy es domingo.
  오늘은 무슨 요일입니까? 오늘은 일요일입니다.

- ¿En qué día cae el veinte de agosto? —Cae en martes.
  8월 20일은 무슨 요일입니까? 화요일입니다.

11. 이러 이러한 날

- Estará allí tal día a tal hora. 그는 어느 날 몇 시에 거기에 있을 것이다.
- el año mil novecientos noventa y tantos 천구백구십 몇 년에
- el día tantos de diciembre 12월 며칠에
- Se presentó en casa a las tantas horas.
  그는 이러이러한 시간에 집에 나타났다.
- el viernes, primero de marzo de 2002, a las siete de la tarde
  2002년 3월 1일 금요일 오후 7시에

④ 소유의 표현 expresiones de posesión

1. 전치사 de

스페인어에서 소유를 나타내기 위해서는 전치사 de를 사용한다.

- el abrigo de Pepe 뻬뻬의 외투

▶ es(son) de+명사(사람) ~의 것이다

- El sombrero es de Juan.
  이 모자는 후안의 것입니다.

- ¿De quién es este coche? —Es de mi madre.
  이 차는 누구 것이지? 나의 어머니 것입니다.

- ¿Y este libro que ha quedado aquí, de quién será? –Es mío.
  여기 남아있는 책은 누구 것일까? 내 것이야.

Nota

> [ser de+지명]은 「~출신이다」를 의미한다.
> **Juan es de Madrid.** 후안은 마드리드 출신이다.
> **Soy de Corea.** 나는 한국 사람입니다.

2. 소유사

소유의 관계가 이미 알려져 있는 경우에 누군가에게 소유된 것을 말하기 위하여 소유형용사를 사용한다. 소유형용사 뒤에는 명사가 오며 소유형용사는 명사에 따라 성·수의 변화를 한다.

단 수		복 수	
남성	여성	남성	여성
mi	mi	mis	mis
tu	tu	tus	tus
su	su	sus	sus
nuestro	nuestra	nuestros	nuestras
vuestro	vuestra	vuestros	vuestras
su	su	sus	sus

그리고 어떤 명사에 대하여 말하고 있는지 알고 있는 경우에는 소유형용사 대신 소유대명사를 사용한다. 소유대명사는 명사 뒤에 붙어서 후치형 소유형용사로 사용되기도 한다.

단 수		복 수	
남성	여성	남성	여성
el mío	la mía	los míos	las mías
el tuyo	la tuya	los tuyos	las tuyas
el suyo	la suya	los suyos	las suyas
el nuestro	la nuestra	los nuestros	las nuestras
el vuestro	la vuestra	los vuestros	las vuestras
el suyo	la suya	los suyos	las suyas

- Son mis amigos.
  그들은 나의 친구들입니다.
- Ayer un amigo mío vino a verme.
  어제 나의 친구가 나를 만나러 왔다.
- Se me ha estropeado el coche. ¿Me dejas el tuyo?
  내 차가 고장났어. 네 차를 빌려주겠니?

Nota

후치형 소유형용사, 즉 소유형용사의 강조형은 전치형 소유형용사보다 덜 쓰인다. 때때로 화자가 소유형용사를 강조하기를 원할 경우에 사용된다. 그리고 소유된 사물이 부정관사나 부정형용사에 의하여 수식되는 경우에는 후치형이 사용된다. 이러한 강조형은 명사 뒤에 오고 강조의 효과를 나타낸다.

Quiero las fotos <u>mías</u> ahora mismo.
나는 지금 당장 나의 사진을 원합니다.

No nos interesan los problemas <u>suyos</u>.
우리들은 당신의 문제에 관심이 없습니다.

¡Hijo <u>mío</u>! ¿Dónde has estado?
나의 아들아! 어디 있었니?

위에서 언급된 표현 [es(son) de+명사(사람)]에서도 사람 이름 대신에 소유대명사를 사용할 수 있다.

- El sombrero es mío(suyo). 이 모자는 나의(그의) 것입니다. (de mí는 불가)

Es suyo의 형태는 de él, de ella, de usted, de ellos 등이 확실한 경우 사용한다. 이것은 su에서도 마찬가지이며 다음 문장에서 su casa를 쓸 수 없다.

- Visité a Pedro y a su abuela; la casa de él es muy bonita.
  나는 뻬드로와 그의 할머니를 방문했는데 그의 집은 매우 아름답다.

소유대명사가 소속만을 말할 경우에는 관사를 사용하지 않는다.

- Es mía. 그것은 나의 것입니다.

그리고 내용이 정해져 있는 소유물을 가리킬 경우에는 정관사를 사용한다.

- El mío es verde. 내 것은 녹색입니다.
- Estos guantes son míos. 이 장갑은 나의 것이다.
- Estos guantes son los míos. 이 장갑은 내 것이다. (네 것이 아니다)

신체의 일부나 의류의 소유를 나타내는 표현에서 스페인어는 다른 언어에 비해서 소유형용사를 사용하는 경우가 훨씬 적다.

- Cerré los ojos. 나는 눈을 감았다.
- Metí la mano en el bolsillo. 나는 주머니에 손을 넣었다.
- Le tomaré el pulso. 당신의 맥을 짚어보겠습니다.

Nota

신체의 부분과 몸에 지니는 것에는 주로 정관사를 사용한다. 위의 예문을 Yo metí mi mano en mi bolsillo라고 해도 문법적으로 잘못된 것은 아니지만 중복되어 사용되기 때문에 올바른 문장이라 할 수 없다. 우리말에서도 「나는 나의 손을 나의 주머니에 넣었다」라고는 하지 않는 것과 같은 이치이다. ● 관사: p.24

3. 여격대명사

우리말의 소유형용사가 스페인어의 [여격대명사와 정관사]에 해당하는 경우가 있다. 즉, 신체의 일부나 의류 등을 언급하기 위하여 소유형용사를 사용하지 않고 간접목적대명사, 혹은 재귀동사 문형과 함께 관사를 사용한다.

> 나의   me+el (la, los, las)
> 너의   te+el (la, los, las)
> 그의   le+el (la, los, las)

- El médico curó mi herida. (×)
- El médico me curó la herida. 의사는 나의 상처를 치료해주었다.
- Puse la mano en su hombro.(×)
- Le puse la mano en el hombro. 나는 그의 어깨에 손을 얹었다.
- Un perro ha mordido mi pie. (×)
- Un perro me ha mordido el pie. 개가 내 발을 물었어.
- Me he roto la(una) pierna. 나는 (한쪽) 다리가 부러졌다.
- Me he manchado la camisa. 내 셔츠가 얼룩졌다.

Nota

그러나 일반적으로 사물 자체를 독립적인 것으로 말하는 경우, 신체의 일부가 수식되는 경우, 신체의 일부가 문장의 주어가 되는 경우에는 소유형용사를 사용한다.

<u>Alicia levantó sus grandes ojos azules.</u>
알리시아는 그녀의 커다란 푸른 눈을 치켜올렸다.

<u>Tus manos</u> tienen muchos callos.
너의 손에는 티눈이 많다.

1. 누구의 ~을 … 하다

> (주어)+me+동사+직접목적어
> (주어)+동사+직접목적어+a+사람

- Me apretó la mano. 그는 나의 손을 꽉 쥐었다.
- Le arrancaré la máscara. 그 녀석의 가면을 벗기겠다.
- La bala le atravesó el brazo. 탄환이 그의 팔을 관통했다.
- Me he quemado los dedos. 나는 손을 데었다. [재귀]
- Has salvado la vida a Juan. 너는 후안의 생명을 구했다.

2. 누구의 신체의 일부를 ~하다

> (주어)+me+동사+전치사+정관사+신체의 일부

- Le cogí de(por) la mano. 나는 그의 손을 잡았다.
- El loro me ha picado en un dedo. 앵무새가 내 손가락을 쪼았다.
- La bala le acertó en el brazo. 탄환이 그의 팔에 맞았다.

Nota

이 문형에는 주로 de, a, por, en 등과 같은 전치사가 사용되며, 행동을 받는 위치를 가리킨다.

3. 누구의 신체의 일부에 ~을 … 하다

> (주어)+me+동사+목적어+전치사+정관사+신체의 일부

- Le pasó la mano por la frente. A는 B의 이마에 손을 댔다.
- Se pasó la mano por la frente. 그는 자기 이마에 손을 댔다.
- Échele un poco de agua en la cara. 그의 얼굴에 물을 조금 끼얹으시오.
- Me lo susurró al oído. 그는 그것을 내 귀에 속삭였다.
- Se lo tiré a la cara. 나는 그것을 그의 얼굴에 던졌다.
- Me dijo dándome una palmada en el hombro.
  그는 내 어깨를 툭 치면서 나에게 말했다.

4. se me+동사   ○ 무의지의 se: p.126

- Se me ha caído un diente. 나는 이가 하나 빠졌다.
- Ese viento se me mete en los huesos.
  그 바람이 (나의) 뼛속까지 파고 들어온다.

4. 동사 tener

무엇인가의 소유를 나타내기 위하여 동사 tener를 사용한다.

- ¿Cuántos hermanos tienes? 너는 형제가 몇이니?
- Xavier tiene un coche muy bueno. 하비에르는 매우 좋은 차를 갖고 있다.

소유를 표현하기 위하여 사용되는 tener를 문자 그대로 해석하지 않을 때도 있다. 이런 용법은 다양하며 소유로 다루지 않는다.

- ¿Cómo está tu hermano? –Está mal. Tiene hepatitis.
  너의 형은 건강이 어떠니? 좋지 않아. 간장염이 있어.
- Esta casa tiene cuatro habitaciones.
  이 집은 방이 네 개이다.

이런 용법 중 도덕적 측면이나 신체적 특성을 나타내기 위하여 tener를 사용하는 경우와 욕망이나 감정을 나타내는 경우도 있다.

- Tiene muy mal carácter. 그는 성격이 좋지 않다.
- Tengo ganas de tomar una cerveza. 나는 맥주를 마시고 싶다.
- No entiendo por qué le tienes tanta manía.
  나는 네가 그에게 왜 그렇게 집착하는지 이해가 안 간다.

〈세비야의 히달라 탑〉

26 수 사
Numerales

1. 기수와 서수
2. 수사의 용법

① 기수와 서수

1. 기수 números cardinales

1. 기본 요소

수사 체계의 기본적인 요소로 다른 수를 구성하는 데 사용되기도 한다.

1. 0에서 15까지는 다음과 같다.

- 0   cero
- 1   uno (un), una (f.)
- 2   dos
- 3   tres
- 4   cuatro
- 5   cinco
- 6   seis
- 7   siete
- 8   ocho
- 9   nueve
- 10   diez
- 11   once
- 12   doce
- 13   trece
- 14   catorce
- 15   quince

2. 10단위의 모든 수와 cien, mil, millón, billón 등이 있다.

- 20   veinte
- 30   treinta
- 40   cuarenta
- 50   cincuenta
- 60   sesenta
- 70   setenta
- 80   ochenta
- 90   noventa
- 100   ciento (cien)
- 1,000   mil
- 1,000,000   un millón
- 1,000,000,000,000   un billón

2. 그 외의 다른 수

그 외의 다른 모든 수는 1에서 10까지의 수, 10단위의 수, 그리고 cien, mil, millón / millones, billón / billones 등과 함께 구성된다. 경우에 따라 접속사 y를 사용하기도 한다.

1. 16에서 29까지의 수

16에서 29까지의 수는 접속사 y와 함께 구성된다. 그러나 단 하나의 단어로 표기한다. y는 단어 안에 포함되어 i로 변화되며 일부 경우에 있어서는 표기상의 작은 변화가 나타나기도 한다. 즉 diez의 끝 자음 -z가 모음 i 앞에서 -c로 변화하거나 강세 표시가 나타나기도 한다.

- 16　dieciséis
- 17　diecisiete
- 18　dieciocho
- 19　diecinueve
- 20　veinte
- 21　veintiuno (veintiún), veintiuna (f.)
- 22　veintidós
- 23　veintitrés
- 24　veinticuatro
- 25　veinticinco
- 26　veintiséis
- 27　veintisiete
- 28　veintiocho
- 29　veintinueve

Nota

16부터 19, 그리고 21부터 29까지는 십 단위와 단 단위 사이에 y를 쓰는 방법과 십 단위와 단 단위를 합쳐서 하나의 단어로 쓰는 방법이 있다. 그러나 하나의 단어로 된 형태를 사용하는 것이 올바른 사용법이다. 다음의 두 번째 형태를 사용하는 것이 좋다.

16　diez y seis　/　dieciséis
21　veinte y uno　/　veintiuno
22　veinte y dos　/　veintidós
26　veinte y seis　/　veintiséis

2. 그 외의 다른 수

그 외의 다른 수는 지금까지 제시된 요소들을 여러 방법으로 결합하여 구성된다. 이에 해당하는 수에 결합되는 단어들은 분리되어 표기된다.

- 31　treinta y uno
- 32　treinta y dos
- 33　treinta y tres
- 42　cuarenta y dos
- 52　cincuenta y dos
- 65　sesenta y cinco
- 78　setenta y ocho
- 96　noventa y seis
- 103　ciento tres
- 112　ciento doce
- 127　ciento veintisiete
- 1,103　mil ciento tres
- 1,825,374　un millón ochocientos veinticinco mil trescientos setenta y cuatro

3. **100(cien)** 이상의 백 단위 수는 한 단어로 표기하며, 남성형과 여성형이 있다.

- 200 doscientos / doscientas (f.)
- 300 trescientos / trescientas (f.)
- 400 cuatrocientos / cuatrocientas (f.)
- 500 quinientos / quinientas (f.)
- 600 seiscientos / seiscientas (f.)
- 700 setecientos / setecientas (f.)
- 800 ochocientos / ochocientas (f.)
- 900 novecientos / novecientas (f.)

불규칙한 형태 quinientos/as, 그리고 siete와 nueve가 setecientos와 novecientos에서 이중모음이 없어진다는 점을 기억하자. 이 현상은 강세 없는 위치에서 「단모음화 현상」이라 할 수 있다. 이 형태들은 명사의 성에 일치한다.

- trescientos cincuenta y dos estudiantes 352명의 학생
- trescientas cincuenta y dos personas 352명
- setecientos veintitrés libros 책 723권
- setecientas veintitrés páginas 723페이지

4. **ciento의 어미 탈락**

ciento는 명사 바로 앞에 위치하는 경우에 어미 -to가 탈락된다. 다음에서 볼 수 있듯이 mil, millones 등의 앞에서도 어미가 탈락된다.

- cien libros 책 100권
- cien mil euros 100,000유로
- cien millones de habitantes 1억의 인구
- ciento veinte alumnos 학생 120명
- ciento treinta mil euros 130,000유로

5. **y는 10단위와 단 단위 사이에서만 사용된다.**

- treinta y dos 32
- cuarenta y uno 41
- treinta y cuatro mil doscientos 34,200

6. mil

mil은 변화하지 않는 형태이다. 그러나 [miles de+명사]와 같이 복수형이 사용되는 표현이 있다. 셀 수 있는 것의 많은 수량을 막연하게 나타내는 데 사용된다.

- mil euros 1,000유로
- miles de personas 수천 명의 사람들

7. uno

uno는 남성명사 바로 앞에 올 경우와 합성된 수의 내부에 있을 경우에 어미가 탈락되어 un이 된다. 그리고 여성명사가 오면 una로 일치한다.

- Este precio incluye un bolígrafo y una carpeta.
  이 가격에는 볼펜과 파일이 포함되어 있다.

[un+남성명사]와 [un+여성명사]는 언급된 수사 자체를 말하기도 하고, 문맥에서 처음 나오는 명사를 소개하고 도입하는 것이기도 하다.

8. millón의 복수 형태는 millones이다. 하나 이상의 수 뒤에 올 경우에는 복수형을 취한다.

- un millón 백만
- dos millones 2백만
- veintidós millones 2200만

millón / millones가 명사 앞에 직접 오게 되는 경우에, 그 명사는 전치사 de와 함께 사용된다.

- Voy a ganar quince millones de dólares al año.
  난 1년에 1500만 달러를 벌 거야.

9. 스페인어는 다른 언어와 달리, [mil millones(10억)]를 의미하는 다른 단어가 없다.

- El planeta tiene más de cinco mil millones de habitantes.
  지구에는 50억 이상의 인구가 있다.

2. 서수 números ordinales

1. 기본적인 서수

- 1° primero(primer), primera
- 2° segundo, -a
- 3° tercero(tercer), tercera
- 4° cuarto, -a
- 5° quinto, -a
- 6° sexto, -a
- 7° séptimo, -a
- 8° octavo, -a
- 9° noveno, -a
- 10° décimo, -a
- 11° undécimo, -a (onceavo)
- 12° duodécimo, -a (doceavo)
- 13° decimotercero, -a
- 14° decimocuarto, -a
- 15° decimoquinto, -a
- 16° decimosexto, -a
- 17° decimoséptimo, -a
- 18° decimoctavo, -a
- 19° decimonoveno, -a (cf. decimonono, -a)
- 20° vigésimo, -a
- 21° vigésimo(-a) primero(-a)
- 22° vigésimo(-a) segundo(-a)
- 30° trigésimo, -a
- 31° trigésimo(-a) primero(-a)
- 32° trigésimo(-a) segundo(-a)
- 40° cuadragésimo, -a
- 50° quincuagésimo, -a
- 60° sexagésimo, -a
- 70° septuagésimo, -a
- 80° octogésimo, -a
- 90° nonagésimo, -a
- 100° centésimo, -a
- 101° centésimo(-a) primero(-a)
- 102° centésimo(-a) segundo(-a)
- 110° centésimo(-a) décimo(-a)
- 200° ducentésimo, -a
- 300° tricentésimo, -a
- 400° cuadringentésimo, -a
- 500° quingentésimo, -a
- 600° sexcenténsimo, -a
- 700° septingentésimo, -a
- 800° octingentésimo, -a
- 900° noningentésimo, -a
- 999° noningentésimo nonagésimo noveno
- 1000° milésimo, -a
- 1,864° milésimo octingentésimo sexagésimo cuarto
- 2,000° dosmilésimo, -a
- 3,000° tresmilésimo, -a
- 4,000° cuatromilésimo, -a
- 10,000° diezmilésimo, -a
- 100,000° cienmilésimo, -a
- 500,000° quinientosmilésimo, -a
- 1,000,000° millonésimo, -a

2. 서수와 기수

앞에서 보았듯이, 높은 단위의 서수도 있지만, 구어체 언어에서 11 이상에서는 서수를 사용하지 않는 경향이 있다. 따라서 11 이상에서는 서수 대신 해당 기수를 사용한다.

- Este año se celebra el 52 aniversario de la Revolución.
  금년에 혁명 52주년을 맞이한다.

3. primero와 tercero

남성명사 앞에 올 경우에는 어미가 탈락되어 각각 primer와 tercer가 된다.

- el tercer tomo 제 3권
- el primer día 첫 번째 날

Nota

일부 화자들은 기수에 접미사 -avo를 결합하여 11 이상의 서수를 만들기도 한다. 이 방법은 많이 사용되지만, 모든 지역에서 모든 화자들이 사용하는 것은 아니다.

Este año se celebra el cincuenta y dozavo aniversario de la Revolución.
금년에 혁명 52주년을 맞이한다.

4. centenario와 milenario

100주년과 1000주년을 표현하기 위해서 centenario, milenario를 사용한다. 그 외에도 200주년, 300주년, 400주년, 500주년 등은 segundo centenario, tercer centenario, cuarto centenario, quinto centenario 등을 사용한다.

- En 1992 se celebró el quinto centenario del descubrimiento de América.
  1992년에 아메리카 대륙 발견 500주년을 맞이했다.

② 수사의 용법

1. 기수

1. 문맥에서 아직 나오지 않은 요소를 처음으로 말할 경우에, 관사 없이 명사를 동반한 기수는 명사를 한정하는 기능을 갖는다. 이 경우에 기수는 처음 언급하는 한정사가 된다.

    - Es un pueblo muy pequeño, hay siete u ocho casas en total.
      모두 일곱, 여덟 채의 집이 있는 매우 작은 마을이다.

    수량의 요구에 대한 대답을 하는 경우에는 기수만을 사용한다.

    - ¿Cuántos quieres? —Tres. 얼마나 원하니? 세 개.

2. 특정 상황에 존재하는 몇몇 사람이나 사물의 수에 대하여 말할 경우에는 [ser+기수]와 같은 표현을 사용한다.

    - ¿Podemos comer? Somos cinco. 식사할 수 있습니까? 우리는 다섯 명입니다.
    - Éramos cinco. 우리는 다섯 명이었다.
    - ¿Y cuántos sois? —Cuatro. 몇 사람입니까? 네 명입니다.

3. 이전에 소개되었거나, 문맥에 나와 있거나, 혹은 존재가 가정되는 그룹 구성원의 일부를 말할 경우에는 [기수+de+그룹]을 사용한다.

    - Fui a esquiar con dos de mis hermanos.
      나의 형제 중 두 명과 스키를 타러 갔어.
    - En ese momento se levantaron tres de los presentes y empezaron a armar un jaleo que no te lo puedes ni imaginar.
      그 순간 참석자 중 3명이 일어나서 소란을 피우기 시작했다. 넌 상상할 수도 없을 거야.

   이 경우에 그룹은 두 번째 언급되는 한정사(관사, 소유사, 지시사 등)와 함께 도입된다. 어떤 명사가 다루어지는지 이미 알고 있는 경우에는 명사가 반복되지 않는다.

    - Me he quedado sin cigarrillos. —¿Quieres uno de los míos?
      담배가 떨어졌는데. 내 것 하나 줄까?

4. 다른 언어와는 달리, 스페인어에서 세기를 나타낼 경우에는 기수를 사용한다. 로마자를 사용하여 표기한다.

- El siglo XX (El siglo veinte) 20세기

5. 스페인어에서 왕, 교황을 언급할 경우에는 10까지는 서수를 사용하고, 11부터는 기수를 사용한다.

- Carlos III (Carlos tercero) 까를로스 3세
- Alfonso XIII (Alfonso trece) 알폰소 13세

6. 날짜를 말하는 경우에 1에서 31까지의 기수에는 관사 el을 사용한다.

- Fue todo rapidísimo. Nos conocimos en mayo, el 3, y el 28 nos casamos.
  모든 것이 매우 빨랐다. 우리는 5월 3일에 만났고 28일에 결혼했다.

때때로 [el día+수]를 사용한다. 이전 문맥에서 달에 대하여 언급되지 않은 경우에는 말하는 당시의 달을 가리키거나, 바로 이전이나 바로 다음 달을 가리키는 것이다. 동사의 시제를 통하여 세 경우 중의 어느 것인지를 알 수 있다.

- Adiós, nos vemos el dieciocho. 안녕, 우리 18일에 만나자

2. 서수

순서에 대한 정보를 말할 때 서수를 사용한다.

- El tercer día, como estaba cansado, me fui a la playa.
  셋째 날 나는 매우 피곤했기 때문에 해변에 갔다.

서수는 일련의 연속으로 나타나는 순서의 요소를 확인하는 데 사용된다. 일반적으로, 서수는 위의 경우처럼 관사와 명사 사이에 위치한다. 왕이나 교황의 이름에서는 명사 다음에 온다.

- Carlos V 까를로스 5세
- Felipe II 펠리뻬 2세

어떤 명사가 다루어지는지 이미 알고 있는 경우에는 명사를 반복하지 않는다. 형용사의 경우와 마찬가지로, 명사 없이 한정사에 연결된 서수를 볼 수 있다.

- el segundo 두 번째 것

27 철자법과 발음
Ortografía y Pronunciación

1. 스페인어의 알파벳
2. 발음
3. 구두점
4. 대문자의 사용

1 스페인어의 알파벳

문자	명칭	발음
a	a	[a]
b	be	[b], [β]
c	ce	[k], [θ], [s]
ch	che	[tʃ]
d	de	[d], [ð]
e	e	[e]
f	efe	[f]
g	ge	[g], [ɣ], [x]
h	hache	
i	i	[i], [j]
j	jota	[x]
k	ka	[k]
l	ele	[l]
ll	elle	[ʎ], [j]
m	eme	[m]
n	ene	[n]
ñ	eñe	[ɲ]
o	o	[o]
p	pe	[p]
q	cu	[k]
r	ere	[r], [rr]
s	ese	[s], [z]
t	te	[t]
u	u	[u]
v	uve	[b], [β]
w	uve doble	[b], [β]
x	equis	[ks], [x], [s]
y	ye	[i], [j], [dʒ]
z	zeta	[θ], [s]

② 발음 pronunciación

스페인어의 철자법은 매우 단순하다. 대부분의 문자는 한 음성에 해당한다. 두 가지 이상으로 발음되는 문자의 경우에는 명확한 규칙이 있다. 따라서 다른 언어와 비교하면 훨씬 더 단순하고 간결하다. 한편, 스페인어의 발음은 나라와 지역에 따라, 그리고 사회 계층에 따라 차이가 있을 수 있다.

1. B와 V

b와 v는 단 한 음소 /b/에 해당한다. 즉 동일한 방법으로 발음된다. 그러나, 이 음소는 위치하는 환경에 따라 두 개의 변이음을 갖고 있다.

문장의 맨 앞에 위치할 경우, 그리고 입에서 나오는 공기의 흐름을 차단하는 자음 뒤에 위치할 경우에는 폐쇄음 [b]에 해당한다. 모음 사이에 위치할 경우나 입에서 나오는 공기의 흐름을 차단하지 않는 자음 뒤에 위치할 경우에는 마찰음 [β]에 해당한다.

- vino [bino]
- un buen vino [umbwembino]
- ¿Qué quieres beber? [kekjeresβeβer]
- un vaso de vino [umbasoðeβino]

문장의 맨 앞에 위치한다는 것은 단어의 맨 앞에 위치하는 것과는 다르다. 발음되는 음성연결체 내에서 맨 앞에 위치한다는 것을 의미한다. 즉 말을 중단했다가 다시 시작하는 경우의 첫 부분, 그리고 공기의 흐름이 차단된 후의 첫 부분을 의미한다.

발음이 같기 때문에 b를 써야 할지 v를 써야 할지 (모국어 화자 조차) 혼동할 경우가 있다. 그래서 ¿Cómo se escribe, con be o con uve?라고 묻는 경우가 많다. b와 v를 구별할 수 있는 세 가지 규칙이 있다.

(1) 다른 자음 앞에서는 항상 b를 쓴다. 이런 경우에 v는 전혀 쓰지 않는다.
- libro, libre, cubrir, amable, blanco, obtener, ablativo, hablar...

(2) m 뒤에는 항상 b를 쓴다. n 뒤에는 항상 v를 쓴다.
- b: cambiar, combinar, combate...
- v: conversar, convertir, convidar, enviar...

(3) 라틴 계열의 다른 언어에서 p로 쓰는 단어와 같은 기원의 스페인어 단어는 b로 쓴다.

프랑스어	이탈리아어	스페인어
loup	lupo	lobo
chèvre	capra	cabra

세 번째 규칙은 라틴어에서 스페인어로 발전하는 과정에서 발생한 모음 사이의 p의 「유성음화 현상」에 따른 것이다.

2. D

d는 음소 /d/에 해당하며 위치에 따라 다르게 발음되는 두 변이음을 갖는다. 맨 처음에 위치할 경우에, 입에서 나오는 공기의 흐름을 차단하는 자음 뒤, 또는 [l] 뒤에 올 경우에는 폐쇄음 [d]에 해당한다.

- Dime. [dime]
- un día [undia]

모음 사이에 위치하거나, 입에서 나오는 공기의 흐름을 차단하지 않는 자음 뒤에 위치할 경우에는 [ð]에 해당한다.

- dedo [deðo]

단어의 맨 끝에 위치할 경우에 d는 매우 약한 [ð]로 (매우 약해서 거의 들리지 않을 정도로) 발음되거나, 혹은 발음되지 않기도 한다.

3. G

g는 뒤에 오는 모음에 따라 상이한 두 음소 /g/와 /x/를 갖는다.

- g+a   /g/
- g+o   /g/
- g+u   /g/
- g+e   /x/
- g+i   /x/

4. 음소 /g/

1. 음소 /g/의 표기

- ga   /ga/   gato
- go   /go/   gota
- gu   /gu/   gusto
- gue   /ge/   guerra
- gui   /gi/   guiño

gue와 gui에서 u는 발음되지 않는다. 쓰고자 하는 것이 /gwe/ /gwi/라면, 즉 u를 발음하는 것이라면 gue와 gui는 분할 부호(¨)를 붙여 güe와 güi로 써야 한다.

antigüedad, bilingüe, cigüeña, lingüística, vergüenza

2. 발음

음소 /g/는 두 개의 변이음 /g/와 /ɣ/을 갖는다. 맨 처음에 위치할 경우나 입에서 나오는 공기의 흐름을 차단하는 자음 뒤에 위치하는 경우에는 폐쇄음 [g]에 해당한다.

- un gato   [uŋgato]
- Gustavo   [gustaβo]

두 모음 사이에 위치하거나 입에서 나오는 공기의 흐름을 차단하지 않는 자음 뒤에 위치하는 경우는 마찰음 [ɣ]로 발음된다. 또한 음절의 마지막에 위치하는 경우에는 /g/는 [ɣ]로 발음된다.

- agua [aɣwa]
- agosto [aɣwa]
- ignorar
- Ignacio

5. 음소 /x/

음소 /x/는 다음과 같이 표기된다.

- ja   /xa/   jamón
- jo   /xo/   jota
- ju   /xu/   jugo
- je ge   /xe/   jefe, gesto
- ji gi   /xi/   jinete, gigante

모음 e와 i 앞에서 j와 g, 즉 두 가지로 표기되기 때문에 혼동의 우려가 있다. 그래서 ¿Cómo se escribe, con ge o con jota?라고 묻는 경우가 종종 있다.

reloj, boj, troj, cambuj, gambaj, alioj 등과 같이, 음절의 마지막에 위치하는 /x/는 매우 드문 경우이며 발음되지 않는 경향이 있다. 이 경우에 음소 /x/는 항상 j로 표기된다.

6. C

자음 c는 뒤에 오는 모음에 따라 음소 /k/나 /θ/로 발음된다. /θ/는 스페인 남부 지방, 카나리아 제도, 중남미에서는 /s/가 된다.

- c+a   /k/
- c+o   /k/
- c+u   /k/
- c+e   /θ/, /s/
- c+i   /θ/, /s/

7. 음소 /k/

음소 /k/는 다음과 같이 표기된다.

- ca   /ka/   casa
- co   /ko/   cosa
- cu   /ku/   cuna
- que   /ke/   queso
- qui   /ki/   quita

que와 qui에서 u는 발음되지 않는다. [kwe]와 [kwi]를 표기하려면, cuestión, cuidar 등과 같이 u 앞에 c를 써야 한다. 스페인어에서 qu는 모음 e 와 i 앞에서만 쓴다. [kwa]와 [kwo]를 표기하려면 cuánto, cuando, cuadra, cuota 등과 같이 c를 사용한다.

8. 음소 /θ/

앞에서 본대로 이 음소는 이베리아 반도의 일부 지역, 카나리아제도, 중남미에서는 완전하게 중화되는데 그것은 음소 /s/와 혼동되기 때문이다. 음소 /θ/는 다음과 같이 표시된다.

- za   /θa/   zapato
- zo   /θo/   zorro
- zu   /θu/   zumbo
- ze ce   /θe/   zeta, ceta
- zi ci   /θi/   zinc, cinco

모음 e와 i 앞에서 발음이 같기 때문에 z를 써야 할지 c를 써야 할지 혼동할 경우가 있다. 그러나 ze와 zi는 매우 드물기 때문에 앞에서 본 b와 v, g와 j처럼 큰 문제는 되지 않는다. 다음은 ze와 zi가 포함된 기본적인 단어들이다.

- Nueva Zelanda, neozelandés, zeta
- zigzag, nazi, zinc

일반적으로 음소 /θ/의 경우는 대개 c로 표기된다. cebra, gaceta 등과 같이 다른 언어에서는 z를 사용하는 경우에도 스페인어에서는 c로 표기한다. 그리고 음절의 마지막에서는 paz, bizco, avestruz 등과 같이 주로 z로 표기한다.

9. X

자음 x는 taxi, maxi, exultar, exaltado, examen 등과 같이 일반적으로 [ks]로 발음된다. 그러나 다른 자음 앞에 위치할 경우에는 [s]로 발음한다.

- externo   [esterno]
- extranjero   [estraŋxero]
- extraño   [estraɲo]

그리고 단어의 맨 앞에 위치할 경우에는 [s]로 발음된다.

- xilófono   [silofono]
- xenofobia   [senofoßia]

México, Ximena 등과 같은 단어에서는 x는 [x]로 발음한다.

10. 스페인어와 이중자음

문자 cc가 포함되어 있는 단어에서 두 자음 cc는 colección[kolekθjoŋ], acción[akθjoŋ] 등과 같이 각각 다르게 발음된다. 따라서 이것은 이중자음이라 할 수 없다. nn은 innecesario, innovación 등과 같이 거의 복합어에서만 나타나며, 다른 기원의 단어에서 쓰이는 nn와는 우연의 일치에 해당한다. 이 경우도 이중자음이라 할 수 없다.

rr는 스페인어에 존재하는 유일한 이중자음이며, 분리되지 않는다. 단순하게 표기되는 r는 ratón, rosa, enredo, alrededor 등과 같이 단어의 맨 앞에서, 혹은 n, l 등과 같은 자음 뒤에서 [rr]로 발음된다.

③ 구두점 signos de puntuación

1. [.] 점(punto)

1. 문장의 끝맺음을 나타내는 종지부로 사용되며 다음과 같이 세 가지의 경우를 볼 수 있다.
   ① 문장의 끝에 종지부 punto final를 찍는 poner punto
   ② 점을 찍고 행을 바꾸는 punto y aparte
   ③ 점을 찍고 행을 그대로 계속하는 punto y seguido

2. 생략 표시로 쓰인다.
   D. R. A. E. (Diccionario de la Real Academia Española)

3. 수의 자릿수에 쓰인다. (소수점은 [,]을 사용한다)
   ┌ 한국식   11,027,540.0132
   └ 스페인식 11.027.540,0132

2. [,] 콤마(coma)

1. 콤마는 분리하는 역할을 한다.
   - En España, hay muchas chicas guapas.
     스페인에는 예쁜 여자 아이들이 많이 있다.
   - Es torpe, vago, bruto y descarado.
     그는 어리석고 게으름뱅이고 야비하고 뻔뻔스러운 사람이다.

2. 삽입구의 앞뒤에 콤마를 사용한다.
   - Dime, entonces, qué es lo que quieres.
     그러면 말해라. 네가 원하는 것이 뭔지.
   - Desde que se fue, hace ya más de un mes, no he sabido nada de él.
     그가 떠나간 이래로 벌써 한 달이 넘었지만 그에 대해서는 전혀 몰랐다.

자주 삽입되는 어구로는 pues, en fin, en consecuencia, sin embargo, no obstante, así pues, puesto que, en efecto 등이 있다. o sea, o bien, esto es, es decir, a saber 등과 같이 '즉'에 상당하는 어구도 자주 삽입된다.

- Tengo cincuenta años, es decir, doble que tú.
  나는 50살이다. 즉 네 나이의 두 배다.

3. 동격의 콤마
- Todo tiene dos caras, buena y mala.
  모든 것은 선과 악의 양면을 갖고 있다.
- Goya, pintor genial, nació en Fuendetodos.
  천재 화가 고야는 푸엔데또도스에서 태어났다. 〔설명적 동격〕

cf. Estuve con mi primo Enrique.
  나는 사촌인 엔리께와 함께 있었다. 〔한정적 동격〕

4. 종속절이 선행할 때는 주절 앞에 콤마를 사용한다.
- Cuando vengas a mi casa, te lo diré. 우리 집에 오면 그것을 말하겠다.

5. 호격의 앞뒤에 콤마를 사용한다.
- Señor, se le cayó un guante. 선생님, 장갑이 떨어졌습니다.

6. 생략한 곳에 콤마를 사용한다.
- Nosotros queremos ir al campo; ellos, a la sierra. (quieren ir)
  우리들은 들로, 그들은 산으로 가고 싶어한다.

7. 콤마가 있는지 없는지에 따라 의미가 달라지는 경우가 있다.
- hacer tomar, o inyectar la medicina
  약을 강제적으로 먹이든지 약을 주사하든지 (콤마가 없으면 주사도 강제적)
- ¡Señor, muerto está, tarde llegamos!
  선생님, (그는) 죽었음. 우리는 늦게 도착할 것임. 〔전보〕
- ¡Señor muerto, esta tarde llegamos!
  주인은 죽었음. 우리는 오늘 오후에 도착함.
- La señora, de Ud. espera el fallo.
  그 부인은 당신에 관한 판결을 기다리고 있습니다.
- La señora de Ud. espera el fallo.
  당신의 부인은 그 판결을 기다리고 있습니다.

3. [:] 콜론(dos puntos)

1. 편지에서 인사말 뒤나 호격에 쓴다.

- Querido amigo: 사랑하는 친구에게:
- Estimado profesor: 존경하는 교수님께:
- ¡Señor: apiádate de nosotros! 주여, 우리들을 불쌍히 여기소서.

2. 이미 언급한 것을 예를 들어 열거하거나 설명할 때 사용한다.

이 [:]는 「즉」 또는 「다음과 같다」라고 해석한다. 기본 명제를 제시하고 그 부연적 설명, 원인, 이유, 결과 등을 말할 때 사용한다.

- Los ríos principales de España son cinco: Duero, Tajo, Guadiana, Guadalquivir y Ebro.
  스페인의 주요 하천은 다음 5개이다. 즉 두에로 강, 따호 강, 구아디아나 강, 구아달끼비르 강, 에브로 강이다.

앞에서 세부적으로 열거하고 뒤에서 그것을 총괄적으로 지시할 때도 사이에 [:]를 사용한다.

- La fe, la esperanza, la caridad: he aquí la base de la religión.
  믿음과 희망과 자비, 이것이 본 종교의 근본이다.

3. 원래의 문장을 그대로 인용할 때 콜론을 사용한다. ◐ 화법

- Franklin dijo: "El tiempo es dinero".
  프랭클린은 「시간은 돈이다」라고 말했다.

4. **por ejemplo, verbi gracia, ahora bien, a saber, es lo siguiente** 등과 같은 어구의 뒤에 자주 [:]를 사용한다.

- En efecto: no estaba en casa. 사실상, 그는 집에 없었다.

5. [:]의 뒤는 소문자로 시작하는 것이 일반적이지만 대문자로 시작할 수도 있다.

4. [;] 세미콜론(punto y coma)

1. 문장이 길어서 단락을 끊어야 할 때 사용된다.

문장이 너무 길어서 콤마를 찍고 싶지만 이미 앞에서 쓰였을 경우 그 한 단계 위의 단위로서 [;]를 사용한다. 바꿔 말하면 '큰 콤마' 라 할 수 있다.

- En la Biblia están escritos los anales del cielo, de la tierra y del género humano; en ella se contiene lo que fue, lo que es y lo que será.
  성서에는 하늘과 땅과 인류의 연대기가 쓰여 있다. 그 안에는 과거의 것, 현재의 것 및 미래의 것이 포함되어 있다.

2. 문장과 문장을 접속사에 의존하지 않고 [;]로 연결하는 경우도 있다.

- Unos tienen que marcharse; otros están cansados; otros no han tenido nunca interés; el caso es que todos desean terminar.
  돌아가야만 하는 사람들이 있고 지쳐있는 사람들이 있고 전부터 전혀 흥미가 없는 사람들도 있다. 요는 모두가 끝내고 싶어한다는 것이다.

3. 배반접속사 mas, pero, aunque 등의 앞에 자주 쓰인다.

4. [:]와 교체하여 쓰는 경우가 적지 않다. 설명, 언명, 전개, 결과를 말할 때 두 가지 부호 모두 사용할 수 있는 경우가 있다.

5. [¿?, ¡!] 의문 부호와 감탄 부호
(signos de interrogación y exclamación)

1. 스페인어에서 의문부호와 감탄부호는 문장의 앞과 뒤에 표기한다.
   - ¿Necesita usted algo? 뭔가 필요합니까?
   - ¡Vengan ustedes! 당신들, 오십시오.

2. 의문부호나 감탄부호는 이미 앞에서 문장이 시작되더라도, 질문이나 감탄문이 시작되는 곳에 표기한다.
   - Vamos a ver, María, ¿tú sabes dónde está su mujer?
     마리아, 어디 보자. 너는 그의 부인이 어디 있는지 알아?
   - Sí, señor, soy de Madrid, ¡qué casualidad!
     네, 선생님, 저는 마드리드 출신입니다. 웬 우연입니까!

이런 경우에 질문이나 감탄은 소문자로 시작된다. 그러나 반대로, 질문이나 감탄이 앞에 오면 대문자로 시작되고, 그 질문이나 감탄에 이어지는 문장이 있다면 이 문장은 소문자로 시작된다.

- ¿Y qué pasará ahora? —preguntó Carmen.
  이제는 무슨 일일까? 까르멘이 물었다.

- ¡No faltaba más!, contestó Xavier.
  그럴 필요 없습니다! 하비에르가 대답했다.

3. 짧고 계속 이어지는 의문문이나 감탄문이 여러 개 있는 경우에는 첫 번째 문장을 제외하고는 대문자로 시작되지 않는다.

- ¿Dónde has estado?, ¿qué has hecho en tanto días?
  너는 어디 있었니? 그 여러 날 동안 뭐 했니?

이와 같은 경우에는 여러 문장이 쉼표에 의해 분리되어 나타난다. 만약 쉼표가 중간에 표기되지 않는다면 각각의 문장은 대문자로 시작되어야 한다.

> **Nota**
> 의문문과 감탄문이 동시에 함께 있는 경우가 있다. 한림원에 의하면, 이런 문장에 있어서는 앞에는 의문부호가, 뒤에는 감탄부호가, 경우에 따라서는 그 반대로 표기될 수도 있다.
> ¿Qué persecución es esta, Dios mío!
> ¿Cuándo vamos a llegar, Dios mío!

6. ( ), [ ] 괄호(paréntesis)

1. 이 부호는 언급하려는 중요한 목적 외에 우연한 자료나 명확성을 나타낸다.

- Fernando viene con frecuencia a casa (es como de la familia) y yo voy a la suya.
  페르난도는 (마치 가족의 집처럼) 자주 집에 오고 나는 그의 집에 간다.

- Hacía calor (el verano vino aquel año muy adelantado) y las ventanas estaban abiertas.
  날씨가 더웠기 때문에 (그 해 여름은 매우 일찍 왔었다) 창문들은 열려 있었다.

2. 문헌을 복사하거나 인용하면서 인용자가 어떤 원문에 빠져있는 부연 설명이나 어떤 단어나 글자를 추가하는 것이 필요하다고 생각할 때 이 부호가 사용된다.

- Es esta [la lengua escrita] muy diferente de la hablada.
  이것(문어체)은 구어체 언어와는 매우 다르다.

7. [¨] 분음부호(diéresis, crema)

antigüedad, pingüe, argüir, vergüenza 등과 같은 단어에서, gue, gui 등과 같은 음의 결합에서 u가 발음되어야 한다는 것을 가리키기 위하여 사용된다.

- vergüenza [베르구엔사] 수치
- lingüística [링구이스띠까] 언어학

8. [" ", ≪ ≫] 인용부호(comillas)

1. 언급된 말을 인용할 때 사용된다. ≪ ≫은 특별한 의미를 갖게 될 때 사용된다.

- Buscaba otra palabra en vez de ≪ trabajar ≫.
  그는 '일하다' 대신에 다른 단어를 찾고 있었다.

2. 별명 혹은 동물이나 사물의 고유한 이름을 따로 표시하기 위하여 이 부호가 사용된다.

- Mi nombre es Julio Sánchez, aunque me llaman "Cabezón".
  사람들은 저를 '대갈장군'이라고 부르지만 제 이름은 훌리오 산체스입니다.
- Estaba en el hotel "La Perla".
  나는 'La Perla'라는 호텔에 있었다.

9. [–] 줄표(raya)

대사 앞에 사용하여 화자의 교체를 나타낸다. 말의 인용은 보통 큰 따옴표로 나타내지만 화자의 교체가 연속적으로 나오는 극의 대본이나 소설의 대화 장면에 많이 사용된다.

- – ¿No me conoces?
- – Pues, francamente...
- – Recuerda, chico. Procura recordar...

10. [...] 생략부호(puntos suspensivos)

1. 한 문장을 미완성으로, 의미를 완성하지 않은 상태로 두는 경우에 사용된다.

- El domingo visitaré a mis hermanos...
  일요일 나는 나의 형제들을 방문하고...

2. 화자나 독자가 이미 알고 있는 것으로 간주되기 때문에 말을 중단하는 경우 생략부호로 표현되기도 한다.

- Como dice el refrán: Ojos que no ven...
  격언에 있듯이, 보지 못하는 눈은...

3. 열거가 완성되지 않은 채 남겨졌을 때, 생략부호와 함께 끝이 맺어진다.

- En los alrededores había pinos, cedros...
  주위에 있었던 것은 소나무, 삼나무...

④ 대문자의 사용

1. 대문자를 사용하는 경우

1. 마침표 뒤에 오는 첫 단어는 대문자로 시작하며, 또한 의문부호와 감탄부호 뒤에 오는 경우도 대문자로 시작하는데, 이때 그 사이에는 쉼표가 표기되지 않는다.

- ¿De qué se trata? Dime claramente. 무슨 일이야? 분명하게 말해.

또한 편지의 서두에 있어서나 문헌의 문장을 다시 쓸 때, 콜론 뒤에 오는 첫 단어도 대문자로 시작한다.

2. 모든 고유명사, 그리고 고유명사를 대신하는 별칭이나 고유명사를 동반하는 모든 것은 대문자로 쓴다.

- Castilla 까스띠야 왕국
- Alfonso X el Sabio 현왕 알폰소 10세

  cf. el Sabio 현자 솔로몬

3. 신이나 성모 마리아를 가리키거나 대명사로써 그들을 가리킬 때 대문자를 사용한다.

- el Creador 조물주, 신
- el Redentor 구세주, 그리스도
- la Madre del Salvador 성모
- Nuestra Señora 성모

4. 직위, 고관대작이나 기관의 이름은 대문자로 표기한다.

- el Sumo Pontífice 로마 교황
- el Jefe del Estado 국가 원수
- Su Excelencia 각하
- el Ayuntamiento de Madrid 마드리드 시청
- el Ministerio de Asuntos Exteriores 외무성
- la Constitución Española 스페인 헌법
- la Casa de Monedas 조폐국

5. 책, 잡지, 기사, 영화, 문학작품 등의 제목의 첫 단어는 대문자로 시작한다.

- Los hermanos Karamazov 카라마조프 형제들
- Siete novias para siete hermanos 일곱 형제의 일곱 신부

6. 경칭이 약어로 사용될 때 대문자로 표기한다. 그러나 약어를 쓰지 않고 전부 다 표기할 때는 대문자를 사용하지 않는다.

- Sr. D. (señor don)
- Ud., Vd. (usted)
- V.S. (usía)

2. 소문자를 사용하는 경우

요일명, 월명, 계절명, 음악의 음표 등은 소문자로 표기한다.

- martes, sábado
- marzo, junio, agosto
- primavera, invierno
- do, re, mi

Nota

ch나 ll로 시작하는 단어의 첫부분을 대문자로 써야 할 경우에는 단지 이 문자의 첫 글자만 대문자로 사용하여 Ch-, Ll-로 표기한다. 따라서 다음과 같이 쓴다.

- Chimborazo (o)
- CHimborazo (x)

- Llerena (o)
- LLerena (x)

3. 대문자의 악센트 부호

악센트 부호를 가진 단어가 대문자로 사용될 경우에, 대문자에 그 악센트 부호를 표기해야 한다. 이것은 어휘의 발음이나 이해에서 실수나 혼동을 피하기 위한 것이다. 특히 책의 표지, 지리적 명칭, 고유명사 등의 대문자에서 악센트 부호의 표기는 중요하다. 따라서 다음과 같이 표기해야 한다.

- ÁFRICA (África)
- MÁLAGA
- GRAMÁTICA
- Ávila
- Álvaro

참고문헌

Agencia EFE (1991), *Manual de español urgente*, Madrid, Cátedra.

Alberto Miranda, José (1992), *Usos coloquiales del español*, Madrid, Publicaciones del Colegio de España.

Alcina Franch, Juan & José Manuel Blecua (1994), *Gramática española*, Barcelona, Ariel.

Alonso, Martín (1974), *Gramática del español contemporáneo*, Madrid, Guadarrama.

Álvarez Martínez, María Ángeles (1992), *El adverbio*, Madrid, Arco Libros.

Busquets, L. & L. Bonzi (1989), *Ejercicios gramaticales*, Madrid, SGEL.

Casado Velarde, M. (1995), *Usos y normas del castellano actual*, Pamplona, EÚNSA.

Escarpanter, José (1993), *Eso no se escribe así,* Madrid, Editorial Playor.

Fernández López, María del Carmen (1999), *Las preposiciones en español: Valores y usos / Construcciones preposicionales*, Salamanca, Ediciones Colegio de España.

Gili Gaya, Samuel (1979), *Curso de sintaxis española*, Barcelona, Bibliograf.

Gómez Torrego, L. (1988), *Perífrasis verbales*, Madrid, Arco Libros.

_____ (1992), *El buen uso de palabras*, Madrid, Arco Libros.

_____ (1992), *Valores gramaticales de 'se'*, Madrid, Arco Libros.

_____ (1992), *La impersonalidad gramatical: descripción y norma*, Madrid, Arco Libros.

_____ (1995), *Manual de español correcto*, Madrid, Arco Libros.

González Calvo, José Manuel (1995), *La oración simple*, Madrid, Arco Libros.

Hernández, Guillermo (2000), *Análisis gramatical*, Madrid, SGEL.

Hernando Cuadrado, L.A. (1992), *La oración gramatical*, Madrid, Cincel.

_____ (1994), *Aspectos gramaticales del español hablado*, Madrid, Ediciones Pedagógicas.

Lamíquiz, Vidal (1982), *El sistema verbal del español*, Málaga, Librería Ágora.

Marcos Marín, Francisco (1980), *Curso de gramática española*, Madrid, Cincel.

Matte Bon, Francisco (1992), *Gramática comunicativa del español*, Madrid, Difusión.

Moreno, Concha & Martina Tuts (1994), *Curso de perfeccionamiento*, Madrid, SGEL.

Morera, Marcial (1991), *Diccionario crítico de las perífrasis verbales del español*, Puerto del Rosario.

Onieva Morales, Juan Luis (1990), *Fundamentos de gramática estructural del español*, Madrid, Playor.

_____ (1993), *La gramática de la Real Academia Española*, Madrid, Playor.

Pesquera, Julio G. (1990), *Las buenas palabras*, Madrid, Ediciones Pirámide.

Porto Dapena, José Álvaro (1993), *El complemento circunstancial*, Madrid, Arco Libros.

_____ (1994), *Complementos argumentales del verbo: directo, indirecto, suplemento y agente*, Madrid, Arco Libros.

Quilis, Antonio & César Hernández (1980), *Curso de lengua española*, Valladolid, Industrial Litográfica.

Real Academia Española (1979), *Esbozo de una nueva gramática de la lengua española*, Madrid, Espasa-Calpe.

Reyes, Graciela (1993), *Los procedimientos de cita: estilo directo y estilo indirecto*, Madrid, Arco Libros.

Rosenblat, Ángel (1974), *Actuales normas ortográficas y prosódicas de la Academia Española*, Madrid, Oficina de Educación Iberoamericana.

Sarmiento, Ramón & Aquilino Sánchez (1996), *Gramática básica del español*, Madrid, SGEL.

Seco, M. (1986), *Diccionario de dudas y dificultades de la lengua española*, Madrid, Espasa-Calpe.

_____ (1993), *Gramática esencial del español*, Madrid, Aguilar.

Seco, Rafael (1992), *Manual de gramática española*, Madrid, Aguilar.

Spaulding, R.K. & I.A. Leonard (1980), *Spanish Review Grammar*, New York, Rinehart & Winston.

Stockwell, Robert P. (1989), *The gramatical structures of English and Spanish*, Chicago, Univ. of Chicago Press.

Vigara Tauste, A.M. (1980), *Aspectos del español hablado*, Madrid, SGEL.

세부목차

제 1장 관사

1. 정관사 ·· 22
   1.1. 정관사의 형태 ···················· 22
   1.2. 정관사의 용법 ···················· 23
2. 부정관사 ······································ 27
   2.1. 부정관사의 형태 ················ 27
   2.2. 부정관사의 용법 ················ 28
3. 관사의 생략 ································· 29
4. 관용구 ·· 32

제 2장 명사

1. 명사의 성 ···································· 36
   1.1. 자연적인 성과 문법적인 성 ···· 36
   1.2. 어미에 의한 명사의 성 ······ 36
   1.3. 성에 따라 의미가 다른 명사 ···· 39
2. 명사의 수 ···································· 41
   2.1. 단수와 복수 ······················ 41
   2.2. 집합명사・물질명사・추상명사 ···· 44
   2.3. 수의 일치 ·························· 48

제 3장 대명사

1. 대명사의 기능 ····························· 56
2. 대명사의 종류와 용법 ················ 56
   2.1. 인칭대명사 ························ 56
   2.2. 소유대명사 ························ 60
   2.3. 지시대명사 ························ 61
   2.4. 관계대명사 ························ 62
   2.5. 의문대명사 ························ 63
   2.6. 부정대명사 ························ 64

3. lo의 용법 ··· 65
   3.1. 목적대명사 ································· 65
   3.2. 중성대명사 ································· 65
   3.3. 중성관사 ··································· 66

제 4장 형용사

1. 형용사의 형태 ····································· 72
   1.1. 형용사와 명사의 성·수의 일치 ············ 72
   1.2. 특별한 형태의 형용사 ······················ 74
2. 형용사의 위치 ····································· 75
   2.1. 명사―형용사 ································ 75
   2.2. 형용사―명사 ································ 76
   2.3. 명사―부사―형용사 ························ 77
   2.4. 의미의 강조 ·································· 78
   2.5. 전치와 후치의 기능적인 차이 ·············· 78
   2.6. 설명적 용법 ·································· 78
   2.7. 형용사의 위치에 따른 의미의 차이 ········ 79
   2.8. 명사에서 떨어져 위치하는 경우 ··········· 80
   2.9. 하나의 명사에 두 개의 형용사가 사용된 경우 ··· 80
   2.10. 두 개의 명사를 수식하는 형용사 ········· 81
3. 형용사의 기능 ····································· 82
   3.1. 형용사의 명사화 ····························· 82
   3.2. 형용사의 부사적 용법 ······················ 83
   3.3. 목적보어로 사용된 형용사 ·················· 84
   3.4. 형용사의 부사로의 전용 ···················· 85
   3.5. 형용사의 보어 ······························· 85

제 5장 동사 (1)

1. 동사의 기능과 종류 ······························· 88
   1.1. 동사의 기능 ·································· 88
   1.2. 동사의 종류 ·································· 89
2. 동사의 시제 ······································· 91
   2.1. 직설법 현재 ·································· 92

2.2. 불완료미래 ··· 94
2.3. 미래완료 ··· 96
2.4. 직설법 가능 ··· 97
2.5. 현재완료 ··· 99
2.6. 과거완료 ··· 102
2.7. (부정)과거와 불완료과거 ································· 104
2.8. 직전과거 ··· 110

제 6장 동사 (2)

1. 지각동사 ··· 112
   1.1. 지각동사의 문형 ·· 112
   1.2. 지각동사의 무인칭 문장 ·································· 114
   1.3. 지각동사의 구문적 특성 ·································· 115
2. [ME GUSTA] 구조의 동사 ······································ 117
   2.1. me가 직접목적어인 경우 ································ 118
   2.2. me가 간접목적어인 경우 ································ 120
   2.3. Se+me+V+S [무의지의 se] ···························· 126
   2.4. Se+le+V [무인칭의 se] ·································· 129

제 7장 부사

1. 부사의 기능과 분류 ·· 132
   1.1. 부사의 기능 ·· 132
   1.2. 부사의 분류 ·· 132
2. 부사의 용법 ··· 134
   2.1. 부사의 위치 ·· 134
   2.2. 부사 위치의 유형 ··· 136
   2.3. 형용사와 형태가 같은 부사 ····························· 137
   2.4. 부사구 ·· 138
3. con+추상명사 ·· 139
   3.1. [-mente 부사]와 [con+추상명사]의 차이 ·········· 139
   3.2. [con+추상명사]의 문형 ································· 141
   3.3. 자주 사용되는 [con+추상명사] ······················· 142

제 8장 의문문

1. 의문문 146
   1.1. 의문문의 형태 146
   1.2. 간접의문문 148
2. 의문사 151
   2.1. quién(es) 151
   2.2. qué 152
   2.3. cuál(es) 153
   2.4. qué와 cuál 153
   2.5. cuánto(as) 155
   2.6. cuándo 155
   2.7. dónde 155
   2.8. cómo 156
   2.9. qué tal 157
   2.10. por qué 157
   2.11. para qué 157

제 9장 관계사

1. 관계대명사 160
   1.1. que 160
   1.2. quien 163
   1.3. cual 164
   1.4. cuanto(as) 166
   1.5. quien, el que, el cual의 용법 166
2. 관계형용사 168
   2.1. cuyo(as) 168
   2.2. cuanto(as)+명사 168
3. 관계부사 169
   3.1. donde 169
   3.2. cuando 170
   3.3. como 170
   3.4. cuanto 171
   3.5. porque 171

제 10장 접속법

1. 접속법의 개념과 시제 ·· 174
   1.1. 접속법의 개념 ·· 174
   1.2. 접속법의 시제 ·· 176
2. 접속법의 사용 조건 ·· 179
   2.1. 문장의 내용에서 본 조건 ·································· 179
   2.2. 시제에서 본 조건 ·· 181
3. 접속법 시제의 특성 ·· 181
   3.1. 접속법의 시제와 그 실질 내용 ····························· 182
   3.2. 주절과 종속절의 시제의 일치 ······························ 184
   3.3. 시제의 일치 ·· 184
4. 단문의 접속법 ·· 185
   4.1. 의심의 부사 ·· 185
   4.2. 감탄사 ojalá ·· 186
   4.3. 감탄사 lástima ·· 187
   4.4. 원망문 ·· 187
   4.5. 명령문과 청유문 ··· 187
   4.6. 간섭명령문 ··· 187
5. 복문의 접속법 ·· 188
   5.1. 명사절 ·· 188
   5.2. 형용사절 ··· 194
   5.3. 부사절 ·· 197

제 11장 SE의 용법

1. 간접목적대명사 ·· 212
2. 재귀대명사 SE ··· 212
   2.1. 타동사를 자동사로 만드는 se ······························ 214
   2.2. '자신'을 의미하는 se ······································ 221
   2.3. 본래의 재귀동사 ··· 227
3. 상호의 SE ·· 228
   3.1. 상호동사 ··· 228
   3.2. 상호동사와 재귀동사 ······································ 229
   3.3. 전치사 ·· 229

  3.4. el uno al otro ·········· 230
  3.5. uno a otro ·········· 231
4. 수동의 SE ·········· 231
  4.1. 재귀동사와의 차이 ·········· 231
  4.2. 무인칭의 se와의 차이 ·········· 231
  4.3. 수동문의 구별 ·········· 232
  4.4. [수동의 se]의 용법 ·········· 232
5. 무인칭의 SE ·········· 232
  5.1. 무인칭의 uno ·········· 233
  5.2. 3인칭 복수형 동사에 의한 무인칭 ·········· 234
  5.3. 무인칭의 se ·········· 235
  5.4. 부정사에 의한 무인칭 ·········· 237
  5.5. 단인칭 동사 ·········· 238
6. 무의지의 SE ·········· 239
7. 이해의 SE ·········· 239
8. SE의 의미 변화 ·········· 242

제 12장 수동태

1. [ser+과거분사] ·········· 248
  1.1. 수동으로 해석되는 경우 ·········· 248
  1.2. 수동으로 해석되지 않는 경우 ·········· 248
  1.3. 자동사의 과거분사로 구성된 [ser+과거분사] ·········· 249
2. 재귀수동태 ·········· 249
  2.1. 수동으로 해석되는 경우 ·········· 249
  2.2. 수동으로 해석되지 않는 경우 ·········· 250
3. 무인칭의 SE ·········· 251
4. 3인칭 복수 ·········· 252
5. [estar+과거분사] ·········· 253
6. [동사+과거분사]의 수동 ·········· 255
  6.1. S+V+과거분사 ·········· 255
  6.2. V+O+과거분사 ·········· 255
7. 스페인어의 수동태 ·········· 256

7.1. 스페인어 수동태의 특징	256
7.2. 수동의 se와 무인칭의 se의 차이	258
7.3. 수동태의 사용 기준	260

제 13장 명령문

1. 명령문의 형태	264
1.1. tú와 usted의 명령형	264
1.2. vosotros의 명령형	265
1.3. 명령법과 접속법	265
1.4. 명령문의 어순	266
2. 명령문의 기본 문형	266
2.1. 명령+y	266
2.2. 명령1+pero+명령2	267
2.3. 명령+o	267
2.4. 명령+que	267
3. 기타 형태의 명령문	268

제 14장 부정사

1. 부정사의 용법	274
1.1. 명사적 용법	274
1.2. 형용사적 용법	278
1.3. 부사적 용법	279
2. 부정사의 주어	281
2.1. 부정 주어	281
2.2. [inf.+de+명사]	281
2.3. 주동사의 주어와 같은 경우	281
2.4. [inf.+주어]	281
2.5. 목적어가 부정사의 주어인 경우	281
3. 부정사의 형태	282
3.1. 부정사의 완료형: haber+과거분사	282
3.2. 부정사의 부정형: no+inf.	282
3.3. 부정사의 수동형: ser+과거분사	283
4. 특수 용법	284

제 15장 현재분사와 과거분사

1. 현재분사 ··· 288
   1.1. 진행형: estar+현재분사 ··· 289
   1.2. 부사적 용법: 동사+현재분사 ·· 291
   1.3. 분사구문 ·· 291
2. 과거분사 ··· 294
   2.1. 형용사적 용법 ·· 295
   2.2. 명사적 용법 ··· 296
   2.3. 부사적 용법 ··· 296
   2.4. 목적어의 보어가 되는 과거분사 ·· 297
   2.5. 술부동사에 사용되는 과거분사 ··· 298
   2.6. 분사구문 ·· 298

제 16장 부정어와 부정어

1. 부정어 indefinidos ·· 302
   1.1. algo ·· 302
   1.2. alguien ·· 303
   1.3. alguno(as) ·· 304
   1.4. uno(as) ··· 304
   1.5. otro ·· 305
   1.6. uno-otro ··· 305
   1.7. tanto ··· 306
   1.8. tal ·· 307
   1.9. cualquiera ·· 307
2. 부정어 negativos ·· 308
   2.1. 부정어의 특성 ·· 308
   2.2. 부정어의 용법 ·· 309

제 17장 비교

1. 비교의 문형과 비교의 대상 ·· 312
   1.1. 비교의 문형 ··· 312
   1.2. 비교의 대상 ··· 314
2. 동등 비교 ··· 316

2.1. tan+형용사+como ··············· 316
2.2. 명사+tan+형용사+como ··············· 316
2.3. ser tan+형용사₁+como+형용사₂ ··············· 316
2.4. tan+부사+como ··············· 317
2.5. 동사+tanto como ··············· 317
2.6. tanto(as)+명사+como ··············· 317
2.7. 주어+동사+tanto(as)+명사₁+como+명사₂ ··············· 317
2.8. tanto+A+como+B ··············· 317
2.9. no+동사직설법+tan+형용사+que+동사접속법 ··············· 318
2.10. 비교대상의 생략 ··············· 318

3. 우열 비교 ··············· 319
  3.1. 우열 비교와 동등 비교의 차이 ··············· 319
  3.2. 우열 비교의 문형 ··············· 320

4. 최상급 ··············· 327
  4.1. el+(명사)+más+형용사+de ~ ··············· 327
  4.2. el+(명사)+más+형용사+que+동사 ··············· 327
  4.3. el+(명사)+que+동사+más(más+동사) ··············· 327
  4.4. uno de los más ~ ··············· 327
  4.5. 동사+más ··············· 327
  4.6. 부정어와의 비교 (최상급) ··············· 328
  4.7. primero와 último의 최상급 표현 ··············· 328
  4.8. mejor와 más bueno; peor와 más malo ··············· 328
  4.9. 절대 최상급 ··············· 328

5. 비교와 관련된 표현 ··············· 330
  5.1. 배수 ··············· 330
  5.2. 분수 ··············· 331
  5.3. 상관관계 ··············· 333

6. 비교의 의문문 ··············· 336
  6.1. 비교의 대상이 A·B인 경우 ··············· 336
  6.2. 비교의 대상이 A·B가 아닌 경우 ··············· 337

제 18장 전치사

1. 전치사의 기능 ··············· 340
2. 스페인어 전치사의 특징 ··············· 341

   2.1. 전치사의 중복 341
   2.2. 주의해야 할 전치사 341
3. 전치사의 용법 (1) 344
   3.1. [전치사] A 344
   3.2. A 348
   3.3. DE 350
   3.4. EN 356
   3.5. PARA 358
   3.6. POR 360
   3.7. PARA와 POR 363
4. 전치사의 용법 (2) 365
   4.1. ANTE 365
   4.2. BAJO 366
   4.3. CON 366
   4.4. CONTRA 367
   4.5. DESDE 367
   4.6. ENTRE 368
   4.7. HACIA 368
   4.8. HASTA 369
   4.9. SEGÚN 370
   4.10. SIN 371
   4.11. SOBRE 371
   4.12. TRAS 372

제 19장 접속사

1. 접속사의 기능 376
2. 접속사의 분류 376
   2.1. 대등접속사 377
   2.2. 종속접속사 379
3. 접속사 que 380
   3.1. 문장의 명사화 380
   3.2. 문장 내용의 강조 380
   3.3. 두 개념의 대립 381
   3.4. que와 관련된 문형 382

3.5. que의 생략 383

제 20장 화법

1. 평서문 386
    1.1. 구두점의 변화와 소문자의 사용 386
    1.2. 접속사의 사용 386
    1.3. 종속동사의 시제변화 387
    1.4. 인칭 변화 388
    1.5. 화법에 따른 문장 성분의 변화 388
2. 의문문 390
    2.1. 구두점의 변화와 소문자의 사용 390
    2.2. 주동사 decir 390
    2.3. 접속사 390
3. 명령문 391
    3.1. 명령문의 간접화법 391
    3.2. 주동사 decir 392
4. 감탄문 393

제 21장 기본 동사와 동사구

1. 기본 동사 396
    1.1. SER와 ESTAR 396
    1.2. CAER 398
    1.3. DAR 399
    1.4. DEBER 401
    1.5. DEJAR 401
    1.6. ECHAR 403
    1.7. FALTAR 405
    1.8. HABER 406
    1.9. HACER 408
    1.10. JUGAR 409
    1.11. LLEVAR 410
    1.12. PERDER 412
    1.13. PONER 414
    1.14. QUEDAR 415

  1.15. SENTAR ······ 417
  1.16. SENTIR ······ 417
  1.17. TENER ······ 418
  1.18. TOCAR ······ 420
  1.19. TOMAR ······ 421
  1.20. VOLVER ······ 422
 2. 동사구 ······ 423
  2.1. 의무 ······ 423
  2.2. 사역 ······ 425
  2.3. 가능 ······ 427
  2.4. 기동 ······ 428
  2.5. 완료 ······ 430
  2.6. 결과 ······ 431
  2.7. 반복 ······ 432
  2.8. 원망 ······ 432
  2.9. 결정 ······ 433
  2.10. 필요 ······ 435
  2.11. ~가 되다 ······ 435
  2.12. 기타 ······ 437

제 22장 부정의 표현

1. 준부정어 ······ 442
 1.1. 준부정어 ······ 442
 1.2. 준부정어의 비교급 ······ 444
 1.3. 관용어 ······ 445
 1.4. 기타 접속구 ······ 446
2. 이중 부정 ······ 447
3. 부분 부정 ······ 451
 3.1. 부정어 no의 위치 ······ 451
 3.2. 일부 긍정 · 일부 부정 ······ 453
 3.3. 양자 긍정 ······ 454
 3.4. 양자 부정: ni A ni B ······ 454

제 23장 강조와 완곡어법

1. 강조 456
　1.1. 주어의 강조 456
　1.2. 목적어의 전치 · 중복 456
　1.3. 동사의 강조 456
　1.4. 반복에 의한 술부의 강조 456
　1.5. 도치에 의한 강조 457
　1.6. 다른 표현에 의한 강조 457
　1.7. 강조어의 부가 457
　1.8. 관계사 구문 460
2. 감탄문 463
　2.1. ¡Qué+명사! 463
　2.2. ¡Qué+명사+동사! 463
　2.3. ¡Qué+형용사! 463
　2.4. ¡Qué+형용사+동사(+주어)! 464
　2.5. ¡Qué+부사+동사(+주어)! 464
　2.6. ¡Qué+형용사+명사+동사+주어! 464
　2.7. ¡Qué+명사+más(tan)+형용사+동사+주어! ... 464
　2.8. ¡Con qué+추상명사+동사+주어! 464
　2.9. ¡Qué de+명사(+동사)! 465
　2.10. ¡Qué+형용사(명사)+que+동사! 465
　2.11. ¡Cómo+동사(+주어)! 465
　2.12. ¡Cuánto+동사(+주어)! 465
　2.13. ¡Cuánto(as)+명사(+동사)! 466
　2.14. ¡Cuán+형용사(+동사+주어)! 466
　2.15. ¡Vaya un(a)+명사! 466
　2.16. ¡Vaya con+명사! 466
　2.17. 반어의 내용을 갖는 감탄문 467
　2.18. 동사의 생략 467
　2.19. 문장 속의 감탄문 467
3. 완곡어법 468
　3.1. 완곡어법 468
　3.2. 용례 469

제 24장 문장의 구조

1. 어순 ·· 476
   1.1. 스페인어 어순의 특징 ······················ 476
   1.2. [동사-주어]의 어순 ························· 477
   1.3. 삽입 ·· 479
   1.4. 도치 ·· 479
   1.5. 주어의 위치 ··································· 481
2. 생략 ·· 482
   2.1. 생략 현상 ····································· 482
   2.2. 형용사의 생략 ······························· 482
   2.3. 동사의 생략 ·································· 483
   2.4. 절(S+V)의 생략 ···························· 483
   2.5. 선행사의 생략 ······························· 483
   2.6. 전치사 뒤의 ser의 생략 ··················· 484
   2.7. 접속사 que의 생략 ························· 484
   2.8. 속담, 광고 등의 생략 ······················ 484

제 25장 기타 표현

1. 정도·분량의 표현 ································ 486
   1.1. 정도·분량의 부사 ·························· 486
   1.2. 정도·분량의 형용사 ······················· 486
   1.3. 형용사의 정도를 구분하는 부사 ········· 487
   1.4. 비교급의 정도 ······························· 487
   1.5. 시간의 정도 ·································· 487
   1.6. 이것 정도 (저것 정도) ····················· 488
   1.7. 약, 대체로 ···································· 488
   1.8. 비율 ·· 489
   1.9. 빈도 ·· 490
   1.10. 횟수 ··· 490
   1.11. 점점~ [cada vez+비교급] ············· 490
   1.12. 한계 ··· 491
   1.13. 겨우, 좀처럼 apenas ···················· 491
   1.14. 하마터면 ~할 뻔했다 ···················· 491
   1.15. 조금도 ~않다 ······························ 491

  1.16. 초과 492
  1.17. 가능한 한 492
2. 장소의 표현 492
  2.1. 위치 492
  2.2. 부사와 전치사구의 차이 497
  2.3. bajo와 abajo 498
  2.4. 전치사 por 499
  2.5. 전치사 a 499
  2.6. 장소를 나타내는 숙어 501
3. 시간의 표현 502
  3.1. 때의 표현 502
  3.2. 시간의 경과를 나타내는 동사 505
  3.3. 과거 · 현재 · 미래 508
4. 소유의 표현 512
  4.1. 전치사 de 512
  4.2. 소유사 513
  4.3. 여격대명사 515
  4.4. 동사 tener 517

제 26장 수사

1. 기수와 서수 520
  1.1. 기수 520
  1.2. 서수 524
2. 수사의 용법 526
  2.1. 기수 526
  2.2. 서수 527

제 27장 철자법과 발음

1. 스페인어의 알파벳 530
2. 발음 531
  2.1. B와 V 531
  2.2. D 532
  2.3. G 533

2.4. 음소 /g/ 533
2.5. 음소 /x/ 534
2.6. C 534
2.7. 음소 /k/ 535
2.8. 음소 /θ/ 535
2.9. X 536
2.10. 스페인어와 이중자음 536
3. 구두점 537
  3.1. 점 537
  3.2. 콤마 537
  3.3. 콜론 539
  3.4. 세미콜론 539
  3.5. 의문부호와 감탄부호 540
  3.6. 괄호 541
  3.7. 분음부호 541
  3.8. 인용부호 542
  3.9. 줄표 542
  3.10. 생략부호 542
4. 대문자의 사용 543
  4.1. 대문자를 사용하는 경우 543
  4.2. 소문자를 사용하는 경우 544
  4.3. 대문자의 악센트 부호 545

<ESPAÑA>

삼영서관
스페인어 베스트

무지무지 쉬운 기초 스페인어 회화

스페인어를 처음 배우는 초보자를 위한 스페인어 회화 입문서입니다. 공항, 호텔, 레스토랑, 역, 은행 등의 다양한 장소와 다양한 상황에서 이루어지는 일상 대화를 중점적으로 다루었습니다.

- 일상 생활에서 많이 사용하는 표현
- 꼭 필요한 기초적인 표현과 기본 문법 설명
- 초보자를 위한 상세한 문법 설명
- 모국어 화자가 녹음한 대화 내용

유연창 엮음 ● 신국판 ● 2색도 ● 240쪽

스페인어 기초 다지기

이 책은 스페인어의 기본문법과 표현을 기초단계부터 배울 수 있는 초보자용 교재로, 누구라도 처음부터 스페인어를 쉽게 배울 수 있도록 구성되어 있습니다. 각 단원은 본문, 어휘, 문법 설명, 표현연구, 연습문제로 이루어져 있습니다. 매 장마다 다른 문법사항들을 본문과 함께 익힐 수 있으며, 표현연구에서는 다양한 표현들을 배울 수 있습니다. 마지막으로 연습문제의 문제풀이를 통해 문법과 문형을 최종적으로 점검해 볼 수 있습니다.

- 26가지 상황 설정으로 다양한 문형과 표현을 습득
- 기본 회화를 통해 문법을 쉽게 익힐 수 있다.
- 기본 문형을 통한 표현력 증대
- 연습문제를 통해 실력을 점검

유연창 저 ● 신국판 ● 404쪽

초스피드 기초 스페인어

이 책은 기초회화와 기본문법을 중심으로 엮은 스페인어 첫걸음 교재입니다.

제목에서 보듯이 꼭 필요한 문법적인 내용을 기본회화를 바탕으로 구성하여 단기간에 스페인어를 공부하고자 하는 분들에게 도움이 되도록 하였습니다. 처음 스페인어를 공부하는 학습자들에게 꼭 필요한 기본회화, 기초문법, 필수표현, 단어, 연습문제 등을 통해서 기본적인 스페인어의 감각을 느끼도록 구성하였습니다. 총 20과의 본문으로 이루어져 있으며, 주인공 민수(Minsu)를 따라 짧지만 재미있는 스페인어 여행을 떠나보세요~~

- 회화와 문법을 함께 공부하는 첫걸음 스페인어
- 일상 회화와 비즈니스 상황을 숭심으로 구성한 스페인어 첫걸음
- 일상 대화를 바탕으로 초급 문법을 설명
- 사진과 삽화로 맛보는 스페인의 이국 정취

Fukushima Noritak 저 ● 신국판 ● 2색도 ● 192쪽

España

국내최초
서한대역 시리즈

서한대역 시리즈 1
스페인 역사

스페인 고대 역사로부터 중세, 르네상스, 근대, 현대에 이르기까지 크고 작은 사건과 함께 흥미있는 역사적 일화들로 구성했으며, 어학적 측면에서도 독해력을 증진시키기에 적합한 책입니다.

박 철 편역 | 신국판 | 232쪽

서한대역 시리즈 2
아라비안 나이트

고전 「아라비안 나이트」를 읽으면서 스페인어의 독해력을 증진시킬 수 있도록 구성한 책으로 어휘·구문 등을 자세히 해설했습니다. 흥미진진한 이야기를 읽어 가는 가운데 스페인어 실력을 부쩍 늘릴 수 있습니다.

박 철 편역 | 신국판 | 296쪽

España
serise

서한대역 시리즈 3
어린왕자

사랑하는 장미꽃을 두고 지구에 찾아온 어린 왕자. 여우에게서 「길들여진다」는 말을 배우고 지구를 떠난 어린 왕자가 스페인 말을 하며 다시 지구를 찾아왔습니다. 어린 왕자와 함께 스페인어로 궁금했던 이야기를 나누어 봅시다.

유연창 편역 | 신국판 | 216쪽

서한대역 시리즈 4
악동 라사로의 모험

독해력을 증진시키기 위한 서한대역시리즈. 단어해석과 자세한 설명을 곁들여 원문을 이해하는데 많은 도움을 줍니다. 주인공 '라사리요 데 토르메스 (일명 라사로)'의 유아시절에서 청년시절까지 펼쳐지는 파란만장한 인생경험이 담겨있습니다. 서간체 형식의 이 소설은 해학적이며 우스꽝스러운 상황으로 웃음을 자아내기도 하지만 작품내면에는 깊은 비관주의와 가혹한 고뇌가 함께 들어있어 인생의 깊이를 생각하게 합니다.

박 철 편역 | 신국판 | 240쪽

서한대역 시리즈 5
유머로 배우는 스페인어

본서의 원문에 있는 표현은 실제 스페인어권 사회에서 사용되고 있는 표현이기 때문에 실용표현을 익히는데 많은 도움이 될 것입니다. 컬러로 구성된 재미있는 일러스트와 본문의 표현과 관련된 유용한 표현을 통해 스페인어 표현력을 한층 더 업그레이드 할 수 있도록 하였습니다. 또한 본문과 관련된 단어들을 함께 수록하여 기본적이고 실용적인 표현을 사전 없이도 읽을 수 있습니다.

유연창 편저 | 신국판 | 256쪽 | 올 컬러

TOTAL 스페인어 문법

2012년 1월 17일 개정판 1쇄 발행
2025년 6월 15일 개정판 9쇄 발행

편저자 유연창
펴낸이 최준수
펴낸곳 삼영서관
디자인 디자인클립

주소   인천시 계양구 당미 5길 7 우남푸르미아 103동 901호
전화   02) 2242-3668   팩스 02) 6499-3658

홈페이지 www.sysk.kr
이메일   syskbooks@naver.com
등록일   1978년 9월 18일
등록번호 제 1-261호

ISBN 979-11-983436-5-9 13770

책값 25,000원

※ 파본은 구입처에서 교환하여 드립니다.